감정, 관계, 문화

Between Us: How Cultures Create Emotions
Copyright © 2022 by Batja Mesquita. All rights reserved.
Korean translation rights ⓒ SangSangSquare 2025
All rights reserved.

This edition published by arrangement with Brockman Inc.

이 책의 한국어판 저작권은 Brockman Inc.와의 독점 계약으로 주식회사 상상스퀘어에 있습니다.
저작권법에 의하여 한국 내에서 보호를 받는 저작물이므로 무단전재 및 무단복제를 금합니다.

감정, 관계, 문화

Between us

바티아 메스키타 지음　이주만 옮김

목차

서문 ○ 7

1장. 번역이 필요한 감정 ○ 15
2장. 감정은 '내 것'일까, '우리 것'일까? ○ 49
3장. 자녀 양육 ○ 97
4장. 적절한 감정과 부적절한 감정 ○ 139
5장. 연대감과 긍정 정서 ○ 183
6장. 말 한마디에 담긴 의미 ○ 221
7장. 왈츠 배우기 ○ 263
8장. 다문화 세계의 감정 ○ 303

글을 마치며 ○ 339
감사의 말 ○ 344
노트 ○ 349
찾아보기 ○ 419

일러두기

- 인명, 지명 등의 외래어 표기는 기본적으로 국립국어원의 외래어표기법을 따랐으나, 일부 관례로 굳어진 표기는 예외로 두었다.
- 단행본은 《 》, 신문·잡지·TV 프로그램·영화·그림·노래·글 등은 〈 〉로 표기했다.
- 본문에 언급한 단행본이 국내 출간된 도서일 경우 한국어 제목만 표기했고, 국내에 출간되지 않은 도서의 경우 원문에 가깝게 번역하고 원제는 처음에만 병기했다.

서문

사람들이 느끼는 감정이란 대체 뭘까, 이 궁금증에 이끌려 나는 심리학자가 됐다. 사람들을 움직이는 동기가 무엇인지, 그 내면생활을 이해하고 싶었다. 내가 감정에 관심을 두게 된 계기를 지금 정확히 재구성하기는 어렵지만, 내 성장 배경과 관련이 있으리라 짐작한다. 나는 네덜란드의 유대인 가정에서 태어났고, 내 부모님은 홀로코스트 생존자다.[1] '심리학적 사고방식'을 지닌 아이였던 나는 언제나 부모님 감정을 헤아리고 싶었다. 부모님이 느끼는 감정의 뿌리는 대체로 내가 목격한 현재 상황이 아닌 과거 사건에 가닿았다. 절망감은 늘 부모님 곁에 도사렸고, 한 꺼풀만 걷어내면 거부당하고 차별받은 아픔이 모습을 드러냈다. 내가 부모님 뜻에 조금만 반항해도 부모님은 금세 아파하고 절망하셨다. 사춘기 시절에 흔히 그렇듯, 내가 부모님이 간직한 문화와 종교를 거부했을 때 아버지는 내가 당신을 무시하거나 사랑하지 않는다고 생각하셨다.

사람들이 자기 안에 강렬한 감정을 숨기다가 어느 순간 분출하는 모습을 보면서 감정이란 것에 관심이 생겼다. 생각해보면 감정을 개인의 고유한 특성으로 인식하기는 어렵지 않았다. 현재 상황이나 대인관계에서 예상보다 더 격렬하게 감정을 표출하는 사람들을 많이 보아왔기 때문이다. 어릴 적 꿈이 심리학자나 임상심리학자가 되어 감정 때문에 힘들어하는 사람들을 도우며 지내는 삶이었다. 사람 내면에 변화를 일으키면 감정도 바꿀 수 있으리라 생각했다.

우리가 경험하는 감정이 내면생활을 구성한다고 여기게 된 것은 당시 내가 속한 문화권에서 내면 감정을 강조했기 때문이기도 하다.[2] 교육 수준이 높고, 산업화를 달성했으며, 부유하고, 민주적인 서구 세계 국가들, 즉 위어드WEIRD 문화권에서 1960년대와 1970년대는 감정의 해방기였다.[3] 스스로 선택할 자유를 지키는 일이 지상 최대 과제였기에 마음으로 느끼고 자신이 진짜로 바라는 가치를 아는 것이 중요했다. 마음이 가리키는 대로 어떻게 살아갈지 결정해야만 했다. 당연히 영혼과 감정을 솔직하게 관찰하는 일이 특히 중요했는데, 그래야 더 나은 선택을 할 수 있기 때문이었다. 사람들은 인간 내면에 초점을 맞추기 시작했다. 위어드 문화권에서 우리 세대는 제도권 규칙에 의문을 품었고 개인 감정과 기호를 중시했다. 나는 내 감정을 살피기 위해 내면을 들여다보았고, 어려서부터 내 영혼을 탐색하는 데 많은 시간을 투자했다.

감정심리학자로 다른 나라에서 다른 문화를 경험하며 30년을 보내는 동안, 감정을 둘러싼 내 수많은 질문의 해답을 개인 내면이 아닌 사회적 맥락에서 찾을 수 있다는 사실을 깨달았다. 나는 암스테르담대학교에서 공부를 시작했다. 그때 만난 지도교수 니코 프리다Nico H. Frijda는 저서 《감정The Emotions》으로 유명한 분이었다. 《감정》은 신경과학부터 철학까지 넘나들며 감정에 관한 모든 주제를 아울러서 감정심리학 분야에 중요한 이정표를 세운 책이다. 하지만 문화까지는 다루지 못했다. 1987년부터 프리다 교수에게 지도를 받으며 부족한 문화 부분을 채워나갔다. 문화심리학, 인류학, 사회학, 철학 관점에서 문화와 감정을 주제로 연구하며 1992년 프리다 교수와 함께 연구 결과를 발표했다. 이 연구 성과는 문화심리학과 감정심리학 분야의 전환점이 됐다.[4] 감정의 보편성에만 집중하던 심리학 연구의 흐름을 문화 차이를 고려하는 쪽으로 돌리는 데 한 몫 했다. 이때부터 나는 감정을 연구하는 문화심리학자가 됐다. 다시 말해 어떻게 문화와 감정이 '서로 영향을 미치는지' 탐구하게 됐다.[5]

내 관심사는 인간 내면에서 외부 세계로 향했고, 개인적 삶의 근거지도 모국을 벗어나 외국으로 바뀌었다. 1990년대 초반부터 익숙한 네덜란드를 떠나 타국에서 생활하며 연구를 병행했다. 이탈리아에 2년 동안 살았고, 전쟁을 치른 보스니아에서 6개월간 유니세프 심리학 자문위원으로도 일하다가 미국으로 이주했다. 미시간대학교에서 박사후연구원 자격으로 문화와 인지를 연구하는 프로그램에 참여했는데, 당시 이 연구 모임은 학제 간 연구 영역으로 새로이 떠오르던 문화심리학을 선도했다. 이후 노스캐롤라이나주 웨이크포레스트대학교 조교수가 되어 네덜란드를 떠나 20년가량 지내다가 2007년에 다시 대서양을 건넜다. 이번에는 네덜란드와 지리상 가까워도 문화로는 거리가 있는 벨기에로 돌아왔다. 익숙한 암스테르담을 벗어나 다른 나라를 이리저리 옮겨 다니다 보니 인간 감정이 문화와는 떼려야 뗄 수 없는 관계임을 체감했다. 주변 환경과 내 감정이 어울리지 않을 때마다 인간 감정이 보편적이지 않다는 내 암묵적 전제가 옳다는 사실을 거듭 확인했다. 내 감정은 내가 속한 문화에서 만들어내는 구성물이었다. 내 감정은 내가 태어난 환경에서 상호작용할 때 쓰이는 유용한 수단이기에 그 환경에서 가치를 두는 관계에 도움이 됐다. 내 감정은 네덜란드 문화에서 좋은 사회적 지위를 누리는 데는 유용했지만 다른 문화 환경에서는 그렇지 않았다. 이런 경험 역시 내 시선을 외부 세계로 돌리는 데 한몫했다. 다시 말해 사회와 문화에서 중시하는 가치, 목표 그리고 여기에 영향을 주는 사회 및 문화적 관행에 초점을 맞춰 감정을 관찰하게 됐다.

감정을 둘러싼 해답을 외부 세계에서 찾기 시작한 또다른 이유는 다른 나라 사람들이 감정을 바라보는 방식도 인간 내면보다는 외부 세계에서 이는 감정에 더 가까웠기 때문이다. 나는 일본, 한국, 튀르키예, 멕시코에서 연구를 진행하며 이들 나라에서 미국, 네덜란드, 벨기에로 떠난 이민자들을 추적했다. 이중 다수는 감정적 사건을 내면 감정에 집중해서 설명하기보다는 사람들과 얽힌 **관계에서** 맞닥트린 경험으로 인식할 때가 많았다. 이런 점도 내가 감정을 연구할 때 인간 내면이 아닌 외부 세계로 시선을 돌린 이유다.

이 책에서 나는 기존과 전혀 다른 관점으로 감정을 설명하려고 한다. 말하자면 사회적 지위, 타인과 맺는 관계, 사회문화적 맥락에서 우리가 경험하는 감정을 관찰하는 관점이다. 아울러 자신이 속한 공동체에서 사람들과 상호작용하는 데 감정이 끼치는 영향과, 해당 문화 구성원이 되는 데 감정이 어떤 역할을 하는지도 살펴본다. 또한 감정이란 마인MINE 모형일 뿐 아니라 아워스OURS 모형이기도 하다는 사실을 밝힐 생각이다.

　인간 내면이 아닌 외부 세계에서 생기는 감정을 이해하면 감정생활이 풍요로워지고 자신의 감정은 물론 다른 사람의 감정까지 더 깊이 헤아리게 된다. 이 책에서 제시하는 새로운 관점으로 감정을 관찰하면 사람들의 사회성과 연대감을 끌어내는 감정 체계를 촉진하는 감정의 메커니즘을 분명하게 파악할 수 있다. 아워스 모형 감정은 마인 모형 감정을 대체하기보다 보완한다.

　아워스 모형이 특히 중요한 이유는 문화, 성 정체성, 세대, 민족, 인종, 사회경제 계층, 살아온 시간이 서로 다른 사람들 사이에서 생기는 감정의 차이를 이해하고 처리하는 데 유용한 도구이기 때문이다. 오늘날에는 감정을 이해하는 일이 다른 어느 때보다 중요하다. 우리 사회는 다문화 사회로 향하기 시작했다. 기업, 학교, 법정, 의료기관은 서로 다른 집단과 서로 다른 문화가 모여드는 곳이다. 감정이란 문화를 교류할 때 서로 주고받는 화폐와 같지만 모두 똑같은 화폐를 사용하지는 않는다. 각자 느끼는 감정은 각자가 속한 사회와 문화적 맥락과 밀접하게 얽힌다는 사실을 이해할 때 우리는 서로 존중하며 감정의 차이를 말하고 공감할 수 있다.

　이 책은 공동체와 문화가 서로 다른 사람들 사이에서 발생하는 차이나 갈등을 해소하는 데 도움이 될 것이다. 미국과 서유럽 등지에서 민족주의, 외국인 혐오, 백인 우월주의, 인종 차별, 종교적 편협함이 갈수록 거세지는 현상을 보면서 이 책을 써야겠다는 의욕이 치솟은 것도 사실이다. 하지만 더 큰 동기는 따로 있다. 선한 의도를 지닌 사람들, 그러니까 자기와 다른 사람을 포용하고 싶은 사람들마저 다른 집단, 다른 문화권 사람들의 감정이 자신과 다르다는 사실을 애써 부정한다. 그들이 생각하기에 자신과 감정이 다르면 그 상대방은 온전한 인간이 아니라는 뜻이다. 하지만 나는 서로 다른 감정을 인정하는 일이야말로 상대방을 온전한 인간으로 존중하는 자세라고 말하고 싶다.

이 책을 통해 지금까지 감정을 연구하며 걸어온 내 여정을 독자들에게 소개하려고 한다. 여러 문화권에서 감정을 연구하는 동안 내가 경험한 충격과 내가 알아낸 사실을 공유하고, 내가 안고 있던 맹점도 고백하고자 한다. 1장에서는 감정심리학자이자 이민자로서 내가 감정을 연구하게 된 과정을 설명한다. 2장에서는 마인 모형 감정과 아워스 모형 감정의 차이를 자세히 다룬다. 현대 서구 문화권의 마인 모형 관점과 여러 비서구권 문화에서 흔히 마주치는 아워스 모형 관점을 비교할 생각이다. 특히 아워스 모형 감정이 '실재하는 감정'이라는 점을 설명하려고 한다. 다시 말해 아워스 모형 감정은 누구나 경험하는 보편된 감정을 달리 표현한 용어가 아니라 실제로 '감정을 처리하는' 방식 또는 '감정을 경험하는' 방식이다.

이후 네 개의 장에 걸쳐 사회와 문화적 맥락에서 이는 감정을 살핀다. 3장에서는 아이들이 감정 사회화를 거치며 해당 문화 구성원이 되어가는 과정을 설명한다. 보호자들은 사회에서 지원을 받으며 아주 어릴 적부터 아이들에게 감정을 적절히 처리하는 방식, 곧 그 사회에서 중시하는 목표와 가치를 실현하는 방식으로 감정을 처리하는 법을 가르친다. 4장과 5장에서는 사회적 상호작용, 대인관계, 문화에 따라 감정이 어떻게 일어나고 처리되는지 알아본다. 통념과 달리 **분노, 수치심, 사랑, 행복** 같은 감정은 보편적 속성을 따르지 않는다. 감정을 경험하고 표현하는 방식, 감정과 연관된 생리 및 신경 반응 패턴, 감정에 담긴 도덕적 의미, 감정을 표출할 때 불러오는 결과는 사건이나 사람, 상호작용이나 대인관계, 더 나아가 문화마다 다르다. 6장에서는 감정 단어를 다룬다. 이 감정 단어 덕분에 사람은 자신이 속한 집단, 공동체, 문화 안에서 다른 구성원과 함께 경험한 현실을 소통할 수 있다. 하지만 소속 집단의 경계를 넘어 다른 이들과 소통할 때는 감정 개념을 분명하게 전달하지 못할 때가 많다. 사실, 개인 경험을 말할 때 사용하는 감정 단어에는 해당 언어 사용자들이 공유하는 경험과 문화유산이 전부 녹아든다. 자기 경험을 감정 단어로 표현하는 행위는 해당 문화 구성원으로서 정체성을 형성하는 일이기도 하다.

감정이 개인과 공동체를 연결하는 양상을 이해하면 다른 공동체에서 성장한 사람과 상호작용할 때 감정이 어떻게 걸림돌이 되는지도 쉽게 알 수 있다. 다른 문화권 사람이 실제로 경험하는 감정을 헤아리려면 감정 단어를 번역하는 단계를 넘어서는 노력이 필요하다. 7장에서는 새로운 문화에 깃든 감정을 배우는 법을 조명한 연구를 소개한다. 다행히 우리는 새로운 문화권에서 감정을 익힐 수 있다. 물론 이민자 집단이 대다수를 구성하는 현지인과 구별되지 않을 만큼 새로운 감정을 터득하려면 시간이 한 세대 이상 걸린다. 끝으로 8장에서는 사회문화적 경계를 넘어 소통하려면 상호작용에 필요한 공감대를 마련해야 하고, 아워스 모형 관점에서 감정을 헤아리는 노력이 그 첫걸음이라는 사실을 입증한다. 사회적 신분, 계층, 종교를 포함해 문화권이 다른 사람과 상호작용할 때는 감정이 걸림돌이 되기도 한다. 하지만 아워스 모형이 제공하는 소중한 창문으로 들여다보면, 다른 문화에서 중시하는 가치와 우선순위를 살피며 상대방 감정에서 나타나는 **차이**를 이해할 수 있다. 우리 감정에 차이가 있다는 사실을 인정하고, 세상을 탐색하는 다양한 방식을 함께 이야기하다 보면 사회관계 안에서 연대감이 싹트고 상대방도 자신과 똑같이 온전한 인간이라는 진실을 깨닫는다.

1장

번역이 필요한 감정

○

사람은 누구나 감정이 있을까? 누구나 손이 있고 코가 있는 것처럼 말이다. 사람 코는 저마다 모양도 크기도 다르지만, 어쨌든 숨을 쉬고, 먼지를 걸러내고, 냄새를 맡는다. 손도 크거나 작거나, 힘이 세거나 약하거나 상관없이 물건을 쥐고, 들고, 옮기고, 감촉을 느낀다. 감정도 그럴까? 저마다 다르게 **겉으로 드러나더라도** 결국 우리 모두 똑같은 감정을 느끼고, 마음 깊은 곳에서는 다들 나와 같을까? 만일 그렇다면 성장 배경, 언어, 출신, 문화가 다른 사람도 시간을 두고 지켜보며 알아가는 사이 그이의 감정을 알아차리고 이해할 수 있게 된다. 당신이 화를 내고, 기뻐하고, 겁을 내듯이 다른 사람도 그럴까? 당신이 느끼는 감정을 다른 이들도 똑같이 느낄까? 나는 그렇게 생각하지 않는다.

미국에 건너와 살면서 문화권이 다른 사람과 내가 느끼는 감정이 서로 같지 않다는 사실을 깨달았다. 나는 네덜란드에서 자랐고, 다른 유럽 국가에 잠깐 다녀온 경험을 제외하면 30년 가까이 네덜란드에서만 살았다. 생활 터전을 옮기는 일은 여러모로 수월했다. 미국은 처음이었지만 영어로 의사소통하는 데 아무런 지장이 없었다. 직업상 영어를 사용해온 덕분이었다. 미시간대학교 교수진은 더없이 친절했다. 내가 부임한 날 환영 만찬을 열어주며 반겨줬고, 크리스마스를 맞아 나를 가족 식사에 초대한 분도 있었다. 다른 분들도 연말에 내게 작은 선물을 건넸다. 그런데도 나는 미국 생활 첫해가 힘겨웠다. 곧잘 마음이 무거워지곤 했다.

네덜란드에 살 때는 나도 붙임성 좋고 사람 감정을 제법 읽을 줄 알았다. 그런데 1993년 11월에 미시간대학교로 온 뒤로는 다른 사람의 감정을 따라잡느라 애를 먹었다. 새로 만난 동료들은 너그럽고 유쾌한 데다 다 같이 어울리기를 좋아하는 사람들이었다. 서로서로 사이가 좋았고 내게도 다정했다. 내 동료가 좋은 사람들이어서 다행이었고, 그들이 나를 대하는 방식도 마음에 들었지만 그들과 소통하려니 힘에 부쳤다. 나도 그들에게 잘해주고 싶은데 마음처럼 되지 않았다. 감정으로 소통하는 능력이 떨어진 기분이었다. 사람들과 어울려보려 해도 점점 부자연스러워졌고, 상대방에게 고마움을 표현하고 칭찬을 건네야 할 때라든지 그들의 호의와 수고를 인정해야 할 때도 선뜻 말이 나오지 않았다. 나는 기뻐할 줄도, 감사할 줄도 모르는 사람이 되어갔다. 돌아가는 분위기나 다른 사람들의 반응으로 판단하건대, 동료들이 보기에 나는 감정을 제대로 표현하지 못하는 사람이었다.

감정 표현이 부족하다고 느껴지니 여간 마음이 불편한 게 아니었다. 하물며 이런 느낌은 내 **착각**이 아니었다. 나는 감정 표현에 서툰 사람이 맞았다. 하루는 한 동료가 다음 날 점심을 먹자고 연락해와서, 나는 솔직하게 "내일은 안 돼요."라고 대답했다. 새로 사귄 친구 미셸 애

커가 곁에서 우연히 내 전화 통화를 듣고는 좀 더 속을 터놓고 상냥하게 행동하는 게 좋겠다며 이렇게 얘기해보라고 조심스레 조언했다. "저도 같이 점심을 먹고 싶어요. 그런데 다른 날로 미루면 어떨까요? 내일은 선약이 있거든요." 그러더니 내 대답이 무례하게 들렸다고 솔직하게 말해줬다. 무례하다고? 무례하게 굴 의도는 전혀 없었다. 그저 내일은 만나기 어렵겠다는 내 사정을 전달하려 했을 뿐이다.

다른 사람의 감정을 헤아릴 때도 나는 어려움을 느꼈다. 미셸과 함께 약국에 들렀을 때의 일이다. 미셸이 "요즘 잘 지내죠?" 하고 반갑게 점원에게 인삿말을 건네기에, 미셸에게 아는 사이냐고 물었다. 하지만 두 사람은 아는 사이가 아니었고, 점원의 안부를 챙기는 미셸이 어색해 보였다. 점원 또한 머뭇거리지 않고 대답했다. "그럼요. 당신도 잘 지내죠?" 서로 모르는 사이에 주고받는 이 유쾌한 대화를 어떻게 받아들여야 할지, 나는 도무지 알 길이 없었다.

내가 사람들과 맺은 관계가 얼마나 깊거나 얕은지도 가늠하기 어려웠다. 사람들이 나를 좋아하는지, 이제 친밀한 사이가 된 건지 확신할 수 없었다. 매일 나를 격려하는 사람들이 무슨 의도로 그러는지, **진심으로** 나를 염려해서 하는 말인지 아닌지 구분할 수가 없었다. 어쩌면 내게 안부를 묻는 말이 아니었을 수도 있다. 한번은 새로 알게 된 친구들을 저녁식사에 초대한 적이 있다. 음식도 맛있었고, 대화가 활기를 띠면서 속 깊은 얘기도 오가는 즐거운 시간이었다. 진짜 우정이 싹튼 기분이었다. 그러다 친구들이 자리를 떠나면서 저녁식사에 초대해줘 고맙다는 인사를 건네는 순간, 내 기대는 처참히 무너졌다. 속마음을 튼 사이가 아니라는 게 분명했기 때문이다. 내가 자란 곳에서는 호의에 감사한 마음을 표현하면, 그러니까 저녁식사에 초대해줘 **고맙**다고 인사를 하는 건 절대로 친구 사이가 아니라는 뜻이었다. "저녁식사에 초대해줘 고마워요."라는 말이 내게는 감사 인사가 아니라 나와 거리를 두려는 인사치레로 들렸다. 내가 친구들에게 기대한 인사는 앞으로 더 자주 보고 싶다거나, 저녁 시간을 함께 보내서 기뻤다거나, 정말 기분 좋은 시간이었다거나, 나랑 한결 가까워졌다는 말이었다.

이런 일들은 그저 관습의 차이일까? 아니면 내가 만났던 미국인들과 내가 느끼는 감정이 정말로 서로 달랐던 걸까? 몇 년 후 네덜란드에 있는 일가친척과 친구들이 찾아왔을 때, 이들 또한 미국 사회규범과 감정규범에 맞추지 못하는 모습을 주의 깊게 관찰했다. 아버지가 미국에 머무실 때 미국인 친구에게서 금요일 저녁식사에 초대한다는 연락을 받았다. 고마운 초청이건만 아버지는 딱 한마디 하셨다. "좋습니다." 아버지는 최상급 수식어를 붙여가며 강조하지 않으셨다. 이뿐 아니라, 보기 드문 환대를 받은 뒤에도 친구분에게 따로 고마움을 표현하지 않으셨다. 아버지 때문에 내가 다 민망할 정도였다. 네덜란드에서 온 친구들도 식당 직원과 가게 점원들과 친근하고 유쾌하게 대화를 나눴지만, 칭찬이나 고맙다는 말은 건네지 않았다. 농담도 곁들여서 즐겁게 이야기를 나누는 모습을 보면 분명 서로 교감했을 텐데도 직원의 수고는 언급하지 않았다.

네덜란드의 일가친척과 친구들이 미국인을 만나보고 느낀 점을 내게 따로 이야기했는데, 그 평가가 자못 흥미로웠다. 그들은 미국인들이

'가짜' 감정 또는 '과장된' 감정을 보인다고 말했다. 아들의 담임교사인 질은 내 어머니에게 미국에 와서 손주들과 함께 시간을 보내니 얼마나 좋으시냐며 신이 나서 큰소리로 인사를 건넸고, 나중에는 어머니에게 잘 지내시냐며 안부를 묻기도 했다. 어머니는 질의 유쾌한 인사가 '가짜' 같다고 내게 털어놓았다. 우리 대학에 방문 연구원으로 잠시 왔었던 유럽 학자도 생각난다. 발표가 끝난 뒤에 미국 교수들이 훌륭하다며 연구원을 거듭 칭찬했다. 그때 연구원은 열렬한 칭찬 속에 어깨를 으쓱하고 말았지만, 나중에 내게 미국 학자들이 던지는 칭찬은 "아무 의미 없다."고 속내를 드러냈다. 진심이 담기지 않은 '가짜' 칭찬이거나 '과찬'으로 느껴진다는 이유에서였다. 네덜란드 사람이라면 그런 감정이 '자연스럽게' 일어나지 않을 상황에서도 미국 사람들은 한결같이 친절하고, 타인에게 관심을 보이고, 침이 마르도록 상대방을 칭찬하고, 열의를 드러내니 이를 달리 어떻게 설명하겠는가?

조지프 헨릭은 서구 세계Western에서, 교육 수준이 높고Educated, 산업화를 달성했으며Industrialized, 부유하고Rich, 민주적인Democratic 나라들을 가리켜 위어드WEIRD라고 부르는데, 위어드는 각 특징의 머리글자를 따서 만든 단어다. 미국과 네덜란드도 위어드에 해당하지만, 미국 출신과 네덜란드 출신이 서로 감정을 다르게 경험하는 건 분명하다. 미국인은 네덜란드인이 느끼는 감정을 '무례하다'고 평가하고, 네덜란드인은 미국인이 느끼는 감정을 '거짓됐다'고 평가한다. 이견이 있겠지만, 같은 문화권에서 성장한 사람이라면 똑같은 상황에서 상대방의 감정을 매도하지는 않을 것이다. 미국에서 생활하던 초기에는 이런 감정 차이가 무작

위로 일어나는 현상처럼 보였는데, 시간이 지나면서 일정한 의미가 눈에 들어왔다.

인간관계를 맺는 방식과 목표가 달라서 감정 차이가 생긴다는 사실을 차츰 알게 됐다. 네덜란드 문화에서는 동료나 친구끼리 관계를 돈독히 다지고 싶을 때 즐거움이나 만족감을 적절히 표현하면 된다. 네덜란드 사람이라면 만찬이 끝났을 때, 아니 식사 자리 내내 서로의 유대감을 강조하며 이 시간이 '헤젤러흐gezellig'하다고 표현할 것이다. 이 말은 네덜란드 문화에서 중시하는 정서를 대변한다.[6] 헤젤러흐는 '친구gezel'라는 단어에서 파생한 형용사로, 좋은 친구들과 함께 아늑하고 포근한 공간에 있을 때도 쓰고, '편안한 기분'을 표현할 때도 사용한다. 네덜란드에서는 만찬을 준비한 주최자의 노고를 챙기는 대신 그 모임에서 느낀 유대감을 강조하는 태도를 더 중요하게 여긴다. 반면 미국에서는 긍정적 감정을 표현할 때면 대개 상대방의 재능, 노력, 기여도를 중시한다. 자신감이나 자존감을 형성하는 데는 친구와 지인이 영향을 끼친다.[7] 아들의 담임교사가 미국을 방문한 내 어머니를 열렬히 반긴 이유는 할머니라는 존재가 손자에게 특별한 역할을 하기 때문이고, 담임교사로서 이 관계를 언급할 만하다고 판단했기 때문이다. 따라서 가짜 감정이 아니라 상대방이 지닌 특징이나 거둔 성과를 높이 평가해서 상대방의 자존감을 높이고 기분을 좋게 띄워주려는 의도에서 나온 감정 표현이다. 정말 멋진 할머니라는 인사나, 앞서 언급한 동료 연구원의 사례처럼 발표 내용이 탁월했다는 칭찬이 여기에 해당한다.

미국에서는 기회가 있을 때마다 서로 칭찬하고 격려한다. 이 점 역시 네덜란드와는 차이가 크다. 네덜란드에서는 상대방보다 자신이 더 잘났다고 우쭐해서는 안 된다.[8] 물론 상대방보다 더 못하다고 여기지도 않지만 그렇다고 자신을 우월하게 여기는 행동은 금물이다. 어머니는 내 행동이 이목을 끈다 싶으면 "평범하게만 굴어도 참 좋을 텐데"라고 곧잘 말씀하셨다. 네덜란드에서는 너무 튀면 안 된다. 어린 시절, 어머니에게 내가 예쁘냐고 물은 적이 있다. 물론 예쁘다는 대답을 듣고 싶어서 꺼낸 말이었는데, 어머니는 이렇게 대답하셨다. "평균 정도지." 어머니는 진실을 말씀하셨고, 그 진실이 어머니와 나 사이에 '진정한 유대'를 형성하는 토대가 됐다.

불쾌한 감정을 드러낼 때도 미국과 네덜란드의 문화에는 차이가 있다.[9] 네덜란드에서는 가까운 사이가 되고 싶을 때 속마음을 털어놓는다. 네덜란드 사람이 직설적이라고 알려진 데는 그만한 이유가 있다. 네덜란드 사람들 사이에서는 속내를 표현하고 알아차리는 태도가 성숙함의 징표이자 미덕이다. 진짜 친구로 여긴다면 입에 발린 말을 하지 않고 좋은 말이건 나쁜 말이건 솔직하게 표현하고 감정을 드러낸다. 잘못했으면 잘못했다고, 보기에 어색하면 어울리지 않는다고 스스럼없이 말한다. 진실을 듣는 게 껄끄럽더라도 친구끼리는 거짓 없이 소통한다.[10] 그래서 네덜란드에서는 거짓말 대신 껄끄러운 진실을 듣는 게 낫다. 거짓이 아닌 진실을 나눌 진짜 친구가 있다는 의미이기 때문이다. 네덜란드 사람들은 대개 선의의 거짓말을 믿지 않는다. 내가 아는 몇몇 미국 친구들은 친구나 친척을 위해서라면 거짓말을 해도 괜찮다고 생각한다. 하지만 그렇게 행동하면 네덜란드 사람들은 거짓말의 대상이 된 상대방을 배제하거나 절연하려는 의도로 해석한다. 네덜란드에서는 진실을 밝혀서 자신의 모습이 설령 안 좋게 비치거나 관계가 불편해지더라도, 진정한 친구 사이라면 내밀한 감정까지 솔직하게 나눈다.[11] 가까운 사이에 화가 나거나 질투를 느끼거나 상대방의 행동 때문에 상처를 입었을 때 솔직하게 감정을 드러내는 행동은 마음을 터놓고 지내려는 의도이자, 진실하고 인간미 있는 사람이라는 증거다. 나는 '솔직함에서 나오는 진정성'을 미덕으로 여기는 네덜란드에서 자란 터라 미국 동료, 교사, 친구들에게 내 생각을 정중하되 솔직하게 밝히거나 내 감정을 숨김없이 드러내곤 했다. 그럴 때마다 내가 영락없는 네덜란드 사람임을 실감했다. '누가 물어보지도 않았잖아, 아무도 내 심정을 궁금해하지 않았다니까.' 내 감정이나 생각을 공유할 필요가 없었다는 사실을 뒤늦게 깨닫고는 늘 이렇게 후회했다. 미국에서 수십 년을 살았는데도 여전히 내 생각과 감정을 거침없이 얘기할 때가 더러 있다. 그러면 미국 친구들이 간간이 내 얘기에 끼어들어 나를 가로막는다. 한번은 내 복잡한 심정을 친구인 앤 크링에게 구구절절 털어놓았더니 이렇게 말했다. "마음에 담아둔 얘기를 들려줘서 고마워요." 그때 나는 식사 자리에서 배제됐다고 생각해 무척 속이 상했는데, 알고 보니 순전히 나의 착각이었고 미국 친구들은 그 자리에 나를 초대할 계획이었다. 나중에 앤은 미국에서는 다른 사람에게 그런 감정을 먼저 이야기하는 것은 부적절한 행동이라고, 네덜란드 사람처럼 내게 솔직하게 말해줬다.

사람 감정은 모두 문화의 산물이다

미국으로 건너와서야 비로소 내가 느끼는 감정이 다른 문화권 사람들과 다르다는 사실을 깨달았다. 유럽 대륙을 벗어나 생활한 경험이 처음이었으니 그리 놀랄 일이 아니라고 볼 수도 있다. 하지만 꼭 그렇지만도 않은 사소하지만 중요한 이유가 한 가지 있다. 바로 내가 문화 차이에 담긴 감정을 연구하며 6년이라는 시간을 보낸 학자라는 사실이다. 이 분야 학자로서 문화가 내 감정에 미치는 역할을 그동안 깨닫지 못했다는 건 사람의 감정을 후천적 요소로 인식하는 일이 그만큼 어렵다는 뜻이다. 감정 연구를 과업으로 삼은 문화심리학자면서도, 다른 문화권의 구성원이 되어 미국에서 이주민으로 살아가기 전까지 내가 느끼는 감정을 문화의 산물로 인식하지 못했다.

민족학자들 중에도 함께 지낸 현지인들과 "감정을 공유하거나 관계를 돈독히 다지는 데 실패한 기억을 떠올리는" 사례가 많은데, 이들도 나와 같은 처지다.[12] 인류학자 장 브릭스Jean Briggs는 캐나다 북서부에 거주하는 우트쿠 이누이트족의 생활을 관찰한 후 생전에 저서 《화내지 않는 사람들Never in Anger》을 출간했다.[13] 지금은 유명한 이 책에서 브릭스는 이누이트 사람들에게 배척당하고 나서야 자신이 느끼는 감정이 그들과 얼마나 다른지, 그러니까 현지인이 보기에 얼마나 부적절한지 깨달았다고 밝혔다. 그는 자신의 감정이 문화의 산물이라는 사실과 그 감정이 이누이트족 사회에서는 적합하지 않다는 점도 그때 실감했다.

우트쿠 이누이트족은 평정심과 너그러움을 중시했고 분노를 위험한 감정으로 여겼다. 이누이트족 양아버지는 브릭스에게 이렇게 설명했다. "화내는 사람은 악마에게 냉큼 잡혀서 불구덩이에 떨어져. 그래서 여기 사는 사람들은 화를 내지 않아." 화를 내면 무례할 뿐만 아니라 부도덕하다고 여겨졌다. 브릭스로서는 일상에서 느끼는 짜증을 참기가 쉽지 않았다. "이누이트족이 감정 통제를 중시하며 놀라울 만큼 감정을 잘 통제한다는 사실을 뼈저리게 느꼈다. 사소한 불행에도 화를 참지 못하는 나를 보면 내심 속이 편치 않았다. 내가 화를 터트려도 미국 문화권에서는 선을 넘지 않는 수준이었지만, 우트쿠 문화권에서는 해로운 행동으로 받아들였다." 브릭스는 이누이트 사회에 스며들려고 노력했지만, 소용없었다. "우트쿠 이누이트족이 감정을 조절하는 능력은 나보다 훨씬 뛰어났다. 마침내 그들과 엇비슷한 수준으로 평정심을 유지할 때면 나 자신이 기특하다가도 며칠 또는 몇 시간도 안 되어 불쑥 치미는 짜증에 평정심을 잃고 말았다." 그러다 브릭스의 연구를 위기에 빠트린 결정적인 사건이 일어난다. 우트쿠 이누이트족 거주지를 방문한 백인 남성들이 이누이트족의 카누 두 척 중 한 척을 망가뜨리고는 나머지 한 척을 빌려 달라고 부탁한 일이 있었는데, 브릭스가 이 사건의 전모를 책에 밝혔다. "나는 분통이 터졌다. 그 백인 남성들 대표에게 다가가 웃음기 하나 없이 차가운 목소리로 그 사람이 모르는 사실을 알려줬다. 두 번째 카누를 빌려가면 우리 주민들은 무얼 타고 낚시를할 것이며, 이 카누마저 망가지기라도 하면 우리가 얼마나 곤란해지는지 알기나 하느냐고……." 브릭스는 한참 따진 뒤에 카누 주인도 당신들에게 카누를 빌려줄 생각이 없다고 주장했다. 줄곧 난감한 얼굴로 어쩔 줄 모르던 카누

주인은 자신의 말이 맞지 않느냐고 묻는 브릭스에게 이누이트 사람으로서는 '이례적으로' 목청을 높여 이렇게 대답했다. "저 사람이 하자는 대로 내버려둡시다!" 이 사건으로 브릭스는 심각한 사태를 맞게 된다. 현지 연구 2년 차였는데, 사건 이후 3개월가량 우트쿠 사람들에게 철저히 외면당했다. 며칠 동안 아무도 브릭스가 거주하는 천막을 찾지 않았는데도, 브릭스는 본토에 있는 연락 담당자에게 편지를 받기 전까지 우트쿠 이누이트족이 자신을 배척했다는 사실을 눈치채지 못했다. 연락 담당자는 브릭스에게 숙소를 제공한 우트쿠 주민이 보낸 서신을 전달했다. 내용은 이러했다. 브릭스는 "거짓말쟁이입니다. 카누를 빌리려는 백인 남자들에게 거짓말을 했어요. 브릭스는 걸핏하면 화를 냅니다. 이누이트족을 연구하면 안 되는 사람이에요. 골치 아픈 사람입니다. 브릭스가 남의 잘못을 따지고 꾸짖으니까 상대방도 그를 꾸짖고 싶어 해요. 지긋지긋하게 골치가 아파서 브릭스가 여기서 떠나주기만을 바랄 뿐입니다." 브릭스는 거처를 허락해주던 이누이트 사람들에게서 어떤 태도 변화도 눈치채지 못했다. 하지만 이누이트족과 함께 지낸 경험을 책에 기록하며 이렇게 언급했다. "나와는 다른 감정을 지닌 사람들의 세계를 이해하는 작업은 자신을 재발견하는 고통스러운 과정일 때가 많다."[14]

　　미국 사회에서 배척당한 경험은 없지만, 감정 표현에 어려움을 겪으면서 내 감정이 미국 사람들과 다르다는 사실을 경험했다. 덕분에 누구나 내 감정을 이해하는 건 아니라는 사실과 내 감정이 다른 문화권 사람들의 감정보다 더 합리적이거나 더 진실한 것도 아니라는 점을 깨닫게 됐다. 타인과 나의 감정이 얼마나 다른지 제대로 파악하려면 내 감정이 누구나 이해하는 보편적 감정이라는 전제부터 버려야 한다. 이런 마음가짐을 가져야 뭐든 섣불리 판단하지 않고 타인에게 귀를 기울일 수 있다.

감정을 탐구하는 작업

나는 1980년대 후반부터 문화에 담긴 감정 차이를 연구하기 시작했다. 네덜란드 암스테르담대학교에서 석사과정을 밟을 때 내 지도교수는 세계적으로 명망이 높은 감정심리학자 니코 프리다였다. 프리다 교수와 함께 나는 문화가 다르면 감정에도 차이가 있는지 살펴보았다.

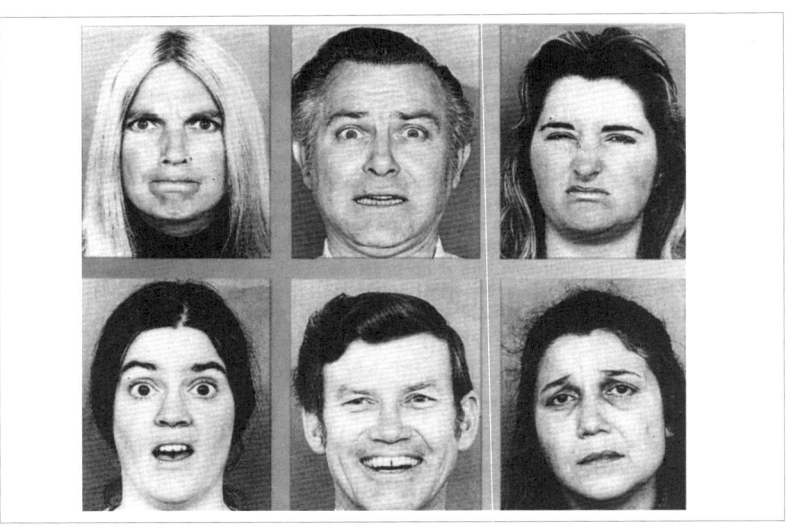

● 그림 1.1 에크먼의 얼굴 표정 이미지(폴 에크먼 그룹에서 이미지 제공)

당시 심리학 연구는 인간의 '타고난 감정'을 관찰하는 데 집중했다. 감정이란 진화의 산물이고 인류의 조상은 생존 가능성을 높이기 위해 감정을 발전시켰으며 오늘날에도 여전히 그 기능이 유효하리라고 보았다. 분노는 인류가 경쟁자에 맞서 자신을 보호하는 데 도움이 됐을 테고, 두려움은 오늘날과 마찬가지로 위험 상황에서 도망치는 데 유용했기에 진화한 감정으로 여겨졌다. 행복감은 자신에게 유익한 대상을 찾거나 가까이할 때 또는 곁에 두고 싶은 동기를 일으킬 때 쓸모가 있었기에 진화했다고 여겼다. 심리학자들도 인류 생존에 유용한 보편 감정이 무엇인지 탐구했다.

인간의 보편 감정을 탐구한 작업 가운데 표정 연구는 특히 학자들의 상상력을 자극했다. 폴 에크먼Paul Ekman과 월레스 프리센Wallace Friesen은 1975년 《언마스크, 얼굴 표정 읽는 기술》을 출간해 대중에게도 이 이론을 널리 알렸다. 이들은 분노, 두려움, 역겨움, 놀라움, 행복, 슬픔, 이 여섯 가지 감정을 표정에서 읽을 수 있다고 주장했다(그림 1.1 참조).[15] 에크먼과 프리센은 "표정을 보고 그 사람이 두려움을 느낀다고 생각한다면 그 판단이 옳을지 아닐지" 궁금했다.[16] 관찰한 결과, 사람들은 대체로 감정을 제대로 읽었다. 하지만 표정은 겉으로 드러나는 감정 신호일 뿐 감정 자체는 아니다.

에크먼과 프리센은 인간 감정이 문화를 매개로 학습되기보다 생물학 관점에서 타고난다는 사실을 입증하고자 서구 문화와 성격이 전혀 다른 다양한 문화권의 사람들을 연구 대상으로 선정했다. 만약 서양인의 얼굴을 처음 보는 사람이 서구권 사람들과 똑같이 서양인의 감정을 읽어낸다면, 이는 인간 감정이 학습한 결과가 아니라 선천적 개념이라는 의미일 터였다. 두 사람은 질문을 던졌다. "누군가 화가 났다면 인간은 인종, 문화, 언어가 달라도 그 사람의 표정만 보고 똑같은 감정을 읽어낼 수 있을까?" 연구한 결과, 이렇게 확신했다. "과학적으로 연구해보니 이 질문의 답은 분명했다. 감정을 표현하는 방식에서 문화 차이가 있긴 하지만, 적어도 몇몇 감정은 …… 누구나 보편적으로 읽는다." 이어서 다음과 같이 결론을 내렸다. "기본 감정에는 제각기 고유한 표정이 있고, 여기에는 보편적인 형태가 있다. 하지만 문화권마다 얼굴 표정을 관리하거나 통제하는 방법을 다르게 습득한다." 에크먼과 프리센은 사회문화 규범에 따라 감정을 **표현하는** 방식이나 특정 감정을 불러일으키는 **상황이** 문화권마다 다를 수 있다고 인정했다. 두 사람은 문화권마다 감정생활이 달라 **보였다는** 점을 확인하면서, 이 차이가 감정 자체보다는 문화권에 따라 감정을 처리하는 과정이 달라서 생긴다고 해석했다. 그러니까 감정 자체는 보편적이고 얼굴은 '마음의 창'이라는 것이다. 인간 마음에는, 현대에 걸맞은 용어로 표현하자면 인간 뇌에는 보편적 감정이 담겨 있다.[17] 두 사람은 여섯 가지 감정으로 시작해 나중에는 자신들이 규정한 기준에 따라 **수치심**, **창피**, **자부심** 같은 감정도 기본 감정에 포함했다.[18]

　　최근 자료를 보면, 보편적 표정에 드러나는 '감정 인식'[19]의 연구 결과는 당시 실험에서 이용한 방법론에 따라 인위적으로 만들어낸 결과[20]임을 시사하는 증거가 많다. 표정 인식을 관찰한 몇몇 최신 연구는 나중에 다루기로 하고, 여기에서는 감정 인식을 살핀 연구와 관련해 가장 당혹스러웠던 사실 하나만 지적하고 싶다. 바로 해당 연구에서 '감정'이나 '감정 경험' 자체를 조사한 적이 없다는 점이다.[21] 실험에 참여한 사람들은 표정이 담긴 사진을 보고 연구진이 제시한 목록에서 해당 표정에 어울리는 감정을 골랐다. 다양한 문화권의 사람들이 참여한 실험인 만큼 감정을 묘사하는 단어를 다양한 언어로 번역해 제시했는데, 번역어가 다른 언어와 문화권에서는 어떤 의미로 쓰이는지가 조사 대상에 포함되지 않았다. 그러니까 서로 다른 문화권의 사람들이 똑같은 사진과 특정 단어를 연결하더라도 '그 감정을 느낀다'는 말이 무엇을 의미하는지, 다시 말해 문화권마다 그 말의 의미가 같은지 아닌지 명확하지 않았다.

내가 감정 연구를 시작할 무렵에 심리학자들은 감정을 표현하는 단어의 의미를 분석하며 다각도로 감정의 보편성 문제를 탐구했다. 그렇다면 왜 단어를 분석했을까? 모든 문화권에서 분노, 두려움, 슬픔, 행복을 가리키는 낱말을 발견한다면, 언어가 '감정의 본질을 규명하는' 도구가 될 수 있다고 생각했기 때문이다.

연구진은 실험 참여자에게 '감정'을 한 가지 떠올려보라고 요청하고 머릿속에 어떤 감정이 떠올랐는지 물었다. 미국에서 진행한 이 연구에서 피험자들이 가장 먼저, 가장 많이 언급한 단어는 행복happiness, 분노anger, 슬픔sadness, 두려움fear, 사랑love이었다. 말하자면 수많은 감정 중 대표 감정이었다. 여기서 사랑을 제외한 나머지는 에크먼과 프리센이 제시한 기본 감정과 겹치고, 기본 감정에는 제각기 고유한 표정이 있다는 점을 눈여겨봐야 한다.

심리학자들은 감정 영역에서 특히 어떤 감정이 중요한지도 궁금했다. 수많은 감정 중에 '대표성'이 더 강하거나 더 약한 감정이 있을까? 한 연구진은 실험 참여자들에게 서로 관련 있어 보이는 감정끼리 최대한 많은 단어로 묶어서 분류해 달라고 요청했다. 이렇게 묶인 단어를 조사한 결과, 초창기 연구에서 분류했던 '대표 감정'과 겹치는 공통분모가 발견됐다. 미국에서 수집한 감정 단어 135개는 대략 **행복, 분노, 슬픔, 두려움, 사랑**이라는 감정으로 분류할 수 있었다. 이를테면 **분노**로 묶인 범주에는 '심기 불편' '짜증' '성가심' '언짢음' '좌절' '분노' '격노' '경멸' '앙심' 등 총 29개 단어가 포함됐다. **사랑**으로 묶인 범주에는 '깊은 애정' '감동을 주다' '사랑' '욕망' 같은 단어를 비롯해 총 16개 단어가 포함됐다.

또 다른 연구에서는 실험에 참여한 중국인들에게 같은 방식으로 감정 단어를 분류해 달라고 요청했다.[22] 피험자들은 그전에 중국인들이 선정한 감정 단어 110개를 놓고 성질이 비슷한 낱말끼리 묶었다. 그 결과, 네 가지 감정은 미국인들이 분류한 감정과 같았다. 바로 **행복, 분노, 슬픔, 두려움**이었다. 이 네 가지 감정 각각을 표현하는 중국어와 영어가 서로 들어맞는 건 아니지만, 의미는 대체로 비슷했다. 한 예로, 중국어의 **분노** 범주에는 '반감'과 '분노' 같은 단어도 있지만, '수치심에서 오는 격분'이라든지 '슬픔 및 원망' 같은 단어도 있었다. 똑같은 감정 단어라도 문화권마다 다른 범주로 분류되기도 한다. 한 예로, '거절당한 기분'은 중국에서 분노에 해당하지만, 미국에서는 슬픔에 속한다. 더 중요한 사실은 중국어에서만 발견되는 범주가 있다는 점이다. 중국 데이터에는 **'긍정적 사랑'**에 해당하는 범주가 따로 없어서 관련 감정이 모두 행복 범주에 속한다. 그런가 하면 미국 데이터에 없는 부정 정서를 묶는 범주가 두 개 있었다. 바로 **수치심**과 **슬픈 사랑**이었다. 특히 영어와 중국어에서 공통으로 나타나는 감정 범주와, 인간이 보편적으로 인식한다고 말하는 표정이 일치한다는 점이 인상적이었다. 이런 연구 결과는 인간이 본질상 느끼는 감정이 서로 다르지 않다는 연구진의 이론에 힘을 실어줬다.

내가 문화에 담긴 감정 차이를 탐구하기 시작했을 때는 에크먼이 얼굴 표정과 감정 단어를 연구해서 보편 감정 이론으로 커다란 성과를 낸 이후였다. 내가 가장 먼저 제기한 질문은 **행복**, **분노**, **슬픔**, **두려움** 그리고 어쩌면 **사랑**과 **수치심**마저도 여러 문화권에서 가장 중요한 감정 개념인가 하는 점이었다. 나는 거주지와 가까운 곳에서 일단 연구를 시작했다. 암스테르담은 이미 그 시절에도 다문화 도시였다. 우리는 네덜란드의 커다란 문화 집단 세 곳을 대상으로 감정을 연구했다. 인구 대다수를 구성하는 네덜란드인, 그리고 이민족 중에 가장 많은 수를 차지하는 수리남 이주민과 튀르키예 이주민 가족을 관찰했다. 수리남은 과거 네덜란드의 식민지였고, 연구에 참여한 수리남 사람들은 아프리카 흑인 노예의 후손이었다. 튀르키예 사람들은 1960년대와 1970년대에 네덜란드로 건너온 이주 노동자의 후손이었다.

수많은 감정 중에 가장 중요한 감정이 무엇인지 실험할 때 다른 학자들이 소개한 방법론을 이용했다.[23] 실험에 참여한 본국 출신 네덜란드인, 수리남계 이민자, 튀르키예계 이민자에게 15분 동안 최대한 많은 '감정' 단어를 말해 달라고 요청했다. 그런 다음 가장 자주 언급되는 감정 범주가 무엇인지 통계를 냈다. 이번에도 **분노**, **두려움**, **행복**, **슬픔**이 가장 흔하게 등장했을까? 이들 감정이 타고난 것이라면 문화권을 막론하고 사람들이 가장 먼저 떠올리는 감정 범주에 포함됐으리라 가정해도 좋을 터였다. **역겨움, 놀람, 사랑** 같은 감정은 어땠을까? 결과를 보니, 연구에 참여한 수리남계 이민자와 튀르키예계 이민자들은 네덜란드 현지인만큼 감정을 떠올리는 데 '능숙하지 못한' 듯했다. 그때 내가 판단하기로는 그랬다. 이민자가 열거한 단어들이 해당 '감정'과 **연관성**이 있긴 했지만, 이민자들이 감정을 제대로 표현하지 못한 사례가 무척 많았다. 다시 말해, 그때 나는 이들 단어가 인간 '내면'에서 일어나는 현상을 적절히 묘사하지 못했다고 판단했다.[24] 수리남계와 튀르키예계 이민자들은 '행복 또는 기쁨breti, presiri/mutluluk'보다 '웃기lafu/gülmek'를 더 자주 언급했다. 또 '슬픔sari/üzüntü'보다는 '울기kre/ağlamak'가 더 빈번하게 나왔다. 튀르키예계 이민자들은 '고함치다bağirmak'와 '돕다yardim'를 감정 단어로 제시했다. 나는 이들 단어가 감정적 행동을 묘사할 뿐, 감정 자체를 표현하는 수단은 아니라고 생각했다. 철저하게 원칙을 고수했던 나는 이후 연구 과정에서 '엄밀한 의미'에서 감정을 가리키지 않는 단어는 모두 배제했다. 흥미롭게도, 실험 참여자 중 다수인 네덜란드인들도 감정이 무엇인지 '정확히' 이해하는 데 어려움을 느끼곤 했다. 이를테면 '헤젤러흐'와 '공격적이다aggressief'를 감정 단어로 자주 언급했다. 참고로 헤젤러흐는 사람들이 교류하는 사회환경을 묘사할 때도 사용하고 기분을 표현할 때도 사용하는 독특한 네덜란드 말이다.

    문화권 각각의 응답자들이 중요하게 꼽은 감정 단어, 이를테면 '울기'와 '웃기'처럼 감정적 행동을 표현하는 낱말을 감정 단어에서 제외한 내 판단은 옳았을까? 아니, 그렇지 않다. 돌이켜보면 나 또한 감정을 정의할 때 내가 속한 문화권에서 학습한 정보와 동일 문화권에서 합의된 과학적 지식을 기준으로 했다. 그때 나는 개인 '내면'에서 일어나는 현상을 감정으로 인식해서 여기에 초점을 맞췄기에 서구, 특히 미국 과학에서 정의하는 감정의 의미와 일치하는 감정 범주에 집중한 셈이었다.[25] 특정 문화권에서 내가 습득한 전제가 무엇인지 미리 알았더라면 연구하면서 훨씬 많은 것을 배울 수 있었을 텐데, 아쉬울 따름이다.

내가 놓친 부분은 그뿐만이 아니었다. 튀르키예계 이민자들이 응답한 결과를 보면 분명 **적절하게** 표현한 감정 단어가 많았다. 그런데 이들이 분류한 단어 목록에서 상위에 오른 감정은 심리학자들이 아는 기본 감정과 거의 일치하지 않았다. 튀르키예계 이민자들이 설문에서 가장 많이 언급한 감정은 '사랑sevgi/sevmek'과 '증오nefret'였고, 그 뒤를 이어 빈도가 높은 순서대로 보면 '연민acimak' '욕망 또는 갈망hasret' '육체적 사랑aşk' '슬픔üzüntü'이었다. 튀르키예계 이민자들이 자주 언급한 감정 단어는 표정으로 알아차리는 기본 감정인 **분노, 두려움, 역겨움, 놀람, 행복, 슬픔**과 일치하지 않았다. 튀르키예계 이민자들이 자주 언급한 감정 중에서 심리학자들이 기본 감정 개념으로 파악하는 감정과 중복되는 건 기껏해야 '사랑' 정도였다.

더불어 네덜란드 현지인과 수리남계 이민자들이 감정으로 여기는 단어 목록도 심리학자들이 생각하는 기본 감정과는 차이가 있었는데도, 나는 문화권 각각에 공통으로 존재하고 번역도 가능한 다섯 가지 감정 개념에 초점을 맞춰 연구를 진행했다. 이 중에 네 가지 감정은 **분노, 슬**

품, **행복, 사랑**으로 에크먼과 프리센이 제안한 대표 감정과 일치했다. 여기에 나는 중국 문화권에서 기본 감정 범주로 등장한 **수치심**을 추가했다. 그때는 다른 언어권의 감정 목록에서 **수치심**이 빠진 이유가 이들 문화에서 수치심이라는 감정을 금기시하기 때문이라고 판단했다. 이후로는 감정 연구에서 **분노, 슬픔, 행복, 사랑** 그리고 **수치심**을 중점적으로 살폈다.[26] 내가 이런 감정에 집중한 데는 그럴 만한 이유가 있었다. 첫째, 여러 문화권에서 보편적으로 중요하게 여기는 감정이라는 전제만으로도 집중할 이유는 충분했다. 미국과 중국에서 실시한 설문조사에서도 평범한 사람들이 자주 언급한 '감정'을 살펴보면 이 다섯 가지와 비슷했다. 둘째, 이런 보편 감정 개념과 내가 연구에서 발견한 사실은 감정을 다룬 기존 문헌과 연관이 있었기에 서로 비교하고 대조하는 작업이 가능했는데, 이는 무시할 수 없는 장점이었다.

지금 생각해보면 튀르키예계 이민자들이 자주 언급한 감정 단어인 **증오, 울기, 연민, 욕망, 육체적 사랑**을 계속 추적했더라면 튀르키예인의 감정과 관련해 더 많은 것을 배울 수 있었을 텐데, 그러지 못했다. 학자로서 경력을 쌓아가면서 나는 문화에 담긴 감정 차이를 그대로 인정하는 자세가 중요하다는 사실을 깨닫게 됐다. 데이터는 거짓을 말하지 않는다. 자신의 문화권에서 습득한 통념과 다르다는 이유만으로 드러난 사실을 의심해서는 안 된다. 지금 내가 과거로 돌아갈 수 있다면 그때의 나에게 문화 차이를 더 깊이 파고들어야 한다고 조언해주고 싶다.

내가 문화에 담긴 감정 차이로 눈을 돌려 연구를 시작했을 무렵에는 인류학자들도 다시 이 주제에 관심을 보였다. 구세대 인류학자들이 자신들의 문화권에서 해석하는 대로 감정적 사건을 설명하던 방식과 달리, 신세대 인류학자들은 실험 참여자들이 감정을 어떻게 표현하는지에 집중했다.[27] 신세대 인류학자들은 감정이 선천적이고 보편적이지만 문화 교육의 산물은 아니라는 전제에서 벗어났다. 아울러 "다른 문화권의 감정을 설명할 때 영미 문화권의 감정 개념을 아무런 의심 없이 적용하고 이를 기준으로 감정을 해석하는 방법도 더는 사용하지 않았다."[28] 신세대 민족학자들은 장 브릭스가 **분노** 감정을 기술하던 방식을 따르지 않고, 현지인들이 그 지역의 언어로 말하는 감정을 세심하게 살폈다. 다시 말해 다른 문화권 사람들이 느끼는 감정과 그들이 어떻게 그 감정을 표현하는지 파악하려고 애썼다.

전 세계로 눈을 돌리면 감정을 내면의 경험으로 보는 견해가 오히려 이례적이었다. 현대 서구 문화권 사람들보다 더 많은 문화권 사람들이 감정을 개인의 내면 상태라기보다는 "인간관계와 관련 있고, 사회적이며, 공개된" 경험으로 인식한다.[29] 시대나 지리상 서구 세계와 거리가 먼 문화권일수록 대체로 감정을 사회 영역과 도덕 영역의 행동으로 바라본다. 팔레스타인계 미국인 인류학자인 릴라 아부 루고드Lila Abu-Lughod 1980년대 후반에 기록한 이집트 베두인족의 감정을 예로 들어보자. 명예를 중시하는 베두인 문화권에서 감정은 도덕적으로나 사회적으로 명예를 지킬 수 있게 돕는 도구다. 베두인족이 숭상하는 명예를 지키려면 '강한 사람'이어야 하고, 조금이라도 허약함을 드러내면 수모를 당하기 십상이다. 베두인 사회에서는 허다하게 이런 위험과 마주친다. 자신보다 사회적 지위가 높은 사람과 대면할 때만 해도 그렇다. 베두인 사회에서는 여성이 남성보다 신분이 낮아서, 남성과 대면하는 순간 여성은 언제든 수모를 당할 처지에 놓인다. 베두인족에게 가장 중요한 감정은 **하샴**인데, 베두인족이 엄격하게 지키는 명예규범과 단단히 묶인다. 하샴이란 "자신이 수모를 당할 수 있다는 자각"에서 생겨나는 감정으로, 개인이 그런 위험을 느낄 때 겸손하게 처신하도록 유도한다.[30] 따라서 개인이 내면에서 느끼는 감정이라기보다는 도덕적으로나 사회적으로 위계질서를 존중하도록 만드는 역할을 한다. 물론 **하샴**에 껄끄러움, 부끄러움, 창피 같은 기분이 따라오겠지만, 내면에서 느끼는 감정은 그리 중요한 요소가 아니다.

1980년대 후반에 나는 비슷한 주제를 다룬 민족학 문헌을 많이 읽었고 문화권마다 감정을 이야기하는 방식이 다르다는 사실을 알게 됐다. 지도교수인 니코 프리다와 함께 **하샴**을 다룬 아부 루고드의 논문을 포함한 여러 논문을 참고해서 감정과 문화를 주제로 리뷰 논문을 집필하기도 했다.[31] 그때 감정 연구로 유명한 인류학자인 캐서린 러츠 Catherine Lutz가 리뷰 논문을 보고 여러 연구 논문을 치우침 없이 평가했다고 호평했다. 하지만 대화에 나타나는 문화 차이가 지닌 함의를 제대로 이해하는 데는 더 많은 시간이 걸렸다. 감정을 거론하는 대화에서는 감정을 표현하는 방식이 중요했다. 나는 1980년대와 1990년대 책들을 지금도 보관하고 있다. 책장을 넘기며 여백을 살펴보면 내가 의문을 품고 적은 글귀가 곳곳에서 눈에 띈다. "이것은 감정에 관한 이야기일 뿐 감정 자체는 아니다." 또는 "이 감정을 언급하지 않는다는 사실이 곧 이 감정이 존재하지 않는다는 의미는 아니다." 이렇게 적어놓은 글귀는 다른 문화권 사람들이 이야기하는 감정을 연구한다면서도 정작 그들이 하는 말들을 온전히 진실로 받아들이지 않았다는 증거다. 그때는 알고 보면 모든 사람이 나와 똑같은 감정을 지녔을 거라고 믿었다. 지금은 생각이 바뀌었다.

십여 년이 지난 뒤에 가라사와 마유미唐澤 真弓와 함께 연구할 기회가 생겼고, 감정을 연구한 인류학자들의 논문을 읽은 예전 기억이 되살아났다. 그때는 내가 미국에 살았었고, 심리학계에서 감정에 작용하는 문화 차이에 관심을 보이기 시작했을 시절이다.[32] 심리학자들은 기회가 닿을 때마다 이른바 '기본적인' 심리 과정이 동아시아 사람들에게도 똑같이 적용되는지 추적했다. 대다수 관련 연구는 주로 일본에서 진행됐고, 중국과 한국에서도 몇몇 비교 연구를 전개했다. 주로 미국에서 교육을 받은 동아시아 출신 연구원들이 미국인 지도교수나 동료들과 함께 관련 연구를 확대하면서, 의도하지는 않았겠지만 기존 심리학 이론에 도전장을 내밀게 됐다.

가라사와는 서구 유학파가 아니라 일본에서 대학을 나왔다. 나는 한 학술대회에서 가라사와를 만났다. 그때 가라사와는 일본에서 조교수로 일했고 나는 노스캐롤라이나주 웨이크포레스트대학교 조교수였다. 처음에는 가라사와가 질문을 던질 때마다 마음이 불편했다. 감정을 연구하는 과학도로서 내가 여태껏 받은 교육에 의문을 제기했기 때문이다. 감정심리학자가 보기에는 '지극히 명백한' 사실에 의문을 제기하니 어떻게 받아들여야 할지 난감했다.

나와 가라사와는 면접조사를 함께 기획하고 감정을 연구했다. 실험에 참여한 사람들에게 과거에 겪은 일 중 강렬한 감정을 불러일으킨 사건이 있으면 이야기해 달라고 요청했다. 그때 기분이 어땠고 감정이 얼마나 강렬했는지, 그 사건이 당사자에게 어떤 의미가 있는지, 응답자 본인과 사건 관련자들은 어떻게 행동했는지, 이후 사건이 어떻게 전개됐고 감정이 어떻게 달라졌는지, 그 사건으로 인간관계, 신념, 인생관이 어떻게 바뀌었는지 설명해 달라고 했다. 자세한 내용은 2장에서 다루겠지만, 암스테르담에 거주하는 여러 문화 집단을 연구할 때 비슷한 면접조사 기법을 사용했기 때문에 이 방법이 얼마나 유용한지 알고 있었다. 일본과 노스캐롤라이나에서 면접조사를 진행할 때는 조사 순서를 살짝 바꾸기로 했다. 문화권에서 각각 응답자를 세 명씩 선정해 먼저 설문지를 시험해보았다.

우리는 일본에서 실시한 모의 면접조사에서 놀라운 사실을 몇 가지 발견했다. 전혀 예상하지 못한 결과여서 설문지가 잘못 번역된 건 아닌지 의심하기도 했지만, 번역에는 문제가 없었다. 모의 면접조사에 참여한 일본인들은 감정의 '강도'를 묻는 간단한 설문을 이해하고 응답하는 데 어려움을 느꼈다. 가라사와는 일본인 응답자들이 이 질문을 어려워하는 데는 이유가 있다면서, 일본인이 보기에 이 질문은 말이 안 된다고 주장했다. 그래서 일단 "그 감정적 사건이 당신에게 얼마나 **중요했나요?**"라고 문장을 바꿔서 질문하는 것으로 마무리했다. 그랬더니 일본인도 설문 내용을 이해했다. 이런 방식으로, 나는 실제 면접조사에서 감정의 강도를 묻는 설문에 일본인들이 어려움을 느끼는 상황을 미리 대비할 수 있었다. 일본인에게 감정의 강도를 묻는 설문만이 문제인 건 아니었다. 이를테면 "그때 느낀 감정 때문에 상대방에 대한 기존 생각이 바뀌었나요?"와 같이 감정이 끼친 영향을 묻는 설문에도 일본인들은 고개를 갸우뚱했다. 우리는 다른 번역문을 제시하기로 했다. "그 사건 때문에 상대방에 대한 감정이나 생각이 달라졌나요?" 이번에도 질문을 수정해서 일단 '문제'를 해결하고 일본인에게 답변을 들을 수 있었다.

그때 누군가 내게 의견을 물었다면, 강렬하게 느끼는 감정이라든지 감정이 끼치는 영향과 결과는 **현상 자체**로서 보편적이지만, 일본어로 이런 현상을 표현하기가 쉽지 않았다고 분석했으리라. 그러니까 감정 때문에 생각이나 신념이 바뀌는 건 분명한데, 어찌 된 영문인지 일본어로는 그 사실을 문자 그대로 표현할 길이 없었다. 당시에 나는 일본어로 번역한 문장이 설문지 원본을 에둘러 표현했을 뿐 의미는 똑같다고 믿었다. 그때 나라면, 이런 감정은 인간이 본래 타고난 것으로 문화를 매개로 습득하기 전에 형성되며, 당시 내가 사용한 영어가 일본어보다 감정을 표현하는 데 더 적합한 언어라고 말했을 것이다. 지금은 여기에 동의하지 않는다. 문화 차이는 두 언어가 지닌 의미를 넘어설 만큼 크다.

가라사와 마유미와 함께 연구한 시간은 일본 문화를 이해하고, 내가 나고 자란 서구 문화권의 관점을 인식하는 계기가 됐다. 나아가 인간 내면에서만 감정이 생겨나지는 않는다는 사실을 깨달았다. 감정심리학이란 앞서 소개한 **위어드** 문화권에서 감정을 탐구하는 학문이며, 그 문화에 적합한 과학이라는 점을 실감한 것도 이때였다. 위어드 문화권에서 감정은 내면 상태로, 행동과 인식을 일으키는 본질이다. 내가 일본인 응답자들에게 제시한 설문은 서구 문화권에서 정의한 감정 개념에서 출발했다. 감정의 '강도'는 내면 상태에 적용하는 개념이다. 내면에서 일어나는 감정이 생각이나 인상을 바꿔놓는다는 개념 또한 감정이 마음속에서 생긴다고 전제한다. 감각이 뛰어난 가라사와와 함께 연구한 덕분에, 나는 감정이란 어쩌면 '내면'이 아닌 사람들 사이의 '관계에서' 발생한다는 1980년대 인류학자들의 주장을 이해할 수 있었다. 이렇게 감정을 인간관계에서 발생하는 개념, 곧 사람들이 상호작용을 하는 체계로 인식하게 되면, 내면에서 이는 감정이 얼마나 강렬했는지 또는 그 감정이 내면의 생각과 인상을 어떻게 바꿔놓았는지 묻는 설문은 애초에 무의미할 수 있다. 나는 일본인 응답자들에게 감정을 묘사해 달라고 요청했지만, 이 설문에서 가리키는 감정은 내가 자란 서구 문화권에서만 통하는 개념이었다.

여기서 말하는 '감정'이란 무엇일까?

나는 감정에서 나타나는 문화 차이를 세심하게 고려할 때 우리가 얻는 이점이 무엇인지 보여주고 싶어서 이 책을 썼다. 감정은 사회생활과 문화생활을 구성하는 요소이기에 우리가 속한 문화와 공동체에 따라 다르다. 감정 차이는 겉으로 드러나는 선에서 그치지 않는다. 감정은 표현만 **달라 보이는** 게 아니다. 감정을 형성하거나 경험하는 과정 자체가 문화권마다 차이를 보인다.

여기서 잠깐 생각해보자. 문화권마다 사람들이 느끼는 감정이 다를 수 있는지 의문이 들 수도 있다. 인간의 몸에서 감정을 만들어 내는 것 아닌가? 맞는 말이기도 하고 틀린 말이기도 하다. 우리 뇌와 신체가 특정한 감정을 느끼도록 타고난 건 아니다.[33] 하지만 인간이 사회생활과 물질생활을 영위하는 데 최대한 유리한 감정, 곧 자신이 속한 공동체와 문화에 적절한 감정을 느끼도록 유도한다.[34] 최근 과학 이론에 따르면 본성과 양육이 서로 충돌하는 시대는 지났다. 본성은 양육될 준비가 됐다. 우리 뇌의 신경망은 특정 사회 환경과 문화에서 많은 것을 경험하며 역동적으로 변화한다. 이를 뇌 가소성이라고 하는데, 그 덕분에 우리는 특정 공동체 안에서 적응하며 살아갈 수 있다. 관계를 형성하는 일은 인간의 본성이다. 우리는 사회 안에서 타인과 함께 어울리며 의미를 만든다. 그렇게 다양한 것을 경험하고 학습하는 과정에서 감정을 일으킨다.[35] 경험이 다채로운 만큼 감정도 다양하기에 여기에 모두 부합하도록 감정을 규정하는 일은 적어도 당장은 어려워 보인다. 하지만 내가 이 책에서 다루려고 하는 감정의 특징만큼은 분명하게 규정할 수 있다.

감정은 개인의 기대, 계획, 목표를 방해하거나 위협하는 일이 끼어들어 일상이 중단되는 경험에서 흔히 일어난다. 이집트 베두인족에게 **하샴**은 명예가 위협받을 위험에 부딪혔을 때 발생하는 감정이다. 여성이 남성과 대면하는 상황이 대표적인 예다. 그래서 **하샴**은 몸을 숨기거나 상대방과 눈을 마주치지 않으려고 시선을 아래로 떨구는 반응처럼 명예를 지키려는 행동을 유도한다. 그런가 하면 개인의 기대, 계획, 목표를 성취하기 위해 중요한 일이 유난히 잘 풀릴 때가 있다. 예를 들어, 사람들과 마음이 더없이 잘 통하는 듯한 기분이 들 때도 있다. 또는 친구들과 함께 화기애애하게 저녁 시간을 보냈을 때 그 감정을 표현하기에 좋은 단어가 **헤젤러흐**다. 그 상태로 아무런 불만이 없고 친구들과 더 깊이 소통하고 싶은 마음을 표현할 때도 이 단어를 쓴다. 우리가 유쾌하다고 말하는 감정은 흔히 새롭고 특별한 경험, 이상에 다가가는 경험, 바람직한 경험을 가리킨다.[36] 일상과 달리 개인적으로 뜻깊고 중요한 사건을 겪을 때 우리는 강렬한 감정에 사로잡힌다. 이를 통해 삶에서 새로운 의미를 찾고, 삶의 목표를 재설정하거나 특정한 행동을 실행할 마음이 생기며, 자신의 태도와 가치관이 재배치되는 경험을 하게 된다.

감정적 사건이 우리 삶에 큰 영향을 끼친다고 규정하면 신체는 어떤 역할을 할까? 심리적 변화는 **언제나** 신체 변화를 불러온다. 나아가 이 관점에 따르면, 특별하고 뜻깊은 사건을 맞닥트려 감정에 자극을 받을 때 인간은 적응하고 재설정하는 방식으로 감정을 처리하고, 특정한 행동을 준비하고, 자신의 태도와 가치관을 재배치한다. 이 과정에서 신체에 이런저런 반응이 일어나는데, 대개가 극심하고 강렬하다.[37] 예를 들어, 나는 분노라는 감정에 맞서 싸울 때면 온몸에 힘을 주면서 어금니를 앙다문다. 감정적 상황에서 일어나는 신체 변화는 그 자체로 의식적 경험의 일부가 되기도 한다. 강렬한 감정이 일 때 신체 변화가 따라오느냐 마느냐는 소속 문화에 따라 달라진다.[38] 예를 들어 누군가 내 앞에서 새치기를 하는 바람에 화가 나면 자연스레 몸이 긴장할 테고, 이 사건이 내 인간관계에 가져오는 의미를 깊이 생각할 수도 있다. 내 권리를 가로챈 사람들에게 괴롭힘을 당하는 기분이 들면 앞으로 이들에게 내 권리를 빼앗기지 않겠다고 결심하게 된다. 2장에서 자세히 다루겠지만, 이런 처지에 놓이면 생각에 집중하느라 신체 변화에는 별다른 주의를 기울이지 못할 수도 있다. 이 사례에서처럼 감정적 사건을 경험하면 신체 변화가 따라오는데, 일상에서 사람들과 상호작용하는 과정에서 감정을 표출할 때는 신체 변화가 전면에 드러나기도 하고 눈에 띄지 않을 수도 있다.

감정은 언제나 인간관계 속에서 의미를 지닌다는 사실이 중요하다.[39] 만약 내가 베두인 사회에서 그곳에 사는 여성처럼 **하샴**을 느끼거나 실행한다면 다른 베두인들이 내게 호의를 보이리라고 기대할 것이다. 내 명예와 존엄을 지키기 위한 행동이기 때문이다. 내가 **하샴**을 느끼고 적절하게 처신한다는 얘기는 베두인 사회에서 명예규범을 위반할 처지에 놓였을 때 올바른 방법을 선택했다는 의미다. 네덜란드 사회를 예로 들면, 내가 **헤젤러흐**를 느낄 때 한 공간에 있는 다른 사람들도 나와 똑같은 기분을 공유할 거라고 기대해도 된다. 하지만 그렇지 않다는 사실을 확인하면 **헤젤러흐**한 분위기는 순식간에 사라지기도 한다. 만약 내가 누군가를 **사랑하는**데 여기가 미국 문화권이라면 그 사람과 함께 시간을 보내며 경험을 공유하고, 사랑한다고 말해주고, 상대방을 쓰다듬거나 꼭 껴안고 싶을 것이다.[40] 하지만 상대가 똑같이 호응하지 않으면 이런 감정은 완전히 다른 의미를 지니게 된다. 방금 소개한 모든 사례에서 감정은 개인은 물론 대인관계에서도 의미 있고 중요한 경험이며, 서로 공감을 형성하는 과정이 중요하다는 사실을 보여준다.

우리는 공동체 안에서 경험을 쌓고, 세상을 이해하고, 사람들과 관계를 맺고, 도덕적 감수성을 키운다. 더불어, 공동체는 가치관과 목표에 영향을 끼치기 때문에 개인이 지니는 감정도 공동체의 영향을 많이 받는다. 집단, 사회경제 계층, 종교, 성 정체성, 심지어 가족 간에도 문화가 다르면 감정에 담긴 의미가 달라질 수 있다. 앞서 나는 네덜란드에서 성장할 때 받은 훈육과 교육이 내 감정을 형성했다고 강조하고, 그 감정을 북미 문화권에서 경험한 사건과 비교했다. 그 밖에도 내 감정을 형성하는 데 한몫했을 요인은 한두 가지가 아닐 것이다. 나는 중산층 배경을 지닌 여성으로 베이비붐 세대고, 홀로코스트 생존자이자 종교와는 무관한 삶을 사신 어머니 곁에서 자란 딸이며, 자녀를 키우는 엄마다. 또한 남편을 둔 아내고, 누군가의 친구이자, 학생들의 교수다. 이 모든 요인이 내 행동에 담긴 의미와 맥락에 영향을 미친다.

인간 감정은 본질적으로 차이가 없을까?

여러분은 어떻게 생각하는가? 나와 다른 문화권 출신 사람을 시간을 들여서 알아간다면 겉으로 보이는 차이를 넘어서 그 사람이 느끼는 기분을 알아차리고 이해할 수 있을까? 마음 깊은 곳에서 솟아오르는 감정에는 서로 차이가 없다는 말이 사실일까? 그렇지 않다. 대화를 나누며 서로 소통하려 애써도 상대방이 자신과 얼마나 비슷한지 알아낸다는 보장이 없다. 상대방도 나와 똑같은 심정이라고 결론을 내릴 때조차 어쩌면 자신의 기분을 투사한 결론일지도 모른다. 과학자들도 자신의 생각을 투사한다는 점에서 안전하지 않다. 여러 심리학자와 인류학자들이 문화에 담긴 감정 차이를 설명하며 제시하는 이론을 요약하면 이렇다. 다른 문화권 사람들은 자신이 느끼는 기분에 엉뚱한 이름을 붙이거나, 원인을 잘못 해석하거나, 감정을 솔직하게 밝히지 않고 숨긴다. 다시 말해 서구 학자들은 설문에 참여한 다른 문화권 응답자들이 표현한 '실제' 감정이 자신들과 다르지 않다고 전제한다. 나중에 더 분명히 밝힐 테지만, 인간 내면 깊은 곳에 실재하는 진짜 감정에 초점을 맞추는 시각 자체가 어쩌면 위어드 문화권에만 적용되는 이야기일 수도 있다.

우리는 타인과 소통할 때 유사성만이 아니라 차이점도 발견하게 되리라 예상해야 한다. 그래서 **자신의 감정을 타인에게 설명하는 상황도 대비해야 한다.** 인간 감정은 타고나지 않으며 보편적이지도 않기 때문이다. 내가 처음 이런 생각을 학자들에게 밝혔을 때 불편한 기색을 내비치는 사람도 몇몇 있었다. 인간 감정이 애초에 다르다면 우리는 어떻게 서로 이해하고 마음을 나눌 수 있단 말인가? 학자들의 반응을 지켜보면서, 나는 감정이 보편적이라는 전제 뒤에는 대개 현실을 무시하는 이상주의가 숨어 있다는 사실을 알아차렸다. 서구 문화권의 감정을 다른 문화권 사람에게 투사하는 행동에는 감정 영역에서 나타나는 제국주의 관점의 태도가 영향을 끼친다. 여기에 더불어 지구촌이 되어버린 세계에서 서로 감정을 공유하고 인류애를 구축해야 한다는 바람도 중요한 요인으로 작용한다.

인간 감정이 보편적이지 않다고 해서 절망할 필요는 없다. 보편적인 감정이 없어도 인류애를 실천할 수 있다. 다른 문화권 사람들의 감정에도 익숙해질 수 있다. 문화에 담긴 감정 차이에는 논리가 있다. 다른 문화권 사람들이 무엇을 중시하는지, 즉 그들의 규범, 가치관, 목표를 이해하면 감정 또한 헤아릴 수 있다. 특히, 자신과 문화가 다른 사람들의 감정을 받아들이면 자신의 감정이 누구나 이해할 수 있는 보편적인 감정이 아니라는 사실을 깨닫게 된다는 점이 중요하다. 우리 자신의 감정도 포함해서 모든 감정은 소속 문화에 따라 다르다. 의복이 다르고, 언어가 다르고, 자녀에게 먹이는 음식이 다른 것과 마찬가지다.

감정생활을 구성하는 요소와 경험은 대단히 복잡해서 참고도서 한 권에 모두 담아낼 수 없을뿐더러, 이 책이 추구하는 목표도 아니다. 나는 이 책에서 문화에 따라 감정에 차이가 생기는 데는 그럴 만한 이유가 있다는 얘기를 하려고 한다. 우리는 서로 다른 감정에 휩싸일 수 있다는 점을 받아들이고, 열린 마음으로 소통하는 법을 익혀야 한다. 감정 차이를 인정할 때 서로 다른 문화의 간극을 좁히고 유대감을 쌓을 발판을 놓을 수 있다.

2장

감정은 '내 것'일까, '우리 것'일까?

○ 픽사에서 제작해 2015년 개봉한 애니메이션 〈인사이드 아웃〉에는 다섯 가지 감정이 등장한다. 기쁨이, 슬픔이, 소심이, 까칠이, 버럭이. 이 감정들은 라일리 앤더슨이라는 소녀의 머릿속에 거주하고, 서로 경쟁하며 라일리를 조종한다. 무척 재미있고 유익한 교훈도 선사하는 영화다. 나는 〈인사이드 아웃〉에서 감정 자체를 어떻게 묘사하는지에 초점을 맞추고 싶다.[41] 사람의 머릿속에는 라일리처럼 다섯 가지 감정이 숨어서 감정마다 특유의 방식으로 행동에 나설 기회를 노린다. 영화에서 다섯 가지 감정은 제각기 고유의 특성을 나타내는 작은 캐릭터로 등장한다.[42] 이를테면 분노를 상징하는 캐릭터는 온통 붉은색이다. 인물이 어떤 상황에서 분노를 경험하건 그 감정은 '동일'하다. 라일리와 부모가 논쟁을 벌이는 장면을 보면 인물마다 머릿속에서 붉은색 분노 캐릭터가 활약한다. 영화에서 표현하는 분노는 인간 본성에 뿌리를 둔 감정으로, 경험하는 사람과 상황이 달라도 그 본질은 같다.

〈인사이드 아웃〉은 여러 서구 문화권에서 사람들이 경험하고 이해하는 방식으로 감정을 세밀하게 묘사한다. 다시 말해 감정은 정신 현상

Mental이고, 인간 내면에서 벌어지는 일INside the person이며, 인간 본성과 깊숙이 연관된다Essentialist(이 부분은 본질주의 관점이다)고 이야기한다. 이런 시각으로 바라보는 감정을 나는 마인MINE 모형 감정이라고 부른다. 가족과 함께 〈인사이드 아웃〉을 보러 갔다가 당시 청소년이던 내 아이들에게도 이런 점을 지적했다. 만약 이 영화를 만든 감독이 서구인이 아니었다면, 또한 라일리가 미국 중산층 백인 아이가 아니었다면 감정 캐릭터는 사뭇 다른 모습이었을 거라고 말이다. 아이들은 흥 좀 깨지 말라고 타박하며 이렇게 말했다. "역시 심리학자랑 같이 영화를 보러 오는 게 아니라니까요."

　이번 장에서는 〈인사이드 아웃〉처럼 재미있지는 않겠지만 인간이 감정을 경험하고 이해하는 또 다른 방식을 탐구하는 여정을 떠나려고 한다. 이 감정은 내면이 아닌 외부에서 일어나는 현상OUtside the person이고, 관계에서 발생하며Relational, 주변 환경에 많은 영향을 받는다Situated.

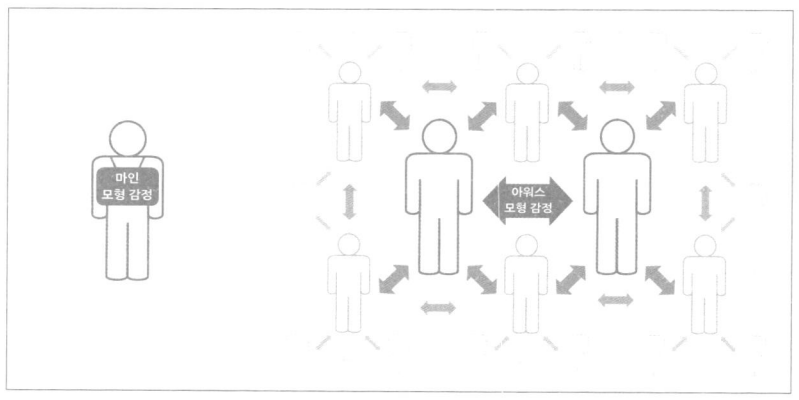

● 그림 2.1 마인(MINE) 모형 vs. 아워스(OURS) 모형

이런 관점의 감정을 나는 아워스**OURS** 모형 감정이라고 부른다. 위어드 문화권 밖에서는 대다수가 이 모형에 해당한다. 과거에는 이 모형에 따라 감정을 다뤘고, 지금도 비위어드 문화에서는 대체로 이렇게 감정을 이해한다. 아워스 모형에 따라 감정을 이해하는 작업은 내면을 살피기보다는 외부로 향한다. 말하자면 감정을 이야기하는 단계를 넘어 감정을 표현하고 조절하는 방식이 더 중요하다.

감정은 내적 현상일까, 외적 행동일까?

네덜란드에서 후속 연구를 진행할 때, 나는 처음으로 비위어드 문화권 사람들의 감정을 아워스 모형으로 이해했다. 1장에서 설명했듯이, 네덜란드에 사는 수리남계와 튀르키예계 이주민 그리고 네덜란드 현지인을 대상으로 면접조사를 실시한 적이 있다. 이렇게 문화 집단 세 곳에서 제각기 선정한 응답자들에게 살면서 강렬한 감정을 경험한 사건이 있는지 물었다. 응답자들은 누군가에게 인정과 칭찬을 받은 경험이라든지 무언가를 성취하고 성공한 순간을 들려줬다. 또 타인에게 부당한 대우를 받았거나 자신이 타인을 부당하게 대우했던 이야기도 했다. 연구에서 확인한 이런 유형의 경험은 세 문화권에서 모두 중요한 정서적 의미를 지녔다. 우리는 후속 연구를 설계해서 관련 감정과 얽힌 일화 중 문화 간에 유사한 사례를 자세히 비교하고 싶었다.[43]

나는 감정이 사람들과 맺는 **관계**에서 생겨난다는 사실이 가장 놀라웠다. 레벤트라는 튀르키예 청년이 있는데, 그는 경쟁률이 높은 대입 시험에서 최상위 성적을 받아 튀르키예의 명문 대학교에 입학할 수 있었다. 이런 성취로 자부심을 느낀 사람은 청년만이 아니었다. 레벤트의 부모도 고스란히 그 자부심을 공유했다.

> 저의 합격은 어머니에게 중요한 사건이었습니다. 많은 사람에게 써먹을 수 있는 자랑거리였거든요. 사람들이 제 학생증을 보여줄 수 있느냐고 물으면 어머니는 저도 모르게 학생증을 가져가 사람들에게 보여주셨죠. 부모님은 친척과 이웃사촌까지 모두 집으로 초대해 합격을 축하하셨습니다.

강렬한 감정에 휩싸이는 경험은 사람과 사람 사이에서 일어난다. 사례에서 보듯 레벤트와 부모가 함께 사건을 경험하기 때문이다. 명문 대학교 합격으로 레벤트 가족은 긍지가 넘쳤고, 촌수가 먼 친척들은 자긍심에 금이 갔다. 레벤트가 느낀 감정은 그가 관계를 맺고 있는 세계에서 '살아 숨 쉰다.'

> 제 친척들은 대학 입시에서 저랑 붙지 않기를 바랐어요. …… 그만큼 그분들 자녀인 제 사촌이 합격할 가능성은 떨어질 테니까요. 제가 시험에 응시하니 친척들은 속을 부글부글 끓였고, 저한테는 자존심이 달린 문제였죠. 사촌들과 경쟁할 수밖에 없었습니다. 친척들은 "이번에 붙을 수 있겠어?"라며 저를 놀리듯 물었어

요. 입시가 끝나고 그분들이 축하연에 와서 제게 입맞춤하며 잘 되기를 바란다고 말했지만, 속으로 무슨 생각을 하는지 제가 모를까요? '젠장, 이번에도 네 녀석이 이겼구나.' …… 제가 대학에 합격하니 딸을 제 배필로 주겠노라고 제안하는 친척도 많았어요. 물론 저는 자존감이 차올랐죠.

여기서 레벤트가 경험한 감정은 사회 영역, 곧 대인관계가 변화하며 발생한 사건이지, 내면에서 일어나는 주관적 현상이 아니다. 튀르키예계와 수리남계 이민자들이 참여한 설문 결과에 흔히 나타나는 감정 양상이다. 이들은 지위, 명예, 권력에 변동이 생기거나 그것을 위해 협상할 때 강렬한 감정을 느낀다고 이야기했다.[44] 여기서 감정은 애초에 개인 내면에서 솟는 사적인 기분이 아니라 사람들이 관계를 맺는 방식에 가깝다.

이번에는 네덜란드 현지인인 마틴이 인정과 칭찬을 받은 경험을 살펴보자. 마틴은 건축공학 석사학위를 받는 데 필요한 최종 발표를 마치면서 강렬한 감정에 사로잡혔다.

> 정말로 해냈구나 하는 기분이 들었어요. 내가 어떻게 이 일을 해냈을까. …… 엄청난 안도감이 밀려왔습니다. …… 막 흥분되거나 그런 건 아니고 '드디어 끝났구나!'라는 느낌이랄까요. …… 심사 마감일을 제가 직접 정했고, 계획한 대로 해냈다는 사실에 기분이 좋았어요. …… 일을 다 마치고 친구와 친척 일곱 명이 함

께 밖으로 나갔습니다. 제 발표를 놓고 별다른 말은 없었어요. 물론 제 친구들이니까 이 발표가 제게 중요하다는 사실을 모르지 않았죠. …… 제 발표를 들으려고 왔으니까 당연히 제게 잘했다고 칭찬하더군요. "해치웠네, 드디어." …… 뭐, 그런 말들이 오간 정도였고요. 그러고는 다른 주제로 이야기를 나눴어요. …… 몇 달 동안은 사람들을 만나고 근황을 주고받을 때 석사학위 얘기도 건네고 했죠. 기분이 좋았어요. 그때마다 내가 정말 이 일을 끝냈구나 실감했어요.

마틴이 느낀 감정은 주로 내면에서 일어난다. 안도감, 기쁨, 즐거움 같은 감정이 그의 경험을 설명해준다. 물론 마틴도 자신이 거둔 성취를 다른 사람들과 함께 나누고 축하하지만, 마틴의 감정은 주로 내면에서 차오르는 기분에 초점이 맞춰진다.

이 대목에서 레벤트와 마틴이 경험한 감정을 말하는 방식이 다를 뿐, 감정 자체는 별반 다르지 않다고 반박할 수도 있겠다. 두 사람이 안도감이나 기쁨을 똑같이 느끼면서도 그 감정을 달리 표현했을 수 있지 않을까? 레벤트가 가족을 거론한 건 튀르키예 사람이 감정을 이야기하는 방식이 그렇기 때문이 아닐까? 레벤트가 만나는 가족과 주변 사람들의 역할, 그리고 마틴이 학위를 취득한 후에 길게는 몇 달 동안 마주친 친구와 사람들의 역할, 여기에는 어떤 차이가 있을까? 1장에서 언급했듯, 1980년대라면 나 또한 이 차이를 인정하지 않았을 것이다. 그때는 나도 동료 학자들의 원고나 책 여백에 "이것은 감정에 관한 이야기이지 감정 자체는 아니다."라고 쓰곤 했다.

실제로 감정적 사건을 들여다보면 대개가 마인 모형 감정과 아워스 모형 감정의 특징을 함께 드러낸다.[45] 레벤트와 마틴이 설명한 내용을 살펴보면 알겠지만, 감정적 사건은 흔히 정신 현상뿐만 아니라 대인관계에서 나타나는 특징도 보인다. 아울러 인간 내면에서 일어나기도 하고 외부에서 발생하기도 한다. 내면에서 느끼는 기분, 감각, 신체적 증상으로 감정이 일어나건, 외부로 드러내는 행동, 대인관계, 외부 상황에 따라 감정이 차오르건 간에 감정이 움트는 위치에는 실제로 문화 차이가 있다.

마인 모형 감정에 해당하는 문화권에서는 내면에서 느끼는 기분이나 신체 감각을 감정으로 여기거나 중요시한다. 그래서 사람들이 관심을 기울이거나 기억하는 대상도, 행동을 일으키는 대상도 내면의 기분이나 신체 감각이 된다. 반면 아워스 모형 감정에 해당하는 문화권에서는 대인관계에서 주고받는 상호작용이나 특정 상황에 걸맞은 행동양식을 감정으로 여기거나 중요시한다. 그래서 마찬가지로 사람들이 관심을 기울이거나 기억하는 대상도, 행동을 일으키는 대상도 사람 사이의 상호작용이나 행동양식이 된다. 마인 모형 감정에서는 아워스 모형 감정과는 사뭇 다른 방식으로 감정을 표현하고 처리한다.[46] 마인 모형 감정에 익숙한 사람은 레벤트의 사례에서 드러난 자긍심이 자신에게 익숙한 감정과 다르다는 사실을 알아차리기 마련이다. 위어드 문화권 사람들은 어째서 레벤트가 자신들과 똑같은 감정을 지녔으나 사회 관습 때문에 특정한 방식으로 그 감정을 이야기한다고 생각하는 걸까? 마틴이야말로 네덜란드 현지인 사이에 형성된 문화규범 때문에 그런 방식으로 감정을 표현한다고 생각할 수는 없을까? 대개는 그렇지 않을 것이다.

아워스 모형 감정에 해당하는 사례를 살펴보자. 설문에 참여한 수리남계 이민자 중 로메오라는 예술가가 있었다. 로메오는 가깝게 지내던 동료가 저지른 부주의한 행동을 이야기했다. 이 사건에서 핵심은 동료 예술가가 마땅히 로메오에게 돌아갈 지위나 자원을 외면하는 방식으로 자신이 그것을 획득하려 했다는 점이다. 로메오는 "기분이 나빴어요. 정말 불쾌했어요."라고 감정을 표현했지만, 이 감정적 사건이 높은 지위와 자원을 두고 다투는 경쟁이며 사람들 사이에서 벌어진 경험이라는 점이 중요하다.

> 미국 대학에서 사람이 왔을 때였죠. 저에 관한 이야기를 듣고 …… 이 사람이 네덜란드에 와서 저와 만날 방도를 찾다가 제 친구와 먼저 연락이 닿았답니다. 그전에 제 작품이 실린 카탈로그와 책을 보고 크나큰 울림을 받았다고 해요. 이렇게 말했다더군요. "이 사람을 꼭 만나고 싶습니다." 그런데 제 친구는 제 전화번호를 알면서도 이 사람에게 전화번호를 알려주지 않았어요. 이 사람이 제 친구 작품을 일부 구매해서 미국 대학으로 돌아간 후에야 내게 소식을 전해줬죠. 친구가 그러는 겁니다. "내가 이 사람에게 네 전화번호를 알려줬는데 그 사람 말로는 네가 전화를 받지 않았대. 단 한 번도." 애초에 그 사람은 제게 연락할 수가 없었어요. 제 친구가 제 전화번호를 알려주지 않았거든요.

로메오가 보기에 친구는 로메오에게 쏟아지는 관심과 찬사를 시기했고, 로메오의 지위를 깎아내려 자신의 지위를 높였다. 로메오에게 손해를 끼치면서까지 사람들의 관심과 찬사를 사고 성공할 기회를 얻으려 했던 사람이다.

로메오가 들려준 이야기는 특별하지 않다. 수리남계 이민자들은 순전히 시기심 때문에 지위를 깎아내리고 좋은 기회를 거머쥐지 못하도록 방해한 친구와 친척들 이야기를 자주 전한다.[47] 그들이 설명한 감정을 살피다 보면 글렌 애덤스Glenn Adams가 가나에서 설계한 적대심 연구가 생각난다. 내 설문조사에 참여한 수리남계 이민자들도 사실 서아프리카 출신이었다. 애덤스는 가나 지역을 묘사하면서, 버스, 자동차, 광고판을 막론하고 가까운 곳에 적이 있다고 경고하는 문구가 어디에나 붙어 있다고 지적했다.[48] 유명한 시에도 등장하듯 "가장 친한 친구가 당신을 파멸에 이르게 하는 가장 위험한 배신자가 될 수 있다. …… 사람은 누구나 적이 있기 마련이다."[49] 적대심을 형성하는 요인으로는 시샘, 미움, 불화, 단순한 악의 등이 있는데, 좁은 지역사회에서 별수 없이 부대끼며 살아야 하는 현실을 고려하면 그럴 만도 하다. 이런 환경에서는 다른 사람을 끌어내려 자원이나 평판을 더 많이 차지해야 이득이 되기도 한다. 그야말로 제로섬게임이다.

친구가 미국 대학에서 온 아트 컬렉터에게 로메오의 연락처를 알려주지 않았을 거라는 의심은 나중에 사실로 확인됐다. 로메오는 친구에게 따졌을까? 화를 내거나 불만을 토로했을까? 어떤 식으로든 감정을 터트렸을까? 그러지 않았다. 로메오는 그 친구를 오래전부터 믿지 않았지만 대립한 적은 없다고 했다. 힘의 균형이 로메오 쪽으로 기울었기 때문이다. 로메오는 결국 그 아트 컬렉터와 친분을 쌓았고, 친구와의 관계 주도권도 로메오에게 있었다. 그래서 로메오가 다른 행동을 할 필요가 없었다. 관계가 좋고 나쁨에 따라 행동이 달라지는데, 이 사례에서는 아무런 변화가 필요 없었다.

여기서 인류학자들이 말하는 '유형화된 고정관념'의 기초 개념을 살피고 넘어가자. 서아프리카 출신의 수리남계 이민자나 가나 사람의 사례를 소개하려고 한다. 그렇다고 서아프리카 사람이 모두 비슷하다는 뜻도 아니고 문화 동질성이 강해서 고정불변한다는 얘기도 아니다. 인류학자인 내 친구 케이트 절룸$^{Kate\ Zaloom}$은 나 같은 심리학자들이 문화를 설명하는 방식은 본질주의라고 지적했다. 나는 문화 동질성을 내세워서 '수리남이나 튀르키에 출신 이민자들의 **진짜 모습**'을 보여주려는 게 아니다. 문화라는 우주에서 문화권마다 감정 경험이 제각각이라는 사실을 말하고 싶을 뿐이다. 세 가지 문화권 사람들을 연구하면서 간단하게나마 서로 '다른 문화권'의 차이를 경험하고 나니 아워스 모형의 감정이 어떻게 다른지 감을 잡을 수 있었다.[50] 이렇게 비교해본 덕분에 나는 마인 모형 감정을 비춰볼 거울을 얻게 됐고, 위어드 문화권에서 적용하는 마인 모형 감정이 여러 변이형 중 하나라는 사실을 깨달았다. 이 문화 본질주의 문제도 나중에 다룰 생각이다.

아워스 모형 감정은 대인관계에서 우리 자신과 타인의 감정을 인식할 때 큰 영향을 끼친다. 학계에서 자주 인용하는 연구 중에 인도네시아 서부 수마트라섬에 사는 미낭카바우족을 관찰하고 감정이 외부, 특히 '사람들 사이에서' 발생하는 현상이라는 점을 밝힌 연구가 있다.[51] 저명한 인류학자 카를 하이더Karl Heider는 1986년 심리학자 폴 에크먼, 밥 레벤슨과 함께 현지 연구를 시작했다. 레벤슨과 에크먼은 몇몇 기본 감정은 사람이 타고나는 영역으로 자연선택을 거쳐 진화한다는 이론을 검증하고 싶었다. 1장에서 소개했듯, 이들이 말하는 기본 감정이란 **행복, 슬픔, 역겨움, 두려움, 분노** 등이다. 가설에 따르면 기본 감정은 제각기 특정한 뇌 패턴, 주관적 느낌, 고유한 얼굴 표정이 있으며, 특정한 자율신경계 활동(심장박동, 피부 전도, 호흡 등)을 일으킨다. 그리고 기본 감정마다 여러 양상이 서로 밀접하게 얽힌다고 생각했다. 얼굴 표정에서 한 가지 양상이 활성화되면 당연히 특정 양상이 이어지는 식이다.[52] 레벤슨과 동료 연구원들은 자신들의 이론을 검증하려고 가장 확실한 방법을 썼다. 서구 문화권과 전혀 다른 문화권에서 실험을 전개하며 이전 연구

● 그림 2.2 일본 선수와 미국 선수(Copyright © 2008, American Psychological Association)

방식을 그대로 적용했다. 미낭카바우족은 이슬람교를 믿었고 모계사회였으며 농사를 짓고 살았다.[53]

연구진은 감정 단어를 전혀 언급하지 않고 서양인 관점에서 **분노**, **역겨움**, 그 밖의 다른 '기본 감정'에 해당하는 표정을 지어 달라고 요청했다. 역겨움을 표현할 때는 이렇게 요청했다.[54] "(a) 코를 찡그리고 콧구멍을 벌렁거린다. (b) 아랫입술 양 끝을 끌어내린다. (c) 힘을 주어 입술을 오므린다." 레벤슨과 동료 연구원들은 다음과 같은 질문의 답을 알고 싶었다. 역겨운 표정을 지으면 '역겨움'에 해당하는 자율신경계가 활성화되는가, 그리고 실제로 역겨운 감정을 느끼는가?[55] 미국에서 실험에 참여한 사람들은 이 두 질문에 그렇다고 대답했다. 전문 연기자와 대학원생들은 역겨운 표정을 지을 때 실제로 역겨운 감정을 느꼈고, 여기서 활성화된 자율신경계 반응은 다른 표정과 연관된 반응과 뚜렷이 구분되는 경향을 보였다.

그렇다면 연구진이 세운 가설은 입증됐을까? **그렇지 않았다.** 미낭카바우족 연구에서 얻은 얼굴 표정과 신체 실험 데이터는 품질이 낮아 분석하기가 어려웠다. 그렇긴 해도 "특정 표정을 짓는 동안 어떤 감정, 기억, 신체 감각을 느꼈는가?"라는 질문에 미낭카바우족은 무엇도 느끼지 않았다고 대답했다. 연구진이 "실험 과정에는 미낭카바우족이 감정 문화에서 중시하는 핵심 요소가 빠졌다. 즉, 다른 사람이 의미 있는 개입을 하지 않았다."라고 분석한 지점이 중요한 원인으로 꼽혔다. 현장에서 직접 관찰한 하이더는 이렇게 설명했다. "감정의 내적 경험에 집중하는 미국인들과 달리, 미낭카바우족은 대개 감정의 외적 양상을 중요하게 생각하고 다른 사람과 나누는 소통이나 관계에 담긴 의미를 눈여겨본다."[56] 미낭카바우족에게는 아워스 모형 감정, 곧 사람들이 상호작용하는 과정에서 일어나는 감정이 중요하다. 외부 영향을 최소한으로 줄인 실험에서 미국인 응답자들의 감정을 끌어내는 데는 성공했지만, 미낭카바우족에게 감정 경험을 유도하는 데는 실패했다.[57] 심리 반응이나 신체 반응은 미낭카바우족의 감정 경험에도 중요한 지표일 수 있지만, 사회적 맥락에서 서로 경험을 공유해야만 의미가 있었다.[58]

일본인은 주변 사람들과 비슷한 감정을 공유하는 것처럼 보인다. 교토대학교 심리학 교수 우치다 유키코內田 由紀子는 일본과 미국 언론이 2004년 아테네 올림픽 경기를 보도한 자료를 살펴보다가 두 나라 선수들이 감정을 이야기하는 방식에서 차이점을 발견하고 깜짝 놀랐다. 미국 선수가 표현하는 감정은 내면에서 나왔는데, 일본 선수가 밝히는 감정은 대인관계에서 생겨났다. 한 여자축구 선수가 올림픽 경기에서 패배하고 귀국했을 때 기자에게 이런 질문을 받았다.

방금 귀국하셨는데 다른 선수들 반응은 어떤가요?

그러자 그 선수는 이렇게 대답했다.

우리는 빈손으로 돌아왔습니다. 그런데 나리타공항에 내리니 많은 분이 "잘했다!"고 외쳐주셔서 정말 감사했어요. 따뜻한 격려를 들으니 큰 위로가 되면서도, 경기에 이기지 못해 정말 송구한 마음이 들었습니다. …… 저분들 기대에 부응했더라면 얼마나 좋았을까요.

우치다는 체계를 갖춰 이런 현상을 연구하기로 했다.[59] 자신에게 놀라움을 안긴 인터뷰부터 분석하기 시작했다. 일본 선수와 미국 선수가 어느 순간에 얼마나 자주 감정 경험을 언급했는지 세어봤다. 방송 인터뷰는 선수들이 경기를 마친 직후에 들어갔고, 그런 점에서 일본 선수와 미국 선수를 비교하기에 적절한 순간이었다. 방송기자들이 선수들에게 소감을 물었을 때 일본 선수와 미국 선수가 감정을 표현한 횟수에는 별다른 차이가 없었다. 그런데 일본 기자는 미국 기자보다 더 자주 다른 사람들과 관련된 질문을 던졌다. 그러니까 친척, 감독, 친구에 관한 질문을 받았을 때 대체로 일본 선수는 미국 선수보다 더 강렬하게 감정을 표현했다. 예를 들어 "가족은 어떻게 응원했습니까?"라는 질문을 받고, 한 일본 선수는 이렇게 대답했다. "우리 가족은 저랑 자주 통화하며 항상 저를 응원했어요. 가족의 기대에 보답하는 결과를 얻어 무척 **행복합니다.**" 똑같은 질문에 한 미국 선수는 이렇게 대답했다. "제 가족은 저를 항상 격려했어요. 어머니는 늘 저를 응원하셨죠." 양국 선수들에게 감정을 표현할 기회가 생겼을 때 미국 선수와 달리 일본 선수는 대인관계에 담긴 맥락에서 더 자주 감정을 드러냈다. 이런 현상은 그저 관습 차이일까? 일본인은 대인관계를 언급할 때 적절하게 감정을 드러내는 법을 배우는 걸까?

또 다른 실험에서, 우치다 연구진은 일본 대학생과 미국 대학생에게 경기에서 우승한 선수 사진을 보여줬다. 그중에는 일본 선수도 있고 미국 선수도 있었다. 우승자는 단독 사진을 찍고, 동료 선수 세 명과도 함께 사진을 찍었다.

학생들은 어느 사진을 보고 우승자가 더 풍부한 감정을 경험한다고 판단했을까? 일본 학생들은 동료 선수들과 함께 찍은 일본 선수 사진에서 '더 풍부한 감정'을 보았다. 미국 학생들은 정반대였다. 일본인의 감정은 아워스 모형이었지만 미국인의 감정은 마인 모형이었다.[60]

우승한 선수라면 슬프진 않았을 테니 감정 양상이 썩 다양하다고 볼 수는 없다. 우리가 연구해보니, 우승자에게서 일본 학생들은 아워스 모형 감정을, 서구 학생들은 마인 모형 감정을 더 다양하게 잡아냈다. 2000년대 초반에 있었던 일이다. 내 은사이신 미시간대학교 피비 엘스워스Phoebe Ellsworth 교수가 내게 감정심리학자들이 연구할 가치가 있을 만한 문화 관련 주제를 목록으로 만들어보라고 요청했다. 그때 나는 일본인이 인간 내면보다 사람들 사이의 관계에서 감정을 인식한다는 생각에 흥미를 느끼던 차였다. 엘스워스 교수 연구실에는 마스다 다카라는 대학원생이 있었는데, 독창성이 뛰어났다. 현재 앨버타대학교에 교수로 있는데, 일본 출신으로 내 생각에 공감했기에 그때 우리는 공동 연구를 시작했다.

마스다는 기존 심리학에서 흔히 사용하는 감정 인식 체계대로 만화처럼 자료를 만들어 감정 인식 실험을 설계했다. 감정을 자극하기 위해 실험에 사용하는 자료에서 우리는 두 소년을 제시했다. 한 소년은 백인으로 존이라 불렸고, 또 다른 소년은 동양인으로 타로라 불렸다. 자료에서 존과 타로는 행복, 분노, 슬픔, 이 세 가지 감정 중 하나를 경험하는 모습으로 묘사됐다. 두 소년은 다른 선수들에게 둘러싸여 있고, 그 선수들도 표정으로 감정을 드러냈다. 선수들과 존은 똑같은 감정을 내보이

● 그림 2.3 화가 난 선수들과 함께 있는 행복한 존과 타로

기도 하지만, 서로 다른 감정을 드러낸 그림이 더 많았다. 우리는 실험에 참여한 미국 대학생과 일본 대학생에게 중앙에 있는 존이나 타로가 어떤 감정을 느끼는 것 같은지 말해 달라고 요청했다.

초기에 육상선수들을 대상으로 수행한 연구와는 달리, 이번에는 실험 참가자들이 얼마나 자주 감정을 인식하는가 대신 어떤 감정을 잡아

내는지 관찰했다.[61] 미국 대학생들은 존이나 타로가 짓는 표정만 보고 어떤 감정을 느끼는지 판단했다. 만약 행복해 보이면 학생들은 존이나 타로가 행복해한다고 대답했다. 만약 화난 것처럼 보이면 학생들은 존이나 타로가 화 났다고 판단했다. 이들이 인식한 감정은 마인 모형이었다. 미국 대학생들은 중앙에 있는 인물 표정을 보고 평가했다. 반면 일본 대학생들은 아워스 모형 감정을 인식했다. 이들은 중앙에 있는 인물의 표정도 보지만, 미국 참가자들과 달리 그림에 등장하는 다른 인물의 **표정**도 살폈다.[62] 다른 인물들도 행복한 표정을 지을 때 타로나 존이 가장 행복해 보인다고 판단했다. 다른 인물이 화가 난 듯 보이면 타로나 존이 행복해 보이지 않는다거나 심지어 더 화가 나 보인다고 생각했다. 일본 대학생들은 그림에 등장하는 모든 인물의 감정을 미루어 짐작했다. 타로나 존이라는 개인의 내면 감정만이 아니라 주변에 있는 다른 인물들의 감정도 함께 읽었다. 실제로 실험 참가자가 감정을 판단하는 동안 시선이 어떻게 움직이는지 특수 장치로 추적했는데, 그 결과도 마찬가지였다. 일본 대학생들의 눈이 타로나 존의 주변 인물들을 살피는 동안, 미국 대학생들은 중앙에 있는 인물에게 시선을 고정했다.

마스다 다카는 그림 자료에 이어 실제 사진으로도 실험을 똑같이 반복했다.[63] 이번에는 캐나다 학생들이 사진 중앙에 있는 인물의 표정을 보고 마인 모형 감정을 인식했고, 일본 학생들은 주변에 있는 네 사람과 중앙에 있는 인물의 표정을 살펴 아워스 모형 감정을 인식했다. 북미 출신과 일본 출신 학생들에게 동일한 대상의 감정을 읽어 달라고 요청했을 때도 북미 학생은 주변 인물과 상관없이 목표 인물의 내면에서 일어나는 양상을 감정으로 인식했고, 일본 학생은 인물들 사이의 관계에서 나타나는 양상을 감정으로 인식했다.

감정은 내면에서 일어날까, 관계에서 일어날까? 느낌일까, 행동일까?

감정이 주로 마음에서 생겨난다는 관점은 내가 한 때 생각한 만큼 보편적이지 않다. 사실 감정을 내면에서 일어나는 **느낌**으로 보는 관점은 역사상으로나 지리상으로 오히려 특이한 사례. 수많은 문화권에서 감정을 묘사할 때 사람들은 대인관계에서 나타나는 행동에 초점을 맞춘다. 인류 역사에서도 인간의 행동으로 감정을 묘사하는 방식을 흔히 찾아볼 수 있다.[64] 호메로스는 페넬로페의 마음 상태를 묘사할 때 우유부단하거나 긴장했다는 식이 아니라 잠을 이루지 못하고 몸을 뒤척였다고 표현했다. 고대 그리스 전문가들 말을 들어보면, 호메로스 시대 그리스인은 **내면**의 마음 상태보다 눈에 보이는 구체적인 행동으로 감정을 그리는 방식을 선호했다.[65]

    인간이 내면의 느낌만큼 흔하게 행동으로도 감정을 표현할뿐더러 그 사이에 명확한 구별이 없었다는 점을 확인하려고 고대 그리스까지 거슬러 올라갈 필요는 없다. 19세기 이전만 해도 미국에서는 분노나 사랑을 내면의 강렬한 느낌으로 생각하지 않고[66], '차가운 시선'이나 '따뜻한 포옹'처럼 특정한 행동과 연결해서 인식했다. 감정이란 마음 상태보다는 대인관계에서 상호작용하는 행동에 가까웠다.

지리상 서구 문화와 거리가 먼 문화권에서도 감정을 내면의 느낌보다는 사회행동으로 묘사했다. 인류학자 에드워드 시펄린Edward Schieffelin은 파푸아뉴기니에 사는 칼룰리족을 소개하며 "격정적으로 감정을 드러내는" 사람들이지만 다른 이의 기분, 의도, 동기를 헤아리거나 언급하는 일은 꺼린다고 설명했다.[67] 칼룰리족 남성은 다른 사람에게 억울한 일을 당하거나 불만이 생기면 버럭 화를 낸다. 대개 고함을 지르고 비난을 퍼부으며 가만두지 않겠다고 으르렁거린다. 사람들 앞에서 격렬하게 감정을 드러내야 주변에서 공감과 지지를 얻을 수 있기 때문이다. 이렇게 자기 감정은 거리낌 없이 드러내지만, 다른 사람의 기분이 어떨지 묻는 질문에는 대답하는 법이 없다. 그저 "모르겠어요."라고만 한다. 칼룰리족은 겉으로 드러나는 행동에만 집중할 뿐, 다른 사람의 심정을 헤아리는 일을 삼간다.[68]

인류학자 엘리너 옥스Eleanor Ochs가 사모아 사람들의 감정생활을 묘사한 대목에도 비슷한 사례가 있다. 사모아 사람들은 타인에게 음식, 돈, 노동을 제공하며 관용을 베푸는 행동을 묘사할 때 '사랑alofa'이라는 단어를 사용한다. 그들도 주관적 기분을 언급하지 않았다는 뜻이다.[69] 인류학자 술라미스 헤인즈 포터Sulamith Heins Potter에 따르면, 중국의 한 시골 마을에서는 아끼는 마음을 노동으로 증명한다. 고된 노동은 고통이 따르기 마련이므로, 그 고통을 감내할 만큼 상대방과 사이가 각별하다는 증거이며 사랑을 상징한다. 힘들게 노동하며 희생할 때 얻는 내적 경험보다 '객관적으로 확인할 수 있는 외적 결과'가 중요하다. 정보를 제공하는 현지인들에게 포터가 감정 경험은 어떤지 질문하면, 대체로 그들은 이렇게 대답했다. "제 기분이 어떤지는 중요하지 않아요." 포터의 설명에 따르면, "이 말은 그들이 중요하게 판단하는 경험의 속성을 이해하다 보면 내면 감정을 이해하는 일은 그다지 중요치 않다."는 의미다.[70] 포터가 연구한 지역의 중국인들은 사랑 같은 심리가 존재한다고 또렷하게 인식했지만, 정말로 그들에게 중요한 건 기꺼이 노동하며 희생하는 행동이었다.

이 모든 사례가 그저 감정에 관한 **이야기일 뿐** 감정 자체는 아니라고 비판할 사람도 있을 수 있다.. 문화 담론에서 중요하게 다루지 않을 뿐 진짜 감정, 즉 마음 상태는 여전히 존재하지 않는가? 마음 상태를 가리키거나 언급하지 않는 문화권에서도 개개인은 여전히 얼굴, 목소리, 몸짓에서 마음 상태를 읽지 않나? 이들 문화권에서는 정말로 대인관계에서 상호작용을 하는 행동에 집중하는 걸까? 예일대학교 심리학자 마리아 젠드론Maria Gendron은 힘바족이 타인의 감정을 어떻게 인식하는지 관찰했다.[71] 나미비아 북서부 산악지대에 거주하는 힘바족은 반半유목민으로 문자를 모르는 사람들이며, 서구 세계에 거의 알려지지 않았다. 젠드론 연구진이 설계한 실험은 얼굴 표정을 인식하는 기존 연구와 비슷했다. 힘바족에게 행복, 슬픔, 분노, 두려움, 역겨움을 드러낸 얼굴 사진과 아무런 표정이 없는 얼굴 사진을 보여줬다. 다만 기존 연구와는 달리, 힘바족에게 여섯 가지 '기본 감정'을 대표하는 사진을 여섯 장씩 총 36장 건네주고, '똑같은 감정으로 보이는' 사진끼리 자유롭게 나눠보라고 요청했다.[72] 그런 다음 "이 사진들에서 어떤 감정이 보이나요?"라고 물었다. 분류한 사진에 어울리는 감정이 무엇인지 단어를 붙여보라는 의미였다. 힘바족은 분류한 사진 더미에 감정 단어를 붙이긴 했지만, 감정보다는 행동을 가리키는 단어가 더 많았다. "모두 행복해요." 또는 "모두 두려워해요."라기보다는 "모두 웃고 있어요." 또는 "모두 뭔가를 바라보고 있어요."라고 대답했다.

젠드론 연구진은 보스턴박물관을 방문한 미국인들을 상대로도 똑같은 실험을 진행했다. 미국인 응답자들도 사진을 분류하고 거기에 마음 상태를 나타내는 단어를 붙였다. 그 결과, 미국인들은 대체로 힘바족보다 '행복' 같은 감정 단어를 두 배 이상 많이 사용했다. 반면 힘바족 실험에서는 '웃는다'처럼 행동을 묘사하는 단어가 미국인들보다 두 배 넘게 많이 나왔다. 젠드런 연구진은 얼굴 표정과 감정이 함께 진화했고 연관성도 깊다면 힘바족이 분노하거나 역겨워하는 표정을 보고 사진 속 인물의 내면에서 분노나 역겨움을 읽어내야 한다고 추론했다. 하지만 그런 일은 일어나지 않았다. 힘바족은 마음 상태가 아닌 행동에 집중했다. 왜 그럴까?

여기서 젠드런 연구진이 관점을 바꿔 의문을 제기했다는 점이 흥미롭다. 어째서 미국인들은 얼굴 근육의 움직임을 보고 마음 상태를 읽을까? 나와 마찬가지로, 젠드런이 제시한 답변은 이렇다. 현대 미국인들이 사진에 등장하는 얼굴 근육의 움직임을 보고 '마음 상태'를 짐작하는 법을 배웠기 때문이다.[73] 어려서부터 미국인들은 자신과 타인의 감정에 관심을 기울이게끔 교육을 받기 때문에, 행동을 보고 상대방 마음을 짐작하는 법을 깨우친다. 마인 모형 감정을 중시하는 문화권 사람도 얼굴을 보고 행동을 읽을 수 있고[74], 아워스 모형 감정을 중시하는 문화권 사람도 행동을 보고 마음 상태를 **짐작할 수 있다**.[75] 하지만 두 문화권 사람들 사이에 드러나는 경향성은 다르다. 소속된 문화에서 어느 모형 감정을 중시하는지에 따라 나타나는 차이가 크다. 이 사례에서는 타인의 얼굴을 보고 어디에 초점을 맞추는지가 서로 달랐다.

서구와는 다른 여러 문화권 사람들이 내면의 느낌을 잘 거론하지 않는 이유가 무엇인지 탐구하는 대신, 나는 관점을 바꿨다. "현대 서구 문화권에서 내면의 경험을 그토록 강조하는 이유가 뭘까?" 간단히 대답하자면, 그렇게 배웠기 때문이다.

서구 문화권 아이들은 어려서부터 내면에 관심을 기울이는 법을 배운다. 심리학자 치 왕王琪은 세 살배기 아들과 그 엄마가 주고받은 이야기를 기록했다.[76] 여기서는 이 아이를 조지라 부르겠다. 엄마는 크리스마스 선물을 사러 나갔다가 아들이 어떻게 짜증을 냈는지를 두고 조지와 대화를 나눴다. "거기에 가고 싶었니?" 엄마가 물었다. "아뇨." 조지가 대답했다. "그래서 넌 어떻게 행동했지?" "때렸어요." 엄마가 또 뭘 했느냐고 물으니 조지가 덧붙였다. "할퀴었어요." 엄마는 아이가 왜 짜증을 냈는지 생각해보도록 유도했다. "왜 그렇게 짜증이 났는지 기억하니?" 아이에게는 심리적 원인을 찾는 일이 쉽지 않았다. 그저 자신이 한 행동을 하나하나 얘기할 뿐이었다. "소리를 질렀어요." 아이는 짜증을 낸 이유를 찾으려고 애쓰며 말했다. "울었어요." 엄마는 다시 아이의 심리에 초점을 맞췄다. "왜 그렇게 짜증이 났어?" 엄마가 다시 물으니, 조지는 그제야 말귀를 알아들었다. "내가 하고 싶은 걸 하고 싶어서요." 이번에는 엄마도 만족했다. "그래, 네가 하고 싶은 걸 하고 싶었구나. 엄마도 이제 알겠어." 엄마는 아이가 내면의 느낌에 초점을 맞추도록 격려하고, 아이가 그 느낌을 이해하고 설명할 수 있도록 도왔다.

치 왕이 연구한 논문을 보면 중국 엄마들은 다르게 반응했다. 아이가 어떤 행동을 했을 때 미국인 엄마는 그렇게 행동하게 된 감정을 찾아서 아이가 이해하도록 돕는 편이라면, 중국인 엄마는 대개 아이의 행동이 대인관계에서 일으킬 문제에 집중하도록 교육한다. 어린 장의 엄마를 예로 들어보자. 엄마는 전날 밤에 일어난 일을 거론했다. 엄마와 할머니가 텔레비전을 보지 못하게 했더니 장이 울고불고하며 떼를 썼기 때문이다. 엄마는 아들의 감정이 어땠을지 곱씹어보지 않고 이렇게 물었다. "텔레비전을 왜 보지 못하게 했는지 아니?" 장은 단박에 이유를 댔다. "제 눈이 나빠질까봐 걱정하셔서요. 조천문이[77] 보고 싶어서 짜증이 났어요. 그래서 보여 달라고 계속 고집을 부렸어요." 엄마는 아들의 감정이나 취향을 헤아리기보다는 아들이 떼를 썼을 때 대인관계에서 어떤 결과를 불러오는지 가르쳤다. "그래서 엄마가 맴매했지, 그렇지?" 엄마가 물었고, 장은 고개를 끄덕이며 수긍했다.

치 왕의 연구를 보면, 중국인 엄마는 미국인과 달리 감정 경험을 이야기하며 아이에게 옳고 그른 행동을 지적하는 사례가 많았다. 장의 엄마는 텔레비전 시청을 금지하는 결정에 반항하는 행동이 잘못됐다고 알려주고, 그런 행동이 대인관계에 부정적 결과를 가져온다고 가르쳤다. 그런가 하면 아이의 행동을 언급하며 그런 행동이 대인관계에 긍정적 결과를 가져온다고 가르치는 엄마들도 있었다. 쉐쉐의 엄마는 세 살배기 딸아이에게 슬픔을 느끼다니 잘했다고 칭찬했다. "쉐쉐는 착한 아이야. 네가 잘못했다는 걸 깨달았으니까."라고 엄마가 말했다. 풀을 뽑지 못하게 해서 언니들과 싸운 일을 두고 쉐쉐는 "너무 슬펐어요."라고 말했다. 풀을 뽑는 건 부모가 금지한 행동이었다. 미국인 엄마들은 아이가 자기감정을 알아차리고 이해하도록 돕는다면 중국인 엄마들은 감정을 표출하면 대인관계에 영향을 끼친다는 사실을 아이가 이해하도록 훈육한다. 미국의 육아 방식이 내면을 들여다보고 마인 모형 감정을 이해하도록 유도한다면, 중국의 육아 방식은 시선을 외부로 돌려 아워스 모형 감정에 집중하도록 이끈다.

중국인 부모들만이 감정적 반응과 그런 행동이 끼치는 사회적 영향에 초점을 맞추는 건 아니다. 인류학자 앤드류 비티Andrew Beatty에 따르면, 인도네시아 자바섬 사람들은 감정이나 심리를 묘사할 때보다 특정 상황에서 아이들이 어떻게 행동해야 하는지 설명할 때 감정 단어를 사용한다.[78] 한 예로, 현지인들은 낯선 사람이나 어른 앞에서 공손하게 처신하도록 아이를 가르칠 때 부끄러움을 뜻하는 '이신isin'이라는 단어를 쓴다. '이신'은 심리나 감정이 아닌 특정 상황에 걸맞은 행동규범을 가리킬 때 사용하는 단어다. 어른은 아이에게 사회규범에 따라 감정을 표현하도록 가르친다. 다시 말해 자바섬 사람들은 내면의 느낌이 아니라 아워스 모형에 해당하는 감정이 드러내는 외적 양상에 주의를 기울인다.

유년기 사회화를 예로 들었지만, 그 이후에도 문화권에 따라 내면의 느낌이나 행동이 불러오는 결과에 집중하도록 만드는 개인의 역할은 계속된다고 생각해도 좋다. 나는 여러 해 전에 벨기에 심리학자 베르나르 리메Bernard Rimé와 공동 연구를 수행하면서, 서구와는 전혀 다른 문화권 사람들이 대체로 강렬한 감정 경험을 타인과 공유한다는 사실을 발견했다.[79] 앞서 마틴과 레벤트 사례에서도 드러났듯이, 네덜란드 사람과 튀르키예 사람 간에 타인과 경험을 공유한다는 의미는 꽤 다르다. 마틴은 친구들과 가족에게 자신이 느끼는 감정을 이야기했고, 그들 덕분에 자신이 거둔 성취를 실감하며 자부심을 드높였을 뿐더러 더욱 풍부하게 감정을 표현할 기회를 얻었다. 그런가 하면 레벤트는 부모에게 자신의 대학 합격 소식을 전했고, 부모가 연회를 마련해 주변에 이 일을 알리며 아들을 축하한 덕분에 더욱 많은 이에게 관심과 인정을 받았다. 감정 경험을 타인과 공유할 때도 문화권에 따라 마인 모형 감정이나 아워스 모형 감정에 집중한다.

건강과 행복을 다루는 연구에 따르면, 내면 감정인지, 외부로 드러나는 행동인지에 따라 장기적인 관점에서 인간 수명에도 차이가 드러난다. 마인 모형 감정을 중시하는 문화적 맥락에서는 행복한 **감정을 느끼**는 사람이 더 건강한 것으로 나타났다.[80] 그렇다면 아워스 모형 감정을 중시하는 문화권에서도 그럴까? 미국인과 일본인 학자들이 바로 이 문제를 추적하려고, 평균나이 55세부터 60세까지의 미국인과 일본인 장년층 대표 표본을 포함한 대규모 연구를 진행했다.[81] 이 연구에서 발견한 사실은 연구 논문 제목에 그대로 나타난다. 〈즐거움 또는 목욕Feeling Excited or Taking a Bath〉. 가장 중요한 건강장수지표가 미국인 표본집단에서는 긍정적 **정서**였고, 일본인 표본집단에서는 긍정적 **활동** 또는 **행동**이었다. 이 연구 결과는 문화심리학에서 널리 알려진 또 다른 감정 차이를 드러내기 때문에 세부 설명이 필요하다.[82] 미국 문화권과 동아시아 문화권에서 중시하는 긍정적 감정은 그 종류가 다르다. 즐거움은 동아시아 문화권보다 미국 문화권에서 더 중시하는 감정이다. 고요한 감정은 정반대다. 이런 점을 고려하면 해당 연구 결과는 일관성이 있다. 미국에서는 **긍정적 감정을 더 많이 경험한** 사람들이 가장 건강했다.[83] 특히 즐거움을 누리는 열정적인 사람들이 그러했다. 이들은 다른 사람들보다 수면의 질이 높았고, 질병이나 부상으로 생기는 신체적 제약을 덜 겪었다. 아울러 염증지수와 체질량지수 같은 주요 건강지표에서도 다른 사람들보다 수치가 좋았다. 일본에서는 **긍정적 활동에 참여한** 사람들이 가장 건강했다. 이들은 특히 목욕처럼 고요한 활동을 즐겼다. 일본에서는 평온한 감정보다 건강을 챙기는 활동을 중요하게 생각했다. 어려서부터 내면에 귀를 기울이도록 훈육하는 미국에서는 내면 감정을 중심으로 모든 것을 평가하는 반면, 외적 요소에 관심을 기울이는 일본에서는 긍정적 활동을 중심으로 모든 것을 판단하는 것으로 보인다. 중요한 건강지표가 미국에서는 정서와 연관이 깊고, 일본에서는 활동과 깊숙이 얽힌다. 중시하는 감정이 마인 모형이냐, 아워스 모형이냐에 따라 건강을 추구하는 방향성이 달라지고, 수명에도 영향을 미친다.[84]

인사이드 아웃 vs. 아웃사이드 인
감정은 타고난 본질일까, 상황에 따라 변할까?

감정을 억누르면 건강에 해롭다. 이 명제의 힘이 워낙 강력해서, 한 친구는 아이를 입양할 자격이 있는 부모라는 인상을 심어주려고 네덜란드 입양기관 사회복지사에게 **아내와 한 번도 다투지 않았다는 사실을 부정**해야 했다. 사회복지사가 보기에 건강한 부부 사이에서 한 번도 화를 내지 않았다는 건 상상할 수 없는 일이었다. 정말로 싸운 적이 없다면 그동안 감정을 억누르느라 틀림없이 대가를 치렀을 거라고 생각했다. 이 부부는 사소한 다툼은 있었노라고 말을 바꾸고 나서야 아이를 입양할 수 있었다.

슬플 때는 눈물을 흘리는 게 좋다고들 한다. 한 친구는 남편이 저지른 불륜을 알아차리고서 하염없이 눈물을 흘렸다. "감정을 쏟아내. 그러면 좀 나아져."라고 말하며 주변에서도 울라고 권유했다. 영어에는 이런 관점을 드러내는 표현이 풍부하다.[85] "스트레스나 화를 해소letting off steam"하지 않으면 "압력이 거세지고the pressure could build up" "안에 쌓여 억눌린다our feelings are pent up inside us"고 흔히 말한다.

20세기 초에 지그문트 프로이트Sigmund Freud가 소개한 개념인 '애도 작업'도 내면 감정을 밖으로 표출하는 일이 자연스러운 과정이라는 생각에서 출발한다.[86] 프로이트는 상실감과 트라우마에서 회복하려면 분노와 슬픔처럼 부정적인 감정을 쏟아내는 '애도 작업'을 거쳐야 한다고 생각했다. 부정적 감정을 억누르면 불쑥 감정이 튀어나와 일상생활에 걸림돌이 될 수 있기에, 차츰 몸과 마음을 갉아먹는다는 발상이다. 프로이트의 연구는 감정을 억압하면 자연스럽게 감정이 흐르지 못하도록 방해하고 개인에게 해를 끼친다는 가설로 이어졌다.

현대 심리학 연구도 감정이 자연스럽게 흐르도록 해야 한다는 프로이트의 주장을 지지한다. 한 예로 2004년에 미국인 1000여 명을 대상으로 연구한 결과, 감정을 억압하는 사람은 그렇지 않은 사람보다 솔직하지 못한 자신을 부정적으로 평가하고 타인과 친밀감을 형성하는 데 어려움을 겪는 것으로 나타났다.[87] 아울러 인적 네트워크도 허술했다. 이 연구를 마치며, 심리학자 올리버 존과 제임스 그로스는 감정을 억압하는 사람은 내면 감정과 겉모습이 달라서 스스로를 진정성이 없고 거짓된 사람이라 여길 수 있다고 결론 내렸다. 솔직하지 못한 태도 때문에 자신을 부정적으로 인식하고 사회적 단절을 경험할뿐더러 친밀한 관계도 해칠 수 있다는 얘기다.

사회학자 앨리 혹실드Arlie Hochschild는 저서 《감정노동》에서 서비스업 노동자들이 경험하는 감정 억압 문제를 처음으로 조명해 세상의 이목을 끌었다.[88] 그는 '감정노동' 양극단에 서 있는 두 집단을 탐구했다. 먼저 상냥하고 친절한 태도로 고객을 응대해야 하는 항공기 승무원을 예로 들었다. 한 항공사는 "우리는 미소를 꾸미지 않습니다."라고 광고하며 항공기 승무원의 미소만이 아닌 감정까지 판매하려고 들었다. 또 다른 항공사는 이렇게 주장했다. "우리 승무원은 돈을 받고 짓는 억지 미소가 아닌 진심 어린 미소로 여러분을 맞이합니다."[89] 그 반대편에는 불친절하고 강압적인 태도로 사람들을 위협해서 빚을 받아내야 하는 채권 추심원이 있다. 채권 추심업체 사이에서는 "채권을 회수하려면 채무자에게 공격성을 드러내야 한다."는 수칙이 공식 방침이었다.[90]

항공사와 채권 추심업체는 직무 수행에 필요한 감정을 길러내려고 힘썼다. 놀랍게도 두 업계가 모두 감정을 **표현하는** 방법만이 아니라 내면 **감정**에도 초점을 맞췄다. 항공기 승무원은 고객을 "친구처럼 여기며

…… 소중한 친구를 대하듯 배려하는 법"을 배운다.[91] 채권 추심원은 고객을 '놈팡이'나 '사기꾼'으로 다루는 법을 익힌다. 이들 업체는 감정이 마음에서 우러날 때 성과를 최고로 끌어올릴 수 있다고 믿었다. 하지만 항공사가 갖은 노력을 다 기울인다 한들, 대다수 승무원은 "직접 초대한 지인들로 꽉 찬 자기 안방처럼 비행기 객실을 대할 수는 없었다. 아무리 생각해도 객실은 300명이나 되는 까다로운 손님으로 가득하기 때문이다."[92] 그런가 하면 일부 채권 추심원은 채무자를 경멸하기보다 동정했다. 겉으로는 직무 요건에 충실할지 몰라도 자신의 일이 "거짓되거나 진정성이 없다."고 느끼다 보면 결국 번아웃에 이른다.[93]

　　승무원이나 채권 추심원들은 갈등을 겪을 만도 하다. 그렇지 않은가? 서구 문화권에서는 마인 모형 감정이 일반적이니 말이다. 그래서 주변 환경이나 타인이 요구하는 대로 감정을 느껴야 하는 상황을 부자연스럽고 까다롭게 여긴다. 하지만 아워스 모형 감정을 중시하는 문화권에서는 그런 상황을 퍽 자연스럽게 받아들인다. 태국 북부에 있는 한 불교 마을을 예로 들어보자. 인류학자 줄리아 카사니티Julia Cassaniti는 2005년에 현지 연구를 수행하며 센이라는 33세 알코올 중독자 가족의 감정을 기록했다. 센은 오랜 기간 알코올 중독에 시달리다가 결국 병원에 입원했다. 담당 의사는 진행성 간 질환으로 치료가 불가능한 상태라고 진단했다. 병실에 모여든 센의 가족과 친지들은 "예상치 못한 상황을 마주하고 속이 상했다. 의료진에게 도움을 받아서 센이 건강을 회복하리라 기대했기 때문이다." 이루 말할 수 없이 참담했지만, 센의 가족은 "감정을 다스리고 이미 벌어진 일이라며 받아들였다. …… 센의 아버지와 누이는 매일 아침 사찰을 찾아가 공양을 바쳤다. 센의 누이, 형제, 친척, 친구들은 언제나 그런 건 아니었지만, 처음에는 대체로 무표정했다. 감정이 전혀 실리지 않은 얼굴들이었다."[94] 카사니티에 따르면 센의 가족과 친구들이 냉정하거나 다른 사람들 앞에서 그렇게 꾸미려고 무표정한 것이 아니었다. 그 상황에서 적절한 태도를 보이려고 애쓴 결과였다. 말하자면 이미 벌어진 사태를 받아들이고 tham jai 평정심을 유지하는 태도가 그들이 해야 할 일이었다 jai yen.

받아들임은 '애도 작업'과 정반대되는 개념이다. 내면 감정을 드러내는 과정이 애도 작업이라면 내면 감정과 자신을 분리할 때 일어나는 결과가 받아들임이다. 줄리아 카사니티가 기록한 자료에 따르면, 병상에 누운 센을 보고 괴로워하는 가족과 친구들에게 주변 사람들은 나쁜 일은 생각하지 말라고, 입밖에도 꺼내지 말라고 다정하게 조언했다. 이 불교 마을에서는 부정적 감정을 떠올리고 이야기하는 행동을 금기로 여겼다. 그러면 상황을 악화시킬 뿐이기에, 무슨 수단을 써서라도 그런 행동을 피해야 한다고 생각했다. 애통한 심정을 토로하기보다는 내면 감정과 자신을 분리해서 맞닥트린 상황을 받아들이고 평정심을 유지하는 태도가 중요했다.

불교 국가인 태국에서 깊은 슬픔을 다루는 방식을 보면 우트쿠 이누이트족이 분노를 대하는 방식이 떠오른다. 이누이트족은 분노를 용납할 수 없는 감정으로 여기고, 평정심을 중시했다. 그때 상황에서 브릭스는 자신의 감정을 다스릴 수 없었고, 참을 일이 아니라고 생각했다. 브릭스가 보기에 내면 감정은 표출하는 게 옳았다. 하지만 이누이트족은 기대에 어굿나는 실망스러운 상황에서도 자신들이 중시하는 평정심을 지켰다.

가라사와 마유미와 공동으로 연구할 때 일본인을 대상으로 면접조사를 실시했다. 도쿄에 사는 히로토는 50대 초반 남성인데, 고등학교 동창회 조직위원으로 일할 때 있었던 일화를 들려줬다. 히로토는 동창생들을 모임에 초청하는 임무를 맡고 있었는데, 동창회 조직위에서 함께 일하던 여성 위원이 히로토에게 동창생들의 참석율이 저조하다고 쓴소리를 했다. '불쾌감과 짜증'을 느꼈지만, 면접조사에서 히로토가 밝힌 이야기를 들어보면 히로토는 감정대로 행동하지 않았다. 동료 위원의 의도를 이해하려고 노력했다.

> 이 여성은 조직에 필요한 일이라면 뭐든 열성적으로 해냅니다. 제가 동창생들에게 전화를 걸려고 하면 이 여성에게 이미 연락을 받았다는 대답을 들을 때가 많았죠. …… 이 여성은 저를 염려한 것이고 어쩌면 제가 믿음직스럽지 못하다고 생각했을지도 모릅니다. 의지가 아주 강한 사람이거든요. 하지만 저는 그렇지 못해요. 불편한 시간에 동창생에게 연락하는 건 아닐까 싶어 걱정하는 편입니다. 그래서 언제 전화를 걸면 좋을지 판단하기가 무척 어렵더군요. …… 이 여성은 제게 일을 부탁하느니 차라리 직접 전화하는 편이 낫겠다고 생각한 거죠.

히로토는 이 여성이 자신의 업무 역량을 비판할 뿐만 아니라 자신이 할 일을 대신 처리한다는 사실을 알았다. 하지만 짜증이 나긴 해도 동창회 조직위 내부에서 불화를 일으키고 싶지 않았다고 우리에게 이야기했다. 일본 문화에서는 원만한 대인관계가 매우 중요하다. 어쩌면 히로토는 분노나 짜증을 억눌렀을 수도 있다. 속마음을 잘 드러내지 않는 사람이니까. 어쨌든 히로토는 그 상황에서 자신이 해야 할 일을 했다. 동창회 조직위원으로서 동창생들과 원만하게 지내야 한다는 사회규범을 충실하게 따랐다.

히로토의 행동은 우리가 만나본 일본인 응답자 50명 중 대다수가 분노를 느낀 순간에 했다는 행동과 다르지 않았다. 이들은 상대방의 의도를 헤아리려고 애쓰면서 마주한 상황에 적응했다. 면접조사 결과에 따르면, 이들은 몹시 화가 나더라도 별다른 행동을 하지 않는다. '분노'를 느끼는 상황에서 화를 내거나 생각을 분명하게 밝히거나 차라리 상황을 회피하기보다는 "아무런 행동도 하지 않는" 응답자가 훨씬 많았다. 히로토가 '받아들임'이라는 단어를 쓰지는 않았지만, 그가 대응한 방식은 받아들임에 해당한다. 불교 신자인 센의 가족, 장 브릭스에게 거처를 내어준 우트쿠 주민, 히로토 사이에는 자신이 속한 사회의 규범을 따르며 거기에 감정을 맞췄다는 공통점이 있다. 결국, 주변 환경에서 큰 영향을 받는다.

면접조사에 참여한 또 다른 응답자도 감정이 외부 상황에 영향을 받은 사례를 잘 보여준다. 일본인 여학생 치에미는 스무 살인데 조부모와 함께 살아서 항상 저녁식사 시간에 맞춰 귀가하려고 애쓴다고 말한다. 그런데 최근 동아리에 가입한 뒤로는 일주일에 하루 이틀가량 늦게 귀가한다. 하루는 치에미가 조부모에게 밤늦게 귀가할 것 같다고 말씀드렸더니, 조부모가 "**한 번도** 제시간에 들어오는 법이 없구나" 하고 싫은 소리를 했다. 치에미는 이 말도 안 되는 과장에 짜증이 났지만, 두 분의 심정을 헤아리려고 노력했다. 손녀를 걱정하고 아끼는 마음에 하신 말씀이 틀림없다고 말이다. 그럴 때는 조부모에게 무슨 말이나 행동을 하느냐고 연구진이 물었다. 치에미는 짜증 난다는 말은 절대 하지 않는다고 대답했다.

> 어떻게 그런 말을 해요. …… "놀고 싶어요. 밤늦게까지 있다 가면 안 돼요?"라고 저도 말하고 싶죠. 하지만 아시다시피 할머니 할아버지가 저를 얼마나 걱정하면 그러실까요. 그래서 그런 말은 하지 않으려고 해요. 그냥 웃거나 미소만 지어요.

치에미는 조부모의 바람을 거스르지 않고 일찍 귀가하려고 애쓰면서 자신의 역할에 충실한다.

센의 친척, 우트쿠 주민, 히로토, 치에미까지 모두 자기 내면이 아닌 외부에 집중한다. 아워스 모형 감정이 지배하는 문화권에서는 주변 환경에 따라 감정을 조절한다. 다시 말해 개인은 사회규범과 기대에 순응하며 사회적 맥락에 걸맞은 역할을 한다. 이들에게는 자신의 감정이 타인의 필요와 기대에 어긋나지 않고 사회규범과 일치하는지, 자신이 제 역할을 하는지 여부가 중요하다.[95] 실제로 심리학자 데이비드 마쓰모토David Matsumoto가 대규모로 국제 설문조사를 실시한 결과, 감정을 억압하는 정도가 사회질서, 규범, 전통, 권력의 위계를 중시하는 국가일수록 높게 나타났고, 개인과 사람의 내면 감정을 중시하는 국가일수록 낮

게 나타났다.⁹⁶

그렇다면 사례에 등장하는 센의 친척, 우트쿠 주민, 히로토, 치에미와 더불어 위계와 질서를 중시하는 국가의 학생들은 내면 감정과 단절됐다는 의미일까? 아무런 감정도 드러내지 않던 센의 친척들은 그런 행동을 부자연스럽게 느끼진 않았을까? 우트쿠 주민이 실망스러운 상황에서도 평정심을 지켰을 때 브릭스는 소외감을 느꼈을까? 동창회 조직위원의 잔소리를 군소리 없이 받아들인 히로토와 조부모에게 미소를 보여준 치에미는 스스로를 위선자라고 생각했을까? 감정을 솔직히 표현하지 **못해서** 이들은 불행했을까? 그때 억누른 분노나 슬픔을 끝내 다른 곳에서 부적절하게 폭발했을까?

그런 것 같지는 않다. 여러 문화권에서 인간의 감정을 내면에 고립된 영역이라 보지 않고, 사회 환경에 따라 '절충할' 수 있다고 생각한다.⁹⁷ 이런 문화에서 성장한 사람은 감정적 사건을 겪으면 솔직하게 감정을 표현하지 않고 상황을 받아들이려고 노력한다. 감정적 사건에 곧바로 대응하지 않고 상대방에게 공감하며 대인관계에서 문제를 일으키지 않으려고 애쓴다. 픽사에서 아워스 모형 감정을 주제로 영화를 만든다면, 그 제목은 〈인사이드 아웃〉 대신 〈아웃사이드 인〉이 될 것이다. 내면 감정을 그대로 표출하는 진정성을 서구 문화권에서는 미덕으로 여기지만, 일본 같은 비서구권에서는 성숙하지 못하다는 징표로 삼는다.⁹⁸

서비스업 노동자를 '아웃사이드 인' 관점에서 보면 미국인보다 중국인이 직무에서 요구하는 정서를 더 쉽게 기르는 이유를 설명할 수 있다.⁹⁹ 비교문화 연구에서, 중국과 미국의 서비스업 노동자들은 모두 "고객을 응대할 때 본심을 숨긴 채 연기한다."고 대답했다. 서비스업 직무는 언제나 밝은 표정을 요구한다. 서비스 산업에서 일하는 미국인은 밝게 감정을 꾸밀 때 스스로를 속이는 기분이 들겠지만, 중국인은 위선이라고 생각하지 않는다.[100] 중국인 서비스업 노동자가 보기에 특정 상황에 감정을 끼워 맞추는 태도는 별다른 일이 아닐 것이다. 타인의 필요와 맞닥트린 상황에 맞춰 감정을 조율하는 과정은 아워스 모형 감정에 초점을 맞추는 일일 뿐, 감정을 거짓으로 꾸며내는 행동과는 완전히 다르다.

 연구 결과에서 확인된 다른 사실들도 이런 설명을 뒷받침한다. 첫째, 히로토와 치에미처럼 중국인 서비스업 노동자는 감정을 억누르거나 표정을 관리하는 단계를 넘어 직무에서 요구하는 감정을 실제로 느끼는 듯이 보인다. 미국인 서비스업 노동자들이 대체로 마음이야 어떻든 표정을 관리하는 데 집중한다면, 고객에게 만족을 주는 중국인은 고객을 대하는 표정과 일치하는 감정을 실제로 느끼는 것으로 나타났다.[101] 둘째, 중국인 서비스업 노동자는 직무에서 요구하는 감정을 미국인보다 훨씬 쉽게 조절했다. 미국인 서비스업 노동자 중에는 서비스 현장에서 요구하는 감정을 표현하는 데 어려움을 겪거나 번아웃에 빠지는 이들이 많았다.[102] 번아웃을 경험한 미국인 노동자는 자신의 감정과 단절된 채 기력을 잃는 기분을 느꼈으며, 타인과 효과적으로 소통하지 못했다. 표정뿐 아니라 진심을 다해 고객을 대하려고 노력한 미국인 노동자는 표정만 바꾼 노동자보다 성과가 좋았지만, 여전히 사람들과 나누는 소통을 힘들어했다. 반면 중국인 서비스업 노동자들의 양상은 사뭇 달랐다. 친절한 표정을 '연기'하려면 노력이 필요하다. 하지만 고객에게 적절하게 응대하는 연기를 한 노동자도 연기가 아닌 진심으로 고객을 대하는 노동자만큼 고객과 원활하게 소통했다. 게다가 미소에 어울리는 진심을 갖추려는 노력은 중국인 서비스업 노동자에게도 유익했다. 이들은 노력하는 과정에서 활기를 느꼈고, 고객과 소통하는 능력이 향상됐다. '아웃사이드 인' 방식의 감정은 마인 모형 감정에 집중하는 환경에서는 비싼 대가를 치를 법도 하지만, 아워스 모형 감정에 집중하는 환경에서는 부자연스럽고 나쁜 행동으로만 생각되지는 않는다. 감정을 사회 환경에 따라 절충하는 게 좋다고 여기는 문화권에서는 '아웃사이드 인' 방식의 감정이 유익할 수도 있다.

감정을 마인 모형으로 인식하는 문화권에서는 '인사이드 아웃' 방식의 감정을 건강하게 받아들일 테지만, 감정을 아워스 모형으로 인식하는 문화권에서는 그렇지 않다. 이 주제와 관련해 심리학자 이리스 모스Iris Mauss와 에밀리 버틀러Emily Butler의 연구는 참고할 만하다. 이들은 유럽계 미국인과 아시아계 미국인 대학원생들이 화를 내게 만드는 실험을 했다.[103] 그 결과, 아시아계 학생들은 대체로 유럽계 학생들보다 감정 절제를 더 가치 있는 태도로 여겼다.[104] 아시아계 학생들은 대다수가 "사람이 언제나 감정을 드러내는 건 적절하지 않다."고 말했다. 반면 유럽계 학생들은 아시아계 학생들보다 감정 통제를 덜 중시하고, "억압된 감정을 표출하도록 놔두는 게 더 좋다."는 견해에 공감했다.

감정 조절을 가치 있는 태도로 여기는 학생들은 실험에 참여하면서 다른 이들보다 화를 덜 냈다. 하지만 이런 결과는 이 연구의 가설을 모르는 사람들이 실험 참가자들의 행동을 관찰하고 내린 평가다.[105] 이 평가를 뒤집어 생각해보면 분노를 가장 많이 터트린 학생들은 감정을 억누르지 말고 쏟아내는 게 더 낫다고 주장한 프로이트를 지지하는 사람들이라고 할 수 있다. 이들 대다수가 유럽계 미국인이었다.

모스와 버틀러가 실험을 진행하며 분노 반응과 함께 심박출량을 측정한 점도 흥미롭다. 심박출량이 적으면, 대개는 상황을 자신이 통제하기 힘든 '위협'으로 인식한다는 신호다. 반면 심박출량이 많으면, 대체로 상황을 자신이 통제할 수 있는 '도전'으로 인식한다는 신호다. 심박출량을 기준으로 판단했을 때, 실험에 참여한 두 문화 집단은 분노를 부르는 상황에 서로 다르게 반응했다. 분노를 거의 드러내지 않은 유럽계 미국인은 분노를 터트린 사람들보다 상황을 훨씬 '위협적으로' 인식했고, 분노 감정을 더욱 강렬하게 느꼈다. 반면 분노를 거의 드러내지 않은 아시아계 미국인은 그렇지 않은 사람들보다 분노 감정이 약했고, 상황 대처 능력도 좋았다. 이런 결과는 감정 조절이 쉬운 일은 아니지만, 감정 조절에 성공한 아시아계 미국인은 자신이 바라는 감정 상태를 유지할 수 있었다는 사실을 의미한다. 나아가, 이들은 외부 요건에 따라 내면 감정을 조절하면서 자신이 상황을 통제한다는 기분을 누렸다.

'아웃사이드 인' 감정이라고 해서 격렬한 감정에서 잔잔한 감정으로 이동하는 현상만을 의미하지는 않는다. 사회규범, 타인의 필요와 기대, 대인관계에서 불거지는 문제에 따라 감정을 억누르지 않고 드러낼 때도 있다. 처음에는 없던 감정이 생기기도 하고, 이미 일기 시작한 감정이 솟구치기도 한다. 남서태평양 미크로네시아의 작은 섬에 사는 이팔루크 현지인 사회에서는 곤경에 처한 타인을 보면 '파고^{fago}'라는 감정이 우러나온다. '파고'란 기꺼이 타인을 배려하는 태도를 가리키는데, 비슷하게 해석하면 동정심과 사랑과 슬픔이 혼재하는 감정쯤 된다. 오빠나 남동생을 향해 '파고'를 느끼는 누나나 여동생은 기꺼이 형제를 돕는다. 타말레카라는 이 팔루크 남성은 열 살짜리 아들 때문에 수치심을 느꼈다. 아들이 정신병을 앓는 주민에게 돌을 던졌기 때문이다. 이 사건은 타말레카의 누이와 여동생 마음에 '파고'를 불러일으켰고, 이들은 "사과하는 의미로 서둘러 선물과 옷가지를 챙겨서 그 '실성한' 사내의 가족을 찾아갔다."[106]

내 동료 앨버 재시니Alba Jasini의 말에 따르면, 그의 모국인 알바니아에서는 사람이 죽으면 친척이 "곡 하는 사람"을 고용해 망자 가족과 함께 또는 그 가족을 대신해 통곡하도록 조치한다.[107] 알바니아 장례문화에 합당한 애통함을 표현해야 하기 때문이다. '아웃사이드 인' 방식에는 감정을 절제하는 행동뿐 아니라 격렬하게 감정을 쏟아내는 태도도 포함된다. 이와 비슷한 기능을 하는 의식도 많아서[108], 감정적 사건을 마주한 개인에게 어떻게 해야 적절한 행동인지 안내하기도 한다.

인도네시아 미낭카바우족 사회에서는 사회규범을 어기면 '말루malu'를 표현해야 한다. '말루'란 굳이 비슷한 감정을 찾자면 수치심에 해당한다. 필요하다면 교사가 사회규범에 걸맞게 그 감정을 표현하도록 유도한다.[109] 학우들이 모두 지켜보는 앞에서 머리카락을 잘린 열세 살 소년 앤디는 '말루'를 느꼈다. 앤디의 말을 들어보자.[110] "이틀 전에 선생님이 머리를 자르고 오라고 하셨거든요. 오늘 학교에 갔는데 선생님이 저를 불러내더니 탁자 위에 놓인 가위를 집으시더라고요. 그러고는 모두 다 지켜보는 앞에서 제 머리를 자르셨어요. 저는 잘린 머리카락을 싹 청소하고 집에 갔죠, 뭐. 이제 밖에 돌아다니려면 야구 모자를 쓸 수밖에 없는데, 교실에서는 그럴 수가 없어요." 상황에 따라 미낭카바우 사람들은 '말루'를 느껴야 하고, 그러지 않으면 공동체가 나서서 '말루'를 깨닫도록 유도한다. 다시 말해 '아웃사이드 인' 방식으로 감정을 느끼는 법을 가르친다.

감정 표현과 **감정 억압**이라는 용어와 관련해 끝으로 살펴볼 부분은 이 용어 자체가 마인 모형 감정을 암시한다는 사실이다.[111] 인간 내면에는 밖으로 나오고 싶어 하는 감정이나 꾹꾹 짓눌리는 감정이 있다는 전제가 이 용어에 깔려 있다. 그래서 감정이 인간 내면에 있으며 감정을 드러내야 자연스럽다는 관점을 보여준다. 그런가 하면 감정을 인간 내면보다는 대인관계에서 생겨나는 현상으로 보는 관점에서는 '감정을 표현하는' 행동에 고유한 의미를 담지 않는다. 인간 본성에 따라 당연히 터트릴 감정은 없다는 얘기다. 감정적 행동이 더 진실하다거나 반대로 더 위선적이라고 생각할 이유도 없다. 사회적 기대에 걸맞게 감정을 조절하는 행동을 부자연스럽다고 판단할 이유도 없다. 감정이 애초에 대인관계에서 상호작용하는 과정이라면, 히로토와 치에미처럼 주변의 기대를 받아들이는 태도보다 화날 때 소리치는 행동이 인간에게는 더 자연스러운 표현이라고 여길 만한 이유가 있을까? 비용을 치르고 고용한 사람들과 함께 곡소리를 내는 관습보다 혼자서 조용히 흐느끼는 방식이 더 자연스러울까? 주변 사람들의 기대를 저버리지 않고 감정을 조절하는 성향이 불만을 표현하는 솔직함보다 위선적이라고 판단할 필요가 있을까?

마인 모형 감정 vs. 아워스 모형 감정

감정이란 우리 내면 깊숙한 곳에 있는 느낌만이 아니다. 픽사의 애니메이션 〈인사이드 아웃〉에서 묘사한 유형의 감정은 마인 모형이다. 수많은 문화권에서 중시하는 감정은 아워스 모형이다. 감정이란 대인관계에서 상호작용을 하는 행동이기에, 맞닥트린 상황에 따라 조절해야 한다. 마인 모형 감정을 중시하는 문화와 아워스 모형 감정을 중시하는 문화에서 생각하는 감정은 서로 다르다.

마인 모형 감정 문화권에서는 신체 변화를 살펴서 감정을 파악하고, 아워스 모형 감정 문화권에서는 대인관계에서 일어나는 상황을 살펴서 감정을 짐작한다. 마인 모형 감정을 중시하는 곳에서는 한 사람의 표정을 보고, 아워스 모형 감정을 중시하는 곳에서는 주변에 있는 모든 사람의 표정을 보고 감정을 판단하는 경향이 짙다. 아워스 모형 감정을 강조하는 곳에서는 얼굴에 나타나는 표정 변화를 보며 마음 상태보다는 행동을 가늠할 가능성이 더 크다. 마인 모형 감정에 가치를 두는 곳에서는 좋은 **기분**이 건강을 지키는 지표라면, 아워스 모형 감정에서는 차분하고 긍정적인 **활동**이 건강에 더 중요하다. 마인 모형 감정을 받아들인 곳에서는 되도록 감정을 표출하려고 하고 외부 상황보다는 감정에 따라 움직인다. 아워스 모형 감정을 받아들인 곳에서는 주변 환경이 요구하는 방향으로 감정을 조절해야 한다. 마인 모형 감정이 지배하는 곳에서는 아워스 모형 감정이 지배하는 곳보다 감정을 덜 억압할뿐더러, 감정을 짓누르게 되면 행복감이나 원만한 관계를 형성하는 데 악영향을 더 많이 끼친다. 내면 감정 아니면 외부 관계에 초점을 맞추는 문화에서 인식하는 감정은 서로 다르다.

서구 문화에서 감정을 이해하고 표현하는 과정에도 아워스 모형 감정이 중요한 역할을 한다. 아워스 모형은 자신의 감정이 사회와 문화에 얼마나 잘 맞는지 깨닫는 데 도움을 준다. 마인 모형을 중시하는 사회에서는 대개 이런 측면을 경시하거나 제대로 알아차리지 못한다. 연구에 참여한 미국인 학생들은 감정적 사건을 설명할 때 이런 감정을 주로 이야기했다. 사람들에게 거절당하는 **두려움**, 사랑하는 사람이 죽거나 이별했을 때 느끼는 **슬픔**, 권력이 뒤집히는 데서 오는 **분노**, 존중과 칭찬과 자부심을 안기는 **기쁨**, 자신이 사랑하거나 도움이 될 만한 이들을 향한 **사랑**. 미국인 학생들도 감정을 이야기할 때 대인관계에서 일어나는 사건과 사회적 경험을 빼놓지 않는다.[112]

항공사가 승무원에게 항상 웃는 얼굴을 요구하는 이유를 다시 생각해보자. 사람들 사이에서 감정의 역할이 그만큼 중요하기 때문이다. 승무원이 짓는 미소는 고객과 친밀하게 소통하고 고객을 안심시키는 데 도움이 된다.[113] 항공사가 고객들과 관계를 다지며 비행이 두려운 경험이 아니라 신나는 모험이라는 점을 보여주고 싶을 때, 항공사 승무원의 미소는 가장 효과적인 도구다. 사람들 **사이**에서 감정이 형성되기 때문이다.

비슷한 맥락에서 채권 추심원들이 분노 감정을 이용하는 이유는 채무자가 겁을 먹으면 채권을 회수하는 데 효과적이기 때문이다. 네덜란드 심리학자 거벤 반 클리프Gerben van Kleef는 사업 협상 테이블에서 화를

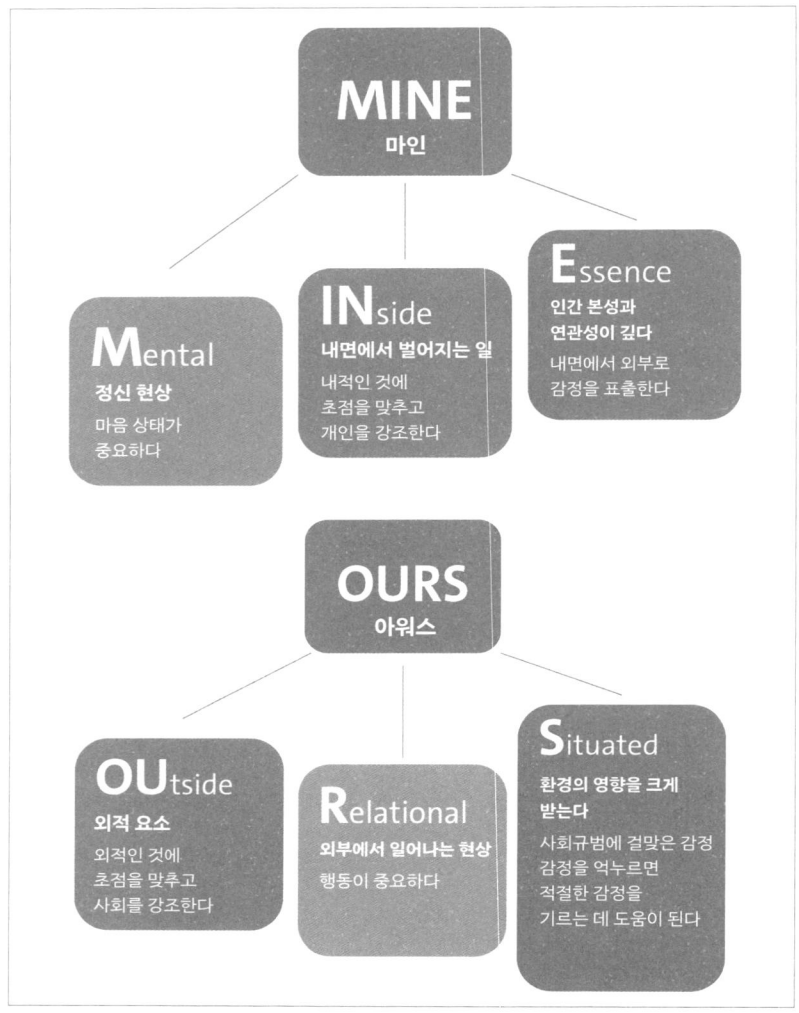

● 그림 2.4 마인 모형 감정과 아워스 모형 감정

내면 만족감을 드러낼 때보다 훨씬 좋은 조건으로 거래를 체결한다는 사실을 보여줬다.[114] 그렇다고 그동안 만난 이들을 오해하지는 마시라.

사람들은 분노가 이런 효과를 낸다는 사실을 잘 알지 못하므로, 협상에서 주도권을 잡으려고 일부러 분노를 터트리지는 않았을 것이다. 하지만 실제로 마땅히 받아야 한다고 생각한 보상을 얻지 못할 때 우리는 곧잘 화를 낸다. 이때 분노를 폭발하는 모습을 보고 당황한 상대방은 대개 협상 조건을 수락한다든지, 적어도 우리 바람이나 주장을 존중하게 된다. 개인적인 일화를 하나 소개하자면, 주택담보 대출 담당자에게 남편은 그럴 만한 근거가 있어서 짜증을 부렸는데, 나는 늘 미소를 지었으니 담당자를 격려하기만 하고 내 이익은 거스르는 행동을 한 셈이다. 사람과 사람 사이에 감정이 존재한다는 개념은 언뜻 보면 이상한 듯해도, 이 개념을 이해하면 인간 감정이 대인관계에서 어떤 역할을 하는지, 또는 거기에서 우리가 무엇을 얻는지 파악할 수 있다. 감정은 다른 사람에게 어떤 영향을 끼칠까? 우리는 자신의 감정이 어떤 영향을 끼치길 바랄까?

이번 장을 시작하며 소개한 마틴의 사례를 살펴보자. 마틴은 건축공학 석사학위를 받는 데 필요한 마지막 관문인 논문 발표를 무사히 마쳤다. 마틴이 경험한 감정을 들여다보면, 그 핵심에는 프로젝트를 무사히 끝냈다는 안도감, 자신을 향한 놀라움, 주변 사람들에게 그 과정을 들려줄 때 느꼈던 '즐거움'이 있다. 하지만 감정은 내면만이 아니라 사람과 사람 사이에도 존재하지 않는가? 당연히 마틴도 논문 발표 자리에 참석했던 친구와 친척들 얘기를 한다. 그도 중요한 시험을 통과했다는 소식을 일곱 명에게나 알렸다. 마틴이 거둔 성취가 지인들이 바라보는 마틴의 평판에 영향을 끼치지는 않았겠지만, 그들은 논문 발표 자리에 참석해 마틴이 쌓은 사회적 도약을 축하했다. 그 지인들이 마틴을 자랑스러워했을 가능성은 없을까? 당연히 대견하게 여겼을 것이다. 석사학위로 마틴의 사회적 지위가 상승하고 마틴에게 새로운 기회가 열릴 가능성은? 물론 있다. 마틴은 사회적 지위가 상승하리라 기대하며 내면에서 강렬한 감정을 느낄까? 그럴 수 있고, 실제로 그럴 확률이 매우 높다. 그렇다면 마인 모형 감정에 익숙한 사회에서는 감정의 사회적 측면을 과소평가하거나 무시하는 게 틀림없다.

아워스 모형 감정이 중요한 까닭은 대인관계와 사회적 상호작용에서 감정이 중요한 역할을 하기 때문이다. 마인 모형 감정에서 내면의 느낌이 중요하다는 점은 의문의 여지가 없다. 하지만 이 모형으로는 감정이 행동을 일으키고, 특히 사회 환경에서 적절한 방식으로 표현되어야 한다는 사실을 파악하기 어렵다. 물론 내면에서 뭔가를 느끼는 현상도 감정이지만, 우리는 대개 대인관계에 변화가 일어나 여기에 적응할 때 감정을 느낀다. 마인 모형 감정에 익숙한 문화 환경에서도 자부심은 계층 사다리를 오르게 하는 동기를 제공하고, 수치심은 신분이 추락할 때 피해를 줄일 수 있도록 보호한다. 행복감은 타인과 친밀하게 지내보려는 동기를 마련해주고, 분노는 적대감을 품게 만든다. 즐거움은 친교 활동에 참여해보려는 동기가 되고, 슬픔은 사람을 멀리하도록 유도한다. 우리 감정을 아워스 모형에 넣어서 살펴보면 몇 가지 중요한 질문과 마주친다. 감정은 세상과 관계 맺는 방식을 어떻게 바꿀까?[115] 감정은 인간이 상호작용하는 세계에 어떤 영향을 끼칠까?[116] 이 질문은 나중에 심리치료사가 된 한 학생이 내게 던진 화두이기도 하다.

'아웃사이드 인' 방식에서는 감정이 어떻게 움직일까? 내면 감정

대신 사회규범이나 타인의 기대에 맞춰 행동한다면, '진정성'은 어떻게 되는 걸까? 깨닫지 못할 뿐이지, 내면 감정보다는 사회규범이나 타인의 기대를 따를 때가 많을 것이다. 여느 부모처럼 나 또한 내 아이들을 사랑하는 데 어려울 일이 하나도 없었다. 그저 숨 쉬듯 자연스러웠다. 다른 대인관계가 모호함으로 가득하다면, 내 아이들은 마냥 순수한 사랑이다. 물론 이런 생각도 든다. 아이들에게 쏟는 내 사랑이 그토록 자연스러운 건 엄마가 자녀에게 어떤 감정을 품어야 하는지 분명하게 규정한 사회규범 때문은 아닐까? 아이는 마땅히 부모에게 사랑과 보살핌을 **받아야 한다**. 부모와 자녀 관계에서 바람직한 감정이 무엇인지는 문화에서 늘 명백하게 보여준다. 실제로 사회학자 앨리 혹실드도 이 문제를 지적했다.[117] 혹실드가 올바로 지적했다면, 모성애를 포함해 인간이 자연스럽게 느끼는 감정들은 '아웃사이드 인' 방식의 감정이 아닐까? 그렇다면 우리는 사회규범을 따라가려고 끊임없이 감정을 조절한다는 얘기일까? 인간 감정은 생각보다 더 아워스 모형에 가까울지도 모른다.

　　서구 유럽과 미국에서 발표한 몇 가지 놀라운 연구 결과를 보면, 감정이 보상을 받을 때 습관이 형성된다. 부모가 떼를 쓰는 아이의 응석을 받아주면 아이는 더 자주 짜증을 냈다.[118] 부모가 부정적 감정에만 반응을 보이면 아이는 얼른 보채지 않아도 관심을 기울이는 부모 곁에서 자란 아이보다 부정적 감정을 더 자주 드러내게 된다.[119] 애착이 불안정하게 형성된 아이와 안정된 아이의 차이다. 분노를 표현할 때 나타나는 성 정체성 차이도 화를 내고 나서 얻는 보상이 남성과 여성 사이에 다른 현상과 관련이 있을 수 있다. 분통을 터트릴 때 여성보다 남성이 더 많은 보상을 얻는 것으로 보인다.[120] 한 심리학 실험에서 여성은 자꾸 화를 내고 남성은 차츰 화를 줄이도록 유도했다. 여성이 공격적인 태도를 보일 때, 그리고 남성이 친절하게 행동할 때 연구진은 점수를 매겼다. 실험 환경이지만 보상이 생기니 여성은 자꾸 화를 내기 시작했다.[121]

내면 감정을 중시하는 문화권과 외적 환경을 중시하는 문화권은 서로 감정의 양상이 다르다. 마인 모형과 아워스 모형은 감정을 표현하는 방식에서만 차이가 나는 게 아니다. 성격 자체가 다르다. 하지만 특정 문화가 아워스 모형 감정만 중시한다고 해서 내면 감정을 모두 부정하는 것도 아니고, 생리 반응을 일으키는 감정까지 사라지는 것은 더욱 아니다.[122] 〈인사이드 아웃〉에서 묘사했듯 감정 캐릭터들이 머릿속 본부에 거주하는 마인 모형에서도 아워스 모형 감정이 존재한다. 감정에는 여러 기능이 있는데, 그중에는 대인관계에서 벌어지는 사건에 의미를 더하고, 사회규범과 기대에 걸맞게 대처하도록 조율하는 기능도 있다. 사람들은 다른 사람들과 감정을 공유하고, 감정은 사회적 요인의 영향을 받는다. 그래서 아워스 모형 관점으로 감정을 살펴보면 새로운 통찰을 얻을 수 있다. 서구 문화권에 널리 퍼진 마인 모형에서 놓치거나 무시하는 감정의 또 다른 측면을 찾아볼 수 있다. 아워스 모형을 알면 감정이 제각각 문화에 담긴 맥락과 어떻게 결합하는지 파악하는 데 도움이 된다. 다문화 사회와 세계화된 세상에서 우리가 마주하는 감정 차이를 좁히려면, 감정의 특성을 먼저 이해해야 한다.

3장

자녀 양육

◯
내 아들 올리버는 생후 10개월 무렵에 올바른 방향으로 책을 들 줄 알았다. 친구나 조부모님이 방문한 날이면 나와 남편은 아들에게 책을 거꾸로 건네주고 아이가 올바른 방향으로 책을 뒤집을 때까지 기다리곤 했다. 그러면 손님들은 하나같이 신기해하며 아들을 칭찬했고, 아들 얼굴에는 미소가 번졌다. 그때 올리버는 정말로 자부심을 느꼈을까? 성인이 생각하는 의미의 자부심은 아니었을 가능성이 크다. 심리학자들이 연구한 결과를 보면, 어린아이와 성인이 느끼는 자부심에는 여러모로 차이가 있다.[123] 남편과 나는 손님들의 격려에 힘입어 아이가 자부심을 느낄 기회를 자주 만들었다. 부모로서 우리는 서구 문화에서 가치 있게 여기는 감정을 길러줬다.

인류학자 헤이디 펑Heidi Fung이 추적한 연구에 따르면, 대만에서는 나와 비슷한 방식으로 아이 엄마들이 아이가 수치심을 느끼도록 기른다.[124] 대만 엄마들은 기회가 닿을 때마다, 아니면 기회를 만들어서라도 아이가 수치심을 알아가도록 유도했다. 세 살배기 디디의 엄마는 실험실 연구원의 캠코더를 만지려는 아이를 보고 야단쳤다. "디디! 엄마가 뭐라고 그랬지? 엄마 말을 통 안 듣는구나! 그러면 안 되지. 맴매 맞아야 겠네. 규칙을 안 지키니까." 엄마는 아들을 구석으로 데려가 주의를 줬다. "이러면 누가 좋아하겠니? 여기 구석에 서 있어." 그러고는 아들에게 지킬 건 지켜야 한다고 꾸짖었다. "네가 떼쓰는 모습이 녹화되면 얼마나 보기 싫을지 생각해보렴." 디디의 누나가 옆에서 "못생긴 떼쟁이"라고 핀잔을 주며 덧붙였다. "넌 부끄러움도 모르니?" 헤이디 펑은 이렇게 설명했다. 대만 엄마들은 수치심을 가르치며 아이에게 상처를 주고 아이를 배척하려는 것이 아니라 "도덕적 수치심이라는 가치를 일깨우며 …… 아이를 외면하기는커녕 사회 구성원이 되는 법을 길러준다."

우리 부부가 올리버에게 적절한 상황에서 적절한 감정을 느끼도록 기회를 만들었듯 디디의 엄마와 누나도 마찬가지였다. 그들과 우리 부부는 각자의 방식으로 소속 문화권에서 바람직하게 여기는 감정을 아이가 느끼고 표현하도록 유도했다. 이때 두 부모가 가르치는 감정은 서로 달랐다. 문화권마다 추구하는 사회화 목표가 다르기 때문이다. 당시 미국에 살았던 우리 가족은 아이가 자존감 높은 사람으로 성장해 세상에서 고유한 가치를 발휘하길 바랐다. 디디 엄마는 자녀에게 대만에서 중요하게 여기는 예의범절을 가르치고 싶었다. 디디는 수치심을 느끼고 때와 장소에 걸맞게 행동하는 법을 익혀야 했다. 부모는 제각기 자녀가 소속 문화권에서 가치 있는 구성원으로 자랄 수 있도록 적절한 감정을 기를 기회를 만들었다. 요컨대 감정은 문화 정체성을 형성하는 데 도움이 된다.

자존감이 높은 아이로 키우는 법

인류학자 나오미 퀸Naomi Quinn이 관찰한 내용에 따르면, "타인에게 인정받고 자아 존중감을 높이려면 무엇을 성취해야 하는지 이해하기 훨씬 전부터 아이들은 부모가 하는 칭찬을 공개적으로 듣고 자란다."[125] 여기서 미국 중산층 가정의 부모는 책을 똑바로 들기처럼 아이가 자부심을 느낄 만한 일이면 뭐든 칭찬하며 아이의 관심을 끈다고 퀸은 설명한다. 미국 시카고에 사는 중산층 백인 엄마와 자녀 그리고 대만의 중산층 엄마와 자녀를 비교 관찰한 연구에서, 미국인 엄마들은 양육 목표를 묻는 인터뷰 시간에 자연스럽게 자존감을 화제로 삼았다.[126] 그들은 자녀가 긍정적인 자아상이라든지 높은 자존감을 길렀으면 좋겠다고 말했다. 그런 만큼 아이가 건강하게 성장하는 데 필요한 원동력은 자존감이라고 확신했다. 자존감이야말로 행복한 사람, 자기 분야에서 성공하는 사람, 회복탄력성이 좋고 도전을 즐길 줄 아는 사람으로 자라는 데 꼭 필요한 요소라고 믿었다. 행복, 성공, 즐거움을 중시하는 문화에서는 긍정적인 자아상을 형성해야 한다.[127]

밀러가 수행한 연구에서, 미국 중산층 엄마들은 당연히 "아이에게 자존감을 심어주고 키워가고 지키는 일"이 중요하다고 지적했다.[128] 그러기 위해 지금 이 순간 아이들을 "사랑하고, 존중하고, 인정해주는 자세"가 좋은 방법이며, 건강한 자존감에서 자연스럽게 모든 심리적 이점이 따라 나온다고 생각했다. 우리 부부도 아들이 10개월일 때 자존감 높이기에 돌입했다. 남편과 나는 올리버를 사랑하고, 존중하고, 인정했다.

미국에서 어린아이들이 뭔가를 해낼 때마다 아이를 칭찬하는 부모는 우리만이 아니다.

    자녀를 칭찬할 일이 지금 이 순간 일어난 사건에 한정된 것은 아니다. 밀러의 연구에 참여한 많은 엄마들이 자녀와 또는 연구진과 함께 아이가 별처럼 반짝인 순간을 추억했다. 시카고 출신인 한 엄마는 2년 6개월 된 딸아이 몰리를 가리키며 연구진에게 일화를 하나 들려줬다.[129]

> 진짜 재밌는 얘기 해줄게요. 금요일 저녁이었어요. 그냥 앉아 있었거든요 …… 짐하고 제가 바닥에 앉아 있었는데 …… 딸아이가 제 어깨에 손을 턱 얹더니 "나를 행복해"라고 말하는 거예요. 저는 "그거 잘 됐구나, 몰리. 네가 행복하다니." [연구진의 대사: 사랑스러워요. 정말 귀여워요.] 제가 말했죠. "지금까지 그렇게 말하는 사람은 아무도 없었어." 그러자 짐이 말하더군요. "맞아. '나를 행복해'라고 표현하는 건 처음 들었어."

    밀러 연구진의 설명에 따르면, 이 대화에서 몰리 엄마는 몰리가 있는 자리에서 딸아이의 재미난 화법을 화제로 삼았다. 그런 방식으로, 엄마는 몰리와 연구진 모두에게 딸아이의 어법이 독특하고 사랑스럽다는 메시지를 전달했다. 그런 일이 일어난 순간 자신과 남편이 어떻게 반응했는지 이야기하며, 몰리의 단어 선택이 특히 참신하고 독특하다는 점을 강조했다. 면접조사를 기회로 삼아 연구진에게 딸아이를 자랑한 셈이다. 연구진은 바람직한 사회화에 성공한 청중답게 "사랑스러워요. 정말 귀여워요."라고 맞장구치며, 몰리 엄마의 해석에 동의했다. 몰리의 특별함을 돋보이게 만든 이 일화는 엄마와 아이 모두에게 뿌듯함을 느낄 계기를 제공했다. 시카고에서 아이를 키우는 유럽계 미국인 중산층 가정에는 이런 일화가 넘쳐난다.

    칭찬은 가정에서만 흘러넘치는 게 아니다. 우리 아들 올리버와 두 살 어린 동생 조에가 노스캐롤라이나주 초등학교에서 '모범상'을 받아 들고 집에 왔다. '새내기' 미국인 엄마인 나는 아이들이 '최고'라고 믿고 싶었지만, 사실 그렇게 대단한 상은 아니었다. 어느 달에 받았던 모범상은 프랑스 단어장에 있는 단어 스무 개를 제대로 암기해서 받았고, 또 어느 달에는 체육 시간에 가장 열심히 참여해서 상을 받았다. 시합에 이길 가능성이 전혀 없는데도 열성을 다해 뛰어다니며 좋은 경기를 보여 줬다는 평가를 들었다. 무엇 하나 그리 대단한 성취는 아니었다. 하지만 학교에서는 수많은 학생을 공개적으로 칭찬하며 아이들에게 세상에서 인정받는 느낌, 적어도 한 영역에서만큼은 특별한 존재라는 생각을 심어주려 했다. 이런 느낌과 생각에 '자부심'이라는 이름을 붙여도 좋다.

    아동복지를 중시하고 일찍부터 눈높이 교육을 실천하는 문화에서 아이를 칭찬하는 방법은 기본 중 기본이다. 미국과 유럽의 백인 엄마는 갓난아이와 마주보고 대화를 나누며 교감한다.[130] 반면 다른 문화권에서는 엄마들이 아기 얼굴을 보는 대신 아기를 업는다. 미국에서 얼마나 많은 중산층 가정이 갓난아이와 대화를 시도하는지는 우리 가족만 봐도 알 수 있다. 웨이크포레스트대학교에 재직할 때, 내 학부생 중에 놀랍도록 똑똑한데 놀랍도록 산만한 학생이 있었다. 여기서는 그냥 존이라고 부르겠다. 대학원에 간 존이 한번은 내게 다급히 도움을 요청했다. 부모가 어린 자녀와 함께 식사를 하며 나누는 대화의 기록이 필요하다며 내게 부탁했다. 나는 그러겠다고 대답했는데, 저녁식사를 시작하기 전에야 내가 제공할 기록이 존에게 쓸모없을지도 모르겠다는 생각이 들었다. 아이들과 대화할 때 나는 네덜란드어를, 남편은 영어를 썼다. 그러니까 네덜란드어를 모르는 존은 우리 대화를 이해할 수가 없을 텐데, 마감일이 코앞이라 존은 우리 가족의 대화를 녹음할 수밖에 없었다. 그런데 뜻밖에도 이 자료는 존에게 퍽 쓸모가 있었다. 존은 우리 가족이 차례대로 대화하는 순서에 특히 흥미를 느꼈다. 돌이 채 지나지 않은 우리 딸 조에는 아직 말을 할 줄 몰랐지만, 그래도 남편과 나는 꼬박꼬박 딸에게 말할 기회를 제공했다. 우리 부부는 딸에게 영어와 네덜란드어로 질문을 던졌고, 분명 갓난아이가 대답하지 못하는데도 대답할 시간을 줬다. 딸아이가 존중받는 인격체로 성장해 제 역할을 다하길 바라서였다.

미국 중산층 가정에서는 자녀를 독립된 인격체로 존중한다는 점을 여러 방법으로 표현하는데, 특히 칭찬은 정서적으로 막대한 영향을 끼친다. 미국 중산층 부모들은 어린아이가 책을 거꾸로 들지 않는다거나 "나를 행복해"와 같이 조금 서툴러도 말문이 일찍 트인 사건처럼 자녀가 거둔 성취를 칭찬한다. 여기에는 그 경험을 칭찬하고 쌓아가려는 목적도 있지만, "자립심을 심어주려는 의도도 있다. 자녀가 앞으로 성공하고 행복한 삶을 꾸리는 데 피와 살이 되리라 생각하기 때문이다."[131] 밀러에 따르면 한 엄마는 이렇게 말했다. "아이들에게 사랑을 베풀고 칭찬을 한껏 들려주는 것이 중요해요. 그래야 자존감이 높아져 세상의 주인으로 살아갈 수 있어요." 부모를 포함해서 사회화를 돕는 여러 주체가 아이의 사소한 성취를 축하할 때 아이는 긍정적 자아상을 형성하며, 행복하고 자부심과 자신감이 충만한 사람으로 자란다.[132]

요즘 미국의 여러 육아 사이트에서는 부모에게 칭찬을 남발하지 말고, 현실적인 자기 인식을 심어주라고 경고한다. 칭찬의 중요성을 강조하는 상황에서 균형을 맞추려는 시도로 보인다. 새로운 목소리가 없는 건 아니지만, 미국 중산층 부모는 자녀가 안정감과 사랑을 듬뿍 느끼며 특별하고 고유한 존재로서 세상에 나아가 당당하게 제 위치를 찾고 누릴 수 있기를 바란다. 한 사이트에서는 이렇게 강조한다.[133] "자녀에게 긍정적인 경험을 제공하세요. 그러면 스스로 긍정적인 경험을 쌓을 줄 아는 사람이 되고, 나아가 다른 이에게도 그런 경험을 제공합니다. 자녀가 부정적 경험을 쌓으면 건강하게 성장하고 성공하는 데 어려움을 겪게 됩니다." 미국 부모들은 자녀에게 긍정적인 감정을 길러줘야 한다고 입을 모은다.

내가 아이를 키우는 지역에서는 아이에게 부끄러운 줄 알아야 한다고 다그치거나 두려움을 심어주는 행동은 상상하기 어렵다. 밀러의 연구에 참여한 시카고 지역 엄마처럼, 나도 "수치심을 느끼게 하며 아이를 혹독하게 훈육하는 방식 또는 부당하게 다른 아이와 비교하는 행동은 아이의 자존감을 망가트리기 때문에 삼가야 한다."고 생각했다.[134] 수많은 심리학 연구 결과 또한 수치심은 자존감을 낮추고 우울증 발생 위험을 높인다는 견해를 입증한다. 아이에게 수치심을 안기는 행동은 공감 능력이 부족하고, 공격적이며 반사회적인 성향이 발달하는 현상과 관련이 있었다.¹³⁵ 중산층 백인 부모가 '유용하게' 사용하는 사회화 도구로, 아이를 공공연하게 놀리고 창피를 주어 수치심을 가르치는 방법은 상상하기 어렵다.

위어드 문화권에서는 사회화 수단으로 꺼내 드는 체벌이 수치심을 심어주는 방법보다 더 나쁘다고 여기기도 한다. 그래서 자녀에게 절대 매를 들면 안 된다고 권장한다.¹³⁶ 체벌은 공포심을 불러일으키기에 아이가 당장은 말을 들을지언정 그 효과를 지속할 수 없고, 옳고 그름을 가르치는 수단으로도 효과적이지 않다는 데 이의를 제기할 사람은 없을 듯하다.¹³⁷ 또한 체벌이나 거기에서 생기는 공포심은 부모와 자녀의 친밀한 관계를 가로막고, 아이의 정신건강을 해친다.¹³⁸ 체벌 탓에 아이들이 공격성을 기르게 되면 반사회적이고 폭력적 성향을 지닌 사람으로 성장할 가능성이 커진다. 위어드 문화권에서는 수치심이나 공포심을 심어줘봐야 부모가 바라는 효과를 끌어내지 못한다는 데 대체로 의견이 일치한다. 수치심과 공포심을 자극하는 방법으로는 아이를 변하게 만들어 올바른 사회 구성원으로 키울 수 없다는 얘기다.

부끄러움을 아는 아이로 키우기

인류학자 비르기트 뢰트게르-뢰슬레르Birgitt Röttger-Rössler와 발달심리학자 만프레드 홀로딘스키Manfred Holodynski는 미낭카바우족 문화에서 부모들이 중시하는 **말루**(수치심)의 역할을 소개하며, 사회화 과정에서 나타나는 다양한 감정의 기능을 분명하게 보여줬다.[139] 연구 사례에 등장하는 아이들은 인도네시아 서수마트라주 작은 촌락 출신이었다. 참고로, 레벤슨과 에크먼이 마인 모형 감정 이론을 연구한 곳이기도 하다. 부모와 친족을 포함해서 연장자를 존중하도록 가르치는 과정은 미낭카바우족에게 중요한 사회화 목표다.

'어른을 공경하는 태도'는 미낭카바우족의 규범을 따르는 겸손한 자세다. 부모들은 수치심에 해당하는 **말루**를 아이들에게 가르치며 어른을 공경하는 태도를 길러준다. 미낭카바우족은 어린아이가 아장아장 걸을 때부터 **말루말루** 하면서 버릇없이 굴지 않도록 가르친다. 부모는 아이가 그릇된 행동을 하면 지적해서 현장에 있는 사람들의 이목을 끌고, 아이가 부끄러움을 느끼도록 유도한다. 아이가 더 크면 그때부터는 공개적인 놀림이 시작된다. 다섯 살배기 하이파와 동갑내기 사촌 이스는 마을 연못에서 벌거벗고 수영을 즐기다가 걸려서 학급 친구들에게 놀림을 받았다. 동급생들은 휘파람을 불며 왁자지껄하게 웃었다. 한 아이가 "부끄러운 줄도 모르냐!"고 소리쳤고, 다들 이 말에 공감하며 웃음을 터트렸다. 하이파와 이스가 옷을 다 입고 나서야 아이들은 놀리기를 그쳤다. 마찬가지로, 부모와 친척도 아이가 잘못된 행동을 그만둘 때까지 제재를 멈추지 않는다. 아이가 문제 행동을 제대로 고칠 때까지 마을 어른은 아무도 아이에게 관심을 보여주지 않고, 아이 보호자는 수치심을 느낀다.

미낭카바우족 아이가 자라서 사춘기에 이를 즈음이 되면 훨씬 강도 높게 망신을 주기도 한다. 2장에서 살펴봤듯이, 열세 살 앤디가 지시를 따르지 않자 교사는 학급 동기생이 모두 보는 앞에서 앤디의 머리카락을 싹둑 잘랐다. 미낭카바우족은 나이에 따라 강도 높게 배척하는 방식으로 아이들이 수치심을 확실하게 느끼고 알아가도록 유도한다. 수치심을 심어주는 훈육은 반드시 사회규범을 지켜야 한다고 강조하는 기능만 하는 게 아니다. 여기에는 미낭카바우족 사회에서 높이 평가하는 겸손하고 점잖은 사람, 곧 자신의 행동이 사회적으로 어떤 결과를 가져올지 늘 생각하는 사람으로 키우려는 목적도 있다.

이번 장을 시작하며 디디 엄마를 예로 들었듯이, 대만에서도 부모가 아이에게 수치심을 느끼게 하는 방식으로 예절을 가르쳤다.[140] 디디 엄마는 아들이 규칙을 어겼을 때 사람들 앞에서 지적하고 벌을 줬다. 만약 디디 엄마가 시카고에 살았다면 '부정적인' 부모라는 평가를 들었을 수도 있다. 미국 엄마들이 아이의 연약한 자존감에 흠집을 낼까 봐 두려워서 아이를 비판하거나 창피를 주지 않으려고 자제할 때, 디디 엄마는 아이를 질책하며 부끄러움을 느끼게 하려고 기회를 만들었다. 디디 엄마는 그런 상황에서 아들이 부끄러워해야 '적절한' 감정이라고 확신했다. 대만에서 수치심은 자신의 위치를 깨닫고 공손한 마음을 먹게 하는 감정이다. 수치심을 느낀다면 규범을 위반해서 생기는 피해를 예방하겠다는 의지를 드러내는 셈이다. 이런 문화에서 디디 엄마는 수치심과 뻔뻔함 중 뻔뻔함이 더 큰 문제라고 판단했다.

밀러와 펑의 연구에 참여한 대만 엄마들이 아이의 자존감은 신경 쓰지 않았다고 말한다면, 대만 엄마의 입장에서는 부당한 평가다. 연구진이 '자아존중감'이라는 단어를 언급했을 때, 그 의미를 알지 못하는 이들도 많았을 것이다. '자아존중감'에 꼭 맞는 번역어가 없을뿐더러, 자기를 긍정적으로 받아들이는 과정이 문화적으로 우선하는 목표도 아니기 때문이다.[141] 징계에 관해 이야기할 때, 아이의 존엄성을 지키려면 혹독한 벌은 삼가야 한다고 강조하는 엄마들도 있었다. 자녀가 스스로를 긍정적으로 바라보는 것에 대해 어떻게 생각하느냐고 물었더니, 대만 엄마들은 "자아존중감"을 키운 아이라면 실패했을 때 남들보다 더 좌절하고 더 완강하게 고집을 부리며 다른 사람 말을 듣지 않을 것 같다고 말했다. 대만 엄마들은 자아존중감이라는 단어에서 부정적인 속성만 떠올렸다.

어째서 미낭카바우족 아이와 대만 아이들은 어릴 적부터 수치심을 느끼면서도 자신을 긍정적으로 바라볼 수 있을까? 자존감이 낮고 우울증 발병 위험이 크고 공감 능력이 부족하고 공격적 성향의 아이로 성장해야 맞지 않을까? 그런 것 같지는 않다. 우선, 수치심이 생기는 맥락이 서구권과는 다르다. 말하자면 이들 문화에서 아이의 부모나 친척은 아이와 수치심을 공유하거나 아이가 느낄 수치심을 대신 뒤집어쓰는 사람들이다.[142] 대만 공동체와 미낭카바우족 사회에서 수치심은 타인과 맺는 유대를 강조한다. 이 점이 수치심을 느껴도 덜 괴로운 이유를 얼마간 설명해준다. 여기서 핵심은 아이를 무리에서 쫓아내거나 배척하려는 게 아니라 함께 살아가야 하는 사회에서 적절하게 처신하는 방법을 알려준다는 데 있다. 이들 문화에서 수치심은 소외가 아니라 올바르게 처신하는 법을 가리킨다.

디디 엄마가 연구진 앞에서 아들에게 창피를 준 이유는 디디의 행동이 곧 엄마가 어떻게 자녀를 교육했는지 보여주기 때문이다. 아들이 '부끄러움을 알도록' 훈육하는 책임은 엄마에게 있다. 디디가 부끄러움을 알고 적절하게 행동하면, 가정교육을 잘 받았다는 뜻이다. 그런 만큼 수치심은 대인관계를 위협하기는커녕 더욱 돈독하게 다진다.

또 다른 연구에서 펑은 동료인 에바 치안휘 첸Eva Chian-Hui Chen과 함께 대만 중산층 가정 일곱 곳을 관찰했다.[143] 이 연구는 관찰 대상인 자녀가 두 살 반일 때 시작해 네 살이 될 때까지 이어졌다. 연구진이 6개월마다 가정을 방문해서 아동과 가족이 나누는 자연스러운 대화를 체계적으로 녹화했다. 100시간이 넘는 녹음본을 분석한 결과, 한 시간에 3회가량 수치심을 일깨우는 대화가 오갔다. 대개는 부모가 관찰 대상인 아동의 잘못을 지적하며 부끄러움을 일깨웠다. 펑과 첸의 연구에 따르면, 대만 엄마들은 아이에게 부끄러움을 가르치려고 자주 신경 썼다. 다음 사례를 보면, 네 살배기 아신과 두 살배기 동생이 엄마 말을 듣지 않고 낮잠을 자지 않을 때 어떻게 대화를 이어나가는지 보여준다.

> 엄마가 말한다. "유치원 원장님이 정해진 공부 시간과 휴식 시간을 따르는 게 좋다고 하셨어. 말 안 들으면 원장님이 나무라셔." 두 아이는 과연 원장이 엄마에게 혼을 낼지 궁금하다. 엄마가 대답한다. "그날 원장님이 나를 꾸중하셨잖니?" 두 아이가 이유를 묻는다. 엄마가 대답한다. "내가 너희 둘을 낮잠 재워야 하는데 그러지 못해서 잘못 가르쳤다고 하셨어. 맞지?"

아이가 잘못 행동하면 엄마는 자녀를 제대로 훈육하지 못했다고 비난을 듣는다. 엄마와 자녀는 암묵적으로 수치심을 공유한다. 아이가 부끄러운 행동을 하면 부모와 가족이 가정교육을 제대로 하지 못했다는 의미가 된다. 그래서 "너 때문에 엄마 체면이 말이 아니야."라거나 "이 불효막심한 녀석!"이라고 나무라며, 많은 부모가 수치심을 표현한다. 여기서 더욱 중요한 사실은 아신의 엄마가 그랬듯 유치원 원장처럼 권위 있는 인물을 내세워서 자식과 부모 사이의 유대감을 깨트리지 않는다는 점이다. 엄마가 아이에게 애정이 없어서가 아니라 아이와 함께 외부 요구를 따르기 위해서다. 아이와 부모(또는 친척)는 함께 공동 목표를 향해 가는 동반자 관계다. 그런 점에서 사회규범을 어기면 생각보다 훨씬 큰 영향을 끼치지만, 아이가 수치심을 느끼는 경험은 서구 문화권에서 생각하는 것만큼 아이에게 위협적이지 않다. 미낭카바우족 사회와 대만에서 수치심을 일깨우는 행동은 잘못을 바로잡는 수단이기에, 아이가 가장 중요한 보호자인 부모와 맺는 유대감을 해치지 않는다.

부끄러움을 아는 태도는 미덕으로 여겨진다. 부끄러움은 사회규범을 인식하고 있다는 증거고, 여러 규범을 어기지 않도록 예방한다. 수치심을 아는 사람은 타인이 자신을 어떻게 보는지 주의를 기울이며, 사회에서 따돌림을 당하는 사태로 이어질 만한 잘못을 삼간다. 미낭카바우족 성인은 **말루**를 가리켜 규범에 걸맞은 태도를 기르는 원천이라고 평가한다.[144] "말루 덕분에 사람은 신중하게 행동해요. 그래서 나쁜 행동이나 잘못된 일을 하지 않습니다." 마찬가지로, 대만 엄마들은 아이에게 수치심을 일깨우며 예절을 가르친다. 부모는 자녀에게 최선의 것을 제공하려고 애쓰는 사람이다. 미낭카바우족과 대만 가정에서는 "부끄러움을 알게 하는 방법"이 아이가 장차 사회에서 존경받는 구성원이 될 수 있도록 준비하는 과정이다.

두려움을 아는 아이로 키우기

마다가스카르 남부에 사는 바라족 사람들이 추구하는 사회화 과정에서 중요한 목표는 유순한 성품을 기르는 것이다. 바라족은 여러 기준에 따라 세분화된 사회며, 위계 구조가 명확하다. 사회구조의 기본 단위는 같은 조상을 기리는 후손 3대나 4대가 함께 모여 사는 집단이다. 바라족 사회에서 모범이 되는 어린이는 어른 말에 고분고분 순종해야 한다. 바라족은 아이에게 어른이 시키면 무슨 일이든 군말 없이 따르라고 훈육한다. 목적대로 되려면 "타호치를 알아야 한다. 다시 말해, 친척 어른들을 어려워하도록 가르친다."[145] 인류학자 비르기트 뢰트게르-뢰슬레르와 발달심리학자 만프레드 홀로딘스키에 따르면, 바라족에게 두려움이라는 감정은 자녀가 사회 구성원으로 성장할 수 있도록 가르치는 도구다.

바라족 엄마들은 출산하면 아기가 태어난 첫해에 아기와 붙어 지내다시피 한다. 수없이 아기와 신체 접촉을 하고, 신체 발달에 필요한 욕구를 짐작해 채워준다. 아이가 두 살이 되면 엄마는 이유식과 함께 가벼운 체벌을 시작한다. 차츰차츰 신체적 거리를 늘리고, 아이가 엄마 말을 듣지 않으면 꼬집기처럼 가볍게 체벌한다. 이 시기부터는 손위 형제와 또래 친구가 아이에게 더 중요한 존재가 된다. 네 살 무렵부터는 사회규범이 무엇이고 이를 어기면 제재를 받는다는 점을 아이가 이해할 수 있다고 판단한다. 그래서 이때 본격적으로 체벌이 시작되고, 아이들은 두려움(타호치)을 강렬하게 경험한다. 체벌로는 매를 때리는 방식이 가장 흔하지만, 밥을 굶기기도 해서 굶어 죽을 것 같은 두려움을 심는다. 체벌하는 사람은 정해져 있는데, 대체로 아버지다. 바라족은 공개적으로 아이에게 망신을 주고 수치심을 안기면 좋지 않다고 생각하기 때문에, 체벌할 때는 다른 사람이 보지 못하도록 조치한다. 아울러 매를 맞은 아이가 버림받은 기분에 젖어들지 않도록 체벌한 뒤에는 아이를 다독이려고 특별히 마음을 쓴다. 이런 역할은 주로 엄마가 맡는다. "아이를 다독이고, 앞으로 매를 맞지 않으려면 어떻게 해야 하는지 가르칩니다. 그리고 매를 맞은 건 순전히 아이가 잘못 행동했기 때문이지 다른 이유는 없다고 설명하죠." 바라족은 확실하게 두려움을 가르쳐서 권위에 순종하게 만들려고 아이를 체벌한다. 하지만 대만 엄마와 미낭카바우족과는 달리, 조금이라도 아이가 자존감을 잃거나 따돌림당할까 겁을 먹지 않도록 적극 노력한다.

바라족은 아이에게 수치심을 주지 않으려고 조심하는 것과 마찬가지로 칭찬도 삼간다. 아이가 잘 처신했을 때는 어떻게 하느냐고 물었더니, 바라족 부모는 칭찬하지 않는다고 대답했다. 바라족이 남편과 나의 행동을 보았다면, 틀림없이 올리버를 버릇없는 아이로 키우는 부모라고 생각했을 것이다. 그렇다면 바라족은 칭찬하는 대신 어떻게 반응할까? 연구에 참여한 부모 대다수가 화를 내지도 때리지도 않을 거라고 대답했다. 아이에게 음식이나 새 옷을 주며 보상한다고 대답한 부모는 몇몇 뿐이었다.

바라족 아이들은 체벌을 받으면 어떻게 반응할까? 극심한 두려움을 경험할까? 바라족 아이들이 자신을 처벌할 만한 사람이 있을 때만 사회규범을 지키고 마음 깊이 새기지 않는다면, 좋은 어른이 될 수 있을까? 사회화 수단으로 주로 체벌을 활용하면, 바라족 아이들 정신건강에 해롭지 않을까? 다시 말하지만, 체벌과 두려움은 오늘날 중산층 백인 부모가 바라는 아이로 기르는 데는 효과적이지 않을지라도 바라족 아이를 훈육하는 데는 쓸 만한 방법으로 보인다. 우리가 이 부분을 이해하려면 바라족 아이들이 자라는 사회가 어떤 곳인지 더 깊이 살펴봐야 한다.

체벌은 바라족 아이들에게 두려움을 심는다. 그저 규범을 어길 **생각**만 해도 자기에게 다가올 잠재적 결과를 떠올리고 두려움에 떨도록 만든다. 어쩌면 바라족 아이들은 사회규범을 마음에 새기기는커녕 규범을 어길 때 생기는 결과를 피해가는 요령만 익힐 수도 있다. 그런 측면에서는 서구권 연구 결과가 타당할 수도 있다. 그러나 바라족 어른들이 아이의 행동을 항상 눈여겨본다는 점을 고려하면, 굳이 사회규범을 마음에 새길 필요가 없을 수도 있다. 두려움은 성인이 되어서도 효과를 발휘한다. 아이들이 성장해 어른에게 맞서 싸울 만큼 힘이 세져서 연장자에게 받는 체벌을 두려워하지 않을 시기가 되면, 이제 연장자 대신 조상신이 그 역할을 대신한다. 바라족 사회에서는 사람이 규범을 어기면 "조상신이 진노해서 당사자와 그 후손에게 질병이나 재앙을 내리기 때문에, 희생제물을 바쳐 조상신의 진노를 가라앉히지 못하면 치명적인 결과를 불러온다."고 믿었다. 조상신은 어디에나 있으므로, 바라족은 마땅히 타호치를 지녀야 한다. **타호치**를 느끼는 개인이라면 사회규범을 지킬 가능성이 크기 마련이다.[146]

서구권 연구 결과에 따르면, 타호치는 공격성을 끌어내는 경향이 있다. 학자들 말을 들어보면, 바라족 아이들은 매를 맞은 직후에 **타호치**만이 아니라 **세키**(분노)도 느낀다. 게다가 매를 맞으며 공격성을 깨우친다는 연구 결과도 있다. 부모가 드러낸 공격성을 아이가 모방하기 때문이다.[147] 하지만 훈육하는 어른은 공격성을 드러내면 규범에 어긋나므로, 가혹한 처벌을 받게 된다. 바라족 아이한테는 쌓인 화를 풀 수 있는 통로가 따로 있다. 바라족 사회에서는 집안끼리 경쟁이 치열해서, 매를 맞은 아이는 다른 집안 또래 아이에게 공격성을 쏟아낼 수 있다. 그러므로 바라족 사회에서도 극심한 두려움이 공격성으로 이어질 가능성이 크다. 다만 차이가 있는데, 바라족 사회에서는 이런 공격성을 반사회적 행동으로 여기지 않는다. 사회에서 용인하는 방식으로 공격성을 드러낼 수 있기 때문이다. 어려서는 경쟁 관계에 있는 가문의 아이를 때리는 방법이 있고, 나중에 부모가 되어서는 아이에게 **타호치**를 심어주는 사회화 과정에서 아이를 체벌할 수 있다.

다른 문화권과 마찬가지로 바라족 사회에서도 두려움은 부모와 자녀가 친밀감을 형성하는 데 방해가 될 수 있다. 물론, 바라족 사회에서는 부모와 자녀가 반드시 친밀하게 지내라는 법은 없다. 바라족 부모는 자녀의 신체적 필요를 채워주고, 자녀가 스스로를 돌볼 나이가 되면 위계 구조가 분명한 바라족 사회의 요구에 순응하며 조상신의 진노를 사지 않도록 훈육한다. 바라족 아이는 더 바랄 것이 없다.

굳이 멀리서 찾을 필요 없이, 서구 문화권에도 바라족과 비슷하게 감정을 사회화한 사례가 있다. 19세기 빅토리아 시대 규범이 널리 퍼지기 전까지는 미국에서도 비슷한 방식으로 사회화를 치렀다. '위계질서와 종교 교리를 수호하고', 아이에게 부모를 포함한 어른을 공경하고 하나님을 경외하도록 가르치기 위해 분노와 징벌을 활용했다.[148] 그때는 대서양을 사이에 두고 유럽과 미국의 육아법에 거의 차이가 없던 시절이다. 17세기 프랑스 국왕인 루이13세도 어려서 비슷한 방식으로 훈육을 받았다. "잦은 매질은 아이의 자율성을 억누르고 복종하는 역할에 충실하도록 아이를 준비시키는 수단이었다."[149] 계층을 막론하고 모든 부모의 양육 목표는 아이의 교만을 억누르고 아이에게 순종하는 마음을 심는 데 있었다. 국왕이라도 절대신이 진노하지 않도록 권위에 복종하는 태도를 길러야 했다.

19세기가 되어서야 비로소 미국 중산층 사이에서 두려움을 이용하는 훈육법을 비판하는 목소리가 나오기 시작했다. 역사가 피터 스턴스 Peter Stearns는 1994년에 출간한 저서 《아메리칸 쿨American Cool》에서 이런 부분을 훌륭하게 설명했다.

> 미국 주류인 개신교에서 강조하는 종교적 미덕이 약화하면서, 신을 향한 경외심으로 가득한 개인을 이제 더는 경건한 사람으로 생각하지 않았다.[150] 두려움이 가득한 사람은 오히려 정서에 문제가 있고 중산층 사회에서 기대하는 자신감을 발휘할 능력이 부

족한 사람으로 평가받았다. 부모와 자녀 사이에 오가는 정서적 유대감이 두려움에서 나온다면 단기간에 훈육 효과는 달성하겠지만 길게 보아 애착을 형성하지 못할 가능성이 매우 크다. 두려움을 심는 훈육은 부모가 지닌 권위를 남용하는 정서적 학대로 인식하게 됐다.

이 무렵부터 순종보다 사랑이 더 중요해졌고, 부모와 자녀는 '사랑하는' 관계로 개념이 바뀌었다.[151] 엄마가 주는 사랑은 자녀를 도덕적인 아이로 기르는 데 도움이 됐기에, 새로운 양육 방식에서는 모성애가 중요한 역할을 했다. 한 목사는 1839년 〈더 마더스매거진〉에 이런 글을 기고했다. "하나님께서 어머니 마음에 심어놓으신 자녀를 향한 사랑은 **꺼지지 않는 깊은 사랑이다**."[152] "엄마가 애정이 넘치면 자녀는 그 엄마를 보고 닮을 수밖에 없다."는 말에서 드러나듯, 어머니의 사랑으로 아이들의 정서가 발달한다고 생각했다. 빅토리아 시대 미국에서는 사랑이 사회화 수단으로서 중요한 위치에 올라섰고, 이견은 있겠지만 이후로도 줄곧 그 자리를 양보한 적이 없다.[153]

공감 능력이 있는 아이로 키우기

일본인 부모와 교육자가 아이들의 행동을 전혀 규제하지 않는 모습을 보면 서구인들은 깜짝 놀랄 것이다. 발달심리학자 기셀라 트롬스도르프

Gisela Trommsdorff와 한스 요아킴 코나트Hans-Joachim Kornadt는 비교문화 연구에서 말을 듣지 않는 다섯 살배기 자녀에게 일본 엄마와 독일 엄마가 어떻게 반응하는지 관찰했다.[154] 일본인 엄마는 아이가 왜 말을 듣지 않았는지 아이의 관점에서 공감하며 말했다. "아직 어린애죠. 노느라 정신이 팔렸거나 너무 피곤한가 봐요." 아이가 계속 말을 듣지 않을 때도 일본 엄마는 아이 입장에 공감하며 다시 다정하게 지시 사항을 전달한다. 이렇게 몇 차례 대화가 오간 뒤에도 변화가 없으면, 그때부터 일본 엄마는 엄마 기분도 헤아려 달라고 아이에게 호소한다. 이때까지도 엄마는 아이의 행동을 바로잡으려 들지 않았다. 말을 듣지 않는 어린아이를 일본인이 다루는 방식은 흥미롭게도 타협과 화합으로 이어져, 대개는 관계가 더욱 돈독해졌다. 이런 부분은 일본 아이들을 위한 사회화 과정이 긴 안목으로 진행된다는 사실과도 관련이 있다. 트롬스토르프와 콘다트가 이 연구를 처음 수행하고 9년이 지난 후에 다시 관찰했더니, 일본 아이들이 독일 아이들보다 공감 능력이 더 우수한 것으로 드러났다.[155]

일본에서는 어린아이라면 **아마에**(어리광)를 부려도 당연하다고 여긴다.[156] 보호자, 특히 엄마의 보살핌과 너그러움에 전적으로 의존하는 시기이기 때문이다. 일본에서는 **아마에**를 감정으로 인식한다. 그래서 엄마는 아이의 **아마에**를 받아들이고 **오모이야리**(배려하는 마음)를 보인다. 서양인 눈에는 아이의 버릇을 망치는 태도로 보일 만큼, 일본 엄마들은 아이의 요구를 모두 들어준다. 이렇게 **오모이야리**를 보여주며 자녀들도 타인을 배려하는 마음을 기르길 바란다. **오모이야리**란 "타인이 느끼는 기쁨과 슬픔을 자기 일처럼 여기며 타인의 감정에 공감하고, 타인이 바라는 일을 이룰 수 있도록 기꺼이 도우려는 마음과 자세를 가리킨다."[157] 일본 문화에서는 특히 원만한 관계를 중요하게 생각하는데, 오모이야리가 관계 형성에 가장 중요한 역할을 한다.[158]

일본 엄마들은 **오모이야리**를 몸소 실천하는 방식으로 아이에게 이 감정을 가르친다. 처음부터 아이들에게 **오모이야리**를 기대할 수는 없지만, 아이가 커갈수록 엄마의 관점과 감정을 이해하고 느낄 수 있도록 꾸준히 격려하고 돕는다. 일본 엄마는 아이에게 무엇을 하라고 지시하기보다, 아이가 엄마의 기대에 보답하려는 마음으로 스스로 규범을 따를 때까지 기다린다. 엄마가 **오모이야리**의 모범을 보이며 아이에게 이 감정을 가르치려면 오랜 인내가 필요하지만, 아이가 반듯한 성인으로 성장해 제 역할을 다하려면 이 방법밖에 없다고 일본 엄마들은 생각한다. 성인이라면 다른 사람의 관점에서 생각할 줄 알고, 타인의 기대에 맞춰줄 줄 알며, 타인에게 피해 끼치는 행동을 삼갈 줄 알아야 한다. 타인의 관점에서 생각할 때 타인의 기대를 저버리지 않을 수 있다. 또한 외부에서 닥치는 역경을 견디고 이겨내기 위해 자신이 어떻게 발전해야 하는지 깊이 생각할 수 있다.[159]

일본 유아교육계에서는 **오모이야리**를 기르는 방향은 옳지만, 준비되지 않은 아이에게 이 감정을 강요해서는 안 된다는 견해가 일반적이다.[160] 유치원 교사는 아이들이 서로 대립하고 심지어 공격성을 드러낼 때도 웬만하면 억지로 행동을 교정하지 않는다. 유치원에 새로 들어온 나오라는 원생과 기존 원생 몇몇이 주고받은 이야기를 살펴보자.

나오가 레이코에게서 곰 인형을 잡아챈다. …… 모리토 선생은 아이들에게 "가위바위보"를 해서 문제를 해결하라고 말한다. 가위를 낸 레이코가 보를 낸 나오를 이긴다. 모리토 선생이 나오에게 "오늘은 레이코가 곰 인형을 가지고 놀게 하자. 좋지?"라고 타일렀지만, 나오가 "싫어요!"라면서 결과에 승복하지 않는다. 모리토 선생이 단호하게 말한다. "방금 '가위바위보'로 결정했잖니." 그러자 나오는 부루퉁한 얼굴로 바닥에 주저앉는다. 레이코와 쌍둥이 동생 세이코가 나오에게 다가가 곰 인형을 뺏은 게 잘못이라고 싫은 소리를 하니, 나오가 대답한다. "세이코도 멍청하고 레이코도 멍청해." 그러자 세이코가 말한다. "그건 네 잘못이야. 네가 곰 인형을 바닥에 내려놓았잖아. 그러니까 우리가 가져갔지."

수업시간에 계획된 활동을 해야 해서 다툼이 잠시 중단됐다가, 나오와 다른 소녀들 사이에 곰 인형을 놓고 다시 싸움이 시작된다. 아이들은 서로 곰 인형을 차지하겠다며 잡아당긴다. 다른 원생들이 이번에도 나오에게 인형을 바닥에 내려놓으면 다른 사람에게 차례가 넘어간다고 설명한다.

세이코가 골이 난 나오를 구석으로 데리고 가서 말한다. "이러면 안 돼. 알겠어? 약속하자." 두 아이는 새끼손가락을 걸고 팔을 위아래로 흔들며 다짐한다. "약속을 지키지 않으면 바늘 천 개를 삼키는 거야."

이 모든 과정에서 모리토 선생은 사태를 지켜볼 뿐 개입하지 않는다. 가만히 아이들 행동을 관찰한다. 그리고 나오는 다소 공격적이지만 그저 투덜대며 **아마에**를 부렸고, 다른 아이들은 나오에게 관심을 기울이며 나오를 받아들였으니 **오모이야리**를 보인 것이라고 해석한다. 흥미로운 대목은 **아마에**와 **오모이야리**와 **외로움**은 "사회성을 기르고 싶은 욕구를 끌어내기" 때문에 일본 사회에서 중요하게 여기는 정서라는 점이다. 외로움은 타인과 교류하고 싶은 동기를 제공하고, **아마에**로 외로움을 표현하면 다른 이들이 그 마음을 헤아려서 상대방을 무리 안에 받아들인다.

일본 교사들은 대부분 모리토 선생에게 공감하며, 아이들이 다툴 때 끼어들지 않는다. 일본 아이들은 이런 방식으로 **아마에**를 해석하고 **오모이야리**를 베푸는 법을 배운다. 반면 미국 교사들은 이 실험 영상을 보고 교사가 아이들 일에 개입했어야 한다고 생각했다.[161] 교사가 아이들 일에 개입하지 않았다면 위험 앞에서 아이들을 보호하지 않았다는 뜻이 된다. 미국 교사들은 일본 교사가 아이들에게 주의를 기울이지 않았다고도 의심했다. 아이들을 지켜봤다면 당연히 개입했으리라는 주장이다. 하지만 모리토 선생은 아이들에게 신경을 쓰지 않았던 게 아니다. 일본 교사와 미국 교사는 교육 목표가 달랐다. 미국과 달리, 일본에서는 아이들의 자존감보다는 **오모이야리**가 발달하도록 교육한다.

미국 백인 중산층 가정에서 자녀를 안정감 있고 독립적인 성인으로 키우려고 애쓴다면, 일본에서는 타인에게 공감할 줄 아는 아이를 목표로 삼는다.[162] 미국과 유럽 여러 나라가 사회화 과정에서 자부심과 행복감을 강조할 때, 일본에서는 **아마에**와 **오모이야리**를 부각한다.

담담한 아이로 기를까, 감정이 풍부한 아이로 기를까?

심리학자 하이디 켈러Heidi Keller연구진이 물었더니, 카메룬 농촌에 사는 은소족 엄마들은 이렇게 대답했다. "언제나 담담한 아이가 좋은 아이예요."[163] 이들은 모두 3개월에서 19개월 사이인 아기의 엄마였다. 은소족 어린아이는 감정을 표현하지 않고 조용히 지내야 한다. 그래야 엄마가 하던 일을 계속할 수 있고, 엄마가 자리를 비워도 다른 사람이 대신 아이를 보살필 수 있다. 아기 엄마들이 켈러에게 말했다. "우리 음바 마을에서는 아기들이 울지 않아요." 실제로 은소족 엄마들은 아기가 울지 않도록 갖은 방법을 다 썼다. 그중 하나가 아기에게 젖 물리기다. 한 엄마가 켈러에게 말했다.

> 아기가 울 때 젖을 먹이면 울음을 그쳐요. 아기가 울음을 그쳐야 일을 계속할 수 있으니까 …… 저는 아기에게 젖을 물리죠. 그러면 아기가 울음을 그치고 잠이 들어요.

은소족 엄마는 젖을 먹여 우는 아기를 달래거나 아기가 울지 않도록 조치한다. 젖을 먹이는 방법이 통하지 않으면, 아기에게 '나쁜 아기' '못된 녀석'이라고 불만을 터트리며 울음을 뚝 그치라고 혼낸다. 은소족 사이에서 건강하고 착한 아기는 조용한 아기, 그저 '가만히 있는' 아기다.[164] 그러는 동안 은소족 아기는 환경에 적응하는 법을 배운다.[165]

은소족 엄마와 독일 엄마를 비교해보자. 켈러의 연구에 참여한 사람들은 모두 도시에 사는 중산층 가정 엄마로서, 은소족 엄마들 아기와 같은 연령의 아기를 키웠다. 독일 엄마들은 아기에게 긍정적인 정서를 심어주고 유지하는 데 힘을 쏟았다. 한 독일 엄마는 3개월 된 아기와 대화를 나누며 이렇게 말한다.

> 아가, 웃어야지! 그래, 웃는 게 좋아. 아이구, 잘한다. 다시 해봐. 그래, 아주 잘했어.[166]

은소족 엄마처럼 독일 엄마도 독일 문화에서 기대하는 이상적인 아기로 키우려고 애썼다. 한 엄마는 켈러 연구진에게 바람직한 아이가 어떤 아이인지 설명했다.

> 엄마와 함께 많이 웃을수록 아기가 주변 환경을 더 신뢰하게 됩니다. 아기는 주의와 관심이 필요해요. 책에서 읽었는데 아기는 태어난 첫해에 가장 많이 웃는대요. …… 우리 집에서는 아기와 되도록 자주 웃어요. 웃음은 건강에 좋다고 생각해요.

독일 중산층 가정의 엄마는 아기와 소통할 때 얼굴을 마주보고 나누는 대화가 80퍼센트에서 90퍼센트라고 켈러는 설명한다.[167] 이때 독일 엄마는 아기와 눈을 맞추며 웃어주고 긍정적인 말을 들려줬다. 여기서 긍정 정서를 길러주는 노력도 가치 있긴 하지만, 아기가 울 때면 부정 감정을 표현하도록 허락한다. 독일 엄마는 아기를 조용히 시키기보다는 아기가 우는 이유를 찾아서 아기에게 도움이 되도록 개입하거나 환경을 바꿀 방법을 궁리한다. "이제 누워 있기 싫어? 쪽쪽이 줄까?" 하고 우는 아기에게 묻는다. 아기가 스스로 주변 환경을 바꿀 힘은 없다. 하지만 엄마는 아기가 느끼는 불쾌함을 해소할 수 있도록 돕거나, 아기를 달래어 아기가 싫어하는 환경을 바꿀 수 있다. 그러는 사이 독일 가정의 아기들은 어른처럼 주변 환경에 영향력을 발휘하는 법을 배운다.

아기가 환경에 적응하도록 만드는 은소족과 아기가 마주한 환경에 변화를 주는 독일의 양육 문화 차이는 다른 사례에서도 드러난다. 스탠퍼드대학교 심리학자 잔느 차이Jeanne Tsai는 실험에 참여한 미국 유치원생들에게 웃는 얼굴 사진을 보여주며, '활짝 웃는' 사람이 될지 아니면 '빙긋 웃는' 사람이 될지 물었다. 그랬더니, 대다수 미국 아이가 활짝 웃는 사람이 더 좋다고 대답했다.[168] 하지만 대만 출신 아이들이 선호한 얼굴은 달랐다. 활짝 웃는 얼굴만큼 빙긋 웃는 얼굴을 선택한 아이도 많았다. 다시 말해 세 살에서 다섯 살 사이의 대만 아이들은 미국 아이들보다 차분함을 더 선호했다. 대만 아이들의 이런 성향은 질문과 상관없이 일관되게 나타났다. 이를테면 대만 유치원생은 대다수가 다이빙을 하거나 물장구를 치기보다 튜브에 앉아 가만히 떠다니는 놀이를 선호했는데, 같은 연령의 유럽계 미국 아이들은 그렇지 않았다. 그만큼 대만 아이들은 유럽계 미국 아이들과 달리, 분주한 활동보다 잔잔한 놀이를 선호했다. 마지막으로, 유럽계 미국 아이들은 대부분 빙긋 웃는 얼굴보다 활짝 웃는 얼굴을 '더 행복한' 표정으로 여겼다. 반면 대만 아이들은 절반가량이 그렇게 생각했고, 나머지 절반은 빙긋 웃는 얼굴을 '더 행복한' 표정으로 보았다.

평과 첸이 관찰한 결과를 보면, 아이가 울 때 대만 엄마들은 대체로 부끄러움을 심어줬다. 디디 엄마는 젖은 욕실 바닥에서 넘어져 우는 아이를 나무라며 부끄러움을 깨닫게 했다. "맨날 이렇게 우는 걸 보니 디디는 정말 골칫거리구나!" 디디의 누나도 동생을 약 올렸다. '울보 귀신'이라고 놀리며 창피하다는 몸짓을 해 보였다. 세 살 반인 웬웬은 애써 만든 작품을 어린 남동생이 망가뜨리자 앉아서 훌쩍인다. 그런 웬웬을 보고, 엄마는 동생이 손대지 못하게 일찌감치 물건을 치웠어야 한다고 말한다. 웬웬의 아버지는 방에 들어와 이제 그만 그치라고 아이를 다독인다. 아버지가 어린 동생을 데리고 방에서 나갔는데도, 여전히 웬웬은 칭얼댄다. 엄마는 이렇게 말한다. "계속 울어도 너를 봐주지 않아."[169] 대만에서도 아이가 감정을 표현하기보다는 차분하게 행동해야 규범에 걸맞는다.

그런데 어째서 아이가 차분하기만을 바라는 걸까? 은소족 엄마들은 그 이유를 짧게 설명했다. 아이가 조용하게 있어야 엄마가 일을 처리할 수 있고, 엄마가 없을 때 다른 사람이 대신 아이를 돌봐줄 수 있기 때문이다. 다시 말해 조용한 아이가 환경에 쉽게 적응한다. 잔느 차이도 개인보다 집단의 필요를 앞세우는 문화에서는 차분함을 선호한다고 설명했다.[170] 담담한 사람은 타인이 무엇을 바라고, 무슨 행동을 하고, 무슨 말을 하는지에 관심을 기울인다. 침착한 사람은 대개 주변 분위기를 살피며 따라갈 수 있다. 반면 개인이 주변 환경을 주도하기를 기대하는 문화에서는 주체적으로 행동하고 타인에게 영향을 끼칠 수 있는 강렬한 감정과 활동을 중요하게 여긴다.

실력 있는 실험심리학자인 잔느 차이는 이 예측이 맞는지 실험실에서 확인했다. 한 참가자가 다른 참가자에게 영향력을 발휘할 수 있는 실험 **환경을 조성**하면, 상황을 주도하는 역할을 맡은 참가자는 더욱 적극적으로 감정을 표현하려고 할까? 그리고 다른 참가자의 지시를 따르는 역할을 맡은 참가자는 더욱 차분하게 환경에 적응하려고 할까? 결과를 먼저 말하자면, 그렇다. 잔느 차이는 학생들을 연구실로 초대해 카드를 분류하는 실험을 진행했다. 한 조인 두 학생에게 각각 고유한 그림이 있는 카드 더미를 건넨다. 한 학생은 주도하는 역할을 맡아 상대 학생에게 카드를 한 장씩 설명하며, 상대 학생도 자신과 똑같은 순서로 카드를 배치하게끔 유도한다. 그러면 환경에 적응하는 역할을 맡은 상대 학생은 주도하는 학생이 '유도하는 대로' 카드를 고르게 되고, 주도하는 학생의 카드 더미와 똑같은 순서로 자신의 카드를 정리한다. 차이가 예측한 대로, 영향력을 발휘하는 학생은 감정을 더욱 적극적으로 표현하고 싶어 했고, 상황에 적응하는 역할을 맡은 학생은 더욱 차분하게 행동했다.[171]

독일 엄마들은 자녀가 풍부하게 감정을 표현하는 아이로 자라길 바랐다. 아이가 당당하게 자기 취향을 밝히며 재능을 발달시키길 바라기 때문이다. 반면 은소족 엄마들은 자녀가 담담한 아이로 자라길 바랐다. 어른을 공경하고, 부모에게 순종하고, 원만하게 사회관계를 유지하는 사람으로 아이를 키우고 싶기 때문이다.[172] 은소족과 비슷하게, 대만 부모들도 어린아이가 울도록 내버려두지 않고 차분하게 불쾌한 상황에 적응하거나 먼저 그런 상황을 예방하도록 가르쳤다. 앞서 소개한 사례 각각에서 아이들은 사회에서 존중받는 성인이 되는 데 필요한 감정을 기르기 위해 사회화 과정을 거친다. 다시 말해 주도적으로 환경을 바꾸는 아이로 양육하는 문화가 있는가 하면, 환경에 적응하며 원만하게 사회관계를 맺는 아이로 성장시키는 문화도 있다.

　　이 감정의 차이는 다른 방식으로 이해할 수도 있다. 은소족 아이와 대만 아이는 사회화 과정에서 '아웃사이드 인' 방식으로 감정을 표현하고, 중산층 독일 아이와 미국 백인 아이는 '인사이드 아웃' 방식으로 감정을 드러내는 법을 배울 가능성이 크다. 대인관계를 포함한 환경의 요구를 앞세우는 문화에서는 '아웃사이드 인' 방식의 감정을 기른다. 반면 '인사이드 아웃' 방식의 감정은 내면의 느낌을 충실하게 따른다. 아이가 엄마와 감정 경험을 대화로 나누는 시간은 세 살 무렵부터 시작되지만, 감정이 불러올 사회적 결과를 강조할지 아니면 내면의 느낌에 집중할지는 이미 그전부터 방향이 결정된다고 봐야 한다. 2장에서 소개한 세 살배기 중국 아이 장은 만 세 살이 될 때까지 내면의 느낌보다는 외부에 집중하도록 엄마가 가르쳤을 터다. 역시 2장에서 소개한 세 살배기 미국 아이 조지는 외부보다는 내면에 주의를 기울이도록 엄마가 훈육했을 것이다. 이런 양육은 아이가 말문이 터지기 전부터 시작되기에, 아이들은 엄마와 대화를 나누며 기존 관점을 강화한다.

분노하는 아이로 키우기

아이가 늘 화를 내기를 바라는 문화권은 없겠지만, 분노의 가치를 인정하는 문화권이 있는가 하면, 어떤 문화권에서는 분노를 나쁘게만 여긴다. 미국 중산층 백인 부모는 분노를 뿌리칠 수 없는 감정이라고 여기며, 인간의 기본 속성으로 중시한다. 독립심이 생기는 '미운 두 살'이 되면 "싫어."라고 말하기 일쑤인 데다 "자기주장이 세지고 반항적으로" 변한다.[173] 그러다 열 살쯤에 사춘기가 시작되면 수시로 부모와 갈등을 빚고 분노를 터트린다. 미운 두 살부터 사춘기 시기에 나타나는 분노는 부모 마음에 들지 않더라도 아이의 독립심이 자란다고 알리는 건강한 신호다. 《누가 내 아이를 훔쳤나요?Who Stole My Child?》라는 책을 쓴 저자가 심리학 저널인 〈사이콜로지투데이〉에 사춘기를 주제로 기고한 논문을 살펴보자.[174] 이 저자에 따르면 "분노는 곧잘 폭발하기에, 청소년뿐만 아니라 부모의 문제이기도 하다. 당연하다." 저자는 그 이유를 뭐라고 말할까? "부모는 통제권을 틀어쥐려고 하고 청소년은 독립을 얻어내려고 서로 싸우다가 화를 낸다." 미국 중산층 부모와 자랄수록 자율성을 추구하는 아이들이 서로 주도권을 다투다 보면 분노를 경험할 수밖에 없다.

슈퍼마켓에서 막무가내로 떼를 쓰는 아이를 보고 싶은 부모는 **없**

다. 교사 말을 듣지 않는 유치원생이 내 아이이기를 바라는 부모도 없다. 화를 내며 문을 쾅 닫고 들어가는 사춘기 아이를 보고 좋아할 부모도 없다. 하지만 유럽과 미국의 중산층 백인 부모들은 분노를 건강하게 표현하는 모습을 보여주며 아이들의 자립심을 길러주는 방식으로 자녀에게 분노를 느끼고 표현하는 법을 가르친다.

심리학자 파멜라 콜Pamela Cole연구진이 유년기와 초기 청소년기(9~11세)에 해당하는 미국와 네팔 타망족 아이들을 대상으로 분노를 느끼고 표현하는 양상을 비교 관찰한 결과, 앞서 소개한 심리학자들과 비슷한 결론을 얻었다.[175] 미국 북동부 지역 농촌 출신 아이들이 비슷한 상황에서 불교 국가인 네팔의 타망족 아이들보다 훨씬 자주 분노를 터트렸다. 연구진은 모든 실험 참가자에게 '힘든 상황'을 묘사하는 짤막한 글과 이해를 돕는 그림 한 장을 보여줬다. 예를 들면 이렇다.

> 당신은 숙제를 하는 중입니다. 곁에는 아버지가 앉아 있어요. 지우개가 필요한데, 아버지 손 옆에 지우개가 보여요. 당신이 지우개를 집는데, 아버지가 당신 손을 세게 내려치며 이렇게 말합니다. "건드리지 마라. 내가 다 쓸 때까지 기다려!"

이 지우개 이야기는 아버지나 친구가 등장하는 여러 시나리오 중 하나일 뿐이다. 이야기를 읽고 그림을 본 아이들에게 연구진이 소감을 물었다. 다양하게 제시된 '힘든' 상황 가운데 절반이 넘는 시나리오에서 미국 아이들은 행복하다거나 부끄럽다거나 괜찮다고 여기기보다 분노를 느꼈을 거라고 대답했다. 분노를 드러내는 경향은 고학년보다 저학년이 더 높았는데, 이런 현상은 분노 표현이 성장 과정의 한 단계임을 의미한다. 이 아이들은 분노를 표현하면 문제를 해결하거나 상황을 바꾸는 데 도움이 된다고 생각했다. 미국 어린이들은 대체로 아버지에게 화를 내서 자신이 "지우개를 집은 건 단지 실수였다는 걸 아버지가 깨닫도록" 만들고, 아버지에게 "지우개만 다시 가져가면 되지 **때릴** 필요까지는 없잖아요."라고 말하겠다고 대답했다. 콜 연구진에 따르면 자립심과 소신을 중시하는 사회에서는 아이들이 분노를 느끼고 표현하는 행동을 용인할 뿐 아니라, 분노를 문제 해결에 효과적인 수단으로 가르친다.

평등주의와 포용력을 중시하고 되도록 심리적 고통을 줄이려고 하는 사회에서 자라는 타망족 아이들은 감정이 어떻게 달랐을까? 타망족 아이들은 일이 잘못되더라도 사회 가치관에 맞는다 싶으면 자기 탓이라고 말할 때가 많았다. 그래서 이런 상황에서는 어쩌면 "제가 지우개를 쓰고 싶어서 그랬어요."라고 말할지도 모른다.[176] 미국 아이들이 분노를 표현하며 상대방에게 잘못을 돌리고 자신에게 유리하도록 상황을 바꾼다면, 타망족 아이들은 자신을 탓하며 관계가 틀어지지 않도록 노력했다.

부모를 포함한 보호자들은 분노 감정을 사회화하는 과정에서 생각보다 훨씬 큰 영향력을 발휘할 가능성이 크다. 말을 잘 듣지 않는 다섯 살 자녀를 둔 독일 엄마와 일본 엄마들을 함께 관찰한 결과, 아이의 분노를 사회화하는 데 엄마가 중요한 역할을 했다.[177] 이 연구에서 일본 엄마와 달리, 독일 엄마는 아이가 말을 듣지 않을 때 참아주지 않았다. 일본 엄마는 아직 어리기 때문이라고 받아들이는데, 독일 엄마는 아이가 일부러 못된 짓을 한다고 넘겨짚었다. 그래서 독일 엄마들은 대체로 "이 녀석이 나를 화나게 만들려고 이러는 거예요."라고 대답했고, 말을 듣지 않는 아이에게 화를 냈다. 실험에서 의도치 않게 나타난 부작용인데, 독일 엄마와 자녀들은 소통하다가 서로 감정이 격해져서 화를 낼 때가 많았다. 내가 보기에 독일 엄마들은 아이가 말을 듣지 않는 상황을 이해관계가 서로 다른 두 사람이 벌이는 힘겨루기로 인식했다. 참고로, 일본 엄마는 아이와 쌓아가는 관계는 물론 아이 자체에 책임감을 느꼈다. 여기서 다섯 살배기 독일 아이들이 엄마와 소통하다가 터트린 분통은 이들이 9년 후에 드러낼 공격성을 암시한다는 점이 주목할 만하다. 연구진이 9년 후에 추적 관찰한 결과, 독일 아이들이 일본 아이들보다 훨씬 공격적인 성향을 보였다. 독일 엄마는 자녀가 화를 내는 상황을 바라지 않았을 테지만, 아이의 성향과 의도를 섣불리 단정 짓고 아이에게 분노를 표현해서 분노 감정이 자라날 여건을 조성한 셈이다.

심리학자 페기 밀러Peggy Miller와 린다 스페리Linda Sperry는 사우스볼티모어에 거주하며 두 살 반 된 딸을 각각 키우는 노동자 계층 엄마 세 명의 삶을 추적 관찰했다.[178] 이 엄마들도 자녀의 분노 감정을 일깨웠지만, 독일 엄마들과 방법이 조금 달랐다. 사우스볼티모어 엄마들은 딸에게 "상처받은 티를 내지 말고 부당한 일을 당하면 강인하게 자신을 지켜야 한다."고 가르쳤다.

볼티모어 엄마들은 살면서 분노에 치를 떨고 공격성을 폭발했던 경험을 연구진에게 설명했는데, 딸들이 이런 이야기를 알게 되더라도 개의치 않았다. 엄마들이 그랬듯 언젠가는 아이들도 스스로를 지켜야 하기에,

인생의 가혹한 현실을 알아야 한다고 여기는 듯했다. 한 엄마가 말했다.

> 그 인간이 또 그러는 거예요. 내 배가 불러오기 시작하니까 함께 걷는 게 창피했던 거죠. 그래서 이렇게 말했어요. "그럴 거면 꺼져버려."

이 이야기에는 자기 권리를 빼앗기지 않으려면 분노를 보여줘야 한다는 교훈이 담겼다. "나약하게 굴지 마라!" 바로 이 한마디가 볼티모어 엄마들이 딸에게 해주고 싶은 말이었다. 타인이 상처를 주거나 부당하게 대우할 때면 엄마는 아이에게 분노를 터트리라고 격려하며 딸이 '나약해지지 않도록' 거들었다. 소리를 지르는 어린 딸을 본 한 엄마는 딸보다 나이 많은 아이에게 "지금 쟤가 담요가 있어야 하는데 없어서 소리를 지르는 거란다."라고 상황을 설명하며, 주변 사람들이 어린 딸을 이해할 수 있도록 조치했다. 가끔 엄마들은 자신에게 맞서도록 두 살배기 딸을 자극하기도 했다. "엄마한테 덤벼볼 테야? (도발적인 목소리로) 이 겁쟁이야!" 그러고는 연구원에게 설명했다. "딸아이가 저한테 화를 내도록 유도하는 겁니다." 이어서 딸에게 말했다. "나한테 져서 화났니?" 이런 맥락에서 엄마들은 어린 딸이 화를 내도록 일부러 자극했다.

물론 볼티모어 엄마들도 어린 딸의 투정을 허락하지 않을 때가 있었다. 이를테면 **엄마**에게 화를 내는 딸의 행동이 '버릇없게' 여겨질 때다. 두 살배기 웬디는 '니니'라는 애칭으로 부르는 쪽쪽이를 엄마에게 빼앗기고는 성질을 부렸다. 웬디는 눈을 부릅뜨고 의자에 기대어 몸을 뒤로 활짝 젖히더니 엄마를 노려보며 소리를 질렀다. "니니 줘! 니니 달란 말이야!" 웬디 엄마는 단호한 목소리로 경고했다. "안 돼! 계속 그래 봐라. 그러다가 의자 넘어간다." 이런 상황에서 대개 엄마들은 아이의 성질을 가라앉히려고 이런저런 방법을 썼다. 웬디 엄마처럼 경고하기도 하고, "맴매 맞을래?"라며 벌을 주겠다고 을러대기도 했다. 아니면 "쪽쪽이가 더러우니까 씻어야 해."라고 말하면서 딸아이의 투정을 받아줄 수 없는 이유를 설명했다. 엄마들은 자녀가 아무런 잘못도 저지르지 않은 또래 아이에게 생떼를 부리는 행동도 허용하지 않았다. 이럴 때면 "버릇없이 굴지 마라."라며 자녀를 혼냈다. 볼티모어 엄마들은 타인에게 맥없이 이용당하지 않으면서도 제 위치를 아는 아이를 바람직하게 여겼다.[179]

서구 문화에서는 아이가 자신만의 필요와 목표를 간직한 인격체로 성장하는 데 부득이한 요소이며 부당함에 맞서는 자연스러운 반응으로 분노 감정을 받아들이는 부모가 많다. 반면 다른 수많은 문화권 부모들은 분노를 유치한 감정으로 여긴다. 이들은 아이가 분노 감정을 다스릴 줄 아는 성숙한 사람으로 성장하도록 보살피는 것이 부모 역할이라고 생각한다. 우트쿠 이누이트족 보호자들은 '이후마가 없는 아이, 곧 마음도 생각도 이성도 없고 이해력마저 없는' 어린아이가 격렬하게 감정을 쏟아내면 모두 받아준다.[180] 인류학자 장 브릭스는 현지에 도착했을 때 자신에게 숙소를 제공한 가정의 막내인 세 살배기 사락이 '성이 나서 짜증을 부리며 소리를 질렀던' 일을 소개했다. 가족은 사락이 퍼붓는 감정을 다 받아줬다. 이러지도 저러지도 못하는 상황에서 아이를 달래고 필요한 게 무엇인지 찾아내려고 최선을 다했다. 어린아이가 툭하면 성질을 부리고 겁먹고 울어젖힌다는 건 우트크 사회에서 상식으로 통했다.

아이가 대여섯 살은 먹어야 **이후마**를 지니는데, 이런 능력을 갖췄다는 기미가 보이기 전에는 아이를 가르치려 해봐야 헛수고라는 게 우트크 사람들이 공유하는 지혜였다. 사락의 언니 라이길리는 브릭스가 도착했을 때 이미 여섯 살이었기에 **이후마**를 지닌 사람으로 인정받았다. 그런 만큼 라이길리는 대체로 이후마가 있는 사람답게 행동했다. 예의 바르고 상냥했으며, 누구에게도 불쾌함이나 불편을 끼치지 않으려고 노력했다. 성숙함은 공동체가 평정을 유지하는 데 제 역할을 한다는 의미였고, 그래서 분노를 삼가는 태도를 가리켰다.

물론 나이를 먹어도 아이들은 여전히 성장하는 단계에 있다. 라이길리도 성질과 짜증을 부릴 때가 있었다. 라이길리가 드러내는 "적대감은 상대를 향한 공격성이 아닌 토라진 모습으로 나타날 때가 많았다. 입을 꽉 다물고 소극적으로 저항했다." 주변 어른들은 이런 감정을 정당하게 여기지 않았고, 라이길리의 부모도 무시했다. 당장은 아니더라도 왜 그렇게 화가 났는지 아이가 스스로 이유를 찾아내어 자기 잘못을 깨달을 거라고 생각했다. 어른들은 토라진 아이에게 반감을 표시했지만, 따로 처벌하지는 않았다. 때로 어른들이 으름장을 놓으며 싫어하는 내색을 해도, 아이가 신경 쓰지 않기로 마음먹으면 그만이었다. 우트쿠 이누이트족 부모는 공동체에서 중시하는 차분하고 합리적인 반응을 몸소 실천하는 모습을 보여줬다. 시간이 흐르면 아이들도 차분하게 대처할 수 있으리라 기대하기 때문이다. 일본 엄마들과 마찬가지로, 우트크 부모는 자신들 문화에 걸맞은 감정을 자녀가 익히도록 모범을 보였다. 먼저 상대방을 이해하는 평정심을 보였고, 자녀가 성질을 부리면 반감을 표시해서 '절대 화를 내지 않도록' 가르쳤다.

인생에서 분노는 부득이한 감정이라고 생각해서, 미국과 유럽의 부모들이 자녀에게 자부심, 행복, 자존감 대신 분노를 느끼도록 사회화한다는 사실이 믿기 어려울 수도 있다. 하지만 연구 결과를 보면, 미국과 유럽의 수많은 부모가 실제로 분노 감정을 자녀에게 가르치는 것으로 보인다. 이들 문화권에서는 분노를 표현하면 소신과 자립심을 밝히는 표시로 평가한다. 그래서 자녀가 터트리는 분노의 대상이 되는 건 싫을지언정, 부모들은 자녀에게 분노를 표현하는 법을 직접 보여주고 분노를 허용할뿐더러 표출하도록 가르친다.

감정은 마인 모형이고, 또한 아워스 모형이다

우리는 자녀가 공동체에서 좋은 사람이 될 수 있도록 기른다. 아이들이 문화규범과 사회적 가치와 기대에 발맞춰 살아가기를 바란다. 규범에 적합한 감정은 좋은 성인으로 성장하는 데 중요한 요건이다.[181] 문화권마다 보호자는 자녀에게 문화규범과 사회적 가치에 꼭 맞는 감정을 가르친다.[182] 문화에서 요구하는 감정을 배워야만 사회 구성원으로서 정체성을 형성할 수 있다. 문화마다 감정을 둘러싼 윤리적 압박은 놀랍도록 거세다. 아이가 자존감을 키워야 한다는 공감대가 형성된 사회가 있는가 하면, 수치심과 두려움과 차분함을 중시하는 사회도 있다.

부모를 포함한 주변 어른들은 기회가 닿는 대로 규범에 적합한 감정을 일깨우며 아이를 사회화한다. 우리 부부는 올리버가 자부심을 느낄 만한 기회를 마련했고, 디디 엄마와 누나는 디디에게 수치심을 배울 계기를 제공했다. 대체로 부모는 칭찬하고, 체벌하고, 겁을 주거나 수치심 등을 안기며 감정을 자극한다. 적합한 감정을 가르치는 방법도 문화마다 중시하는 도덕적 가치의 영향을 받는다.[183] 유럽계 미국인 중산층 가정에는 아이에게 칭찬하면 좋고 쓸데없이 비판하면 나쁘다는 윤리관이 깃들어 있다. 대만 엄마들 사이에는 아이에게 수치심을 일깨우면 좋고 칭찬하면 잘못된 일이라는 윤리관이 퍼져 있다.

아이들은 어떤 감정을 느끼거나 표현할 때 부모와 공동체가 이를 허용하는 모습, 또는 어떤 감정을 느끼지 않거나 표현하지 않을 때 부모와 공동체가 이를 거부하는 모습을 보고 어떤 감정이 규범에 적합한지 아닌지 배운다. 사우스볼티모어 엄마들은 누군가 부당하게 대우하면 분노하라고 어린 딸아이를 격려하거나, 일부러 감정을 자극하며 화를 내도록 부추겼다. 아이들은 특정한 감정을 느끼거나 표현할 때 부모나 사회가 이를 거부하거나 배척하면 그 감정을 느끼지 않거나 드러내지 않는 법을 깨우친다. 우트쿠 이누이트족 아이들, 대만의 영유아들, 은소족 아기들은 생떼를 쓰면 사람들이 싫어하거나 거부해서, 화는 좋지 못한 감정이라고 배운다.[184] 아이들은 부모의 감정을 관찰하며 좋은 감정이 무엇인지 깨닫는다. 부모가 보여주는 사랑, 분노, 수치심은 아이가 어떻게 감정을 느끼고 표현해야 하는지를 익히는 본보기가 된다.

사회 구성원으로서 문화 정체성을 형성한다는 말은 여러 감정 중 특정 감정을 더 선호하게 된다는 의미다. 어떤 감정 유형을 중시하느냐는 그 사회에서 어떤 사람을 존중하느냐에 달렸다. 개인 성취를 강조하는 사회에서는 자존감을 키우도록 자녀를 양육해야 한다. 순종에 가치를 두는 사회나 세상을 위험한 곳으로 바라보는 사회에서는 아이들에게 두려움을 가르쳐야 한다. 예절이 중요한 사회에서는 아이들에게 수치심을 길러준다. 넓게 보면 이런 감정들은 좋은 것도 나쁜 것도 아니지만, 특정한 문화 맥락이나 공동체의 양육 목표에 따라 좋을 수도 나쁠 수도 있다. 아이가 잘못했을 때 체벌로 두려움을 심어주는 행동은 그 자체로 잘못된 일은 아니지만, 미국 중산층 백인 가정처럼 자신감과 주체성을 가치 있게 여기는 문화권에서는 나쁜 일이다.

우리는 **자부심, 수치심, 두려움, 사랑, 아마에(어리광), 오모이야리(배려하는 마음), 차분함,** 즐거움 같은 감정을 경험한다. 부모를 포함한 여러 문화 주체들이 우리 안에 이런 감정들을 심어놓았기 때문이다. 이들 감정은 내면 깊은 곳에서 생겨나기보다는 우리가 거듭 경험하며 얻은 문화의 산물이다. 유년기 감정은 개인 내면에서 나오는 정신 현상이라기보다는 사람들이 서로 주고받는 작용으로 설명해야 더 적합하다. 그래서 어떻게 보면 모든 감정은 내적 현상INside일 뿐 아니라 외적 행동이다 OUtside. 우리 부부가 올리버에게 가르친 **자부심**, 독일 엄마들이 알려준 **행복**, 디디 엄마가 심어준 **수치심**, 미낭카바우족 엄마들이 보여준 **말루**, 바라족 아버지들이 가르친 **타호치**, 19세기 엄마들이 알려준 **사랑**, 일본 엄마들이 보여준 **오모이야리**, 은소족 엄마들이 심어준 **차분함**이 모두 여기에 해당한다. 자신이 자란 문화의 구성원이 된다는 건 마인 모형 감정만이 아니라 아워스 모형 감정도 느끼고 표현한다는 뜻이다.

우리가 자라면서 경험한 아워스 모형 감정은 성인이 되어서도 그 특성을 유지한다. 감정을 구성하는 씨실과 날실은 다른 사람들과 주고받는 상호작용이다. 우리가 무엇을 느끼고 어떻게 행동할지는 그 상호작용에 달렸다. 다음 장에서 자세히 살펴보겠지만, 감정이 형성되는 과정은 사람들이 속한 문화, 대인관계, 사람들이 경험하는 상호작용, 사건에 따라 달라진다.

4장

적절한 감정과 부적절한 감정

○

나는 1980년대 후반부터 감정을 연구했는데, 그때는 문화에 따른 감정 차이를 밝히는 근거가 제대로 체계화되지 않았다. 감정의 모든 면에서 문화 차이가 나타났지만, 이 차이를 어떻게 정리해서 전체 그림을 완성할지 도무지 알 수 없었다.[185] 지금은 그 이면에 담긴 논리를 이해한다.[186] 감정에 나타나는 문화 차이의 중심에는 관계 변화가 있고, 이 변화를 바람직하게 여기는지 아니면 부적절하게 여기는지에 따라 감정 문화가 달라진다는 것이다. 이 차이는 마인 모형, 곧 내면의 느낌이 어떤지 살피기보다 아워스 모형, 곧 감정이 사람들 사이에서 어떤 기능을 하는지 들여다볼 때 더 분명하게 포착된다.

　　3장에서 살펴봤듯이, 자부심이 강한 아이는 대인관계에서 단호하고 주도적인 위치에 선다. 그래서 자율성을 가치 있게 여기는 문화에서는 자부심을 '적절한' 감정으로 보고 격려한다. 반면 원만한 관계에 가치를 두는 문화에서는 자부심이 부적절한 감정이다. 자부심이 강하면 공감 능력이 떨어지고 공손하지 않다고 생각한다. 사람들끼리 결속력이 강하고 아이에게 집단에 순응해야 한다고 강조하는 환경에서는 수치심이 '적절한' 감정이다. 이런 환경에서는 규범을 어기면 아이가 그 사실을 인정하고 부끄러움을 느낄 줄 알아야만 자기 위치에서 공손한 태도를 보이기 마련이다. 아이의 자율성과 자존감을 중시하는 문화라면, 수치심은 '부적절한' 감정이다. 아이가 규범에 어긋나는 행동을 했다고 강조하며 타인의 판단에 의지하도록 유도하기 때문이다. 마찬가지로, 대인관계를 유지하는 데 권위가 중요한 사회에서는 두려움이 '적절한' 감정이지만, 원만한 대인관계에 사랑과 격려가 필요한 사회에서는 두려움이 해로운 감정이다. 대체로 두려움은 아이가 징계를 받거나 위험한 일이라면 멀리하게 만들지만, 위어드 문화권에서 가치를 두는 책임감과 진취성을 기르는 데는 방해가 된다. **아마에**도 마찬가지다. 어리광이 심한 아이는 타인의 보살핌을 순순히 받아들인다. **아마에**는 의존도가 높은 문화에서는 '적절한' 감정이지만, 남에게 의지하지 않는 아이로 키우는 것이 양육 목표인 문화에서는 '성숙하지 못한' 감정이다.[187] 마지막으로 분노 감정을 살펴보자. 아이는 마땅히 받아야 하는 보상을 상대방이 주지 않을 때 토라진다. 아이가 의견을 자신 있게 말하도록 훈육하는 환경이나 문화에서는 아이가 골을 내도 '적절하게' 받아들이거나 최소한 용인한다. 하지만 공동체에서 기대하는 바람과 활동에 적응하는 태도를 가치 있게 여기는 환경에서는 성질을 부리면 '적절하지 못한' 처사다. 이런 문화에서는 분노를 가장 '성숙하지 못한' 감정으로 바라본다.

  문화마다 어떤 감정은 옳고 어떤 감정은 그르다. 적절한 감정은 그 문화에서 바람직한 관계를 쌓아가는 데 도움이 되지만, 부적절한 감정은 건강하지 못한 관계로 이어지는 통로다. 소속 문화에서 적절한 감정은 보상과 지지를 받지만, 부적절한 감정은 거부당하고 처벌을 받는다. 이런 원리가 문화마다 감정이 다른 이유다. 이런 배경을 헤아리려면 아워스 모형을 거쳐야 한다. 다시 말해 사회환경과 문화환경에서 감정이 하는 역할을 이해해야 한다.

이번 장에서는 분노와 수치심, 이 두 감정을 다룬다. 문화마다 '적절하게' 여기는가 하면 '부적절하게' 여기는 곳도 있는 두 감정이다.[188] 제각기 관계를 주도하거나 아니면 관계에서 배제당하지 않으려는 노력과 관련이 있다. 그래서 두 감정을 살피다 보면, 우리가 맺는 관계가 감정과 얽히며 여기에 영향을 끼치는 과정을 이해할 수 있다. 4장을 마무리할 즈음에는 자신이 속한 문화나 환경에서 이 두 감정을 긍정하는지 아니면 부정하는지에 따라, 즉 다른 사람들이 감정에 어떻게 반응하는가에 따라 분노와 수치심이 다르게 나타난다는 사실을 명확히 알 수 있다. 물론 이런 감정 차이가 보편적인 분노나 수치심과는 어떻게 다른지 되묻고 싶을 수도 있다. 두 감정이 다른 방식으로 표현될 뿐, 본질은 같다고 주장하는 사람도 있을 것이다. 그럼 한번 살펴보자.

분노

감정은 어떤 행동을 하도록 자극하는 내면의 힘이고, 대인관계에서 표현하는 특정한 의견이다. 가정에서 벌어지는 일을 예로 들어보자. 남편이 저녁식사 시간을 한참 넘겨서 귀가한 탓에 아내는 화가 났다. 남편이 좋아하는 특별한 음식을 준비했는데, 남편은 이날 늦게 귀가한다고 미리 아내에게 알리지 않았다. 아내가 부아가 치민 이유는 음식이 식어버려서일 수도 있고, 음식에 쏟은 노력이 허사로 돌아가서일 수도 있다. 아내는 집에 돌아온 남편이 무슨 변명을 하는지 기다린다. 이 **사건**이 잠깐이나마 부부 사이를 어떻게 바꿀지 예측하기란 어렵지 않다. 하지만 여기서 나는 분노 감정이 대인관계에 영향을 끼치는 행동을 불러온다는 사실만을 말하고 싶은 게 아니다. 분노는 그 **자체**로 대인관계에서 일어나는 의사 표현이다.[189] 이때 아내는 버럭 화를 내며 남편이 저지른 일, 곧 자신의 수고를 외면한 일이 부당하다고 주장한다. 그리고 이보다 더 나은 대우를 받길 기대하며 요구한다.

    대다수 감정은 사람들이 서로 작용을 주고받는 과정에서 생긴다. 아내에게 처음 꿈틀한 분노 감정이 어떻게 발전하느냐는 이 감정이 어떻게 받아들여지느냐에 달렸다.[190] 남편은 아내에게 사과할까? 앞으로 다시는 그러지 않겠노라고 아내에게 약속할까? 평소보다 조심스럽게 아내 주위를 맴돌며 비위를 맞추려고 애쓸까? 아니면 아내 말에 반박하며 자기주장을 펼칠까? 아내가 화낼 만하다고 남편이 인정하면, 처음에는 아내의 분노가 더 치솟을 수도 있다. 하지만 남편이 순순히 잘못을 인정했으므로, 목적을 이뤘다는 생각이 들면 아내는 분노를 가라앉힐 것이다. 만약 남편이 화가 난 아내에게 마주 소리를 지르며 정작 화를 낼 사람은 자신이라고 주장한다면 상황을 악화시킬 뿐이다. 또는 아내가 쉴 새 없이 짜증을 내서 미쳐버리겠다고 남편이 항변한다면, 아내는 일단 분노를 삼키고 사과할지 말지를 선택하는 순간에 놓일 수도 있다. 여기서 남편이 아내의 분노에 대응하는 방식은 앞으로 비슷한 상황에서 아내의 반응을 좌우하는 요인이 된다.

내가 자란 문화에서는 이런 상황에서 분노를 터트리는 아내의 행동을 용인한다. 아내가 버럭 화를 내서 남편에게 불편한 심기를 알리면 당장은 서로 불쾌할 수 있다. 하지만 이 분노는 남편에게 아내를 존중해달라는 주장이므로, 두 사람이 서로 기대를 채워준다면 나중에는 더 솔직하고 만족스러운 부부 사이로 발전할 수 있다. 두 사람 다 자신의 욕구를 분명히 표현하고 각자 바람을 이루는 것이 두 사람 사이의 목표라면, 분노 감정을 받아들이지 않는 태도는 '적절'할 수 있다.

분노는 경험하게 되면 불쾌하지만, 서유럽과 미국에서는 유용하고 정상적인 감정으로 인식한다. 더구나 사춘기에는 자립심을 키워야 하므로, 분노와 갈등을 발달단계에 필요한 요소로 여길 때가 많다(3장 참조). 사춘기 이후에도 다양한 사적 관계와 공적 관계에서 분명하게 선을 그을 때 분노 감정이 유용하다. 목표가 가로막히거나 실패했을 때 치미는 분노는 '자연스러운' 반응이다. 신뢰할 만한 연구 결과를 보면 미국 중년층은 좌절을 많이 겪을수록 더 자주 화를 냈다.[191]

그렇다고 분노가 항상 용인되는 감정은 아니다. 미국에서도 마찬가지다. 19세기 빅토리아 시대에는 여성의 이타적 사랑이 결혼 생활을 떠받치는 토대였다.[192] 내가 빅토리아 시대 여성이었다면 남편이 밤늦게 귀가하더라도 불편을 참고 화를 내지 않았을 것이다. 그 시대 여성은 아내로서 책임을 다하고 남편을 이타적으로 섬길 때만 존중을 받았다. 어쩌면 화를 낼 이유도 정당성도 보장되지 않았을 것이다. 화난 기색을 조금이라도 내비치면 오히려 비난받았을 가능성이 크다.

17세기 말 이전까지 서구인들이 남긴 일기를 보면 분노를 표현하는 데 어려움을 느낀 듯싶다.[193] 자기 권리를 주장하고 분노할 권리가 허용되지 않았기 때문이다. 17세기에 한 가게에서 수습생으로 일한 로저 로우는 일기에 불쾌하고 화나는 상황을 여러 번 적었지만, 자신이 화가 났다고 표현한 대목은 한 군데도 없다. 소통이 가장 어려웠던 대상은 가게 주인이었다. 일기에서 드러났듯, 주인은 가게를 어떻게 운영해야 하는지 로우에게 전혀 일러주지 않았다. "내가 9년간 이곳에 매여 …… 주인의 물건을 팔아야 했지만 …… 중요한 지식은 전혀 배우지 못했으니 생각하면 슬프다." 주인이 새 옷을 주겠다고 약속하고선 지키지 않았을 때도 로우는 자신이 느낀 감정을 슬픔으로 묘사한다. "슬프구나. 아픔만 안고 빈손으로 떠나야겠구나." 로우는 비슷한 상황에서 곧잘 슬픔을 느꼈다. 한 여성이 로우에 관해 나쁜 소문을 퍼뜨렸을 때도 로우는 '슬픔'을 느낄 뿐, 화가 났다고 생각하지 않았다. 분노는 '적절한' 감정이 아니었기 때문이다. 하느님은 분노할 수 있지만, 보통 사람은 그럴 수 없었다. 자신의 권리를 주장할 권리도, 상대방의 화를 받아들이지 않을 권리도 용납되지 않았다. 대신에 로저 로우와 그 시대 사람들은 '겸손하게 행동하도록' 도와 달라고 하느님에게 기도했다.

서구권과는 성격이 다른 여러 사회, 특히 사람들이 촘촘하게 관계를 맺는 사회에서는 분노를 '부적절한' 감정으로 인식한다. 당신이 우트쿠 이누이트족, 불교 국가인 티베트, 이팔루크족, 일본인 부모 곁에서 자랐다면 분노를 전략적으로 활용하기란 불가능에 가까울 것이다. 이들 문화에서는 개인의 목표와 권리보다는 공동체의 화목과 대인관계가 더 중요하다. 자기 권리를 주장하고 주변의 기대에 순응하지 않을 권리는 대인관계를 원만하게 유지하려는 핵심 목표와 충돌한다. 이들 문화권에서는 분노를 터트리는 장면을 목격하는 일도 드물고, 보고되는 사례도 훨씬 적다. '화를 내지 않는' 우트쿠 이누이트족은 평정심과 관대함을 가치로 여긴다. 그래서 관계를 깨트리면 유치하고 위험한 행동으로 바라본다(3장 참조). 불교 국가인 티베트 사람들도 마찬가지다. 이들은 본인은 물론 타인에게도 해롭기에 **룽 랑**('화가 나다')을 대단히 파괴적인 감정으로 여겼다.[194] 분노는 생명체를 해치려는 욕망에서 시작되는 감정인 탓에, 항상 자비를 실천하고 생명체를 해치지 않는 방식으로 언행을 삼가라고 가르치는 불교 교리와 충돌한다. 인류학자 캐서린 러츠가 연구한 대상인 남태평양 이팔루크족도 일상에서 분노 감정을 표현하면 죄를 지었다고 단정했다.[195] 몸이 아플 때 나는 짜증, 사소하지만 원치 않는 일이 잇따르면서 쌓이는 불만, 의무를 다하지 않는 친척들을 보고 느끼는 답답함, 분노의 일종인 이 모든 감정을 이팔루크족은 부도덕하고 품위 없는 태도로 인식한다. 개인의 자율보다 원만한 관계를 앞세우는 환경에서 자기 권리를 주장하고 주변의 기대에 순응하지 않는 행동은 잘못이다. 그래서 대인관계에서 분노를 표현하는 사례도 그리 많지 않다.

철학자 오웬 플래너건Owen Flanagan은 다양한 유형의 분노를 용납하는 서구 전통과 철저하게 분노를 정죄하는 불교와 스토아 전통을 비교했다.[196] 불교심리학에서 **분노**는 중생이 느끼는 삼독三毒 중 하나다. 자신에게 그럴 만한 자격이 있으니 세상은 자신에게 원하는 것을 주어야 한다고 믿는 상태가 **망상**인데, 이 망상에서 차오른 분노는 망상만큼이나 가증스럽다. 불교 세계관에서 분노는 타인을 해치고 자기 자신까지 망친다. 분노에 휩싸인 자는 세속적인 집착과 망상에 사로잡혀 고통을 낳기 때문이다.

분노가 '적절한' 감정인 문화에서는 일상생활에서 분노를 쉽게 목격할 수 있지만, 분노가 부적절한 감정인 문화에서는 그렇지 않다. 설문 조사 결과를 보면, 미국 대학생들이 일본 대학생들보다 일상에서 더 자주 분노를 느꼈다.[197] 미국 중년층 남녀도 마찬가지였다.[198] 교통 체증에 시달리거나 학교 과제가 많거나 가족 구성원과 갈등을 겪을 때, 미국인은 일본인보다 더 쉽게 분노를 터트렸다. 여건이 안 되어 꿈이 좌절되면 미국인은 부당하게 생각하고 비난할 대상을 찾지만, 일본인은 자신의 단점을 성찰하고 어려움을 이겨내려고 한다.[199] 욕구를 채우지 못하고 자신을 인정받지 못했을 때 느끼는 분노는 삶을 대하는 시각과 태도에도 배어든다.[200]

힘의 정당성과 분노

대인관계에서 분노로 거부 의사를 드러낼 때 상대방이 보이는 반응은 두 가지 중 하나다. 화를 낸 사람에게 맞서거나 그 사람의 요구를 들어주거나. 분노의 뿌리를 살펴보면 대체로 정당성과 관련이 있다. 내가 래리사 타이든스와 피비 엘스워스와 함께 연구할 때, 미국 경영대학 학생들에게 요청해서 한 영업팀의 실패 사례를 읽어보게 했다. 상사 한 명과 직원 한 명이 팀을 이뤄 프로젝트를 진행했으나 실패한 이야기였다.[201] 내용만 보면 누구 잘못인지 분명치 않았지만, 학생들은 상사가 화를 냈을 테고 직원은 슬픔이나 죄책감이 들었을 거라고 짐작했다. 여기서 감정은 힘의 위계에서 나왔다. 분노는 높은 직위와, 슬픔과 죄책감은 낮은 지위와 관련이 있었다. 이런 결과는 적어도 우리 연구진이 실험 표본으로 선정한 학생들만큼은 직원보다 상사가 화를 내는 상황을 더 자주 목격했다는 걸 의미한다. 권력이나 신분은 분노 감정과 관련이 있는 요소다.

보통 분노 감정을 비난하는 문화권에서도 적법한 분노는 용인하기도 하지만, 권력이나 권위를 지닌 개인에게만 해당되는 일이다. 이팔루크족 사회에서는 비난에서 자유로운 분노를 가리켜 **송**('정당한 분노')이라고 한다.[202] 송은 흔히 이팔루크족 사회에서 권력을 지닌 사람이 사회적 가치나 규범을 위반할 때 행사하는 반응이다. 대체로 분노를 '성숙하지 못한' 감정으로 여기는 일본에서도 마찬가지로 조사 결과를 보면, 교육 수준과 사회적 지위가 높은 결정권자들이 자주 분노를 드러냈다.[203] 분노가 권력을 쥔 사람의 특권일 때, 분노는 답답한 상황에서 나오는 개인 반응이 아니라 집단 규범을 세우거나 지키는 행동으로 나타날 가능성이 크다. 일본에서는 권위 있는 사람의 분노를 건전하게 여기는 분위기가 있다. 반면 미국에서는 개인의 좌절과 연관이 있어 분노를 건강한 감정으로 여기지는 않는다.[204]

래리사 타이든스는 체계적으로 실시한 여러 연구에서 권력자가 드러내는 분노에 어떤 이점이 있는지 보여줬다.[205] 그는 빌 클린턴Bill Clinton 대통령의 탄핵 청문회가 계기가 되어 이 연구를 시작했다. 청문회 기간에 클린턴 대통령이 속마음이야 어떻든 때로는 분노하고 때로는 슬퍼하는 모습을 눈여겨봤다. 그러면서 클린턴 대통령이 분노할 때와 슬퍼할 때 중 언제 사람들에게 더 신뢰를 얻을지 궁금했다. 타이든스는 클린턴 대통령이 분노하거나 슬퍼하는 모습을 담은 탄핵 청문회 관련 영상을 실험에 참여한 학생들에게 보여줬다. 그 결과, 정치 성향과 상관없이 분노한 클린턴보다 슬퍼하는 클린턴을 볼 때 탄핵안을 지지하는 비율이 더 높았다. 분명, 클린턴 대통령이 상대편 의견을 거부하고 분노할 때 오히려 그의 주장에 신빙성이 있다고 여겼다.

타이든스는 생생하고 구체적인 탄핵 청문회 사례를 시작으로, 미국 사회에서는 분노가 보상을 받는다는 사실을 거듭 확인했다. 배우를 고용해 무명 정치인 연기를 하게 한 실험에서, 미국 대학생들은 슬퍼하는 정치인보다 분노하는 정치인을 더 유능하다고 판단하고 그에게 투표할 의향이 있다고 대답했다. 또 다른 연구에서는 화를 내는 직원이 기술기업에서 승진할 가능성이 더 크다는 사실을 발견했다. 배우를 고용해 구직자 연기를 하게 한 실험에서도 다른 자격 요건에 차이가 없다면 슬퍼하는 구직자보다 화를 내는 구직자가 채용 비율이 더 높거나 더 좋은 일자리와 더 높은 임금을 받을 가능성이 큰 것으로 나타났다. 사업 협상에서는 누가 더 나은 거래를 성사시켰을까? 마땅히 받아야 하는데 얻지 못했다고 판단해 거래를 거부하고 화를 내는 사람이었다. 투표권을 행사하는 유권자, 위계질서가 확실한 기업의 관리자, 일자리 위원회, 사업 협상가는 화를 내는 사람의 요구사항을 수긍하는 것으로 보인다.

다만, 유의할 점이 있다. 분노는 상대방이 그 감정과 주장을 받아들일 때만 효과가 있다. 다시 말해 상대방이 반발하면, 상황이 흘러가는 방향을 통제하지 못한다. 또한 분노는 역효과를 내기도 한다. 앞서 언급했다시피, 빅토리아 시대 여성은 자녀와 배우자에게 이타적 사랑을 베풀어야 했는데, 이런 역할은 자기 권리를 주장할 권리와 주변의 기대에 순응하지 않을 권리와는 정면으로 충돌한다. 좋은 아내는 남편이 화를 터트릴 때 참았고, 좋은 어머니는 자녀를 사랑했으며, 남편에게도 자녀에게도 조용하게 굴고 상냥했다. 하지만 여성이 보여주는 분노 감정은 "한마디로 인격이 나쁘다는 표시였다."[206] 현대 여러 문화권에서도 분노는 나쁜 감정으로 낙인찍혀, 화를 내는 기색만 비춰도 주변 사람들이 거부감을 드러내기도 한다.

성공을 보장할 순 없지만, 분노가 타협을 끌어내는 사례도 많다. 래리사 타이든스가 빌 클린턴을 포함한 남성 정치인과 남성 구직자를 대상으로 분노 감정을 연구하고 10년쯤 지난 후에, 타이든스의 동료인 빅토리아 브레스콜Victoria Brescoll과 에릭 울먼Eric Uhlmann은 또 다른 클린턴이 처한 곤경을 목격하며 적잖이 놀랐다.[207] 그때 힐러리 클린턴Hillary Clinton은 이러지도 저러지도 못하는 상황에 빠졌다. 여론을 이끄는 한 비평가의 말을 인용하자면, 힐러리가 화를 내는 모습을 보이면 "성질 고약한 마녀"로 낙인찍혔고 화를 내지 않으면 "겁먹은 소녀" 취급을 받았다.

이 사건을 눈여겨보던 브레스콜과 울먼은 남녀가 분노를 표현하는 양상을 비교 관찰하는 연구를 시작했다. 한 연구에서 두 사람은 타이든스가 구직자들을 대상으로 실시한 실험을 그대로 재현했다. 다만, 이번에는 남성뿐 아니라 여성도 실험 대상이었다. 남성은 타이든스의 연구 결과와 마찬가지로, 분노를 표현한 구직자가 그렇지 않은 구직자보다 더 높은 임금을 받았다. 여성 구직자는 분노를 드러내서 혜택을 본 사람이 아무도 없었다. 여성에게는 자기 권리를 주장할 권리가 허용되지 않았다. 유리천장은 감정에도 존재했다.[208]

미국 흑인도 처지가 여성과 똑같거나 더 나쁘다. 흑인의 분노는 정당성을 인정받지 못할 때가 많고, 어떤 형태이든 그들에게 불리하게 작용한다. 2020년에 정치학자 데이빈 피닉스Davin Phoenix가 〈뉴욕타임스〉 사설에서 이 점을 정확히 언급했다.[209]

> …… 미국에서 누군가는 앞으로 닥칠 일을 걱정하지 않고 분노와 저항을 거리낌 없이 드러내지만, 어떤 이들은 그렇지 못하다. 분노한 백인 활동가에게는 좋은 사람, 애국자, 혁명가라는 딱지가 붙지만, 성난 흑인 활동가에게는 극단주의자, 깡패, 폭력적인 기회주의자라는 꼬리표가 달린다.
>
> 분노란 자기 권리를 주장하는 행동과 같다. 그리고 만약 상대방이 그 권리를 인정하지 않는다면 분노가 오히려 자신에게 불리하게 작용할 수도 있다.

분노가 권력의 크기와 관련이 있다면, 화를 내는 행동은 도박이 될 수도 있다. 당신이 분노할 때 상대방은 당신의 권력을 순순히 받아들일까? 인류학자 에드워드 시펠린의 연구는 문화인류학의 교본으로 꼽힌다. 이 연구에서 시펠린은 파푸아뉴기니에 사는 칼룰리족 사이에서 분노 감정이 어떻게 권력을 움직이는지 설명한다.[210] "기대가 채워지지 않은 남자, 다른 이들에게 부당한 대우를 받은 사람은 대체로 그냥 참지 않는다. 단순히 화를 내기보다는 장엄하게 분노를 연출할 가능성이 크다." 이렇게 폭발하는 분노는 보상을 요구하는 행동이다. 화를 내는 사람은 자신에게 분노할 권리가 있다고 강조하며, 자신이 겪은 고통을 상대방이 보상하고 자신의 요구를 지지하라고 주장하는 셈이다. 하지만 칼룰리족은 이런 주장에 힘이 실리기 전에 분노한 사람의 주장이 과연 정당한지 의문을 제기하고 그 힘을 꺾을 때가 많다. 일상에서 분노에 대응하는 수단은 대개가 수치심이다. 예를 들어 아이가 투정을 부리며 음식을 요구하면 부모는 그 음식을 곧바로 제공하거나 거절하지 않고 이렇게 묻는다. "이 음식이 네 거야?" 물론 자신보다 더 힘이 센 상대에게 수치심을 일깨우려고 드는 시도는 위험하다. 이런 상대는 수치심을 느끼기는커녕 오히려 위협하며 주도권을 잡기 때문이다. 더 힘이 세면 분노 감정을 더 강렬하게 쏟아내기 마련이다.

특정 문화와 환경에서는 정당성을 주장하고 지위를 굳건히 다지는 수단으로 분노를 활용하기도 한다. 이른바 명예문화가 대표적인 예시다.[211] 이런 문화에서는 무엇보다 명예를 지키는 일이 미덕이다.[212] 명예문화가 널리 퍼진 사회에서 명예는 분노를 동원해서라도 지켜야 하는 희소 자원이다.

1990년대에 문화심리학자 도브 코헨Dov Cohen과 리처드 니스벳

Richard Nisbett은 미국 남부 지역에서 명예문화를 연구했다.[213] 두 학자에 따르면 "명예문화에서는 모욕을 받으면 반드시 대응해야 한다. 모욕 자체가 업신여김을 당할 만큼 약하다는 사실을 의미하기 때문이다." 두 문화심리학자는 이른바 '재수 없는 놈 실험'에서 남자 대학생들이 모욕을 당하고 어떻게 반응하는지 관찰했다. 남학생들에게 요청해서 좁은 복도를 지나가게 하고, 실험 보조원이 중간에서 캐비닛 서랍을 여는 척하다가 좁은 틈새를 지나가려는 남학생에게 '재수 없는 놈'이라고 모욕하는 상황을 연출했다. 실험 결과, 모욕을 당했을 때 북부 출신 학생보다 남부 출신 학생이 곧장 화를 내는 사례가 훨씬 많았다. 분노 표현은 자신의 사회적 지위가 훼손되는 일을 막고 명예를 지키려면 마땅히 필요한 일이었기 때문이다.

일상에서 일어나는 사회적 상호작용에서 분노가 일 때, 그 감정이 옳은지 그른지는 대체로 도덕관념, 개인의 사회적 지위, 나이, 성 정체성에 달렸다. 이 밖에도 분노를 받아들이는 상대방의 인식에 따라 정당성 여부가 달라지기도 한다. 상대방이 논리적으로 반발하면 분노가 가라앉을 수도 있지만, 정당성을 인정하면 분노는 계속 타오를 것이다. 분노 감정에는 도덕 가치와 규범을 포함하는 여러 이야기가 담긴다. 이 분노 감정은 옳은가, 그른가? 분노할 자격이 있는 사람은 누구고 없는 사람은 누구인가? 분노의 표적이 되는 사람은 누구란 말인가? 이 질문이 짓는 이야기는 문화마다 다르다.

분노가 일고 소멸하는 경로

분노를 사람들 사이에서 일어나는 행동으로 이해하면, 분노를 표현하는 방식도 수없이 많다. 아이가 밥을 남겼을 때와 직장의 인사과에서 잘못된 의사결정을 내렸을 때 내가 화를 내는 방식은 서로 다르다. 멕시코 접경 지역에서 불법 이민자 부모와 아이들을 분리한 트럼프 행정부를 보고 느낀 분노와도 다르다.[214] 분노하는 방식은 셀 수 없이 다양하다.

　개인이 분노하는 방식은 같은 문화권이라도 차이가 있고, 상황에 따라서도 달라진다. 그렇지만 분노를 인식하는 관점에 따라 문화권마다 또 사회적 지위마다 특정한 분노 방식이 존재한다. 권리를 주장하고 주변의 기대에 순응하지 않는 태도를 정당하게 바라보거나 보장하는 문화와, 분노를 '이기적이거나 유치한' 행동으로 여기는 문화에서 분노를 표현하고 처리하는 방식은 다르다. 2장에서 소개했다시피, 가라사와 마유미와 내가 일본과 미국의 대학생 및 일반인을 대상으로 면접조사를 실시했을 때, 두 문화권에서 분노가 생겨나고 표현하는 방식은 매우 달라 보였다. 우리는 실험에 참여한 사람들에게 "다른 사람한테 무시를 당하거나 불쾌한 대우를 받았다."고 느낀 상황이 있으면 이야기해 달라고 요청했다. 이런 상황은 흔히 사람들에게 분노를 일으킨다.[215]

　우리 실험에 참여한 미국인은 그때 내가 거주하던 노스캐롤라이나주 여러 교회와 주민센터에서 모집했다. 그중 짐은 무례한 성적 농담을 던졌다고 동료에게 고소를 당했는데, 면접조사 자리에서는 우리에게 정작 그 '젊은 여자'가 "내 관심을 끌려고" 했다며 "그 여자는 언제나 주목

받길 원했다."라고 말했다. 그러고는 그 동료가 거짓말쟁이라며 이렇게 덧붙였다. "알고 보니 이 친구가 거짓말을 많이 했더라고요. 가게에서 돈을 빼돌리려고도 했다니까요." 미국인 참가자들은 분노와 연관된 사례를 거론할 때 자신을 모욕한 상대방의 나쁜 점을 꼬집었다. '젊은 여자'를 비난해서 자신의 흠결을 가리고 자존심을 지키는 방식이다. "그 여자가 자기하고 또 다른 남자 직원이 해고된다는 사실을 알게 됐거든요. 그래서 제게 그런 짓을 했나 봅니다. 저한테 화풀이한 거죠." 자신을 모욕한 상대방의 나쁜 점이나 부당한 행동을 폭로한 사람은 짐만이 아니었다.

주정부 전기부서 감독관인 앤드류는 한 공공기관의 전기 문제를 해결하라는 지시를 받았다. 해당 건물 경비원은 앤드류에게 화재 신고에 개입할 자격이 있는지 입증하라고 요구했는데, 규정에 어긋나는 일이었다. 앤드류가 거절했는데도 경비원은 계속 그에게 전기 문제를 해결할 자격을 갖췄는지 입증하라고 요구했고, 앤드류는 "그 친구가 도를 넘었다."고 생각했다.

> 저는 무척 화가 났어요. …… 제 자격을 의심한 사람이 아무도 없는 데다 …… 제가 보기에는 직급도 낮았어요. …… 저보다 직급도 낮은 친구에게 심문을 받으려니 그렇게 기분이 나쁠 수가 없더군요. 그 친구는 그렇게 행동하면 출세할 줄 알았나 봅니다.

앤드류는 상대방에게 한바탕 분통을 터트리고는 입을 다물었다. 앤드류의 친구이자 동료인 밥이 앤드류 대신 들어와서 경비원에게 신분증을 요구했다. 앤드류는 이 사건을 보고했고, 결과는 이랬다.

> 그 경비원은 그 일로 해고됐어요. 일자리를 잃은 거죠. 그 사람은 매우 공격적이었어요.

짐과 마찬가지로 앤드류는 경비원이 '출세하려' 했다고 잘못을 지적했고, '매우 공격적'인 언행으로 규범을 어겼다고 비판했다. 이런 식으로 원인을 규정하면 자신의 분노를 정당하게 만들고, 상대방의 도전에 맞서 자신의 자존감을 지킨다. 미국인 참가자들은 자신에게 무례한 행동을 한 사람에게서 좋은 점을 보려 하지 않았고, 짐처럼 상대방과 거리를 두거나 아니면 앤드류처럼 상대방을 강하게 몰아붙였다고 대답하는 사례가 많았다.

일본인 참가자들이 분노를 드러내는 방식은 미국인들과 매우 달랐다. 앞서 언급했듯이, 일본에서는 분노를 '성숙하지 못한' 행동으로 여긴다. 그런 만큼 일본인들이 면접조사에서 들려준 이야기는 미국인들과 달라서 직접 비교하기는 불가능하다. 그렇다 해도 일본인이 겪은 '분노' 경험은 미국인과 정말로 달랐다. 30대 일본 여성 에미코는 집에서 동생 전화를 기다렸다. 아버지와 함께 하는 저녁식사 시간을 구체적으로 정할 생각이었다. 하지만 이튿날 아침이 되도록 동생은 연락이 없었다. 에미코는 마음이 편치 않았고 불쾌하기까지 했다.

동생이 연락할 줄 알았죠. 집에 틀어박혀 기다렸는데, 계획도 세우지 못하고 온종일 아무 연락도 받지 못했어요. …… 아버지가 도쿄에 오시기로 해서 우리 셋이 외식하기로 약속했거든요. 오지 않을 거면 못 나온다고 얘기라도 해줘야 하는데, 연락이 없었어요. 저만 약속 장소에 나갔죠. 저만 기다리고 끝날 일이면 참을 만했을 거예요. '그러면 그렇지'라고 생각했겠죠. 그런데 아버지도 함께한 약속이어서…….

동생이 나중에 사과했지만, 이처럼 무신경하게 행동한 적이 한두 번도 아니어서 사과가 무슨 의미가 있을까 싶었다. 에미코는 동생에게 불만을 쏟아낼 가치도 없다고 여겼다. 두 사람 생각이 다르다는 걸 알기 때문이었다.

설령 동생에게 "네 연락을 기다렸단 말야. 네가 어쩔 건지 모르니까 계획도 잡지 못했어."라고 얘기한들 동생은 이렇게 대답했을 거예요. "날 기다리지 말고 그냥 나갔어야지." 하지만 제가 집에 있어야 동생 연락을 받을 수가 있거든요. 우리 둘 다 휴대전화가 없어서 서로 연락하기 어려우니 …… (웃음) …… (침묵).

이 일이 있은 후에 어떻게 하고 싶었냐고 물었더니, 여러 미국인 응답자들과 달리 에미코는 동생과 거리를 두지도 않았고 악담을 쏟아내지도 않았다. 대신에 대안을 제시했다. "제 동생에게 휴대전화가 있어야겠다고 생각했어요." 일본인 응답자 대다수는 분노할 대상에게 악담을 퍼붓지 않고, 그 사람의 행동을 분석했다. 이들은 자신에게 불쾌감을 준 상대방의 행동을 해명하거나, 적어도 이해하려고 노력했다. 동생 성격이 원래 느긋한 편이라는 에미코의 말도 동생이 어째서 그렇게 행동했는지 해명하려는 시도로 볼 수 있다. 일본인 응답자들은 분노를 터트릴 대상의 행동을 오히려 옹호하기도 했다. 에미코는 동생이 휴대전화가 없어서 연락하기도 어려웠으리라고 짐작했다. 그렇다고 동생 때문에 불쾌해진 마음이 풀리는 건 아니지만, 사건의 맥락을 구성할 수 있었다. 아울러 일본인 응답자 대다수는 "아무것도 하지 않았다."라고 대답했다. 똑같이 화를 내봤자 별 소용이 없거나 역효과만 불러오리라고 생각해서다. 에미코도 동생에게 불만을 털어놔봤자 동생은 달라지지 않을 거라고 여겼다.

일본인들이 들려준 이야기에는 일정한 규칙성이 있었다. 이들은 마주한 상황에 되도록 적응하며 지내려고 애썼다. 에미코는 동생과 대화를 나눴지만, 결국 휴대전화에서 해결책을 찾았다. 2장에서 소개한 일본인 남성 히로토 역시 자신에게 쓴소리하는 동료 조직위원이 어째서 그랬는지 이해하려고 애썼다. 히로토는 이 여성 위원이 자신의 업무를 낚아채가는 통에 "짜증이 나고 불쾌했으며" 분명 잘못은 그 위원에게 있다고 생각해 거리를 두기도 했지만, 조직위에서 원만하게 협력하려고 마음먹었다. 대체로 귀가 시간이 빠른 편인 일본인 학생 치에미도 일찍 들어오는 법이 없다고 억울하게 조부모에게 핀잔을 들었을 때, 불화를 일으키지 않으려고 애썼다. 치에미는 "저녁 늦게까지 더 놀고 싶어요."

라고 말하고 싶었지만, 조부모와 몇 마디 나눈 뒤 일찍 귀가하겠다고 다짐하며 부당한 잔소리는 못 들은 척 웃어넘겼다.

사람들은 내게 일본인이 느낀 감정이 분노가 확실하냐고 묻곤 한다. 우리 연구에서 미국인 응답자들이 이야기해준 '강렬한' 분노를 일본인 응답자들도 느낀 게 맞냐는 얘기다. 기억하겠지만, 일본인은 감정의 강도를 묻는 설문 내용을 쉽게 이해하지 못했다. 하지만 일본인은 불쾌한 일을 '중요한' 사건으로 여기며, **이카리**라는 단어를 사용했다. **이카리**는 일본어로 분노라는 뜻이다. 그렇다면 '분노' 또는 **이카리**를 경험한 일본인들의 일화가 미국인들과 차이 나는 이유는 미국인과 일본인의 삶이 달라서일 수도 있을까?

사실 사람마다 '같은 감정'을 느끼는지 묻는다면, 이는 마인 모형 감정에 해당하는 질문이다. 다시 말해, 경험한 사건 이면에 담긴 정신 현상으로 분노를 바라보는 시각이다. 그런데 짐, 에미코, 히로토, 치에미가 상대방과 맺은 관계에서 자기 의사를 표현하는 방식이 곧 **분노**라는 감정이라면?[216] 아워스 모형 관점대로 감정이 사람들 사이에서 일어나는 행동이라면, 어떻게 되는가? 아워스 모형 관점에서 생각해보면, 일본과 미국의 문화가 서로 다르므로 사람들 관계에서 벌어지는 일도 다를 수밖에 없다. 일본인이 들려준 분노 경험을 살펴보면, 부당한 일을 겪을 때 타인의 행동에 맞서 자신을 지키면서도 관계는 해치지 않으려는 태도를 흔히 발견할 수 있다. 그 과정에서 자신이 이기적이거나 유치해 보이지 않도록 애쓴다. 아울러 자신을 화나게 만든 사람의 마음을 이해하려고 노력하고, 자신도 잘못한 측면이 있어 그런 일이 벌어졌다면 사과하거나 상대방에게 화를 내지 않는다. 비슷한 상황에서 미국인이라면 대개 부당한 대우를 받았다는 기분이 들 테고, 이런 대우를 받을 이유가 없다고 생각할 것이다. 그런 만큼 잘못은 상대방에게 있고 모욕을 받아들일 이유가 없으므로 분노를 터뜨린다. 아니면, 명백하게 부적절한 일을 저지른 사람에게 무슨 문제가 있는 건 아닌지 의아해할 것이다. 나쁜 의도가 있었거나 원래 그런 사람일 수도 있다. 원래 그런 사람이라면 거리를 두려고 노력할 것이다. 그렇다면 일본인과 미국인이 느끼는 분노는 서로 **같은 감정**일까? 아워스 모형 관점을 채택한다면, 앞서 소개한 사례에 등장하는 분노는 서로 같지 않다. 분노가 불쾌감에서 시작된다는 점에는 차이가 없는데, 미국에서는 이런 분노를 **앵거**^{anger}, 일본에서는 **이카리**라고 부른다. 하지만 이 두 분노가 똑같은 감정이냐고 묻는 질문 자체는 감정이 고정된 정신 현상이라는 개념을 벗어나는 순간 쓸모가 없어진다. 문화마다 분노 감정을 겪는 사례가 독특하게 나타나는데 인간의 감정이 일정하다고 전제하는 이유는 뭘까?

수치심

위어드 문화권에서 수치심은 '부적절한' 감정이다.[217] 타인 눈에 나쁜 사람이나 마땅치 않은 사람으로 비칠 때 느끼는 경험이다. 이곳 사람들은 자신이 쓸모없다는 느낌, 초라하고 보잘것없는 듯한 느낌, 무기력하고 발가벗겨진 느낌, 다른 이들에게 거부당하는 느낌으로 수치심을 묘사했다.

수치심은 다른 사람들이 자신을 못마땅해한다는 생각이 들고, 타인에게 부정적인 평가를 받고 거부당한다는 느낌이 들 때 생기는 감정이다.[218] 위어드 문화권 사람들은 특히 비판을 비롯한 타인의 평가에 끌려다니는 걸 싫어한다. 사람은 자신을 존중할 줄 알아야 하고, 타인의 의견에서 벗어나 자유로워야 한다고 생각한다. 그렇기에 수치심은 대단히 불편한 감정이다.

내가 일본에서와 마찬가지로 미국에서도 면접조사를 실시했을 때 알게 된 사실이지만, 미국인들이 가장 입에 올리기 힘들어 한 감정이 수치심이었다. 특히 학생이 포함되지 않은 표본집단에서는 상당수가 수치심을 겪은 일이 한 번도 없다고 말했다.[219] 성인 응답자들이 들려준 수치심 사례를 살펴봤더니, 오래전 기억인데도 잊지 못할 만큼 꽤 파괴적인 영향을 끼친 것으로 나타났다.

28세 기혼 남성인 라이언은 청소년기에 자동차 사고로 다리가 마비되어 수술이 성공적으로 마무리될 때까지 부모에게 일일이 의존해야 했다.

> 자동차 사고를 당한 뒤로 …… 화장실을 갈 때나 옷을 입을 때도 다른 사람 도움을 받아야 하니 창피했죠. 쓸모없는 존재가 된 기분이었어요. 누가 저를 좋아하겠어요. 특히 아이를 원하는 여성이라면 제가 필요 없죠. 사고를 낸 사람은 저인데, 저 빼고 모든 사람을 탓하고 신을 원망했죠. 전에는 운동도 아주 좋아했는데, 걷지도 못하고 …… 아무것도 하지 못했어요. 아무짝에도 쓸모없

는 사람처럼 느껴졌거든요.

65세 여성 도로시는 첫 남편과 함께 교회 수련회에서 상담사 역할을 거절당한 일을 떠올렸다. 남편이 동성애자였기 때문이다. "남편은 청소년 옆에 있으면 안 될 사람으로 보였던 겁니다."

> 우리 부부는 교회에서 특정 모임의 청소년 상담사를 맡기로 되어 있었는데 …… 저희만 빼고 참석자 모두 할 일을 배정받았어요. 그날 저녁에 청소년 담임 목사 집에 앉아 있던 기억이 나네요. 제가 무슨 잘못을 저지른 것도 아닌데 기피 대상이 된 듯한 기분이 들었죠. 목사와 아내도 제 기분이 어떤지 모르지 않았을 겁니다. …… 어쩔 수 없는 일이었죠. 깊은 상실감 속에서 …… 치부가 드러난 기분이었어요. 어디 쥐구멍에라도 들어가서 숨고 싶더라고요. 그 교회를 다니고 싶지 않았는데 그래도 계속 다녔어요.

라이언은 그때 겪은 감정을 설명하며, 그보다 더 강렬한 경험은 없었다고 말했다. 살면서 스스로 목숨을 끊고 싶던 적을 떠올리라면 바로 그때라고 했다. 자기를 존중하고 사랑하는 태도를 중시하는 문화에서 사람들에게 손가락질을 받고 버려지는 기분을 느끼는 상태가 수치심이다. 라이언은 미국 문화에서 이상으로 여기는 가치인 주체성이 없는 사람으로 추락하는 경험을 했다. 도로시는 남편의 성적 취향을 부도덕하게 여기는 사람들 때문에 자신의 "치부가 드러난" 기분을 느꼈다. 두 사람 다 스스로를 긍정적으로 생각할 수 없었다. 도로시는 수련회 상담사 자리를 얻으려다 거절당했고, 라이언은 실제로 거부당한 일은 없었지만 거부당하는 상상을 하게 됐다. "누가 저를 좋아하겠어요. 특히 아이를 원하는 여성이라면 제가 필요 없죠." 이들은 자신이 거부당하는 이유에 공감했다. 사회가 중시하는 가치를 따르는 결정이었다. 라이언은 자신을 "쓸모없는" 존재로 여겼고, 도로시는 자신과 남편이 청소년 수련회에서 배제됐지만 "어쩔 수 없는 일"이라고 생각했다. 수치심은 자신이 쓸모없거나 나쁜 사람이라는 증거이므로, 미국에서는 '부적절한' 감정이다. 사람들을 피하고 싶게 만드는 만큼 '부적절하다'. 라이언은 "침대에 틀어박혀" 지냈고 "그냥 사라지고" 싶었다고 했다. 도로시는 그 교회에 다시는 나가고 싶은 마음이 들지 않았다. 두 사례에서 수치심은 평범한 일상의 걸림돌이었다.

　수치심이 대인관계를 파괴한다는 사실은 금융업 영업사원들을 대상으로 네덜란드에서 진행한 연구에서도 분명하게 나타난다.[220] 마케팅 교수인 리처드 바고치Richard Bagozzi, 빌렘 베르베게Willem Verbeke, 자신토 가비노Jacinto Gavino는 고객을 응대하는 과정에서 수치심을 경험하는 시나리오를 개발했다.[221] 이를테면 고객이 영업사원에게 예전 약속을 지키지 않고 소홀히 넘겼다고 지적한다든지, 영업사원이 고객에게 설명하던 중에 자신의 실수를 발견하는 식이다. 연구진이 영업사원들에게 이런 일이 벌어지면 어떤 수치스러운 마음이 들었냐고 물었더니, 네덜란드 영업사원들은 도로시처럼 "치부가 드러난" 기분을 느꼈다고 대답했다. 이들은 고객에게 자신의 행동이 낱낱이 까발려지는 상황을 떠올렸다. 라이언처럼 "쓸모없는" 사람이 된 기분을 느끼기도 했다. 그러니까 자신이 "모자라고 무능한 사원"이며 "개인으로서도 실패한 사람"이라는 사실이 고객에게 들통난 기분이라고 말했다. 마지막으로 이들은 수치심에 얼굴이 화끈거렸다면서, 오래전 경험을 떠올린 라이언이나 도로시보다 훨씬 생생하게 수치심을 설명했다. 영업사원들은 "쥐구멍에라도 들어가고" 싶다거나, "갑자기 한없이 작아지는" 마음이라든지 "생명력이 빠져나가는" 느낌이라든지 "말문이 턱 막히는" 기분이 들었다고 했다.[222] 네덜란드 영업사원들이 느끼기에 수치심은 치부가 드러나고, 인생의 낙오자가 된듯이 한없이 작고 나약해진 기분이었다.

바고치와 동료들은 영업사원이 고객과 쌓아가는 관계에 수치심이 어떤 영향을 끼치는지에 특히 관심이 많았다. 이들이 생각하기에는 네덜란드도 미국처럼 개인주의 문화가 강해서, 영업사원들은 "자신을 차별화하며 자신을 믿고 목표를 향해 정진하는 자세, 그리고 남들과 자신을 비교하며 앞질러 나아가거나 더 나은 성과를 올리는 능력"을 중요하게 여긴다.[223] 고객에게 지적을 받았을 때, 네덜란드 영업사원들은 수치심을 경험하며 자신의 행동이나 성과가 부정적인 평가를 받는다는 사실을 알게 됐다. 이런 부정 평가는 자존감을 위협한다. 바고치 연구진은 이들이 "조롱과 모욕을 당한" 기분이 들면 무엇보다 자존심을 지키려 할 테고, 그래서 고객에게 주의를 기울일 겨를이 없을 거라고 짐작했고, 실제로 그런 현상을 목격하기도 했다. 수치심을 느낀 네덜란드 영업사원들은 기회를 잡으려고 고객에게 한발 더 다가가기를 머뭇거렸다. 고객에게 질문하지 않았고, 고객과 소소한 대화를 이어가지 않았으며, 어떤 상품도 추천하지 않았다. 의사소통 능력이 고객에게 적절한 서비스를 제공할 수 없을 만큼 떨어졌다.[224] 라이언과 도로시가 그랬듯, 수치심에 짓눌린 영업사원들은 대인관계를 회피했다.

인간이 수치심을 이토록 꺼리는 이유는 수치심에 따라오는 불편이 워낙 크기 때문일까? 누군가 수치스럽다고 말하는 장면을 최근에 목격한 적이 있나? 나는 동료들과 함께 미국과 일본의 대학생들에게 수치심을 느낀 경험담이 있으면 들려 달라고 요청했고, 마이클 보이거Michael Boiger가 후속 연구에서 미국과 일본의 대학생들에게 이 사례들을 읽고 수치심 강도를 평가해 달라고 했다.[225] 미국 대학생들이 가장 수치스럽다고 꼽은 사례를 보면 일상에서 보기 드문 상황과 밀접한 연관성이 있었다. 한 예로, 엘리자베스라는 미국 대학생은 졸업식에서 어머니에게 성적에 실망했다는 말을 들었다고 한다.

수치심은 매우 치명적이어서 강력한 방어기제를 동원하기 마련이다.[226] 가장 흔하게 보이는 반응은 자신이 부적절하다는 평가를 부정하고 대신 다른 사람을 비난하는 태도다. 수치심은 대체로 분노나 적대감과 연관이 있다. 라이언은 수치심을 경험한 사람으로서 누구보다 깊이 성찰했고, 이렇게 회고했다. "사고를 낸 사람은 저인데, 저 빼고 모른 사람을 탓하고 신을 원망했죠." 정신분석가들은 수치심이 분노로 바뀌는 감정을 가리켜 '수치심을 숨기는(굴욕적인) 분노'라고 한다.[227] 자신이 거부당하는 고통을 회피하고 타인을 향해 공격성을 드러내는 상태다.[228] 수치심을 분노로 바꾸는 이유는 수치심에서 오는 끔찍한 고통을 극복하고 주체성과 통제력을 되찾는 효과가 있기 때문이다. 하지만 이렇게 분노를 드러내는 바람에 주변 사람들은 물론 자기 자신도 큰 대가를 치르는 사례가 많다. 한 연구진이 미국인 재소자들을 수감부터 출소까지 추적 조사한 결과, 수치심에서 시작된 분노에 따라붙는 대가가 분명하게 드러났다. 그렇지 않은 사람도 있었지만, 자신이 범죄를 저질렀다는 사실에 수치심을 느끼는 수감자들은 이 감정을 견디지 못해 분노를 터트렸고, 이런 상태는 상습범으로 전락하는 미래를 점치는 지표가 됐다.[229] 수치심이 분노로 바뀌었다고 말한 수감자들은 수치심을 느끼되 분노하지 않은 수감자들보다 출소 후 다시 범죄를 저지를 가능성이 훨씬 컸다.

임상심리학자, 특히 정신분석가들이 수치심을 눈여겨보고 연구한 결과만 봐도 수치심에 따라다니는 평판이 얼마나 나쁜지 분명히 드러난다.[230] 올바르게 성장하는 아이는 안정되고 행복하고 자존감이 넘쳐 보이지만, 정서가 불안한 아이는 거절 당하는 걸 두려워해서 수치심을 느낄 가능성이 크다. 아이의 정서가 불안한 원인을 추적하면 대체로 부모가 무심하고 비판적이다. 이런 부모는 사회에서 가치 있게 여기는 육아 방식과는 정반대로 아이를 기른다. 아이가 자신을 존중하기보다는 부정적으로 인식하도록 만든다. 어쩌면 당연한 말이겠지만, 늘 비판하는 부모 때문에 툭하면 수치심을 느끼는 사람은 우울증, 불안, 신경성 신체 증상에 취약하고, 다른 사람들도 자신을 비판하리라 여긴다.[231] 다른 사람들도 그럴 거라고 생각하면, 수치심이 분노로 바뀌는 이유가 된다. "자신을 싫어할 것 같은 사람에게서 견디기 힘든 수치심의 원인을 찾기란 어렵지 않다."[232] 그래서 자신을 비판하는 사람을 손쉽게 분노의 희생양으로 삼는다. 자존감과 사랑을 중시하는 사회에서 이미 수치심이라는 감정 자체를 부정적으로 인식한다면, 수치심에서 시작된 분노를 터트린다 한들 별 이득이 없을 것이다. 수치심을 방어하는 차원에서 적개심을 드러낼 때 생기는 효과라고 해봐야 수치스러운 행동을 하는 사람은 반사회적이라는 기존 인식을 굳히는 것뿐이다. 그런데 수치심은 우리가 느끼면 안 되는 '그릇된' 감정일까?

강렬한 수치심이건 겸연쩍음이건, 부끄러움이라는 감정은 수많은 문화권에서 '적절한' 감정으로 인식한다. 앞서 살펴봤듯이, 미낭카바우족 아이와 대만 아이들은 수치심을 배우며 자란다. 이들 사회에서 수치심은 사회관계에서 자신의 위치를 깨닫게 해주는 수단이다. 수치심을 내보이면 나약함이 아닌 덕을 갖췄다는 증거다. 사람들 기대에 발맞춰 제 역할을 다하는 자세를 중요한 목표로 삼는 문화권에서는 규범을 어겼을 때 부끄러워하는 사람을 높이 평가한다. 수치심을 안다는 건 자기 위치를 깨닫고 사회 구성원이 인정하는 일을 실천할 준비가 됐다는 뜻이다. 아울러 수치심은 그 상황에서 상대방 마음을 고려할 줄 안다는 표시이기도 하다. 상대방 눈에 자신이 어떻게 보일지, 자신의 행동이 사람들 기대에 걸맞은지 돌아볼 줄 안다는 의미다. 요컨대 수치심은 상대방과 쌓은 유대를 가볍게 여기지 않고 존중한다는 의사를 나타낸다.[233]

국제연합훈련조사연구소UNITAR 선임 자문관이었던 나스린 아지미Nassrine Azimi는 〈뉴욕타임스〉에 "본받을 만한 수치심 문화"라는 글을 썼다. 기고문에서 아지미는 도요타 기업을 이끄는 도요타 아키오豊田 章男를 예로 들면서 '적절한' 수치심이 무엇인지 설명하고, 미국 독자들에게

자신을 돌아볼 계기를 제공했다.[234]

> 도요타 아키오 씨가 올해 2월에 …… 미국 의회에 나와 증언하며 자사의 리콜 사태와 관련해 직접 사과하고 책임지는 모습을 보였는데, 사람들은 이를 당연하게 여겼다. 하지만 월가의 어느 미국인 경영자가 다른 나라 의회에 출석해 사과하는 모습을 상상할 수 있겠는가? 일본인이 이렇게 사과하는 모습은 놀랍지 않은데, 왜 미국인이 그러는 행동은 상상하기 어려운가?

도요타 사장이 당연하게 미국 의회에 나가 사과한 이유를 이해하려면, 자신을 부족하게 여기고 비판적으로 바라보는 일본 사회 풍토를 알아야 한다. 수치심은 자신을 비판적으로 바라보고, 부득이한 결함을 보완하려고 힘쓰는 태도라고 할 수 있다.[235] 일본에서는 미국만큼 수치심을 불쾌하게 여기지 않는다. 원만한 대인관계를 유지하고 집단 이익에 보탬이 되는 태도를 중시하는 일본 문화에서는 수치심을 유익한 감정으로 평가한다.[236]

일본 사회에서 **하지**(부끄러움)는 타인의 관점에서 사고하려는 일본 풍토와 잘 맞고, 다른 사람에게 폐를 끼치지 않으려는 동기를 제공한다.[237] 일본인 친구와 동료들이 내게 보낸 이메일을 보면 대개 "폐를 끼쳐서 죄송합니다."라는 말로 시작한다. 사과는 수치심 문화에서 핵심이다. 타인에게 폐를 끼쳤다고 인정하고 이런 일이 생겨서 유감이라고 밝히는 표현이다.

일본인을 대상으로 실시한 면접조사에서, 나와 동료들은 일본인이 감정의 강도라는 용어를 잘 이해하지 못한다는 점 말고도 또 다른 놀라운 사실을 알게 됐다. 일본인은 수치심 경험을 이야기할 때 가장 편안해 보였다. 다른 문화권에서 감정을 추적할 때는 자부심 같은 긍정 정서부터 시작하고 수치심은 언제나 마지막에 다뤘다. 반면에 자신이 두각을 나타내거나 성공한 이야기는 일본인이 보기에 대인관계를 해칠 수 있는 주제여서 어색한 분위기를 풀어가는 데 적절하지 않았다.[238] 그런 만큼 일본인은 자신이 자랑스럽고 행복했던 순간을 입 밖에 꺼내길 삼간다. 가라사와 마유미가 건넨 강력한 권고를 받아들여서, 우리 연구진은 일본인을 면접조사할 때 감정 순서를 바꾸기로 했다. 수치심 사례를 다루며 면접조사를 시작했더니, 내 처음 생각과는 달리 일본인 응답자들과 훨씬 자연스럽게 대화를 풀어갈 수 있었다. 자기 결점을 바로잡고 위태로운 대인관계를 회복하기 위해 한 걸음 다가서고 싶다면, 수치스러운 경험을 대화 소재로 삼는 것도 괜찮다.[239] 일본 문화에서 수치심은 '적절한' 감정이었다. 우리 실험에서 일본인 응답자는 미국인보다 수치심을 경험한 빈도가 높게 나타났다.[240]

위어드 문화권에서는 수치심이 부정적인 파급 효과를 일으키지만, 수치심을 '적절한' 감정으로 여기는 문화에서는 반대로 긍정적인 효과가 나타난다. 일본 같은 문화권에서는 수치심이 상대방과 관계를 회복하고 싶은 마음을 표현하는 행동이므로, 사회에서 유익한 감정으로 받아들인다. 바고치 연구진은 수치심을 추적하며, 네덜란드와 필리핀의 영업사원들을 비교했다.[241] 수치심으로 얼굴이 화끈거릴 때, 필리핀 영업사원들도 네덜란드 영업사원들처럼 치부가 드러나고, 자신이 한없이 작고 나약해진 기분이 들거나 인생 낙오자가 된 심정이었다. 하지만 그들은 수치심 때문에 사람을 피하거나 고객 서비스에 차질을 빚지는 않았다. 네덜란드 영업사원들과는 달리, 오히려 고객 서비스를 개선하기 위해 노력해야 한다는 신호로 받아들였다. 그래서 고객들에게 더 자주 연락하려고 신경 썼고, 그 결과 고객과 주고받는 상호작용이 향상되고 판매량이 증가했다. 그만큼 고객 서비스에 투자했다는 사실을 보여주는 실적이다.

수치심을 드러내는 사람을 공동체 구성원으로 기꺼이 받아들이는 문화권도 있다. 한 예로, 미낭카바우족과 대만에서 수치심을 아는 아이는 부모 체면을 세워주는 바람직한 아이다. 유대감이 돈독한 가족은 구성원 개개인이 저지른 잘못을 자기 일처럼 느끼고 수치심을 공유한다. 이들 문화에서 수치심은 공동체 구성원으로 인정받는 데 중요한 감정이다. 일본에서는 친구나 배우자가 수치스러운 경험담이나 자기 비판적인 이야기를 꺼내더라도 문화적으로 이상한 일이 아니다. 여기서 더 나아가, 친구나 배우자가 자기를 있는 그대로 포용하고 격려해주기를 기대한다. 실제로 일본 대학생들은 미국 대학생들과 달리 극심한 수치심을 안기는 상황을 자주 겪었다고 얘기했다. 미국 대학생들이 수치심이 들 만한 상황을 꺼릴 때, 일본 대학생들은 일부러 그런 상황을 찾아다니는 것처럼 보일 정도였다. 일본에서 수치심을 느낀다는 건 자신의 위치가 어디고 자신에게 어떤 단점이 있는지 안다는 의미다. 수치심을 드러내는 행동이 대인관계에 악영향을 끼치지 않는 문화에서는 수치심을 표현하는 것이 바람직하다.

자신의 지위가 불확실하고 끊임없이 협상하며 존중을 얻어내야 하는 문화권에서는 수치심이 지위 하락을 의미하는 지표로 읽힌다. 이른바 명예문화권이 여기에 해당한다. 명예문화에서 모욕을 당하면 곧바로 위신이 추락한다는 의미이기에, 위신이야말로 이 문화권에서는 가장 중요한 가치다. 그래서 수치심을 '적절한' 감정으로 인정한다. 자신의 사회적 위치에 주의를 기울이며 지위를 유지하는 데 유용하기 때문이다. 하지만 사회적 지위가 안정된 환경에서 사람들이 상호작용을 하는 방식은 그 성격이 매우 다르다.

2장에서 소개한 대로 네덜란드에서 실시한 면접조사 기간에, 나는 많은 튀르키예계 이민자가 자신을 화나게 한 사람과는 인연을 끊는다고 털어놓아서 깜짝 놀랐다. 학사학위가 있는 47세 튀르키예 남성 오메르는 친구인 메흐메트가 자신을 터무니없이 비난했다고 이야기했다. 두 사람이 함께 알고 지내던 친구가 사망했을 때 고인의 귀중품을 오메르가 훔쳤다고 친구가 비난했다고 한다.[242] 오메르 말을 들어보면 실제로 귀중품을 훔친 사람은 메흐메트였다. 메흐메트가 거짓 소문을 내는 바람에 오메르는 사회적 이미지에 큰 타격을 입었다. 한동안 사람들은 오메르를 신뢰하지 않았다. 메흐메트가 자기를 헐뜯고 다닌다는 사실을 알고, 오메르는 "슬펐다." 그리고 "친구를 향한 신뢰가 산산조각이 났다." 이 사건은 메흐메트가 튀르키예에 살 때 일어난 일이고, 그 후 메흐메트와는 인연을 끊었으며, 지금도 생각하면 여전히 '화가 난다'고 말했다.

튀르키예 여성 에미네도 비슷한 사례다. 고졸 학력의 50세 여성인 에미네는 의붓자매인 펠린과 인연을 끊었다고 말했다. 친구 두이구와 비밀 대화를 나누는데 펠린이 엿들었기 때문이다. 그때 펠린은 잠을 자는 척했다고 한다. 그 일로, 에미네는 마음이 무너지고 분노가 치밀어 올랐다. 펠린이 지금 당장 죽는다 해도 에미네는 아무 상관없었다. 에미네에게 펠린은 '가치가 없는' 존재였다.

실험에 참여한 거의 모든 튀르키예계 이민자들은 가까운 지인에게 상처를 받았을 때 인연을 끊었고, 이웃이나 동료가 자신을 모욕했을 때도 머리 끝까지 화가 나서 모든 연락을 끊었다고 말했다.[243] 튀르키예 남성 아슬란은 29세로 10년 전부터 네덜란드에 살았는데, 네덜란드인 이웃이 아들을 때리겠다고 위협했을 때 "평생 그렇게 분노한 적은 처음"이라고 말했다. 그래서 아슬란은 그 이웃을 가격하고 맨주먹으로 그 집 창문을 부쉈다. 아슬란의 아내와 친구가 그 광경을 목격하고 아슬란을 진정시키려 했으나, 아무 소용없었다. 결국 아내가 경찰에 신고해서 경찰이 두 사람을 중재했다. 아슬란 말에 따르면, 경찰은 "그런 이웃이라면 화낼 만하다고 공감하면서도" 아슬란에게 이웃집 창문을 변상하라고 요청했다. 아슬란은 이웃집에 발걸음을 하기가 죽기보다 싫었지만, 경찰이 요구한 대로 찾아가서 주먹을 휘두르고 싶은 마음을 애써 누르고 창문 값을 변상했다. 이후로 아슬란은 그 이웃에게 두 번 다시 말도 붙이지 않았다. 아슬란의 친구들도 모두 그 이웃이 도가 지나쳤다고 공감했다.

실험에 참여한 튀르키예계 이민자들은 자신이 '분노한' 경험담은 자연스럽게 공유했지만 '수치스러운' 경험담은 언급하지 않았다. 그렇더라도 튀르키예계 이민자들이 수치심 때문에 자신을 모욕한 사람과 인연을 끊는다고 짐작할 만한 근거가 있다. 우리가 이들에게 수치심이 끓어올랐는지 묻지는 않았지만, 응답자는 그 사건 때문에 자신, 가족, 가까운 친인척의 명예에 먹칠을 할까 봐 무척 걱정했다고 말했다.[244] 이런 염려는 명예문화권에서 수치심이 작동하는 방식과 유사하다.[245] 비슷한 상황에서 네덜란드인 응답자들은 자신의 사회적 이미지를 전혀 걱정하지 않았다. 물론 분노했지만, 분노를 처리하는 방식이 전혀 달랐다. 네덜란드인 응답자들의 경험담을 살펴보면, 대개 결국에는 분노가 희미해지면서 모욕감을 이겨내고 상대방과 화해했다.

명예문화에서 수치심은 사회에서 자신의 체면이 위협을 받고 치부가 드러나는 상황을 알아차리는 감정이다. 하지만 명예문화에서 체면은 개인만이 아니라 가족과 친인척의 명예까지 얽히는 문제이기에, 명예가 공격을 받으면 자신과 가까운 사람들마저 사건에 끌어들이게 된다. 수치심을 불러일으키는 사건은 파급 효과가 있다.[246] 개인에게 수치심이 들면 가까운 친척과 친구의 명예도 공격을 받는 일이므로, 수치심을 공유한다. 심리학자 패트리샤 로드리게스 모스케라Patricia Rodriguez Mosquera 연구진은 가족 명예를 주제로 파키스탄에 거주하는 파키스탄인 대학생과 미국 동부 해안 출신 백인 학생을 비교했다.[247] 연구진은 학생들에게 "가족 중 누군가가 가족을 깎아내리는 말이나 행동을 했던 사건"이 있으면 얘기해 달라고 요청했다. 모스케라의 주장은 이렇다. 가족이 명예를 공유한다면 모든 구성원은 가족을 비하하는 행동을 삼가야 한다. 가족 모두 구성원 개개인의 행동에 공동 책임이 있으니, 가족 구성원 누구라도 가족을 비하하거나 명예를 실추하지 못하도록 힘써야 한다. 타인이 가족을 모욕하거나 무례를 저지를 때도 모든 구성원에게 가족을 지킬 책임이 있다. 이런 책임을 다하지 못하면, 명예가 실추될 위험이 닥쳐와서 수치심을 불러일으킨다.

파키스탄인 학생들은 친척이 가족을 모독하고 불명예를 안긴 사례를 언급하면서 미국인 학생들보다 더 수치스럽게 생각했다. 게다가 대체로 가족의 명예가 크게 실추될 위기를 맞은 사건을 가장 수치스러운 경험으로 꼽았다.[248] 그런 상황에서 극심한 수치심을 느꼈고 이후로는 가족을 모독한 친척과 거리를 두었다고 말한 파키스탄인 학생이 많았다. 이런 반응은 네덜란드에서 면접조사에 참여했던 튀르키예계 이민자들과 별 차이가 없었다. 가까운 사람이 내 집안의 명예를 떨어트릴 때 개인이 할 일은 그 사람과 인연을 끊는 것뿐이다. 무례함, 특히 명예를 지키는 데 힘을 보태야 할 사람이 저지른 무례함은 깊은 수치심을 불러일으키며 개인의 사회적 지위를 훼손한다. 내 연구에 참여한 튀르키예계 이민자들 중에도 가까운 사람에게 명예를 실추당한 사례가 있었다. 오메르가 귀중품을 훔쳤다고 거짓말을 한 메흐메트 때문에 친구들은 오메르를 신뢰하지 않게 됐다. 아슬란의 이웃은 아슬란 앞에서 아들을 위협해, 누가 봐도 뻔하게 아슬란의 위신을 깎아내렸다. 오메르와 아슬란이 자신의 명예에 먹칠을 한 사람과 관계를 끊은 이유는 분노 감정 자체라기보다는 엄밀히 말해 수치심 때문이었다. 여기서 분노 감정은 수치스러운 상황에서 명예를 회복하고, 명예를 함께 지켜나갈 수 없는 사람과는 관계를 끊는 수단으로 쓰인다.

앞서 사례를 소개한 에미네는 자신의 비밀을 의붓자매인 펠린이 엿들었다는 사실을 알고 참담한 기분이 들었다. 천륜이야 어쩌지 못해도, 되도록 펠린과는 마주치지 않았다. 에미네가 이 사건을 털어놓은 사람은 면접조사에 참여하며 만난 면접관뿐이었다. 에미네는 친구인 두이구에게도 이런 얘기를 한마디도 하지 않았다. 펠린의 평판을 해치고 싶지 않았기 때문이다. 에미네는 "남들에게 손가락질 받지 않도록 펠린을 지켰다." 이런 행동은 가족의 명예는 물론 자신의 명예도 지키는 일이었을까? 그럴 가능성이 매우 크다.

우리 연구에 참여한 이들이 명예를 지킨 방법은 무례하게 행동한 사람과 인연을 끊는 것만이 아니었다. 이들은 자신을 모욕한 사람에게 잘못이 있다고 입증하며, 자신이 옳았다고 최대한 다른 사람들을 설득했다. 아슬란은 이웃에게 주먹을 휘두를 만한 이유가 있었다고 경찰을 설득했고, 그 이웃이 미치지 않고서야 그렇게 행동할 수는 없는 일이라며 친구들한테서 동조를 끌어냈다. 심리학자 아이세 우스쿨Ayse Uskul에 따르면, 명예문화권에서는 자신의 명예를 실추하고 느끼는 고통 예방법을 사회화 과정에서 배운다. 자신을 모욕한 사람이 알고 지낼 가치도 없는 작자라고 다른 사람들을 설득하고 나서는 행동은 그 사람을 효과적으로 피하는 방법 중 하나다.

위어드 문화권에서는 자신의 실패를 타인에게 선명히 드러내는 표시이기에 수치심을 '부적절한' 감정으로 여기지만, 명예문화권에서는 마음을 불편하게 만들긴 해도 수치심을 '적절한' 감정으로 받아들인다. 수치심은 자신과 가족의 사회적 지위가 침범당할 위험을 경고해서 명예라는 핵심 가치를 공유한다고 보여주는 도구다. 명예문화에는 수치심이 곳곳에 널렸다.[249] 수치심을 느낀 개인은 자기 자신과 가족의 명예를 지키기 위한 행동에 나선다. 이때 흔히 사용하는 방법이 자신의 힘을 증명하는 것이다. 이 과정에서 분노는 쓸모 있지만, 명예를 회복하는 유일한 수단은 아니다. 일부 심리학자는 분노가 가장 효과적인 방법도 아니라고 말한다.[250] 분노를 도구로 쓰건 말건 이미 사회적 지위가 훼손된 상황에서는 명예를 회복할 방법을 찾아야 한다. 그러지 않으면 사회적 지위를 잃기 때문이다.[251]

명예문화에서 말하는 분노로 바뀐 수치심과 앞서 설명한 수치심을 숨기는 분노(굴욕적 분노)는 어떻게 다를까? 내가 보기에는 두 가지 점에서 서로 다르다. 첫째, 명예문화에서 수치심은 개인이 무척 불리한 상황과 마주쳤을 때 나오는 '적절한' 반응이지만, 위어드 문화에서는 '부적절한' 감정이다. 명예문화에서는 사회의 핵심 가치인 명예를 지키는 데 수치심이 제 역할을 한다는 점이 중요하다. 위어드 문화에서도 수치심은 타인에게 받는 인정과 승인을 중요하게 여긴다는 증거이지만, 사회의 핵심 가치에 이바지하지는 않는다. 둘째, 분노로 바뀐 수치심은 아워스 모형 감정으로, 대인관계에서 자신의 사회적 지위를 지켜나갈 때 일어나는 감정이다. 반면 수치심을 숨기는 분노는 마인 모형 감정으로, 불행의 원인을 자신이 아닌 타인에게 돌리는 감정이다.

명예문화에서 수치심은 상황에 따라 명예가 실추될 **잠재적** 위험을 알아차리고 방지하는 역할도 한다. 이런 역할의 대표적 사례가 바로 여성의 명예 보호다. 가족 구성원인 여성의 정숙함은 온 가족의 명예가 달린 문제다.[252] 이집트 베두인족 사회에서 수치심에 해당하는 **하샴**은 나약하고 의존적인 존재로 비치는 여성이 명예와 위엄을 품위 있게 지키는 방법이다. 억지로 따르는 의무라기보다는 자존감과 자부심을 지키려고 선택하는 겸손한 몸가짐이다. 수치심과 단정한 몸가짐, 이를테면 얼굴을 가리거나 신체 접촉을 조심하는 행동이 이런 문화에서는 미덕이다. **하샴**은 사회적 약자가 몸가짐을 단정히 하지 않을 때 생기는 부정적 영향을 줄이는데, 위계 구조가 확고한 문화에서 흔히 보이는 수치심에 가깝다. 실제로 명예문화에서는 남성과 여성 사이에 위계가 분명하다.

수치심이 일고 소멸하는 경로

문화 차이에 따른 수치심을 설명할 때마다, 동료들은 '다른 문화권' 사례에서 보이는 수치심과 자신들이 인식하는 수치심이 정말 똑같은 감정인지 궁금해했다. 도요타 기업 수장인 도요타 아키오 사장이 느낀 수치심은 앞서 사례로 소개한 도로시가 겪은 수치심과 같은 감정이었을까? 도요타 사장이 건넨 사과는 당혹감을 표현했거나 단순히 예의를 차린 몸짓이 아니었을까? 아슬란이 드러낸 공격성은 수치심 '자체'라기보다 수치심에 뒤이어 '폭발'한 분노였을까? 이집트 베두인족 여성들은 수치심을 느낄까, 아니면 그저 규범에 따라 해야 할 일을 하는 걸까? 서로 다른 문화권 사람들이 똑같은 감정을 서로 다르게 부르는 건 아닐까? 이 모든 사례에 나타난 수치심은 같은 감정일까?

수치심은 분노와 마찬가지로 대인관계에서 자연스러운 감정이다. 하지만 다른 사람이 어떻게 반응할지 또는 어떤 반응을 기대하는지에 따라 수치심이 나타나는 방식은 크게 달라진다. 수치심을 '적절한' 감정으로 여기는 문화에서는 수치심이 개인을 공동체 구성원으로 통합하는 효과를 낸다. 하지만 수치심을 '부적절하게' 바라보는 문화에서는 수치심을 느낄수록 개인은 더욱 소외된다. 적절한 수치심은 대인관계에서 예의와 겸손을 가르치고, 사회적 지위가 위협받을 때면 명예를 회복해야 한다는 인식을 일깨운다. 부적절한 수치심은 '사람들 눈에 띄지 않게 흔적도 없이 사라졌으면 좋겠다는 바람'이거나 회복이 불가능할 만큼 명예가 실추됐다는 의미이기도 하다.[253] 적절한 수치심은 자신이 부족하다는 사실을 일깨운다. 한 예로, 수치심을 느낀 경험담을 들려준 일본 대학생들은 대체로 타인의 평가에 신경을 많이 썼다.[254] "남들이 저를 어떻게 볼지 생각했어요." 미국 대학생들은 기준에 미치지 못할까봐 염려했다. "결과를 그렇게 만든 저를 탓했어요." 명예문화가 있는 에스파냐 출신 학생들은 대개 수치심을 '공개적 평가'와 연관 짓는 반면, 네덜란드 학생들은 대체로 수치심을 '자신의 실패'와 연결해서 언급했다.[255] 이렇게 수치심 사례를 들여다보면 타인에게 받아들여지고 싶은 욕구처럼 보편된 주제 몇 가지도 나타나지만, 그렇다고 수치심이 문화마다 일관된 감정이라거나 똑같은 방식으로 일어나고 처리된다고 생각할 근거는 없다.

분노 감정과 마찬가지로, '똑같은 수치심'인지 묻는 질문은 마인 모형 감정에서 출발한 시각이다. 마인 모형에서는 주로 내면에서 느끼는 수치심에 집중하고, 수치심이 문화마다 다르지 않은 정서라고 가정한다. 일단 아워스 모형 관점에서 감정을 바라보면, 수치심의 진정한 '본질'이 무엇인지 따지는 질문은 이제 중요하지 않다. 여러 수치심 경험담에서 관계를 형성하려고 기울인 노력은 사회에 받아들여지고 싶은 욕구를 채우려는 시도로 볼 수 있다. 앞서 소개한 사례에서 제각기 수치심이 차오르고 처리되는 경로는 같지 않다. 그 문화에서 수치심이 지닌 가치에 따라 다르고, 타인이 실제로 보이거나 그러리라 예상되는 반응에 따라 다르다. 또한 수치스러운 사건이 어떤 대인관계 유형에서 발생하느냐에 따라 다르고, 그 집단이나 사회에서 이상적으로 여기는 인간 됨됨이와 대인관계에 따라 다르다.

분노와 수치심 같은 감정은 타인과 상호작용을 하는 방식에 **영향**을 끼친다. 자기 권리를 주장하고 개인의 자율성을 강조하는 문화, 명예라는 희소 자원을 두고 경쟁하는 문화에서는 분노가 주도권을 내세우는 도구이기에 '적절한' 감정이다. 하지만 모든 생명체에 친절을 베풀고 화목한 대인관계를 강조하는 문화에서는 분노가 '부적절한' 감정이다. 수치심은 사람들에게 받아들여지기 위해 기울이는 노력이며, 대개는 사회 규범과 주변 기대에 순순히 따르는 행동으로 이어진다. 그래서 사람들 사이의 상호의존성을 강조하는 문화에서는 적절한 감정이지만, 독립심과 자기주장을 중시하는 문화에서는 부적절한 감정이다. 적절한 수치심은 예의범절을 지킨다든지, 아니면 자기 권리가 우선한다며 존중을 요구하는 행동으로 이어질 수 있다. 부적절한 수치심은 쥐구멍에라도 들어가 다른 사람들 눈에 띄지 않기를 바라는 심정이 주요한 특징이다. 감정이란 적절하게 여기는 곳에서는 어디서나 흔하게 발견되고, 부적절하게 바라보는 곳에서는 드물게 포착된다.

분노는 모든 관계에서 유용할까? 수치심은 자신을 파괴하는 감정일까? 그 답은 상황마다 다르다. 자신이 속한 문화에서 적절한 감정이라면 그 감정은 유용하다. 하지만 부적절한 감정이라면 해로울 때가 많다. 개인의 정신건강과 신체건강을 건강하게 가꾸는 감정이 무엇인지 연구하는 심리학자들도 문화에 따른 차이를 발견한다. 사회문화 차원의 목표를 달성하는 데 유용한 감정은 주관적 행복감과 건강지수와 긍정적인 상관관계를 보인다. 자신이 속한 문화에서 흔히 표현하는 감정을 경험하는 사람은 주관적 행복감이 더 높은 것으로 나타난다. 문화 가치에 딱 맞는 감정을 경험할 때 사람들은 심리적 만족감이 차오르고 더 나은 성과를 올린다.

분노와 수치심이 일어나는 빈도가 다르고 그 영향력 또한 제각각인데도, 분노와 수치심이 여러 문화권에 보편적으로 **존재한다**고 결론 내릴 수 있을까? 철학자 오웬 플래너건이 말한 '원초적 분노'와 '원초적 수치심'처럼 본능적 감정에 한정한다면 그렇다고 말할 수 있다. 원초적 분노와 원초적 수치심은 모두 자기를 주장할 권리는 물론 무리에서 배제되지 않으려는 욕구와 연결된다. 분노 같은 감정이 일 때 우리가 하는 경험과 행동은 우리가 속한 문화에 따라 다르다. 그 문화에서 중시하는 가치가 자존감인지 관계인지에 따라 다르고, 명예를 차지하려고 경쟁하는 문화인지 아닌지에 따라서도 달라진다. 아울러 사회에서 정당하게 여기는 분노와 사회에서 억압하는 분노는 다르다. 수치심도 마찬가지다. 자신감을 떨어트리는 수치심인지, 아니면 관계를 회복하는 수치심인지에 따라 다르다. 관계를 형성할 때 주도하고 싶은 욕구라든지 무리에서 배제되지 않으려는 원초적 감정은 모든 문화권에서 나타난다. 하지만 분노와 수치심은 문화권, 상황, 사회적 지위에 따라 감정이 싹트고 처리되는 방식이 전혀 다를 수 있다. 그렇다면 '분노'와 '수치심'이라는 감정은 한 가지가 아니라 여러 가지라고 말하는 편이 더 적절할지도 모른다. 하지만 이런 현상은 '불쾌한' 감정에만 해당하는 게 아닐까? 사랑이나 행복 같은 '유쾌한' 감정은 사람들이 보편적으로 반기고 바라는 감정 아닐까? 정말 그런지, 해답을 찾아보자.

5장

연대감과
긍정 정서

○ 사랑과 행복이 넘실대는 삶을 원치 않는 사람이 있을까? 사람들은 이런 감정을 모든 문화에서 '적절한' 감정으로 받아들인다고 생각하겠지만, 사랑하고 싶고 행복하고 싶은 욕구의 보편성은 생각보다 논란의 여지가 많다. 사랑과 행복을 정의할 때 미국 중산층이나 위어드 문화권에서 사용하는 개념을 벗어나면, 사랑과 행복을 키우는 삶에 초점을 맞추지 않는 문화도 많다. 이런 문화에서는 사랑과 행복이 중요한 목표이기는커녕 '부적절한' 감정일 때도 있다. '긍정심리학'은 지금껏 풍요로운 삶을 위한 연구에 힘썼지만, 그 과정에서 문화 차이를 놓치며 위어드 문화권에 치우쳤다.[256]

긍정 감정이 구체적으로 어떤 역할을 하는지 모르는 채로 오랜 세월 지내다가, 심리학자들은 이제 묻기 시작했다. 심리학자 바버라 프레드릭슨은 긍정 감정이 "확장하고 구축하는" 역할을 한다고 설명한다.[257] '확장'이라는 개념은 **행복**이 가져다주는 생기를 떠올리면 이해하기 쉽다. 생기가 돌면 '사람들과 함께하고 싶고 놀고 싶은' 마음이 들고, **흥미**를 느끼게 하는 '새로운 것에 몰입하고 탐구하며 배우고 싶은 욕구'

가 커진다. '구축'이라는 개념도 **감사**와 **사랑** 같은 긍정 감정을 생각해보면 이해하기 쉽다. 긍정 감정은 우리에게 가장 중요한 자원인 사람들과 사회적 연대를 구축하는 데 일정한 역할을 한다.[258]

　이번 장에서는 사랑과 행복이라는 두 가지 긍정 감정을 탐구한다. '연대감'과 '긍정 정서'가 풍요로운 삶에서 보편적으로 발견할 수 있는 요소임을 밝히고, 분노와 수치심이 관계의 맥락 안에서 작용하듯 사랑과 행복도 문화의 맥락에서 대인관계와 상호작용에 걸맞게 조정된다는 사실을 살펴보려고 한다.[259]

사랑

사랑은 서구 문화권에서 주요한 감정이다.[260] 1980년대 후반 미국에서 진행된 연구에 따르면, 미국 대학생들은 수많은 감정 중 '가장 좋은 사례'로 사랑을 꼽았다.[261] 같은 시기에 캐나다에서 설계한 연구에서는 학생들이 사랑을 가리켜 '대단히 중요한 인간 감정 중 하나'라고 인정했고, "우리 문화에서는 유년기부터 사랑에 관해 배운다."라고 말했다.[262] 캐나다 학생들은 적어도 123종류나 되는 사랑을 구분하고, 그중 모성애, 부성애, 우정, 우애, 연애를 매우 좋은 사례로 꼽았다.

　사랑은 어떤 역할을 할까? 누군가를 사랑하는 사람은 그 사람과 가까운 관계를 쌓아가거나 유지하려고 힘쓴다.[263] 우리가 사랑을 느끼는 대상은 대체로 우리가 바라거나 좋아하거나 필요한 것을 제공하는 사람, 성격이나 외모가 매력적인 사람, 우리를 원하고 사랑하거나 인정해 주는 사람이다. 다시 말해 사랑하는 사람들은 우리에게, 그리고 우리는 그들에게 특별한 존재다. 한없이 특별하기에, 수많은 시간을 함께 보내며 각별한 순간을 공유한다. 우리는 안전하고 신뢰할 만한 관계를 형성할 때, 그리고 마음을 터놓고 소통할 때 사랑을 경험한다. 사랑은 때로 다른 것들을 소홀히 하면서까지 사랑하는 사람에게 몰두하고, 사랑하는 사람과 가까이 있고 싶은 감정이다. 우리는 사랑하는 이에게 긍정 정서를 표현하며, 사랑하는 이를 품고, 꼭 껴안고, 토닥여주고, 만지고, 입맞춤한다. 연인끼리는 육체관계도 맺고, 아끼는 동물이라면 따뜻한 손길로 쓰다듬는다. 특히 서로 사랑을 주고받으면 서로에게 자신감을 심어주고 인생을 긍정적으로 바라보게 된다. 사랑할 때 우리는 안전하고 편안한 기분을 느낀다. 사랑은 서구 문화권에서 관계를 맺는 데 중요한 토대이자 핵심이다.

개인의 자율성을 강조하는 문화에는 사랑이 잘 어울린다. 면접조사에서 이렇게 말한 미국 여성도 있었다. "사랑은 많이 희생하고 많이 수고하고 많이 베푸는 거예요. 억지로 하는 것이 아니라, 자유 의지에 따라 대가 없이 주어야 합니다."[264] 아울러 사랑을 하면, 특정한 개인과 관계를 맺을 의무는 없지만 그 사람과 유대를 쌓아가기로 선택했다는 뜻이다. 사랑에는 사랑하는 사람이 지닌 고유한 특징에 이끌려 유대를 형성한다는 의미도 있다.

위어드 문화권에서는 사랑이 '적절한' 감정이다. 사랑하는 이의 개성과 정체성을 인정하고 발전하도록 돕는 자세를 소중히 여기기 때문이다. 이런 속성은 남녀 사이 사랑에서 두드러지지만, 모성애에도 해당한다. 나는 첫째 아이를 낳고 사랑을 쏟은 정도가 지나쳐서, 소아과 대기실에 있을 때 내 아이만큼 사랑스러운 아이와 함께하지 못하는 다른 엄마들을 보며 미안한 마음이 들기도 했다. 그만큼 내 눈에는 올리버가 가장 빛나고 아름다운 아기였다. 수년이 지나고 나서야 사실은 내가 아이에게 품은 사랑 때문에 그렇게 보였겠구나 하는 생각이 들었다. 사랑은 특정한 한 사람을 알아보고 유난히 소중히 여기는 마음이다.[265] 개인을 숭상하는 문화에서 사랑을 하면 인간이 추구하는 궁극의 목표, 곧 서로 흠모하고, 끌어당기고, 갈망하는 마음으로 하나가 되고 싶은 상태에 이른다.[266] 그래서 우리가 아는 사랑은 개인주의 정서가 강한 수많은 서구 국가의 문화에 꼭 들어맞는다.

다정함, 공감, 친밀감은 먼 과거에도 존재했다. 하지만 하나뿐인 사람에게 품은 사적인 감정, 함께하기로 한 선택, 자존감의 원천으로 바라보는 사랑은 현대 서구 사회의 발명품일지도 모른다.

위어드 문화권에서는 개인의 자율성을 중시하고 강조하며 집단보다 개인의 목표를 우선한다면, 다른 문화권에서는 개인보다 집단의 목표와 관계를 앞세운다.[267] 이런 문화권에서 집안끼리 맺어준 결혼을 한 부부가 사랑을 느낀다면, 이런 감정은 결혼 이전이 아닌 이후에 싹트는 사례가 많다. 여기서 사랑은 선택의 문제라기보다 서로를 차츰 알아가는 마음에 가깝다. 서구인이라면 어떻게 자신이 선택하지 않은 배우자를 사랑할 수 있는지 반문할지도 모른다.

개인이 선택한 사랑이란 개념이 문화의 산물이라는 사실을 깨달으려면, 집안에서 맺어준 결혼이 당연한 문화에서 성장한 사람들은 개인이 선택한 결혼을 비웃는다는 점에 주목할 필요가 있다. 뉴스를 보도하는 방송에서, 한 인도 여성은 젊은 사람들이 '사랑'을 기준으로 직접 배우자를 선택한다는 이야기에 웃음을 터트리며 이렇게 말했다.[268] "육체적 끌림이요? 그건 그렇게 중요하지 않아요." 같은 방송 프로그램에서 한 인도 남성은 이렇게 설명했다. "우리 부모님은 다른 누구보다 저를 잘 아세요. 그러니까 무엇이 제게 최선인지 아는 분들이시죠. 신부를 고르는 일도 마찬가지입니다." 아프가니스탄, 파키스탄, 이란, 이라크, 중국의 시골 지역, 율법을 엄격히 따르는 유대인 공동체 같은 곳에서 성장한 사람들은 부모나 집안에서 결혼 상대를 고르는 게 최선이라고 생각한다. 결혼은 두 사람만이 아닌 두 집안의 결합이라고 보기 때문이다. 결혼 상대는 잘 아는 집안이라든지, 민족, 종교, 사회경제적 지위가 비슷한 가문에서 선택한다.

사랑 감정이 결혼 울타리 밖에서 생긴다면 크나큰 슬픔에 빠질 일이다. 1980년대에 유사성에 따라 감정을 분류하는 실험에 참여한 중국인 응답자들은 사랑을 '슬픔'이라는 감정으로 이해했고, 긍정 감정이 아닌 부정 감정으로 분류했다.[269] 효를 중시하는 중국에서 사랑이란 감정은 자녀가 부모에게 마땅히 보여야 할 존중과 예의를 저버리게 하는 위력을 발휘하기 때문이다.[270] 아마 연애를 경시하는 배경에는 이런 이유도 있을 것이다. 사랑을 설명할 때, 중국인 응답자들은 미국인들보다 고통, 슬픔, 희생, 고독처럼 부정적 속성을 더 많이 고려했다.[271]

내가 문화에 담긴 감정 차이를 가르칠 때 학생들은 집단주의 문화에서 사랑을 더 강조한다고 오해할 때가 많았다. 집단주의 문화에서 사람들끼리 유대가 끈끈한 것은 개인 간의 사랑이 풍부해서가 아닐까? 이런 문화권에서는 개개인이 돈독한 관계를 추구하기 때문에 사람들도 서로 깊숙이 의존하는 게 아닐까? 두 질문에 답을 하자면 그렇지 않다. 전혀 사실과 다르다. 집단주의가 강한 문화에서는 중매결혼에서 확인할 수 있듯, 집단과 긴밀히 협의해서 관계를 결정하거나 선택한다. 이런 문화에서는 흠모하고 끌리는 감정인 사랑보다는 타인의 필요, 곧 공감이나 동정심을 중심으로 관계가 형성된다. 세계 여러 문화권에서 '적절하게' 여기는 감정은 개인의 이상이나 선택보다는 사람들 사이에 쌓인 인연과 필요성에서 시작될 때가 많다.

일본의 **아마에**를 예로 들어보자. 사랑도 아마에도 돌봄과 의존이 중요한 요소지만, 아마에는 **사랑**과는 무척 다르다.[272] **아마에** 관계의 원형은 어머니와 자녀 사이이다.[273] 3장에서 살펴봤듯이, 일본 엄마들은 어린 자녀가 버릇없이 굴어도 그냥 받아들이고 기꺼이 허용한다. 이때 아이를 제지하기는커녕 오히려 공감하며 이해한다. 유치원생 나오와 마키의 사례를 살펴보자. 나오는 엄마의 다리를 붙들고 제 나이보다도 훨씬 어린 척 어리광을 부렸다. 엄마가 나오를 그냥 지켜만 보고 있으니 끝내 다른 사람이 끼어들었다. 마키가 보호자 역할을 자청하며 나오의 **아마에**를 받아줬다. 나오에게 다가가서 함께 놀자고 설득했다. 마키는 나오의 부적절한 행동을 이해하고 나오에게 필요한 것을 제공했다. **아마에**는 두 소녀가 서로 의존하는 관계임을 전제로 삼고, 더 중요하게는 이런 관계를 형성한다. 그러므로 일본에서 친밀한 관계의 핵심 감정인 **아마에**는 서로 흠모하고, 끌어당기고, 갈망하는 감정을 싹틔우기보다는 서로 의존하는 관계를 형성한다.[274] 일본에서 **아마에**는 유년기에만 허용되는 감정은 아니다. 그 감정의 뿌리가 절친한 친구나 연인의 필요를 채워주는데 있기 때문에, 상대가 비합리적인 부탁을 하더라도 들어준다. **아마에**는 연인을 미화하고 이상적인 모습으로 그리기보다는 상대에게 관용을 베푸는 감정이다.

인류학자 캐서린 러츠는 저서 《부자연스러운 정서Unnatural Emotions》에서 이팔루크족의 감정을 설명하며, 친밀함과 상호의존성을 나타내는 감정인 **파고**를 소개했다.[275] **파고**에는 '사랑'이라는 뜻도 있는데, 기쁨이 특징인 미국인의 사랑과는 달리 슬픔과 동정심이 핵심이다. 이팔루크족 사회에서 **파고**는 '적절한' 감정이다. 성숙한 사람이 타인의 고통에 반응하고 곤경에 처한 사람을 기꺼이 도우려는 자세다. **파고**는 아프거나 임종을 앞두거나 가족이 없는 사람에게 드러내는 감정이지만, 즐거운 상황에도 찾아든다. 타말레카의 사례를 살펴보면, 이런 점을 분명히 알 수 있다. 다른 섬에서 한 청년이 배를 타고 타말레카를 찾아왔다. 청년은 타말레카와 같은 씨족이었기 때문에 도리에 어긋나는 방문은 아니었다.

> 청년, 타말레카, 나머지 가족은 조용히 대화를 나누며 저녁 시간을 보냈다. 청년의 말투는 예의 바르고 공손했다. 청년은 담배 한 갑을 타말레카에게 선물하며 깊은 인상을 남겼다. 가족이 잠자리에 들 시간을 훌쩍 넘길 때까지 모임이 이어졌는데, 청년이 잠시 밖으로 나간 사이에 타말레카는 가족에게 이렇게 말했다. "이 청

년은 담담한 사람이라 **파고**하지 않을 수 없어. 지금 우리가 졸릴 시간이지만 더 이야기를 나누며 밤을 지새워야겠어."

나중에 타말레카도 소중히 여기는 물건 하나를 청년에게 선물했다. **파고**에는 어떤 사람을 돌본다는 의미가 있다. 하지만 여기서 청년을 돌보고 싶은 마음을 불러일으킨 건 청년의 결핍이 아니었다. 청년이 담담하고 친절한 태도로 측은지심을 드러냈기 때문이다. 서로 측은하게 여기는 관계에서 **파고**는 훨씬 호혜적인 특징을 보인다.

사랑은 서로 특별하게 여기는 자율적인 두 사람이 친밀감을 쌓으며 기쁨을 누리는 감정을 담아내고, **파고**는 이미 유대를 다졌거나 유대감이 생기는 사람을 돌보는 감정이다. 파고가 타인의 필요를 외면하지 못하는 반응이라면, 사랑은 자신이 **선택**한 사람, 곧 자신이 보기에 특별한 자질을 지녔고 자신을 인정해주는 사람과 친밀해지고 싶은 감정이다. 연인을 사랑할 때도 상대방의 필요를 채우며 그를 돌보고, 타말레카 사례처럼 누군가를 파고하는 감정에도 상대방에게서 찾은 기쁨이 들어 있다. 하지만 두 감정에서 나타나는 주된 행동은 서로 다르다. 사랑이 서로 흠모하고 끌리고 갈망하는 감정이라면, 파고는 유대를 형성한 사람에게 필요한 것이 있으면 채워주고 그를 보살피는 감정이다. 감정은 제각기 해당 문화의 대인관계에서 가장 중시하는 목표를 달성하는 도구이기 때문에, 그 문화에서 '적절한' 감정이다.

앞서 설명했듯, 실험에 참여한 중국인들에게 사랑은 슬픈 감정이었고, 중국어로 사랑은 부정 정서로 분류됐다. 중국인들이 사랑을 싹틔우고 처리하는 경로가 서양과는 다르다는 점도 한 가지 이유다. 중국에서 사랑은 단순히 특별한 개인과 유대를 쌓으며 느끼는 행복이 아니다. 타인이 겪는 고통이나 인생이 고달플 때 느끼는 슬픔, 그리고 필요를 채우기 위해 들이는 수고를 알아차리는 감정이다. 좋은 일과 궂은 일은 함께 오기 마련이다.[276]

서로 의존하는 관계를 오래 이어가는 자세가 중요한 문화권에서는 사랑 감정이 그다지 중요하지 않을 수도 있다. 이런 문화권에 사는 개인은 이미 다른 사람들과 끈끈한 유대감을 나눈다. 그래서 자신이 돌볼 필요가 있고 없고를 구별하는 감정으로서 사랑이라는 개념이 그다지 유용하지 않다. 서로 의존하는 관계에 있는 사람을 돌봐야 하기 때문이다. **아마에**와 **파고** 같은 감정을 중시하는 곳에서는 친밀감과 보살핌을 받을 만한 사람과 관계를 형성하기보다는 다른 사람의 필요를 채우는 데 초점을 맞춘다. **아마에**와 **파고**는 자신에게 기쁨을 주는 사람과 즐거운 시간을 나누기보다는 다른 사람들의 고통을 덜어주고 보살피는 일을 더 중요하게 여기는 감정이다.

서로 의존하고 가까운 관계에서 생기는 감정

이른바 집단주의 문화권에서는 사람들이 **서로 더욱 친밀해지려고 애쓴다**고 생각하는 학생이나 동료가 많은데, 사실 그렇지 않다.[277] 서로 의존하는 관계에 얼키설키 엮인 개인은 친밀감과 사랑을 더욱 돈독히 다지기보다는 그 관계에서 생기는 부담을 덜어내는 데 더 집중한다.

가나의 사례를 살펴보자. 문화심리학자 글렌 애덤스는 친구를 조심하라고 경고하는 문구가 거리에서 눈에 띄는 표어, 시, 소설에 자주 등장하는 걸 보고 깜짝 놀랐다.[278] 가나에는 이런 시가 있다.[279]

> 친구를 조심하게.
> 어떤 친구는 잡초 아래 숨은 뱀 같고
> 어떤 친구는 양가죽을 둘러쓴 사자 같아.
> 어떤 친구는 앞으로는 칭찬하고 뒤로는 시기하지.
> 쓸모없는 친구도 있네.
> 친구를 조심하게.

자동차 범퍼 스티커에는 "나쁜 친구를 조심하라."는 문구가 적혀 있다. 연구진은 시장이나 공원 같은 공공장소에서 무작위로 선정한 가나인과 미국인에게 우정에 관해 물었다. 가나인들은 친구라도 당연히 조심하거나 심지어 의심해야 한다고 응답했다. 특히 **친구가 많으면** 어리석거나 순진한 짓이라고 여기는 점이 미국인과 달랐다.

왜 가나 사람들은 친구를 더 많이 사귀려고 하지 않을까? 대다수 가나인은 우정을 가리켜 물질적이고 실질적인 도움을 주는 행동으로 이해하는 반면, 그렇게 생각하는 미국인은 소수였다. 가나인들 사이에서 도움을 바라는 친구의 기대는 자원이 부족한 여건에선 부담이 될 수 있다. 게다가 가나 같은 환경에는 늘 주변에 사람들이 있기에 외톨이가 되지 않으려고 친구를 찾을 필요가 없다. 덩달아 신뢰가 가지 않는 친구들에게 언제라도 이용당할 위험성까지 있다.

가나인과 미국인이 우정을 바라보는 시각은 어떻게 다를까? 가나인과 달리, 미국인은 친구를 사귀는 건 좋은 일이고, 친구가 다른 사람보다 더 신뢰할 만하다고 응답했다. 같은 맥락에서 미국인 응답자 대다수는 다른 사람보다 자신에게 친구가 더 많다고 밝혔다. 이렇게 대답한 가나인 응답자는 소수였다. 미국인 응답자는 가나인 응답자보다 친구 사이를 훨씬 가깝게 생각했다. 미국 문화에서 친구는 희로애락을 나누고 관심 분야를 공유하며 많은 시간을 함께 보내는 사이였고, 신뢰와 존중이 그 관계의 핵심이었다. 그래서 친구가 있으면 좋은 일이고, 친구가 없으면 슬픈 일이다. 미국인은 외롭고 슬플 거라며, 친구가 없는 사람을 안타깝게 여겼다. 반면 가나인들은 친구가 없으면 나쁘고 부적절한 상황이지만 외롭고 슬픈 일은 아니라고 했다. 가나인이 생각하기에 우정은 물질적인 지원이 중요한 개념인 만큼, 친구가 없으면 이기적이고 인색한 사람이었다.

다시 말해 가나인들은 친구를 사귀는 일보다 친족에게 이용을 당하거나 상처 받을 상황에 더 관심이 많았다. 거듭 말하지만, 가나인들이 친밀한 관계를 소중히 여기지 않는다는 뜻이 아니다. 가나에서는 가까운 사이에 서로 격려하고 칭찬하고 유대를 강화하는 태도보다 서로 주고받는 부담을 덜어내는 데 집중하는 마음이 '적절한' 감정이라는 얘기다.

인간관계에서 얻는 사회적 지지를 연구한 결과에서도 분명히 드러났듯이, 상대방에게 부담을 주지 않으려고 친밀감을 제한하기도 한다.

동료 심리학자인 김희정, 데이비드 셔먼David Sherman, 셸리 테일러Shelley Taylor는 서로 의존하는 문화권일수록 사람들이 더 많은 격려와 지원을 주고받으며, 이를 중요하게 생각하는지 관찰조사했다. 달리 말해 '서로 책임지는 관계망의 구성원으로서 가치를 인정받고 사랑과 보살핌 속에서 소통하고' 싶어 하는지, 그 답을 찾아 나섰다.[280] 그 결과, 아시아계와 라틴계 미국인 대학생들은 백인 대학생들과 달리 스트레스를 받으면 대인관계에서 위로와 격려를 얻기보다 오히려 꺼린다는 사실을 발견했다.[281] 자신의 문제로 다른 사람에게 신세를 지고 싶지 않기 때문이었다. 아시아계와 라틴계 학생들은 다른 사람에게 격려와 지원이 필요할 때도 자신보다는 그 사람의 필요를 더 중요하게 고려했다. 상대가 부담을 느끼지 않으면, 더 많은 격려와 지원을 요청하기도 했다. 한 예로, 아시아계 미국인 연인은 어려운 퍼즐보다는 쉬운 퍼즐을 풀 때 애인에게 도움을 요청했다.[282] 개인의 필요보다 관계를 더 중시하는 비위어드 문화권에서는 상대방에게 '사랑'이나 안심을 요청하려는 행동을 꺼린다. 이런 문화권에 거주하는 개인은 대체로 관계에 부담을 주지 않으려고 한다.

한 실험에서 채용 면접 상황을 설정하고, 백인과 아시아계 미국인에게 자신을 심리학과 행정 조교에 적합한 인재라고 소개하는 발표문을 3분간 준비해 달라고 요청했다. 그런 다음 모든 실험 참가자에게 5분간 시간을 주고 2083부터 13까지 거꾸로 세게 하면서, 실험 진행자가 더 빨리 계산하라고 재촉했다. 참가자들은 계산을 끝낸 뒤에 준비한 발표문을 읽었다. 다들 예상하다시피, 그들은 스트레스를 많이 받았다.

스트레스를 받으며 과제를 수행하던 일부 참가자는 발표문 준비를 끝내고 곧장 친한 친구에게 편지를 써서 다음 과제를 응원해 달라고 부탁하며 위안을 얻었다. 백인 학생들에게는 이 방법이 효과가 있었고, 실제로 스트레스 정도가 줄어들었다. 하지만 아시아계 미국인 학생들은 그렇지 않았다.[283] 이들이 스트레스를 줄인 방법은 무엇이었을까? 가까운 사람에게 위로나 격려를 얻는 방식은 아니었다. 아시아계 미국인들은 '친한 사람들'을 떠올리거나 '자신에게 의미 있는 사람들의 이런저런 면모'에 관해 글을 쓰며 생각을 정리할 때 스트레스가 감소했다. 말하자면 그들은 다른 사람에게 격려를 부탁하지는 않지만, 상황이 힘들 때 자신은 혼자가 아니라는 사실을 떠올리며 힘을 얻는다.

이런 실험 결과나 비슷한 연구에서 우리는 무얼 배울 수 있을까? 사랑 감정은 자율적인 개인을 중심으로 조직된 사회에서 만들어낸 발명품이라는 사실이다. 의심할 여지 없이 끈끈한 관계망을 구축한 사회에서는 사랑 감정이 그다지 중요하지 않다. 오늘날 자녀 양육에서 사랑을 강조하는 경향은 결코 우연이 아니다. 아이에게 자립심을 가르치는 위어드 문화권에서는 부모가 자녀를 특별한 존재로 인정하며 늘 곁에 있을 거라고 자녀를 안심시켜야 한다. 오늘날 사랑 감정은 건강한 아동 발달에 없어서는 안 될 요소이지만, 역사를 돌아보면 부모와 자녀 관계에서 언제나 '적절한' 감정으로 인정받은 건 아니다.[284]

'사랑해'라는 표현은 비교적 현대에 들어와서 생겨난 말이지만, 인간관계는 그렇지 않다.[285] 사람은 홀로 살아갈 수 없다. 우리는 모두 사람을 사귀며 관계를 형성할 필요가 있고, 이 관계를 소중히 여긴다. 하지만 사회적 필요에 따라 관계를 조절하는 '적절한' 감정은 문화마다 다르다. **사랑**은 개인주의 문화에서 자율적인 개인이 타인과 관계를 쌓아갈 때 적절한 감정이다. **아마에와 파고**는 상대방의 필요를 채워주려고 노력하는 집단주의 문화에서 적절한 감정이다. 사람들 사이에 서로 의존하는 성향이 강하고 유대가 돈독한 문화권에서는 최대한 자신이나 상대방의 부담을 줄이는 데 집중할 가능성이 크다. 이런 문화권에도 사랑이 다른 형태로 존재하겠지만, 이 사랑은 위어드 문화권에서 '적절하게' 여기는 감정과는 다른 유형이다.

'사랑'은 형태가 여럿인데, 모두 사람들 사이에 유대감을 불어넣는다. 부성애와 연애를 혼동하는 사람은 없을 테지만, 만약 그랬다가는 호된 비난을 듣는다. 집단주의 문화권에서 더욱 뚜렷하게 드러나듯이, 유대감은 다양한 역할을 한다. 곤경에 처한 사람을 돕고 특별한 존재로 높이는 역할, 기존 유대를 유지하고 새로운 유대를 만들어내는 역할, 다른 이에게 물질적 도움을 제공하고 함께 보내는 시간에 의미를 담는 역할 등이 있다. 어떤 형태가 '적절한' 감정인지는 환경에 달렸다.

행복

미국인이 이 책을 읽는다면, 틀림없이 행복을 가치 있는 목표로 선택할 것이다.[286] 행복한 사람은 더 건강하고, 사람들에게 더 많은 호감을 얻고, 인생에서 더 크게 성공한 삶을 산다. 언어학자 안니 비르쯔비카Anna

Wierzbicka는 미국 중산층 백인의 사회생활을 묘사하며 이렇게 지적했다. "상호작용에 적용되는 중요한 규범이 있다. 다른 사람에게 호감과 지지를 얻을뿐더러 친절하고 쾌활한 사람으로 인식되는 것이 대단히 중요하다."[287] 미국식 행복은 사회 전반에 널리 퍼져 있으며, 미국인이 추구하는 '적절한' 감정이다. 행복이 현대 미국인 삶의 중요한 세 가지 핵심 가치, 곧 개인의 성공, 주체성, 선택을 떠받치기 때문인 것 같다.

　내 동료인 우치다 유키코와 기타야마 시노부는 한 연구에서 미국 백인 대학생과 일본 대학생에게 행복이 뭐라고 생각하는지, 그 '특징'을 하나하나 얘기해 달라고 요청했다.[288] 미국 대학생들이 꼽은 특징은 거의 모두 긍정적이었다. 여기서 중요한 점은 그들이 기쁨이나 미소 같은 행복의 특징을 개인의 성취와 연결한다는 사실이다. 다시 말해, 자신을 긍정적으로 바라볼 때나 자신이 바라는 것을 얻었을 때 느끼는 기분을 행복과 연관 지었다. 이 점은 기타야마, 가라사와 마유미, 나 역시 연구에서 발견한 사실이다. 우리 연구에서 미국 대학생, 특히 백인 학생들은 주로 '자부심' "세상 꼭대기에 올라선 기분" '우월감' '자존감'이 들 때 행복하다고 평가했다.[289] 심리학자 필립 쉐이버Phil Shaver와 동료들이 진행한 연구에서 미국 대학생들은 직접 겪었건 다른 사람 얘기건 과거에 행복했던 경험담을 들려주면서 자존감과 성취감을 느꼈다고 말했다.[290] 결국 미국 사람들이 생각하는 행복에는 자기 자신과 자신이 거둔 성취를 긍정적으로 바라보는 속성이 있다.[291]

　백인 학생들이 행복 감정을 경험한 사례를 보면 사교적이고 활기차며 진취적인 특성과 관련이 깊다.[292] 이들은 또한 행복한 사람은 예의 바르고 친절하며 다른 이를 포용할 줄 알고, 다른 이를 위해 바람직한 일을 하며, 좋은 감정을 나누고 소통하는 사람이라고 설명했다. 이들이 거론하는 행복은 활기차고 능동적이며 생동감이 넘친다. '미칠 듯이 신이 나서' 펄쩍펄쩍 뛰는 모습을 떠올리게 한다. 행복한 사람은 큰 소리로 웃고 환하게 미소 짓고 활발하게 소통한다. 가장 널리 사용하는 심리 측정법에 따르면 '행복'은 능동적이고 진취적으로 목표를 추구하는 긍정 감정이다. 그래서 '열정' '관심' '결단력' '흥분' '영감' 같은 특성으로 표현할 수 있다.[293]

활기차고 능동적이고 생동감이 넘치는 상태는 자신이 바라는 목표를 이루고 싶을 때 특히 도움이 된다.[294] 심리학자 잔느 차이는 실험에 참여한 사람들이 상호작용하는 과정을 관찰하는 실험에서 '인플루언서' 역할을 맡은 이가 상대방보다 더욱 활기차게 행동하는 양상을 발견했다. 문화권이 서로 달라도 마찬가지였다.[295] 잔느 차이에 따르면, 백인들이 생기 넘치는 행복감을 선호하는 성향은 개인이 환경에 영향을 끼치며 주도권을 발휘할 기회를 어려서부터 자주 만나는 문화에서 나온다.

미국인은 이런 유형의 행복을 어려서부터 익히고 배운다. 미국 엄마들은 아기의 자세를 자주 바꿔주며 함께 장난치고 대화를 나누면서 아기를 자극해, 생동감 넘치는 행복을 추구할 씨앗을 아기에게 심는다.[296] 미국에서는 부모가 아이들에게 즐거움을 선사해야 한다고 강조하고, 사회 풍토상 활기찬 행복감을 경험하도록 격려한다. 아이들은 저각성 상태에서 지루하게 지내면 안 되고, 고각성 상태에서 재미있게 지내야 한다. 당연히 아이들은 성장 단계마다 각종 장난감과 다양한 활동을 즐기고, 유원지와 놀이공원으로 여행을 다니고, 그 밖에 다채로운 오락거리를 즐기며 바쁘고 신나게 시간을 보내야 한다.

미국 백인들은 성인이 되어도 활기 넘치는 행복을 추구한다. 잔느 차이의 연구에 따르면, 미국 백인들은 휴가 동안 느긋하게 긴장을 풀고 쉴 만한 장소를 찾기보다는 '신나는 도전을 하며 탐험하기'를 좋아한다.[297] 미국인은 국화차보다 커피를 선호했다. 불법 약물을 남용하는 이들도 헤로인처럼 최면 효과가 있는 마약보다 코카인과 암페타민 같은 각성제를 선호했다. 이런 선호도는 자기주장과 주도력을 중시하는 사회에서 진취적이고 활기 넘치는 행복을 끌어올리려는 수단으로 해석할 수 있다.

미국에서 행복은 미국 문화의 핵심 가치인 선택에도 영향을 끼치기 때문에 중요하다.[298] 하지만 행복이 언제나 인간의 선택을 돕는 나침반은 아니었다. 심리학자 오이시 시게와 동료들은 1800년대부터 국정 연설과 수많은 책에 등장하는 단어 '행복'을 살피고 그 의미가 변천하는 과정을 추적했다. 그 결과, 단어 '행복'의 용법이 국가가 아닌 개인에게 적용된 건 비교적 최근 일이라는 사실을 밝혀냈다.[299] 1920년대에 소비문화가 나타나면서, 행복은 욕망을 채우고 자신을 표현하는 의미로도 바뀌게 됐다. 이 시기 광고를 보면, 제품을 들고 웃는 얼굴로 기쁨을 약속하는 사람들이 등장하기 시작한다. 이제 행복은 선택의 나침반이 됐다. 선택이 곧 정체성을 규정하는 세상이 온 것이다.

한 연구 결과를 보면, 2주 전에 농구를 하며 행복을 느낀 미국 백인 학생들은 지금 다트 던지기보다 농구를 선택할 가능성이 컸다.[300] "자신이 행복한 일을 하라." 이 조언은 선택지가 여럿인 현대 사회의 특성을 반영하는 말이다. 하지만 자녀가 선택의 여지 없이 가업을 그대로 물려받는다든지, 가장 가까운 공장이나 부잣집에서 품을 팔 수밖에 없던 시절에는 부적절하거나 터무니없는 조언이었을 것이다.

행복은 아메리칸 드림을 지탱하는 세 가지 가치인 성공, 주체성, 선택과 떼려야 뗄 수 없는 관계이기에, 미국에서는 '적절한' 감정이다. 개인의 자아존중감을 나타내며 바람직한 상태를 반영하는 감정이 행복이다. 행복을 느낄 때 개인은 진취적으로 목표를 추구한다. 대다수 독자는 미국식 행복이 무척 익숙할 테지만, 오늘날 우리가 아는 행복은 과거에는 없던 개념이고, 믿기지 않겠지만 요즘에도 보편적이지 않다. 수많은 곳에서 행복을 바람직한 감정으로 여기지 않을뿐더러 일부 지역에서는 '부적절한' 감정으로 받아들인다.

행복을 바라지 않는 사람이 있을까?

중국의 도교 사상을 따르는 철학자 로빈 왕Robin Wang은 미국에서 태어난 두 딸에게 '왕 엄마의 규칙'을 알려주고 지키게끔 가르쳤다. 규칙은 단순했다. 잘 먹고, 매일 운동하고, 충분히 자고, 학교생활 잘하기. 딸아이가 물었다. "행복은요?" 엄마는 딸에게 이렇게 말했다. "행복은 중요하지 않아."

도교 사상에서 행복은 삶의 목표가 아니다. 목표가 있다면, 그건 이런저런 사건이 변덕스럽게 전개되는 과정에 언제든 적응할 수 있도록 유연하게 지내는 삶이다. 인생은 끊임없이 변화하고, 행복에는 어둠이 깃들거나 불행이 뒤따를 여지가 있다. 중국 고전에 따르면 "불행에는 행복이 깃들고, 행복에는 불행이 찾아든다."[301]

미국 선조들의 시각은 오늘날 미국인들보다 더 도교 사상에 가깝다. 1850년에 출판된 웹스터 사전을 보면 "완벽한 행복 또는 쾌락은 이번 생에서 얻지 못한다."고 나온다.[302] 아울러 불행과 대조되는 관점에서 행복을 정의한다. "행복은 상대적이다. 고통에 시달리는 사람은 그 고통에서 벗어나는 상태가 행복이다." 한 세기가 지난 1961년에 나온 사전에서는 '행복'의 정의가 바뀌었다. 행복은 "비교적 오랫동안 이어지는 안녕한 상태며, 당연히 사람들은 이 상태를 유지하고 싶어 한다." 예전과는 달리 전적으로 긍정적인 상태를 행복으로 정의하게 됐다.

수많은 문화권에서 정의하는 행복은 로빈 왕과 도교에서 말하는 개념에 더 가깝다. 다시 말해, 행복과 불행은 하나로 묶인다. 내 친구인 심리학자 가라사와 마유미는 어릴 적에 부모와 교사에게서 좋은 성적을 받더라도 행복한 티를 내지 말라는 당부를 들었다고 한다. 조심하지 않으면 학우들과 사이가 나빠질 수 있기 때문이었다. 행복, 특히 미국 백인들 사이에서 흔히 찾아볼 수 있는 자부심과 들뜬 행복은 일본 사회에서 가치로 삼는 좋은 관계를 유지하는 데 도움이 되기는커녕 오히려 해롭다. 일본 심리학자 우치다 유키코와 기타야마 시노부는 미국인과 일본인이 생각하는 행복 개념을 서로 비교했다.[303] 그 결과, 행복을 당연하게 긍정 감정으로 여기는 미국 대학생들과 달리 일본 대학생들은 행복을 이야기하면서 부정적 특성을 꼽는 사례가 많았다. 이들이 보기에 행복은 수수께끼와 같다. 왔다가도 사라지듯 손에 잡히지 않고 현실과 거리가 먼 신기루 같기 때문이다. 행복은 사람들의 관심을 빼앗아 주변 환경과 의무에 소홀하게 만들고 타인의 시기와 질투를 사기 때문에 대인관계에 걸림돌이 된다.

행복이 대인관계에 부정적 영향을 끼치는 문화에서는 연관된 다른 환경에서도 행복을 부정 감정으로 인식하게 된다. 내 어머니가 내게 남의 이목을 끌지 말라고 늘 당부하시던 기억이 난다. 오죽하면 "평범하게만 행동해도 참 좋을 텐데."라고 말씀하셨을까. 1960년대 암스테르담에서는 들뜬 행복을 가치 있는 감정으로 여기지 않았다. 어려서부터 이렇게 받은 가르침은 성인이 되어 행복을 느끼는 방식에 영향을 끼쳤다. 내 아들 올리버가 소속된 야구팀이 경기를 잘 뛰거나 상대 팀이 실수를 해서 좋은 성적을 거뒀을 때 사이드라인에 있던 다른 엄마들은 행복에 겨워 흥분하며, 자녀를 맘껏 응원하고 축하했다. 나도 아들 팀이 경기를 잘해내면 기뻤지만, 다른 엄마들처럼 열렬하게 아들을 응원하지 못했다. 상대 팀에서 최선을 다하는 예닐곱 살 아이들이 속상해 할까봐 걱정스럽기도 했다. 나는 기뻤지만 행복에 겹지는 않았고, 기쁜 내색을 자제했다. 국경을 넘어 '색다른' 문화권으로 여행을 떠나야만 행복을 대하는 다른 관점을 경험할 수 있는 건 아니다.

암스테르담이 색다른 문화로 느껴진다면, 바버라 에런라이크Barbara Ehrenreich가 미국 정착민을 묘사한 글을 읽어보자. 그러면 미국 사람들이 과거에도 행복을 추구한 건 아니었으며, 누구나 예외 없이 행복을 좇지도 않았다는 사실을 짐작하게 될 것이다. 오늘날 미국식 행복 문화가 있기 전에는 불행이 만연한 문화가 있었다.[304]

> 백인 정착민들이 뉴잉글랜드에 들여온 칼뱅주의는 사회가 우울증을 강요하게 만드는 사상 체계라고 할 수 있다. 이 사상에서 묘사하는 하나님은 "그야말로 무법한 존재"였다. 전지전능한 힘을 지닌 신은 "⋯⋯ 피조물에게 사랑이 아닌 증오를 드러낸다." 산 자가 할 일은 "제 가슴 속에 혐오스러운 것이 깃들지 않았는지" 끊임없이 살피며 저주를 받을 만한 사악한 생각을 뿌리 뽑는 것이다. 칼뱅주의는 불안한 자기 점검의 노동에서 벗어날 유일한 방법을 제공했다. 그건 또 다른 형태의 노동이었다. 청소, 씨뿌리기, 바느질, 농장을 세우거나 사업을 일으키기, 근면하게 일하거나 영성을 일으키는 활동을 제외하고, 게으르게 지내고 쾌락을 추구하는 모든 행동은 경멸해야 할 죄악이었다.

우리가 그 시절을 살지 않았으니 미국 정착민들이 일상에서 느낀 행복을 측정할 순 없지만, 동아시아 문화와 현대 미국 백인 문화를 비교해보면 일상적인 행복감을 가늠할 수는 있다. 이럴 때 심리학자들은 심리 측정법의 하나인 경험표집법을 활용해서 실험 참가자에게 하루에 수차례 기분이 어떤지 묻고 실시간으로 정서를 측정한다. 우리의 실험 결과, 일본 대학생과 아시아계 미국인 대학생은 미국 백인 대학생보다 행복하다고 말하는 비율이 일관되게 낮고, 불행하다고 말하는 비율이 더 높다는 사실을 발견했다.[305] 행복을 경험하더라도 빈번하지 않았고 강렬하지도 않았다. 그렇다면 틀림없이 이들이 행복에서 찾은 가치가 일상에서 행복을 경험하는 비율에 영향을 끼쳤을 것이다.

행복의 가치가 문화마다 다르더라도, 행복은 보편적으로 추구하는 감정이 아닐까? 그렇지 않다. 위어드 문화권에서는 행복이 개인의 행동을 끌어내고 선택에 영향을 끼치지만, 세계 대다수 문화권에서는 개인의 행복만을 추구하지 않고 사회적 역할은 물론 타인의 욕망과 선택까지 고려한다.[306]

심리학 실험을 해보니, 일본인과 아시아계 미국인은 과제를 성공리에 마쳤을 때보다 실패할 때 과제를 해내겠다는 의욕을 더 강렬하게 느끼는 것으로 나타났다. 백인 미국인들은 퍼즐을 잘 풀거나 운동에 소질이 있다 싶으면 퍼즐이나 운동을 즐기는 반면, 동아시아계 참가자들은 자신에게 없다 싶은 소질을 갈고닦는 자세를 중요하게 여겼다. 그렇다고 소질이 없는 활동을 앞으로 계속할 마음은 없었다. 다시 말해 그런 오락이나 운동을 하면서 자신이 행복을 느끼리라는 기대가 없었다. 그렇다 해도 동아시아인들은 그런 일에 시간을 투자하기로 선택했다.[307] 행복을 추구하는 삶은 곧 인생의 중심이 아니었다. 도교 사상을 따르는 로빈 왕처럼 실험에 참여한 동아시아 대학생들한테는 행복보다 근면과 숙련이 더 중요했다.

실제로 백인 학생들은 행복감이 과제 수행에 도움이 된다고 생각했지만, 동아시아 문화권 사람들은 그렇지 않은 것으로 나타났다. 백인 대학생들은 머리를 써야 하는 어려운 과제를 앞두고 난이도 낮은 과제를 처리하면서 행복을 찾았다.[308] 하지만 아시아에 거주하건 미국에 거주하건 동아시아인 대학생은 이런 상황에서 행복을 느끼는 사례가 훨씬 적었다. 동아시아인들에게 행복은 목표도 아니고 과제 수행에 필요한 수단도 아니었다. 그러므로 행복을 가꿀 필요도 없었다.

보편적으로 미국식 행복을 추구한다고 믿는 사람들도 있지만, 실은 그렇지 않다. 시대와 장소가 동떨어진 여러 문화권은 물론 그다지 멀지 않은 문화권에서도 사람들이 행복에서 찾는 가치가 그렇게 크지 않다. 이처럼 행복 가치가 문화권마다 다르긴 해도 행복은 여전히 존재하지 않는가? 문화에 따라 행복을 경험하는 빈도가 낮고, 불행이나 걱정 없이는 행복이 존재하지 않으며, 행복한 내색을 자제한다고 해도 행복이라는 '감정 자체'는 똑같지 않을까? 만족감은 시대와 장소를 막론하고 어디에나 있는 감정이지만, 미국식 행복은 사랑과 분노처럼 현대에 특정한 지역과 문화에서 생겨난 감정이다. 위어드 문화권, 특히 미국 중산층 백인이 행복을 이해하고 경험하는 방식은 이 시대에만 해당한다. 만족감은 대인관계에서 맡은 역할에 따라 다양한 형태를 띤다. 행복은 언제나 활기 넘치고 신체활동 중심의 행동을 지향하는 감정이 아니다. 그렇다고 성취감이나 자존감과 반드시 관련이 있는 감정도 아니다.

또 다른 만족감, 잔잔한 행복

도교에 수백 년 넘게 전해 내려오는 전설 속 인물인 대우는 홍수를 다스

렸는데, 물의 흐름을 차단하려고 들지는 않았다. 나의 네덜란드 조상들처럼 제방을 쌓지도 않았다. 그저 물에 실린 자연의 힘에 순응하며 새 수로를 파서 물이 흐르는 방향을 돌려놓았다. 그렇게 물의 '흐름에 적응'하는 방법을 찾았다.

 심리학자 잔느 차이는 여러 동아시아 문화권 사람들이 다른 이들과 맺는 유대와 담담함을 가치 있게 평가한다는 사실을 포착했다. 홍콩 사람들과 중국계 미국인도 들뜬 행복감보다는 차분하고 정적인 데다 느긋하고 안정된 감정을 '이상적으로' 여기며, 느끼고 싶어 했다. 이렇게 선호하는 감정은 실제로 일상에서 경험하는 감정과 관련이 있었다.[309] 이 담담한 행복감과 물의 '흐름에 적응하는' 자세의 연관성을 어떻게 확인할 수 있을까? 두 사람이 한 조가 되어 진행하는 실험에서, 잔느 차이는 한 사람은 주도하고 한 사람은 따르는 역할을 맡겼다. 과제를 주도하는 사람이 각기 다른 기하학 모양의 칠교놀이 카드 12장을 배치하는 순서를 정하면, 따라가는 사람은 되도록 이끄는 사람과 똑같은 순서로 카드를 배치해야 한다. 따라가는 사람이 맡은 과제는 이끄는 사람의 지시를 그대로 좇으며 '주도자의 관점을 이해하는 것'이었다.[310] 따르는 역할을 맡은 사람은 출신 문화권에 상관없이 활기찬 감정보다 담담함과 유대감을 선호했다. 담담함과 유대감이 지시를 따르며 주도자의 생각에 적응하는 데 도움이 됐을 것이다.

 동아시아 문화에서는 일상의 잔잔한 행복감을 장려한다. 3장에서 소개한 카메룬 엄마들처럼 일본과 중국의 엄마들은 아기를 부드럽게 좌우로 흔들며 신체를 접촉하고 차분한 목소리로 아기를 달래며 잠을 재운다.[311] 대만에서 4세부터 8세까지 아이들에게 인기 높은 동화책 속 주인공들을 살펴보면 들떠서 활짝 웃는 얼굴보다 잔잔하게 미소 짓는 얼굴이 더 많다. 연령대가 비슷한 미국 동화책들을 살펴보면 그 반대다.[312] 아주 어려서부터 동아시아 아이들은 들뜨고 신난 감정보다 잔잔한 감정을 선호한다. 활짝 웃는 얼굴과 잔잔하게 웃는 얼굴 중 어느 쪽이 더 행복해 보이는지 연구진이 물었더니, 대만 아이들은 잔잔한 미소를 가리켰다.

'잔잔한 행복감'[313]은 성인이 되어서도 선호하는 감정이다. 내 친구 가라사와 마유미와 함께했던 저녁식사 시간이 지금도 좋은 기억으로 남아 있다. 그날 가라사와는 마치 졸린 듯 지그시 눈을 감고 거듭 "정말 좋아요!"라고 말했다. 그 분위기는 내가 재미있는 대화를 활발하게 이끌지 못한 결과가 아니라 마유미가 긴장이 풀려서 만족한 상태였음을 나는 알았다. 가라사와에게는 들뜨고 신나기보다는 잔잔한 행복감, 차분하다 못해 졸린 느낌의 편안함이 더 중요했다.

잔느 차이가 연구를 진행하던 초기에 학술 발표회에서 동료들에게 질문받던 모습을 기억한다. 여러 동료가 큰소리로 이렇게 물었다. "**잔잔하고 평온함**을 진짜 감정으로 고려해야 할까요?" 그때 심리학계에서 가장 많이 쓰는 감정 척도 중 일부는 신나고 들뜬 감정만을 행복으로 인정했다.[314] 내가 가르치는 벨기에 출신 대학원생들도 '잔잔함'을 선호하는 일본인의 정서를 '합리적으로' 행동하려는 욕구로 오해했고, 벨기에 사람들이 감정을 받아들이는 방식과 대조했다.[315] 들뜬 마음을 가라앉히는 태도는 벨기에 학생들이 보기에 잔잔한 행복을 추구한다기보다 합리적인 행동이었다. 신나고 들뜬 행복을 강조하는 문화에 익숙한 심리학자들은 대부분 잔잔한 행복감의 가치를 알아보지 못했다. 하지만 잔잔한 행복감은 위어드 문화권에서도 생각보다 훨씬 큰 역할을 할지도 모른다.

심리학자와 의학 연구진은 건강하고 행복한 삶이 해당 문화에서 가치를 두는 감정과 관련이 있다는 사실을 발견했다.[316] 앞서 설명했듯이, 일본에서는 신나고 들뜬 기분보다 목욕이 건강을 예측하는 지표로서 가치 있는 감정과 더 연관성이 깊었다. 일본 사람들은 느긋하고 잔잔한 활동이 건강에 유익하다고 생각하는 반면, 들뜨고 신나는 행복은 바람직하지 않은 감정일뿐더러 건강에 좋은 지표로 여기지도 않았다. 우울감은 홍콩 중국인들 사이에서 담담하지 못한 상태를 의미하지만, 미국 백인들 사이에서는 신나는 감정이 모자란 상태를 가리켰다.[317] 불행은 **미국 문화에서 중시하는** 행복감의 결핍과 관련이 있었다.

잔잔한 행복을 중시하는 문화에서는 '차분하고 평온한 사람'을 선호한다는 사실을 뒷받침하는 근거도 있다. 잔느 차이와 동료들은 개개인이 해당 문화에서 '적절하게' 여기는 감정을 표현하는 사람을 그렇지 않은 사람보다 더 선호하고 신뢰하며 긍정적으로 대우한다는 사실을 거듭 발견했다.

연구 결과에 따르면, 잔잔한 행복감을 선호한다는 말은 단순히 언사로만 그치지 않았다. 예를 들어 기업체 지도자, 대학교 총장, 정치인처럼 막중한 책임을 맡은 사람들의 사진을 보면 해당 국가에서 '적절하게' 여기는 감정과 일치하는 미소를 보여준다. 잔잔한 행복감을 선호하는

● 그림 5.2 '환한' 미소와 '잔잔한' 미소. 미소는 얼굴 움직임 단위로 부호화했다. AU6=뺨이 올라간다, AU12=입꼬리가 올라간다, AU25+26=윗입술과 아랫입술이 벌어지고(치아가 보인다), 턱이 내려간다.(Copyright ⓒ 2016, 미국 심리학협회)

문화에서는 치아를 보이지 않고 '잔잔하게' 미소 짓는 반면, 신나고 들뜬 행복감을 선호하는 문화에서는 치아를 드러내며 '활짝' 웃는 모습이었다.[318] 이런 차이는 일인당 국내총생산 수치라든지, 민주주의 또는 경제발전 격차로는 설명할 수 없었다.[319]

잔느 차이 연구진은 한국 학생들도 관찰하고, 현실 세계를 대변하는 아바타 게임을 할 때 환하게 미소 짓는 아바타보다 잔잔하게 미소 짓는 아바타를 더 신뢰하고 더 많은 돈을 지급한다는 사실을 발견했다.[320] 미국 백인 학생들은 그 반대였다. 누구를 신뢰할지 결정하는 데 영향을 끼친 요소는 흥미롭게도 아바타의 성 정체성이나 인종이 아닌 웃음의 강도였다. 이 실험에 활용한 아바타는 컴퓨터가 만들어낸 캐릭터로, 자연스러운 상호작용을 정확히 재현하지는 못했다. 하지만 학생들은 가상

게임 안에서도 상대방에게 돈을 지불하고 신뢰할 만한 사람인지 판단할 때 감정을 추측하는 단서인 표정을 잣대로 삼았다는 사실이 드러난다. 한국 학생들은 잔잔하게 미소 짓는 얼굴을 선호했다.

또 다른 만족감, 유대

내가 미국에 사는 라틴계 사람과 멕시코에 사는 멕시코 사람의 감정을 연구하던 시절에 감정심리학 분야에서는 동아시아와 북미의 사람을 비교하는 연구로 넘쳐났다. **집단주의** 문화는 모두 비슷비슷하고 그곳에 사는 사람들은 개인주의 문화인 미국의 백인들보다 덜 행복할 것이라고 생각했다면 엄청난 착각이다. 내가 실시한 설문조사 결과로 판단하건대, 내 연구에서는 미국에 사는 라틴계 사람과 멕시코에 사는 멕시코 사람들이 손에 꼽을 만큼 행복했다.[321] 멕시코 사람들은 미국인 표본집단보다 더 자주 행복을 느낀다고 응답했다. 웨이크포레스트대학교에 재직하던 2000년대 초반에 나는 재능 있는 대학원생 몇몇과 함께, 지금은 멕시코 푸에블라아메리카대학교에 있는 동료 힐다 페르난데스 데 오르테가(Hilda Fernandez de Ortega)와 공동으로 행복에 관한 데이터를 수집했다. 이 자료는 결국 출간되지 못했는데 다른 이유도 있었지만, 그때는 우리가 자료를 이해하지 못한 탓도 있었다. 노스캐롤라이나에 사는 멕시코계 미국인 1세대 표본과 멕시코에 사는 멕시코 학생들이 매우 행복하다는 건 무슨 의미였을까? 이들 문화가 일본인보다 사회적 유대를 중시하지 않는다는 뜻이었을까? 그럴 가능성은 거의 없었다.

지금이라면 이렇게 설명할 수 있다. 라틴 문화의 핵심 가치인 **가족주의**와 사회적 유대를 형성하는 데는 행복이 두드러진 역할을 한다. 행복은 핵가족과 대가족 구성원 사이에 주고받는 끈끈한 애착, 충성심, 호혜, 연대의 핵심 요소이기도 하다. 라틴계 미국인과 멕시코 사람들의 사회생활을 좌우하는 즐거운 관계, 곧 심빠띠아simpatía를 짓는 데도 중요한 역할을 한다.[322] 멕시코 말로 심빠띠아는 일이 잘 풀릴 때는 행복하고 좋은 생각을 키우고, 일이 꼬일 때는 나쁜 생각이나 행동을 삼가는 삶의 태도를 의미한다. 즐거운simpatica 사람은 행복하고 공손하고 유쾌하며, 스트레스를 받거나 화를 내지 않도록 자제한다. 그래서 일부 동아시아 문화권에서는 집단 내부에서 유대감이 형성되는 분위기를 개인의 행복이 때로 위협하지만, 라틴 문화에서는 가족 단위 안팎에서 쌓는 유대감이 행복의 기틀이다.

노스캐롤라이나에 사는 멕시코계 미국인 1세대 역시 유대감에서 얻는 행복을 언급했다. 우리가 미국 노동자 계층 멕시코계 미국인 남녀에게 행복했던 상황을 떠올려 달라고 요청했더니,[323] 그중 다수가 가족이나 친구관계에서 행복을 느낀다고 이야기했다. 6년 전에 미국으로 이주한 카르멘은 22세 기혼 여성으로, 친구들이 생일날 열어준 깜짝 파티 얘기를 들려줬다.

> 진짜 행복해서 울고 싶었어요. 여태껏 …… 그런 기분은 태어나서 처음이었거든요. 그 자리에 있는 모든 사람을 한꺼번에 안아

주고 싶었어요. 정말로 행복했고 한 사람, 한 사람 다 안아주고 싶었어요. (웃음) 기뻐서 눈물이 났어요.

미국에서 8년째 일하는 레스토랑 직원 후안은 27세로, 4년 전에 아내가 첫째 아이를 출산할 때 곁을 지킬 수 있어 행복했다고 말했다.

첫째 아들이 태어날 때 제가 곁을 지켜서 얼마나 다행이었는지 몰라요. 아내가 첫 출산이라 무척 긴장했거든요. 제가 곁에 있다는 사실 때문인지 모든 일이 잘 풀렸어요. 저야 뭐 "계속 힘줘요."라고 말하는 게 전부였죠. 아내는 "…… 못하겠어." 그러고요. 제가 겪을 상황을 친구들이 미리 설명해줬어요. 저는 그 친구들이 알려준 대로 최대한 차분하게 아내를 격려했고요. …… 일이 그렇게 진행된 겁니다. 그때 우리가 겪은 일은 …… 말로 옮길 수가 없어요. 사람의 말로는 …… 적당한 단어가 없어요. 제가 아는 범위에서 최선을 다했어요. 그때 두 가지 생각이 들더군요. 처음에는 힘들었지만, 나중에는 정말이지 …… 엄청 행복했어요. 그때 저는 제 가족 곁에 있고 싶었거든요. 가족과 함께 살고 싶었어요. 그래서 그렇게 했습니다.

후안은 아내에게 힘이 돼줄 수 있었기에 행복하다. 후안이 느낀 행복은 연대감에서 나온다. 실제로 면접조사에서 라틴계 연구진이 후안에게 그 상황에서 자존감이 높아졌는지 물었더니, 후안은 질문을 이해하지 못하겠다고 대답했다. 연구진이 아내와 쌓은 유대감을 강조하고 나서야 후안은 질문을 이해했다.

> **연구진:** 힘든 순간을 아내와 함께 보냈다는 사실 때문에 자신을 더 존중하게 됐나요? 자신을 조금 더 …….
> **후안:** 네, 제가 다른 사람에게 중요한 존재라는 사실을 알게 되어 기뻤어요.

자신이 한 일에 긍지를 느낀 순간이더라도 타인에게 받는 인정과 밀접하게 연결된다. 다른 사람에게 인정받을 때 자존감이 높아지고 만족감이 커진다. 8년 전에 미국으로 이주한 42세 농부 루시아느 씨를 뿌릴 때 사용하던 트랙터를 직접 수리했다.

> 남자들이라도 그 일을 못 하는 사람이 있어서 여자인 제가 알아서 해야 합니다. …… 농장 주인이 저를 칭찬하면서 저 같은 사람이 많으면 소원이 없겠다고 했어요. 제가 남편에게 농장 주인이 한 말을 들려줬죠. 그랬더니 남편도 저를 칭찬하더군요. "역시 우리 마누라야." 그 말을 들으니 기분이 좋았어요.

또 다른 연구에서 심리학자 크리쉬나 사바니Krishna Savani와 나를 포함한 동료들은 멕시코에 거주하는 멕시코 대학생과 미국 백인 대학생들에게 '기분이 좋았던' 상황을 떠올려 달라고 요청했다.[324] 멕시코 학생들은 '애정' '감사' '연민' 같은 단어를 사용하며 유대감에서 느끼는 행복을 곧잘 언급했다. 애정, 감사, 연민 등은 전부 자신과 타인을 연결하며 긍정적 관계를 형성하는 감정이다. 한 멕시코 대학생은 이런 말을 했다.

> 갓 태어난 조카가 잠을 자고 나서 눈을 뜨더니 저를 15초가량 가만히 쳐다보았어요. 저는 조카를 보면서 사랑이 솟고 마음이 통하는 기분을 느꼈습니다.

미국 백인 대학생들은 기분이 좋았던 상황에서 유대감과 얽힌 행복을 경험한 사례가 그리 많지 않았다. 이들은 만족감을 표현할 때 '자부심' '우월한' '자신감' 같은 단어를 사용하며 자존감 측면에서 감정을 설명했다.

멕시코 대학생들은 다른 사람과 연결될 때 느끼는 만족감을 자주 언급했고, 긍정적인 관계를 형성하면서 의욕을 느꼈다. 후속 연구에서 크리쉬나 사바니와 동료들은 멕시코에 거주하는 멕시코 학생들과 미국 백인 학생들에게 다른 사람 때문에 기분이 좋았거나 스스로에게 만족한 경험담을 들려 달라고 요청했다. 그런 다음 학생들에게 문자의 철자 순서를 바꿔 새 단어를 만드는 애너그램 퍼즐을 풀게 했다. 그 결과, 멕시코 학생들은 다른 사람과 유대를 쌓으며 행복했던 순간을 떠올린 후에 더욱 의욕적으로 애너그램 과제를 처리했다. 가족을 위해서라면 뭐든지 잘해야 한다.[325] 그래서 라틴계 미국인이나 멕시코인들은 높은 자존감이나 활동성보다는 유대감에서 나오는 행복을 더 많이 경험할뿐더러,

이런 행복을 느낄 때 임무를 완수하겠다는 강렬한 의욕을 보였다.

만족감은 시대와 장소를 막론하고 개인이 경험하는 감정이지만, **행복**은 그렇지 않다. 미국식 행복은 오늘날 특정 지역에만 있는 감정이다. 물론 미국에서 행복을 느끼는 사람들도 다른 사람과 상호작용하기를 좋아하겠지만, 중산층 백인들은 특히 자신이 빛나고 돋보일 때 행복을 느낀다. 동아시아 국가에서 만족감은 곧 차분하고 평온한 감정이다. 이처럼 담담한 행복은 사회적 요구와 상황을 대비하는 데 이상적인 발판이 된다. 동아시아 문화권에서 잔잔한 활동이 건강에 유익하다는 건 놀라운 일이 아니다. 동아시아 사람들은 불안에서 벗어나 잔잔함에 이르는 방편으로 활동을 선택한다. 이들은 즉각적인 만족감 대신 긴 안목으로 차분하고 평온한 상태를 추구한다.

사랑과 행복

사랑과 행복은 대인관계에서 특별한 **행동**을 끌어낸다. 미국식 사랑에서는 마음에 드는 사람과 유대를 형성하며, 상대방을 지원하고 격려하고 한껏 드높이려 한다. 이런 사랑은 개인의 자율성과 자발적인 관계 형성을 강조하는 문화에서는 매우 중요하다. 하지만 혈연과 종교 등으로 맺은 유대가 끈끈하고 관계에 의무가 따르는 문화라면 이런 사랑 유형은 중요하지 않고, 그리 적절한 감정도 아니다. 개인이 올바로 행동하고, 제 할 일을 스스로 선택하고, 그 결과를 책임지는 문화에서는 자기 가치를 확인하며 느끼는 행복이 적절한 감정이고, 이런 행복 속에서 활기가 넘치며 의욕이 솟는다. 하지만 자신에게 맡겨진 역할에 충실해야 하고, 맞닥트린 조건에 유연하게 적응해야 하는 문화권에서는 이런 행복이 중요하기는커녕 오히려 '부적절한' 감정이다. 이런 문화에서는 담담함, 균형감, 유연성, 적응력, 주변 사람들과 유대를 형성하는 감각이 더 중요한 목표다.

그렇다고 해도 사랑과 행복은 인간 **내면 깊은 곳**에 깃든 보편적 감정이 아닐까? 전 세계 사람들이 미국식 사랑과 행복을 경험하면서도 문화규범 때문에 억누르는 건 아닐까? 전통대로 중매결혼을 하는 문화권에서도 함께 도망치는 연인들이 나오는 사례는 사랑이 본능적 감정이라는 증거 아닐까?[326] 행복에 겨워 신이 났다가 꾸중을 들은 아이를 보면, 인간이 본능적으로는 들뜬 행복감을 경험하지만 문화규범 때문에 억누른다는 걸 알 수 있지 않나?[327]

아니, 그렇지 않다.

관계에서 주고받는 작용이 감정이라면, 다시 말해 감정이 타인의 감정과 어우러져 전개되는 사건이라면, 해당 문화권에서 연애 감정이 '적절한지' '부적절한지' '아무런 상관이 없는지'에 따라 연애를 바라보는 관점이 달라진다. 마찬가지로, 해당 문화권에서 활기차고 들뜬 감정을 드러냈을 때 격려와 자극을 받는 아이와 행복해서 신난 표정을 짓는다고 질책을 받는 아이는 자라면서 전혀 다른 사건을 경험하게 된다. 인간 내면에는 보편적 감정이 존재하지만 외부의 문화규범이 인간의 이 자연스러운 감정을 억압한다고 보는 가설에서 우리는 벗어나야 한다. 대신, 일상적 상호작용에서 어떻게 꾸준히 문화를 가꿔야 하는지, 그런 상호작용이 어떻게 우리 정서적 경험의 발판이 되는지 깨달아야 한다.

긍정심리학도 마찬가지다. 비서구권 문화에서 풍요로운 삶을 누리는 데 어떤 감정이 유익한지를 우리가 안다고 단정할 수 없다. 가나에서는 관계에 경계를 그을 줄 알아야 풍요로운 삶에 더 유리할 가능성이 크다. 일본에서는 행복보다 소질 개선에 힘을 써야 할 테고, 이팔루크족 공동체에서는 사랑보다 **파고** 감정이 도움이 될 터다. 풍요로운 삶에 유익한 감정은 문화, 사회적 지위, 대인관계에서 추구하는 목표에 따라 다르다. 일부, 어쩌면 대다수 문화권에 풍요로운 삶을 위한 사랑과 행복 유형이 존재한다 해도, 이런 감정을 경험하는 방식은 문화권마다 다르다. 그렇다면 사랑과 행복을 단일한 형태로 생각하지 말고 **여러 가지 사랑과 행복**으로 바라봐야 하지 않을까.

6장

말 한마디에 담긴 의미

○ 마다가스카르에 사는 바라족 부모는 아이에게 **타호치**를 보이라고 말하거나 아이가 한 행동이 타호치라고 알려주며 그 문화권에서 중시하는 목표인 위계에 순종하라고 가르친다. 이팔루크족 엄마는 어린 아들에게 **파고**를 보이라고 당부하며 다른 사람을 보살피는 감정의 중요성을 가르친다. 산호 파편을 두 살배기 사촌에게 던지면 **파고**에 어긋나는 행동이라고 설명한다. 마찬가지로, 유럽계 미국인 부모나 독일 부모는 자녀가 보인 행동을 **분노**라고 알려주며 비난, 개인의 책임, 공정성 개념을 설명하고, 자율성의 가치를 깨닫도록 가르친다. 일본 부모는 아이가 어느 정도 자라면 **오모이야리**(배려)를 가르친다. 일상에서 아이에게 **오모이야리**와 얽힌 경험을 강조해서 설명하고, 아이가 그 감정을 기를 수 있도록 힘쓴다.

아이가 감정 단어를 학습하는 단계는 부모가 들여다볼 수 없는 내면 심리를 인지하는 순간이 아니라, 관련 사건이 전개될 때 **타호치**나 **분노** 같은 문화적 개념을 감정과 연결하는 과정에서 시작된다.[328] 부모는 아이가 성장하는 동안 감정 개념을 알려주며 아이가 경험하는 감정의 차이를 구분하고 깨우치도록 돕는다. 특히 아이가 2세 전후로 감정을 이해하기 시작하면 부모들은 감정 단어를 더욱 자주 쓴다.[329] 한 연구에 따르면, 도시에 거주하는 일본 엄마들은 두 살배기 아들과 소통하는 동안 1분당 한두 차례 감정 단어를 사용했다.[330] 보호자가 감정 단어를 자주 들려줄수록 아이들은 감정 단어를 더 많이 배운다.[331]

　부모는 아이가 성질을 부리면 지적하고, 아이가 또다시 그러거나 그럴려고 하면 경고한다. 아니면 동화책 속 주인공을 가리키며 화난 표정을 설명한다. 분노 같은 감정 개념을 그 감정과 관련된 정서적 경험이 담기는 그릇이라고 상상해보자. 이 그릇이 마련되면, 부모와 다른 사람이 언급한 이런저런 분노 경험이 차곡차곡 담긴다. 그러다 보면 어느 순간 아이는 스스로 분노 경험을 구별할 수 있게 되고, '분노'에 해당하는 사건을 전부 '분노' 그릇에 저장한다. 새롭게 경험이 더해질 때마다, 그러니까 '분노' 사건을 마주할 때마다 아이는 특정한 분노 개념을 갱신한다. 그렇게 분노 개념은 우리가 살면서 마주치는 경험이 쌓여 만들어진다. 이는 분노 개념이 같은 문화권 안에서도 개인마다 다르다는 사실을 의미한다. 분노는 단일한 심리를 가리키지 않는다. 그보다는 이런저런 다양한 사건으로 구성된다. 엄마와 장난치다가 엄마에게 져서 '신경질'이 난 일. 친구가 내 장난감을 가져갔을 때 '화가 나서' 친구를 밀치고 장난감을 되찾아왔던 일. 엄마에게 무례하게 행동해서 야단을 맞고 '심통'를 부린 일. '분노'란 해당 문화권에서 분노로 여기는 수많은 사건이 담긴 그릇과 같다.[332]

　심리학자 리사 펠드먼 배럿은 아이가 개념을 학습하는 과정을 언급하며,[333] 표면적으로는 아무런 관련이 없어 보이는 각기 다른 정서적 경험을 연결하는 동안 감정 개념이 만들어진다고 설명한다.[334] 미낭카바우족 부모는 **말루**(수치심)라는 말을 가르치면서, '낯선 사람이 다가올 때 느끼는 수줍음'과 '엄마 말을 듣지 않을 때 느끼는 죄책감'과 '부적절한 행동으로 사람들 앞에서 조롱을 당할 때 느끼는 창피'를 연결한다. 이 모든 사건에서 우러나는 느낌, 사건이 전개되는 방식, 사건의 선행요인, 사건에 반응하는 행동은 모두 다르지만, 아이는 전부 **말루**라는 범주로 묶는다. 그러는 사이 아이는 공손한 태도를 요구하는 아주 다양한 상황을 깨우친다.[335] 마찬가지로, 미국 부모는 '책을 거꾸로 들지 않아서 칭찬을 듣고 뿌듯했던' 감정, '게임에 이겨서 행복했던' 기분, '모범 학생으로 평가받고 자부심을 느낀' 경험이 모두 '자부심', 흔히 말하는 '자존감' 범주에 해당한다고 아이에게 가르친다. 물론 '자부심'을 불러일으킨 사건은 각기 다른 상황에서 일어나고, 각기 다른 반응을 요구하고, 저마다 느낌도 차이가 있다. 부모는 아이에게 감정 개념을 가르치는 동안 문화권에서 공유하는 의미와 목표를 심어준다. 부모가 어떤 일을 가리키며 **말루**라고 이야기하면, 상대방을 존중하는 자세가 필요하다고 아이에게 가르치는 셈이다. 아이에게 '자신을 긍정하라'고 당부하면, 개인의 즐거움과 자제력이 무척 중요하다고 아이에게 타이르는 것이다. 이렇게 아이는 자신이 어떤 '감정'을 느끼는지 이해하고, 부모와 해당 문화에서 장려하는 목표와 의미에 따르는 법을 배운다.

그뿐 아니라, 아이는 문화 구성원으로서 감정 개념을 배울 때 유리한 위치에서 출발한다. 아이가 감정 단어를 배우기 시작할 무렵이면 감정 개념을 채울 그릇은 이미 일부 내용이 채워진 상태다. 모든 아이가 부모의 도움을 받아 '분노'나 **말루**처럼 특정한 감정 사례를 익힐 때 빈 그릇을 채울 필요가 없다. 감정 단어에는 해당 문화권에서 기억하는 정서적 사건은 물론 감정을 둘러싼 사회적 통찰까지 담긴다. 그래서 사람들과 대화를 나누다 보면 아이는 특정 감정을 다루는 집단적 지혜를 듣게 되고, 사람들이 감정 단어를 어떻게 사용하는지 관찰하며 배운다. 이런 집단 지식을 발판으로 삼아 아이는 자신만의 경험을 쌓는다.[336]

감정 단어

모국어의 감정 개념이 우리 경험을 규정한다. 아이 스스로 경험하는 일과 드러내는 반응을 아이가 이해할 수 있도록 부모가 도울 때 사용하는 도구가 감정 개념이다.[337] 아울러 감정 개념은 상황에 맞춰 적절한 행동을 끌어낸다. 이런 감정 개념이 언어마다 다르면, 어떻게 될까? 실제로 다르다는 사실을 증명하는 사례를 우리는 얼마나 아는가?

먼저, '감정emotion'을 뜻하는 단어가 모든 언어에 있는 건 아니라는 점을 알아야 한다. 우리가 현재 아는 감정의 범주는 역사로 따지면 최근에 만들어졌고, 지리적으로 특정한 지역에 한정된다.[338] 그래서 문제다. 문화마다 어떤 개념을 서로 비교해야 할지 가늠하기가 어렵기 때문이다. 감정이라는 단어 안에 피로나 고통 같은 감각을 가리키는 어휘가 포함된 언어가 있는가 하면, 태도나 행동을 가리키는 어휘가 담긴 언어도 있다. 감정 단어를 나열하는 실험에서, 튀르키예계 이민자는 울기, 웃기,

돕기, 소리 지르기 같은 행동을 감정 단어로 꼽았다. 마리아 젠드론이 연구한 힘바족 역시 감정 범주를 이야기하는데, 그 속에 행동이 포함됐다. 힘바족은 감정이 드러난 얼굴 사진을 보고 공통점을 찾는 실험에서 심리가 아닌 행동을 눈여겨보고, "모두 웃고 있어요."라고 표현했다. 문화마다 어떤 감정이 서로 다른지 가려낼 때 감정을 정의하고 그 경계를 명확히 긋는 보편된 방식이 없다는 점을 알아야 한다.[339] 그래서 문화권에 따라 감정 단어를 비교하는 작업이 훨씬 복잡하다.

이런 점 말고도 뚜렷한 문제가 또 있다. 모든 영어 단어를 다른 언어로 옮길 수가 없다. 감정을 표현하는 영어 단어는 2000개가 넘는데, 말레이시아 소수 언어인 취웅어는 7개뿐이고, 어떤 언어는 수천 개에 달하기도 한다.[340] 결국 감정을 설명하고 분류하는 체계가 달라서 감정으로 구별되는 단어의 종류와 수가 다르다는 점은 의심할 여지가 없다.[341]

중요한 감정 단어를 다른 언어로 적절히 옮길 수 있을까? 분노, 슬픔, 사랑, 수치심 같은 감정 단어는 의미가 분명해 보이는데도, 언어마다 그 차이를 구분하지 못한다. 일부 핵심 감정 중에는 그 개념을 모조리 한 단어로 표현하는 언어도 있다. 우간다에서 사용하는 루간다어에는 **오쿠숭우왈라**라는 단어가 있는데, '분노'도 표현하고 '슬픔'도 표현하는 어휘다.[342] 그래서 루간다어 통역사는 영어의 분노와 슬픔을 구별하는 데 어려움을 겪을 때가 많았다. 분노와 슬픔을 따로 구분하지 않는 언어는 이뿐만이 아니다. 내가 네덜란드에서 실시한 면접조사에 참여한 튀르키예계 이민자들은 **키즈막**이라는 단어를 사용해 슬픔이 스며든 분노를 설명했다.[343] 키즈막은 기대가 높다가 실망할 때 느끼는 감정 단어로, 친밀한 관계에서 자주 등장했다. **키즈막**을 느끼는 사람은 행동으로 공격성을 드러내지는 않더라도 상대방을 피하거나 무시한다.

인도네시아 니아스족은 분노와 시샘을 따로 구분하지 않는다. 니아스족 사이에서 아푀코 되되('고통스러운 마음')라는 단어는 불쾌, 앙심, 불평, 시샘, 악의 등 다양한 의미로 쓰인다.[344] 여기서 더 나아가 '악의적인 행동과 감정'을 모두 가리킨다. 슬픔, 사랑, 공감을 표현하는 단어의 경계가 모호한 언어도 있다. 이팔루크족에게 중요한 감정인 **파고**는 '사랑'으로 옮길 수 있지만, 슬픔과 연민을 뜻하기도 한다.[345] 사모아인에게 '사랑'을 뜻하는 단어인 **알로파**는 연민, 동정, 호감을 두루 표현한다.[346] 튀르키예계 이민자들은 자신의 불행만이 아니라 가까운 지인의 안타까운 일을 이야기할 때도 단어 **위죈튀**를 사용했다. 그러니까 연민과 슬픈 감정을 고루 담아내는 단어다. **위죈튀**는 울고 싶은 심정, 무력함, 도움을 바라는 마음도 의미하고, 동시에 상대방에게 다가가 손을 내밀고 도움을 주고 싶은 인정도 표현한다. 내 연구에 참여한 사람들은 위죈튀가 튀르키예 사회에서 중요하게 여기는 감정이라고 응답했다. 이런 부분은 감정이 개인 경험에 그치지 않고 사회적 상호작용에 중요한 역할을 한다는 점에서 의미가 있다.

수치심과 창피를 하나로 묶어서 이해하는 언어도 많다. 일본어 **하지**는 수치심과 부끄러움을 함께 가리키며 명확하게 구분하지 않는다. 베두인족은 단어 **하샴**을 사용해 수치심, 창피, 부끄러움, 겸손, 거기에 공경심까지 훨씬 넓은 범위의 감정을 아우른다.[347] 마찬가지로, 필리핀에 사는 일롱곳족은 **베탕**이라는 단어 하나로 수치심, 두려움, 창피, 경외

감, 복종심, 공경심을 모두 표현한다.[348]

　영어에서 중요하게 여기는 감정 개념을 모든 언어로 표현할 수 있는 건 아니다. 최근 〈사이언스〉에 실린 한 논문에서는 2500여 개 언어를 대상으로 감정 어휘를 조사해 여섯 가지 어족으로 구분했다.[349] 심리학자 크리스틴 린퀴스트Kristen Lindquist와 조슈아 잭슨Joshua Jackson은 동료들과 함께 '분노' '사랑' '행복' '자부심' '슬픔'을 포함한 24가지 감정 단어를 중심으로 어휘를 조사했다. 여러 문화권에서 나타나는 감정 개념이 유사한지 살펴보려면, 영어에서 또렷하게 구분하는 감정 단어에 대응하는 어휘가 다른 언어에 존재해야 한다. 거의 모든 언어에서 영어에 정확히 대응하는 감정 단어를 찾은 사례는 **'기분 좋다'**가 유일했다. 영어 단어에 정확히 대응하는 어휘가 있는 언어는 그 비율이 상당히 낮았다. '기분이 나쁘다'를 뜻하는 단어 **나쁘다**가 존재하는 언어의 비율은 70퍼센트였다. **사랑**이라는 단어가 있는 언어는 3분의 1을 넘지 않았고, **행복**과 **두려움**에 대응하는 어휘를 갖춘 언어는 20퍼센트 뿐이었다. **분노**와 **자부심**에 대응하는 어휘가 있는 언어는 15퍼센트를 밑돌았다. 이 연구는 실험 참가자들의 경험담에서 끌어낸 중요한 발견이다. 언어학자로 다국어에 능통한 안나 비르쯔비카는 모국어인 폴란드어에 **역겨움**에 해당하는 단어가 없다고 지적했다.[350] 비슷하게, 타히티 사람들이 쓰는 말에는 **슬픔**에 해당하는 단어가 없다. 상실감으로 괴로우면, 타히티 사람은 슬프다고 말하지 않았다. 대신 '불편하거나 기운이 없는 신체 상태를 가리키는 다양한 단어'로 피로감이나 질병을 토로하듯이 상실감을 표현했다.[351]

　영어 단어에 대응하는 번역어가 있더라도 그 단어가 가리키는 감정 범주가 문화마다 다르다. 〈사이언스〉에 실린 같은 논문을 보면, 영어를 모국어로 쓰는 사람은 외국어, 특히 인도유럽어족인 영어와는 다른 어족의 외국어를 배울 때 색상 같은 표현보다 감정 표현을 이해하는 데 큰 어려움을 겪는다.352 색상 표현도 언어마다 차이가 있다. 일부 언어는 분홍색과 빨간색을 한 단어로 표현한다. 녹색과 파란색을 구분하지 않는 언어도 있다. 색상 개념에서 드러나는 차이만 해도 놀라운데, 감정을 표현하는 어휘는 훨씬 더 차이가 크다. 영어의 감정 단어를 깔끔하게 다른 언어로 옮기기는 힘들다. 막상 그럴 수 있다 해도, 지금까지 살펴봤듯이 해당 문화권의 감정을 이해한다고 가정할 수 없다. 이해했다고 생각한다면, 해당 문화권에서 정의하는 감정 범주가 아닌 영어에서 구성한 감정 개념으로 접근했을 가능성이 크다.

〈사이언스〉에 실린 같은 논문에서는 단어 개념을 공유하는 언어의 다양한 형태를 추적했다. 예를 들어 루간다어에서는 '슬픔'과 '분노'라는 두 감정 개념이 단어 **오쿠숭우왈라**를 공유하고, 일본어에서는 '창피'와 '수치심'이라는 두 감정 개념이 단어 **하지**를 공유한다. 언어학자들은 여러 감정 개념이 한 단어를 공유하는 언어에서는 감정 각각을 별개의 감정으로 다루지 않는다고 말한다. 연구진이 서로 다른 개념으로 분류했던 감정 개념은 다른 언어로 넘어가면 한 단어를 공유하는 현상이 나타났다. 앞서 설명했듯이 '기분 좋다'라는 말은 거의 모든 언어에서 나타나는데, 그중 25퍼센트에 해당하는 언어에서는 '좋다'라는 감정 단어를 처음에 연구진이 분류한 감정과는 다른 감정을 표현할 때도 공통으로 사용했다. 한 예로, '행복' '바람want' '즐거움' '좋아하다' '사랑' '희망'

개념은 모두 '기분 좋다good'라는 단어를 공유했다. 연구진은 일부 어족에서 '분노'와 '시샘'이라는 감정 개념을 공유하는 단어를, 다른 어족에서는 '미움' '나쁘다bad' '자부심'이라는 감정 개념을 공유하는 단어를 발견했다. 분노라는 감정 개념과 시샘이나 자부심이라는 감정 개념을 구분할 수 있는 단어가 있고 없고에 따라서 이들 감정이 얼마나 다르게 느껴질지 상상해보라. 또 일부 언어에서는 '동정심'이라는 감정 개념을 의미하는 단어가 동시에 '슬픔'과 '후회'라는 감정 개념까지 표현한다. 이 단어가 '사랑'이라는 감정 개념까지 담아내는 언어도 있다. 다시 말하지만, 후회와 동정심을 같은 범주로 묶는 감정과 연민과 동정심을 한 범주로 묶는 감정은 참으로 다르게 느껴지지 않는가? 모든 어족에 보편적으로 적용되는 감정 개념은 없다는 사실이 중요하다. 그렇다면 언어마다 감정에 개념을 입히는 방식이 다르다고 보아야 옳다.

지금까지 인용한 〈사이언스〉 논문에서 살펴본 감정 개념은 "기분 좋다, 슬프다, 화나다, 측은하다 등과 같이 내면에서 일어나는 정신 현상"으로, "감정을 다룬 연구 문헌에서 언급한 적이 있는 감정"만 아우른다.[353] 이 말은 '울기' 또는 '웃기'처럼 일부 언어에서는 감정 단어로 여기지만 다른 언어에서는 그렇지 않은 어휘는 연구에 포함하지 않았다는 뜻이다. '울기'는 정신 현상이 아니므로, 감정을 다룬 연구 문헌에서 '감정' 유형으로 고려하지 않았다.[354] '울기'와 '웃기'를 감정 단어로 꼽은 문화권이 몇몇 있었는데도 연구에서 제외했다는 건 감정 어휘에 담긴 문화 차이를 과소평가한 결과일 수도 있다.

〈사이언스〉에 발표된 연구에서는 이팔루크족의 **파고**, 네덜란드의

헤젤러흐, 일본의 **아마에**처럼 영어 단어 하나로는 번역할 수 없는 특정 문화의 감정 개념들을 고려하지 않았지만, 전부 해당 문화에서는 중요한 개념들이다. 앞서 살펴봤듯이 **파고**는 유대가 돈독한 사람을 돌보고 싶은 마음인데, 흥미롭게도 영어에서는 서로 다른 개념으로 분리하는 감정들을 한 덩어리로 묶는다. 이를테면 사랑, 걱정스러운 사람이 겪는 고통을 함께 느끼는 공감, 사랑하는 사람과 헤어질 때 느끼는 슬픔, 취약성을 두루 포괄하는 단어가 **파고**다.

헤젤러흐 역시 영어로 옮기려면 단어가 하나 이상 필요하다. 이 단어는 헤젤러흐한 환경을 표현하는 문장이라면 어디에나 사용할 수 있다. 벽난로, 거실, 따뜻한 음료, 푹신한 소파 등은 물론, 다른 사람과 함께할 때 느끼는 친밀감, 안정감, 느긋함 같은 정서까지 담아낸다. 나는 심리학자로 훈련을 받았기에 헤젤러흐를 감정으로 분류하지 않겠지만, 내 면접조사에 참여한 네덜란드 현지인들은 감정으로 인식했다.

마지막으로 다룰 감정 사례는 일본의 **아마에**다. 이 단어는 '다른 사람이 자신을 돌봐주기를 기대하는 욕구나 그 의존심을 기꺼이 받아들이는 성향'을 가리키며, 주로 '엄마와 자녀 사이에서 타인에게 의존하는 마음'을 의미한다.[355] 엄마는 권위가 있지만, 동시에 가족을 돌보는 사람이다. **아마에** 관계에서는 의존하는 사람이 자신의 주도권을 포기하고, 보살펴주는 사람에게 순종한다. 보살피는 사람은 의존해오는 사람에게 무엇이 필요하든 그 가치를 판단하지 않고 채워주려 집중하며, 상대방에게 공감한다. 아마에(어리광)를 부리는 태도는 상대방이 자신을 붙잡아주리라 믿고 스스로 뒤로 넘어지는 행동이나 마찬가지다. 보살피는 사람은 자신을 믿고 뒤로 넘어지는 사람을 안전하게 꼭 붙든다. **아마에**가 일본에서는 지극히 자연스러운 감정 개념이기에 일본인 심리학자 도이 다케오가 동료에게 이 단어를 영어로 옮길 수 없다고 말했더니, 동료는 깜짝 놀라서 이렇게 반문했다. "왜? 강아지조차 응석을 부리잖아!"[356]

이처럼 다른 언어에 있는 중요한 감정 단어를 감정 연구에서 제외하면, 문화에 담긴 감정 어휘의 차이를 과소평가하는 결과를 가져올 수 있다. 깜짝 놀란 도이의 동료를 보면 짐작하겠지만, 이런 단어가 해당 문화권에서는 일상적으로 경험하는 감정 어휘인데도 위어드 문화권 감정심리학자들의 연구 대상에 들지 못했기에, 앞서 인용한 〈사이언스〉논문의 감정 단어 목록에는 포함되지 못했다.

감정 단어는 사회적 상호작용에서 중요한 역할을 한다. 감정 개념이 언어로만 정의되는 건 아니지만, 감정별 어휘 목록은 문화에 담긴 감정 차이를 살피기에 좋은 출발점이다. 지금까지 연구 결과에 따르면, 언어마다 감정에 개념을 입히는 방식도 차이를 보인다. 감정을 분류하는 방식 자체가 문화마다 다를뿐더러, 무엇보다 서로 다른 언어 사이에 정확히 대응하는 감정 어휘가 많지 않다. 그래서 서구 문화권과 비서구권의 아이들은 서로 다른 방식으로 감정을 이해한다.

감정 개념을 구성하는 경험

아이들이 습득하는 감정 개념의 의미는 해당 단어에 얽힌 경험에 따라 달라진다. 내 아들 올리버가 이해하는 자부심에는 책을 똑바로 들었다고 부모에게 들은 칭찬, 몇 차례 야구 시합을 치르며 부모에게 받은 격려, 시합에 이겼다고 관중이 보내준 환호가 스며든다. 학교에서 '모범상'을 받은 경험이며, 올리버가 좋아하는 동화책 《씩씩한 꼬마 기관차The Little Engine That Could》를 읽은 시간도 담긴다. 이 동화책은 꼬마 기관차가 단단히 목표를 세우고 스스로를 응원하며 꿋꿋하게 난관을 이겨낸다는 이야기다. 마찬가지로, 대만 아이 디디가 경험하는 수치심에도 여러 경험이 쌓인다. 디디가 말을 듣지 않아서 엄마가 아들에게 느낀 창피, 디디의 누나가 했던 부끄러운 행동, 디디가 읽은 동화책 주인공들의 모험담도 포함될 가능성이 크다. 미낭카바우족 아이가 느끼는 **말루말루**('부끄러운 아기')는 부모가 낯선 사람들 앞에서 아이의 행동을 지적한 일들로 채워진다. 그러므로 감정 개념을 형성할 때까지, 우리는 문화권에서 흔히 마주치는 상황이나 강조하는 감정에 큰 영향을 받는다.

    발달심리학자 마이클 머스콜로Michael Mascolo와 동료들은 감정 개념이 아이의 경험을 통합하는 과정을 명쾌하게 설명했다. 이들은 활용할 수 있는 증거를 토대로, 유럽계 미국인 아이들과 중국인 아이들의 자부심과 수치심 개념을 구성하는 데 영향을 미쳤을 법한 다양한 경험을 추정했다.[357] 아이는 생후 6개월 이내에 부모 눈에 **자부심**으로 보일 만한 감정을 경험하게 된다. 이를테면 스스로 공을 떨어트린 다음 그 결과를 보고 미소 짓는 순간, 아이는 지극히 초보적인 형태의 자부심을 느낀다. 머스콜로는 아이가 생후 1세 전후로 보호자의 반응을 눈으로 알아볼 수 있다고 추정하며, 부모는 아이의 반응을 보고 아이가 자부심을 키우는지 가늠할 수 있다. 우리 아들 올리버는 책을 똑바로 들고서 남편과 나를 바라보곤 했는데, 그렇게 하면 우리가 좋아한다는 걸 경험으로 깨우쳤기 때문일 것이다. 우리는 이 과정에서 아들이 자부심을 느낄 거라고 생각했다. 이렇게 쉬운 과제더라도 '스스로 뭔가를 해내는' 경험과 '스스로 해낸 일로 칭찬을 듣는' 경험은 자부심 개념을 형성하는 과정이며, 수많은 문화권에서 평범한 일이겠지만 아이가 경험하는 사건의 종류는 문화권마다 다르다. 한 살배기 미국 백인 아이는 스스로 선택한 행동을 하고 '자랑스럽게' 여기지만, 중국 아이는 부모가 권유하는 대로 행동했을 때 자랑스러워한다. 올리버는 우리 부부가 시킨 게 아니라 어느 날 스스로 책을 똑바로 집어 들었다. 반면 중국 아이는 "할머니께 사탕을 드려봐!" 하고 부모가 구슬리는 대로 행동한다. 또한 자존감이 있는 미국 백인 어린이는 중국 어린이보다 스스로 하는 행동이 훨씬 다채롭다. 백인 아이는 똑바로 서서 미소를 지으며 부모와 눈을 맞추려 하고, 자신이 한 행동의 결과를 가리키며 손뼉을 치거나 스스로 칭찬한다. 반면 중국 아이는 "제가 할머니께 사탕을 드렸어요." 또는 "엄마 말을 잘 들었어요." 라고 말한다. 두 문화권 부모들이 다 아이가 한 행동의 결과를 좋게 평가하지만, 미국 백인 부모가 중국 부모보다 훨씬 칭찬에 적극적이다.

아이가 24개월이 되면 자부심 개념에서 나타나는 문화 차이가 더욱 두드러진다. 이 시기에 아이들은 자신의 행동과 그 결과에 **자기 책임**이 있다는 사실을 깨닫기 시작한다.[358] 아이들이 사회화를 겪고 다양한 형태의 관계를 이해하는 능력이 생기면, 자부심과 수치심의 의미도 점차 해당 문화와 그 관행을 반영하게 된다. 앞서 살펴봤듯이, 미국 중산층 백인 부모는 아이의 자존감을 중시하므로 아이가 뭔가를 성취할 때마다 한껏 칭찬한다. 그래서 백인 아이들은 스스로 능력이 뛰어나서 뭔가를 성취하고 결과물을 만들어냈다고 해석한다.

중국 가족의 반응은 훨씬 복잡하다. 먼저 아이가 자부심을 형성할 만한 기회가 생겼다고 해보자. 머스콜로의 설명에 따르면, 중국에는 아이가 학교에서 갈고닦은 실력을 친척이나 손님 앞에서 뽐내는 관습이 있는데, 그러면 친척과 손님은 아이와 부모를 야단스럽게 칭찬한다. 하지만 부모는 자녀의 실력에 책임감을 느끼기 때문에 그 성취를 낮게 평가한다. 그래서 아이가 노래를 끝내면 부모는 이렇게 말할 것이다. "잘하긴 했는데, 부족한 점이 많아요!" 이런 모습은 대만 부모들이 아이가 잘못했을 때 연대책임을 지는 사례와 비슷하다. 자녀의 사회적 지위보다 부모와 자녀의 관계를 앞세운다. 부모는 아이가 꾸준히 학습하도록 이끌 책임이 있기에 아이의 성취에 쉽사리 만족할 수 없다. 아이는 스스로 거둔 성취를 가벼이 자랑하지 않는 법을 배우면서 부모와 교감하게 된다. 중국 아이들은 좋은 결과를 내려고 꾸준히 연습할 때 자부심을 느낀다.

미국 백인 아이들은 특히 자신이 남들보다 더 유능한 사람이 되어간다는 점에서 자부심을 형성한다. 반면 중국의 자부심 개념은 겸손과 명예를 앞세운다. 미국에서는 자부심의 의미가 미국인임을 자랑스러워하듯 자기 정체성을 소중히 여기는 단계로 확장하기도 한다. 그런가 하면 중국의 자부심 개념은 열심히 공부하고 성공해서 부모에게 영광을 돌리는 차원으로 확장한다.

미국 백인 아이와 중국 아이가 겪는 수치심에는 단순하고 보편된 사건, 이를테면 부모에게 인정을 받지 못하거나 자신의 모자람을 마주하는 경험도 쌓이지만, 문화에 따라 더 복잡하고 다양한 이야기도 담긴다. 미국 아이들은 해당 문화권에서 가치로 삼는 자질을 갖추지 못해 창피했던 경험을 수치심과 연결하는데, 중국 아이들은 주로 사회적 역할과 의무를 다하지 못해 부모 체면을 떨어뜨린 경험을 그렇게 생각한다.[359] 어려서는 부모가 자신을 보고 환하게 웃어주지 않아서 실망한 경험이 수치심을 구성하는 이야기였다면, 이후에는 문화 환경에 따라 관계를 형성하고 그 과정에서 채워야 할 목표를 달성하는 정도에 따라 수치심을 구성하는 이야기가 달라진다.

    미국과 중국의 아이들을 예시로 알 수 있는 것은 감정 개념에 담긴 의미가 사회적 맥락에서 나온다는 점이다. 중국의 자부심(그리고 수치심)은 간단히 말해 미국의 자부심(그리고 수치심)과 다른 이야기로 구성되고, 이런 차이는 아주 어려서부터 분명하게 드러난다. 자부심과 수치심 개념이 중국어와 영어에 다 존재할까? 물론이다. 각 문화에는 자부심과 수치심을 뜻하는 표현들이 있고, 두 문화에서 공통으로 경험하는 기본 서사도 있다. 예컨대 다른 사람에게 인정을 받으면 자부심이 생기고, 거부를 당하면 수치심이 든다. 하지만 중국인의 자부심 개념에 익숙한 사람은 미국인이 언제 자부심을 느끼고 그럴 때면 어떻게 행동하는지, 자부심을 드러내는 사람에게 상대방은 어떻게 반응할지 예측하기 어려울 가능성이 크다. 심지어 미국인이 느끼는 감정이 정확히 무엇인지 짐작하기조차 힘들 수도 있다. 그 반대도 마찬가지다. 미국식 자부심의 기본 서사를 이해한다고 해서 중국인이 느끼는 자부심의 특성을 파악할 수 있는 건 아니다. 자부심을 구성하는 공통 요소인 선행요인, 행동, 다른 사람의 반응, 사건 결과, 그리고 이견은 있겠지만 연관된 감정까지 문화마다 다르기 때문이다.

다른 감정도 기본 서사를 구성하기는 어렵지 않다. 이를테면 분노는 괴로움이나 불만에서 시작되고, 장애물을 만나도 쉽게 수그러들지 않는다. 사랑은 누군가와 함께 있을 때 기분이 좋아지고 그 사람과 가까이 있고 싶은 마음에서 출발한다. 행복은 만족감에서 나온다. 하지만 행복, 분노, 사랑의 감정에 중요한 의미를 불어넣는 사건은 문화권마다 다 다르기 때문에 서로 다른 감정 개념이 생겨난다.

실제로 한 언어에서 전형적인 기본 서사 하나만으로 감정 개념을 구성할 수는 없다. 자부심, 수치심, 분노 같은 감정 개념은 해당 감정을 불러일으키는 다양한 상황을 아우른다. 인간은 서로 다른 언어를 쓰지만, 공유하는 감정 개념이 있다. 미국식 자부심을 구성하는 모든 사례가 중국식 자부심을 구성하는 사례와 다른 건 아니다. 유럽계 미국인 아이가 부모 기대에 부응해서 자부심을 느낄 때도 있고, 중국 아이가 친구보다 더 똑똑하다는 이유로 자부심을 느끼기도 한다. 중국 아이가 경험하는 자부심이 서구권 문화와 언제나 구별되는 건 아니다. 때로는 미국 백인 아이가 기쁨을 자제하는 태도를 보이기도 하고, 중국 아이가 신이 나서 기뻐하는 마음을 내색하기도 한다. 여기서 내가 하고 싶은 말은 감정 개념을 활성화하는 경험의 집합이 저마다 다르다는 것이다.

일본 제약회사에 다니는 영업사원 모토코와 미국인 동료 헤더가 겪은 사건을 살펴보자. 두 여성은 사건 당일에 여러 차례 분노 감정을 느껐다. 아침에 두 사람은 새 시즌을 맞아 기업이 제안한 영업 전략을 팀원들에게 설명했다. 그런데 최근에 입사한 젊은 직원이 이 전략이 하나부터 열까지 잘못됐다고 주장하며 불만을 토로하기 시작했다. 모토코와 헤더는 그 직원이 끼어들어 짜증이 났지만, 남은 시간을 발표하는 데 집중하려고 애썼다. 헤더는 어떻게 설명해야 팀원들에게 확신을 심어줄지 뾰족한 대안이 떠오르지 않아 고민했다. 하지만 모토코는 부하 직원이 자신들을 존중하지 않는 태도에 어이가 없었다. 몇 시간 후 헤더와 모토코는 기업고객인 의료 센터와 약속이 있어 주차장으로 향했다. 회사 전용 차량만 이용하는 주차구역에 차를 세워뒀는데, 아침에 출근해서 보니 그 구역 말고는 차를 세울 곳이 없었기 때문이다. 그런데 두 사람 차량의 후면에 바짝 주차된 회사 밴 때문에 차를 뺄 수가 없었다. 헤더는 회사 차량 운전사를 비난했다. '주차할 공간이 없어서 여기 주차했다는 사실을 모르는 걸까? 운전사가 측면에 주차했더라면 좋았잖아?' 헤더는 그렇게 운전사에게 직접 물어보고 싶었다. 하지만 모토코는 지정된 장소가 아닌 자리에 주차한 자신을 탓했다.

헤더와 모토코가 둘 다 앞서 말한 사건을 가리켜 분노를 느낀 경험이라고 이야기했다 치자. 그렇다면 두 사람이 분노를 표현하는 방식도 똑같아 보이는가? 나는 마이클 보이거와 함께 각기 다른 상황에서 분노와 수치심 감정이 일어나는 사례를 살피고, 사건의 의미와 관련 행동을 연구했다.[360] 이 연구에서 우리는 **다양한 상황에서** 경험하는 분노와 수치심 감정에 초점을 맞췄다. 미국, 일본, 벨기에에서 분노와 수치심 개념을 구성하는 경험의 **종류**가 서로 다른지 알고 싶었다. 그래서 총 1000명에

달하는 각 문화권 학생들에게 가상의 시나리오를 제시했다. 우리는 모든 문화권에서 경험하는 분노와 수치심을 표현하려고 다양한 상황을 신중하게 선별했다. '가상' 시나리오라고 말하는 이유는 이 연구에 참여한 학생들이 설문에서 제시한 시나리오와 똑같은 상황을 마주친 일이 없을지도 모르기 때문이다. 이들 시나리오는 이전 조사에 참여했던 학생들이 들려준 상황이므로, 엄격히 말하면 결코 허구는 아니다. 해당 문화권 학생들이 실제로 분노나 수치심을 느꼈던 상황을 제시했다.

후속 연구에 참여한 학생들은 저마다 스스로 밝힌 성 정체성과 출신 문화에 걸맞은 주인공이 등장하는 제시문을 받는다. 예를 들어 미국인 남학생이 읽는 제시문에는 조슈아, 매튜, 앤서니, 리처드가 경험하는 이야기가 펼쳐진다. 이런 식으로 미국, 일본, 벨기에 남녀 학생들은 모두 성 정체성에 상관없이 같은 시나리오를 읽었다.[361] 분노 감정을 다룬 제시문 네 가지는 다음과 같다.

> 조슈아는 학교가 끝나는 즉시 친구와 만나기로 약속했다. 그래서 학교가 끝나는 대로 출발해 서둘러 약속 장소로 갔다. 하지만 20분을 기다려도 친구는 오지 않았다.

> 매튜는 집에서 멀리 떨어진 대학에 입학했고, 방학이 되면 가족을 보러 돌아왔다. 매튜가 스스로 자랑스럽게 여기는 일 얘기를 꺼낼 때마다 아버지는 미식축구 선수인 남동생 이야기로 화제를 돌렸다.

앤서니가 친구와 함께 2층에 있는 식당으로 올라가는데, 사람들 한 무리가 비좁은 계단을 차지하고서 밀고 내려왔다. 그러더니 그중 한 사람이 앤서니 일행을 향해 고함을 질렀다. "어이, 그만 밀어!"

리처드는 다른 학생과 방을 함께 썼다. 어느 날 저녁 리처드가 집에 돌아와 보니 방이 난장판이었다. 룸메이트가 친구들을 잔뜩 초대한 것이다. 그들은 먹고 마시고 놀기만 할 뿐, 치울 줄은 몰랐다.

실험에 참여한 학생들은 제시문을 읽고, 자신이 조슈아, 매튜, 앤서니, 리처드였다면 이 상황을 어떻게 평가했을지 대답했다.[362] 시나리오와 같은 상황을 자신이 겪었다면 얼마나 화가 났을지 또는 얼마나 부끄러웠을지 이야기했다. 학생들은 사례 속 주인공이 누구인지에 따라 분노 감정이 다르게 느껴진다고 동의했다. 그런데 각기 다른 분노 사례를 어떻게 제시하느냐에 따라 분노 감정이 크게 두 유형으로 나뉘었다. 흥미롭게도 똑같은 유형의 감정 개념이 모든 문화권에 등장했지만, 가장 흔히 나타나는 감정 개념은 문화권마다 달랐다.[363] 수치심 개념은 세 문화권에서 공통으로 나타났지만, 주로 일어나는 감정 개념은 문화마다 선명한 차이를 보였다.

첫 번째 유형의 분노를 이야기한 이들은 일본 학생이 대다수였고,

미국 학생과 벨기에 학생은 소수였다. 네 가지 사건의 원인을 따져볼 때 주인공과 가깝지 않은 사람을 가장 많이 탓하는 특징이 있었다. 예를 들면 조슈아의 친구나 매튜의 아버지보다 리처드의 룸메이트가 한 행동을 훨씬 부적절하고 부당하다고 판단했다. 더욱이 매튜의 아버지처럼 의도적인 잘못이 아니라면 친구나 친척이 불쾌하게 행동해도 별로 개의치 않았다.

두 번째 유형의 분노는 미국과 벨기에 학생들 사이에서 흔하게 나타났다. 여기에는 관계에서 지켜야 할 규범을 따르지 않은 가까운 지인을 비난하는 특징이 있었다. 그러니까 리처드의 룸메이트보다 조슈아의 친구와 매튜의 아버지를 훨씬 심하게 비난했다. 잘 모르는 사람보다 가까운 친구와 아버지의 행동을 더 부당하고 부적절하다고 보았다. 이렇게 지적한 학생들은 친구나 가족이 얽힌 조슈아나 매튜의 사례에 더 깊이 공감했고, 의도가 있든 없든 무례하게 구는 낯선 사람들이 관련된 앤서니와 리처드 사례에는 크게 공감하기 어렵다고 대답했다. 그러면서 조슈아와 매튜의 처지였다면 다른 생각을 할 수 없을 만큼 화가 났을 거라고 덧붙였다. 이런 유형의 분노는 미국 학생과 벨기에 학생 대다수에게서 관찰됐지만, 일본 학생은 몇몇에 그쳤다.

주로 관찰되는 분노 감정은 해당 문화의 주된 관심사와 일치하는 듯 보인다. 일본인은 남 탓을 자제해서 친밀한 관계를 보호하고 유지하는 게 중요하다면, 미국인과 서유럽인은 개인의 자율성을 중시한다. 이 자율성은 친밀한 관계에서 서로 존중하는 태도를 유지하는 데 중요한 역할을 한다.[364]

나도 예전에는 사람들의 감정생활이 달라도 감정 자체는 똑같다고 생각했다. 그런데 감정이 똑같다는 의미는 뭘까? 개인이 감정을 경험하는 사건이 곧 감정이라면 어떨까? 사람들이 이야기하는 감정에 교집합이 있다 해도 엄연히 범주가 다르다면? 감정 개념이 각자의 감정 경험을 담는 그릇이라면, 어느 공동체나 개인도 서로 똑같은 감정 개념을 형성할 수 없다.[365] 이카리 いかり, 일본어, 앵거 anger, 영어, 크바트헤이트 kwaadheid, 네덜란드어를 '똑같은 감정'으로 인식하는 시각은 마인 모형에서 출발한다. 다시 말해 진짜 감정이란 분노한 사건 이면에서 일어나는 정신 현상이라는 관점이다. 만약 감정 개념이 감정을 공유하는 공동체 안에서 겪는 경험의 집합이라면, 앵거를 이카리로 옮기는 작업은 또 다른 세계로 들어서는 일과 같다.[366]

비슷한 감정 개념이란 무엇일까?

행복, 담담함, 자부심, 사랑, 분노, 수치심, 두려움, 슬픔, 역겨움, 시샘 말고도 특정한 감정을 표현하는 다양한 어휘가 수많은 언어에 공통으로 존재한다고 주장할 사람도 있다.[367] 감정 개념이 문화 각각에서 일어나는 감정 경험의 집합이라면, 이런 현상을 어떻게 설명해야 할까? 다른 이유도 있겠지만, 기본적으로 사람이 살아가는 조건이 매우 비슷해서이기도 하다. 인류학자 앤드류 비티는 이렇게 설명했다. "누군가를 사랑하고 뭔가를 바라고 얻고 잃어버리는 사건은 태어나서 죽을 때까지 모든 공동체

안에서 인간이 경험하는 일이다."³⁶⁸

또 한 가지 이유는 인간이 살아가는 조건을 고려할 때 논리적으로 행동을 선택할 방법이 제한되기 때문이다. 다른 사람이나 집단에 다가가거나 아니면 멀어지는 길이 있다.³⁶⁹ 서구 학자들은 '사랑' '자존감' '행복' '흥미'는 다른 사람을 **향해 다가가는** 감정이고, '두려움' '경멸' '역겨움'은 다른 사람에게서 **멀어지는** 감정으로 구분한다.³⁷⁰ 세계 곳곳에 있는 대학생들은 '기쁨'과 그 번역어를 다가가는 감정으로, '수치심' '죄책감' '역겨움'은 멀어지는 감정으로 분류했다.³⁷¹ 감정 개념은 관계의 방향성을 나타낼 수도 있다. '사랑'은 다른 사람에게 다가가는 행동으로 본다.³⁷² 일본의 **아마에**는 다른 의미도 있지만, 다른 사람이 자신에게 다가오기를 바라는 마음이다. '분노' 감정은 다른 사람을 밀어내는 방향으로, '두려움'은 다른 사람에게서 멀어지는 방향으로 나타난다.³⁷³ 사람들은

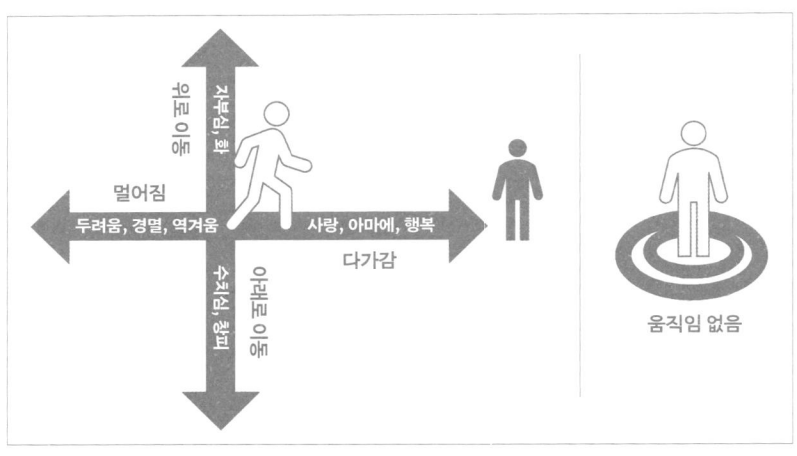

● 그림 5.2 위로 이동(자부심, 분노)
주의: 해당 감정 개념이 언제나 그림에 나타난 방향으로만 나타나는 건 아니다.

관계를 주도할 수도 있고(위로 이동), 복종할 수도 있다(아래로 이동).[374]

분노는 자신이 상대방보다 위에 있다는 신호를 보낸다. 남편이 늦게 귀가했을 때 내가 화를 낸 건 강경하게 나가려는 의도였다. 분노 감정은 상대방 행동을 애석해하기보다는 자신이 '강하다'는 메시지를 전달한다. 자부심 역시 상대방보다 자신이 위에 있고 강하다는 뜻을 내비친다. 몇몇 심리학자를 포함한 서구권 사람들은 반대로[375] 경쟁에서 이기거나 목표를 달성했을 때 자신의 강한 면모를 드러내는 태도에서 자부심이라는 감정을 읽기도 한다.[376] 하지만 모든 문화에서 이런 추론을 인정하는 건 아니다. **파고** 감정은 상대방이 약하고 보호를 받아야 한다는 사실을 알아차리는 마음에서 나온다. 수치심과 창피, 슬픔은 자신이 그 관계에서 아래에 있다는 의미를 띤다.[377] 이들 감정 개념에는 최소한 상대방과 비교해 자신이 약하다는 사실을 알아차리거나 상대방이 우위에 있음을 인정했다는 의미가 담긴다.[378] 경외감도 상대방의 우위를 인정하는 감정이다.[379] 다시 말해 자신이 어떤 대상이나 거대한 환경과 비교해 얼마나 왜소한 존재인지 알아차리는 마음에서 나오는 감정이다. 음악회에서 심금을 울리는 연주를 감상한다든지, 위엄이 서린 지도자나 스승의 연설을 경청하는 상황을 떠올리면 이해하기가 쉽다.

사람들은 어떤 관계에서 더 가까이 다가가거나 멀어지고, 위아래로 이동할 수도 있다. 하지만 상호작용을 하지 않고 가만히 있을 수도 있다. 잠잠함과 받아들임이 그렇고, 우울이 그렇다. 자신이 마주한 환경에서 아무런 동요 없이 편안할 때(잠잠함), 자신이 맞닥뜨리거나 닥쳐올 일이 무엇이든 거부하지 않을 때(받아들임), 어디로 가야 할지 모르거나 어디로도 가고 싶지 않을 때(우울, 무기력)가 있다.[380] 제2차 세계대전 와중에 영국인들이 그랬듯, '평정심을 잃지 않고 하던 일을 계속할' 수도 있다.[381] 움직임이 있더라도 이전 위치에 그대로 머무는 상태이므로, 당장 환경에 변화가 생기지는 않는다. 적어도 자신이 주도해서 일어나는 변화는 없다.

감정을 움직임으로 설명하려고 과학자까지 동원할 필요는 없다. 감정의 움직임은 모든 관계에서 벌어지는 일이며, 인간사회는 물론 유인원처럼 무리를 지어 생활하는 동물사회에서도 발견되는 현상이다.[382] 이 기본 감정 또는 기본 '사건'을 가리키는 감정 개념을 세계 곳곳에서 발견할 수 있다는 건 어쩌면 당연한 일이다. 감정이란 환경에 걸맞게 자신을 배치할 수 있는 합리적 가능성, 곧 인간이 살아가는 방식이기 때문이다. 하지만 우리가 세상과 관계를 맺는 합리적 가능성을 공유한다고 해서 보편된 감정 개념도 함께하는 건 아니다.

감정 개념이 끌어내는 행동

내가 이집트 베두인족 여성이라면, 내 연배의 남성을 만날 때 불편함을 느낄 것이다. 베두인족 관습에 따라 **하샴**을 실천하지 않으면 위험하다는 걸 알기 때문이다. 이때 나는 시선을 아래로 떨구고 신체 접촉을 피하며 되도록 자리를 피해야 한다. 베두인족 여성이라면 이렇게 행동해야만 적절한 반응이다. 만약 내가 일본인 엄마라면, 아이가 터무니없이 시끄럽게 굴 때 아이가 **아마에**를 부린다고 이해할 것이다. 아마에라는 감정 개념은 아이 행동이 탐탁지 않더라도 아이의 응석을 받아들여야 한다고 말하기 때문이다.[383] 일본에서는 좋은 엄마라면 이렇게 행동해야 한다. 만약 내가 독일인 엄마로서 터무니없이 시끄럽게 구는 아이를 본다면, 그 마음 상태를 **에르거**Ärger, 짜증이나 분노라는 감정 개념으로 받아들이며 아이가 부모에게 대든다고 생각할 것이다. 그래서 아이의 탐탁지 않은 행동을 수긍하지 않을 테고, 어쩌면 아이에게 책임감을 심어주며 버릇을 고칠 수도 있을 것이다. 이번에도 **에르거**라는 감정 개념에 비춰 대응 방법을 결정할 것이다. 감정 사건은 해당 상황에 따라 반응하려는 욕구가 일어난다는 특징이 있다. 아무런 반응도 하지 않는 방법은 선택지에 없다. 인간이 내면 감정을 이해하는 방식은 해당 문화권에서 사용할 수 있는 감정 개념에 따라 달라진다.[384] 감정 개념은 사회 공동체에서 공유하는 인식이다. 자신이 이용할 수 있는 감정 개념으로 감정 사건을 '묘사하는' 특정 방식이 결정되면, 이 이야기를 다른 방식으로 매듭지을 가능성이 차단된다.

감정 개념은 상호작용을 주고받는 상대방의 행동을 이해하는 데도 도움을 준다. '부적절한' 감정 개념을 적용하면 대가를 치르게 된다. 심리학자 필립 쉐이버의 연구에 참여한 미국 학생 마리는 약속 시간에 조금 늦은 잘못밖에 없는데 남자친구가 '불같이 화를 내서' 혼란스러웠다고 이야기했다.[385] 그래서 마리는 '분노' 감정 개념에 비춰 남자친구가 그렇게 화를 폭발할 만큼 자신이 잘못했는지 돌아보았다. 왜 마리는 자신의 행동을 살핀 걸까? 분노 감정은 그럴 만한 이유가 있다고 암시하기 때문이다. 분노는 정당한 이유가 있어야 한다. 만약 마리가 남자친구의 행동을 '질투'라는 개념으로 바라봤더라면, 그 상황을 단박에 이해했을지 모른다. 알고 보니 남자친구는 마리가 바람을 피우나 싶어서 길길이 화를 냈다고 한다. 약속 시간에 늦은 것도 그래서일 거라고 생각했다.

감정 개념을 자신에게 아니면 다른 사람에게 적용하는지에 따라 해당 사건의 의미가 분명해진다. 감정 개념은 해당 사건의 특정한 면에만 신경을 집중하고 그 밖의 다른 측면은 무시하도록 유도할뿐더러, 특정한 방식으로 해당 사건에 의미를 불어넣고 특정한 행동 유형을 끌어낸다. 아이가 부모 말을 듣지 않을 때, 아이 엄마가 이 상황을 **아마에** 사례로 받아들이면 아이의 미성숙함과 필요에 초점을 맞추겠지만, **에르거** 사례로 이해하면 엄마 자신의 실망감에 초점을 맞추고 아이의 행동 뒤에 감춰진 불손함을 강조한다. 그래서 일본 엄마와 독일 엄마는 이런 상황에서 다르게 대응한다. **아마에** 개념에 익숙한 엄마는 아이 마음을 헤아리며 아이를 달래고, **에르거** 개념에 길든 엄마는 아이에게 짜증을 내며 벌을 준다. 감정은 특정한 감정 경험에 쌓인 지식을 활용해야 알아차릴 수 있다. 비슷한 상황에서 벌어진 감정 사건과 관련해 아는 이야기를 모두 떠올리고, 특정한 경험에 담긴 문화 측면 지식까지 죄다 끌어와야 한다.[386] 감정 개념이 없으면 우리가 아는 감정도 없다고 생각해도 좋다는 뜻이다.[387]

개인이 놓인 환경과 위치를 고려할 때 바람직한 결말 또는 피하고 싶은 결말을 가져오는 감정 경험이 모여 감정 개념을 구성한다. 이 책에서 말하는 '적절한' 감정이란 바람직한 결말을 지닌 경험이고, '부적절한' 감정이란 자신이 피하고 싶던 결말로 이어진 경험이다.

4장에서 살펴봤듯이, '분노'는 대체로 불쾌하기는 하지만 미국 문화에서 유용한 감정으로 여긴다. 따라서 바람직한 결말을 안긴 경험이다. 친밀한 관계에서는 자신의 필요와 기대치를 지키고, 일터에서는 상대방이 함부로 대하지 못하도록 분명하게 선을 긋는 데 유용하다. 사춘기에는 자립심을 형성하는 데도 도움이 된다. 사회에서 벌어지는 불법행위를 지적하고, 정의를 요구하는 시민운동에 불을 붙일 수도 있다.[388] 그런 만큼 분노는 현재 상황을 받아들이지 않는 태도다. 유럽계 미국인 사회에서는 신중한 분노를 적절하고 건강한 감정으로 여긴다. 그렇다고 모든 문화권에 해당하는 말은 아니다.[389]

　4장에서 설명했다시피, 특히 유대가 끈끈한 공동체에서는 분노를 부적절한 감정으로 여길 때가 많다. 우트쿠 이누이트족은 장 브릭스에게 분노는 위험한 감정이라고 밝혔다. 이들 공동체가 중시하는 평정심과 너그러움을 위협하기 때문이다. 비슷하게, 불교 국가 티베트에서는 **룽 랑**('화난 상태')을 가리켜 이렇게 말한다. "근본적으로 해로운 정서여서, 다른 사람은 물론 자기 자신도 파괴한다. 생명체를 해치려는 그릇된 욕망에서 생기는 감정이기에, 지극히 나쁜 결과를 몰고 온다."[390] 미크로네시아 연방에서 인류학자 캐서린 러츠가 연구한 이팔루크족 공동체에서는 일상에서 분노를 드러내면 비난을 듣는다. 몸이 아파서 생기는 짜증, 원치 않는 일이 잇따라서 쌓이는 불만, 의무를 다하지 않는 친척들 때문에 드는 성가심. 이팔루크족은 이 모든 반응을 분노 감정으로 인식하고, 부도덕하고 품위 없는 짓으로 취급했다. 마찬가지로, 일본에서도 분노는 파괴적인 감정이므로 피하는 게 바람직하다. 일본인은 개인의 자율성보다 화목한 관계를 더 중시해서 분노를 부적절한 감정으로 여긴다.

분노가 바람직하지 않은 결과를 몰고 오는 문화권에서는 공동체가 공유하는 분노 개념이 분노를 다른 방향으로 표현하도록 유도한다. 어떤 언어에는 분노 감정을 폭발하지 않도록 분노의 일부 요소만 담아내는 단어가 있다. 말하자면, 분노를 터트리려는 충동을 재조정하는 개념이다. 사모아어에서 **무수**라는 감정은 누군가 뭔가를 요구할 때 그 사람을 헐뜯지 않으면서 "그 요구를 따르지 않으려는 마음을 표현한다."[391] 대체로 부모에게 무리한 요구를 받은 상황에서 흔히 일어나는 감정이다. 분노를 뜻하는 사모아 단어 **이타**와 **무수**가 드러내는 의미의 유사성은 두 단어가 밀접한 관련이 있다는 증거다. **무수**는 부모를 비난하지 않으면서 부모의 기대를 저버리는 행동을 허용한다.

이와 비슷한 감정이 서구 문화에서는 **수치심**이다. 사회학자 토머스 셰프Thomas Scheff에 따르면, 오늘날 미국 사회에서 수치심은 금기로 여기는 감정이다.[392] 수치심이 현실에서든 상상으로든 다른 사람에게 거절당한 상황을 상징하기 때문이다. 거절당하는 순간을 수치심으로 받아들이면, 자존감이 떨어지고 자신이 한없이 작아지는 기분이 들거나 사람들을 피하게 된다.[393] 자존감을 중시하며 사람들에게 의존하지 않고 독립심을 키우는 자세가 중요한 문화에서는 방금 언급한 기분이 죄다 바람직하지 않기 때문에, 사람들은 수치심을 외면한다. 결국, 사람들은 수치심을 정면으로 마주하고 이야기를 '완결'하는 대신, 이 감정을 '어색하거나' '재미있는' 감정으로 구성한다. 그저 웃어넘기고 나면 아무런 조치도 필요 없기 때문이다.

감정 개념의 부재

특정한 감정 개념에 해당하는 단어가 없는 언어라면 그 감정을 어떻게 처리할까? 폴란드어에는 **역겨움**을 의미하는 단어가 없다고 했는데, 그렇다면 상한 음식에서 악취를 맡거나 끔찍한 행각을 목격했을 때 치미는 감정이라고 역겨움을 설명하면 폴란드인은 이해할 수 있을까? 언어와 경험의 관계는 비록 복잡하고 논란도 많지만, 감정을 가리키는 단어가 있고 없고에 따라 감정을 표현하는 방식이 크게 달라질 수 있다. 루간다어-영어 통역사들은 '슬퍼하다'를 **오쿠숭우왈라**('화를 내다')로 번역했는데, 누군가 그 차이를 '바로잡았을 때'도 자신들의 실수를 깨닫지 못했다. 두 감정을 구분하지 못하기 때문이다. 특정한 감정 개념을 뜻하는 개별 단어가 없으면 차이를 구분하기 어렵다. 마찬가지로 타히티어에도 슬픔을 의미하는 단어가 없어서,[394] 프랑스어를 아는 타히티 사람들은 '우울한, 비통한, 슬픈, 쓸쓸한, 낙담한 상태'를 가리키는 프랑스어 트리스트를 '지친' 또는 '점잖은'이라는 뜻으로만 이해했다.[395] 그들에게는 '슬픔'을 뜻하는 단어도 없고, 감정 개념도 없었다. 심리학자 리사 펠드먼 배럿 연구진은 사용할 수 있는 어휘가 없으면 얼굴에 드러난 감정을 인식하기 더욱 어렵다는 사실을 밝혀냈다.[396] 사람은 감정 어휘를 활용해 감정 경험을 정리한다. 그렇다면 문화마다 어휘가 달라서 감정 경험에도 차이가 생긴다고 가정

할 만하다.[397]

　자신이 속한 문화권에 특정한 감정을 표현하는 어휘가 없으면 애초에 그 감정을 경험할 수 없다는 얘기가 아니다. 내 미국인 친구들은 네덜란드 단어 **헤젤러흐**에 상당히 공감하는 듯 보인다.[398] 심지어 좋아하기까지 한다. 마찬가지로, 영어가 모국어인 사람들도 **아마에**, **파고**, **하샴** 단어에 공감한다. 한 연구에서, 미국 대학생들은 **아마에** 상황을 인식하고 일본 학생들과 비슷한 맥락으로 해석했다.[399] 미국인들은 아마에를 마치 '좋은 친구가 밤늦게 컴퓨터 문제로 도움을 요청하는' 상황처럼 이해하고, 지각 있는 행동은 아니지만 납득할 만한 요구로 받아들였다. 일본인이 설명하는 **아마에** 의미와 일치하는 해석이다. 일본 대학생과 비슷하게 미국 대학생들도 무리한 요구를 할 수 있다면 더 돈독한 사이라고 생각했다.

　하지만 영어가 모국어인 사람이 배우는 **헤젤러흐**나 **아마에**는 어린아이가 특정한 감정 개념을 처음 마주하는 수준에 그칠 가능성이 있다. 다시 말해 기본 골격만 이해할 뿐, 해당 감정을 표현하는 다양한 형태까지는 알지 못한다. 전체를 건드리지 못하고 일부분만 이해할 가능성이 크다. **아마에**를 탐구하는 연구진이 미국 대학생들에게 보호자 역할인 **아마야카스**(어리광을 받아주는 마음)에 관해 질문했더니, 미국인 대학생과 일본인 대학생 사이에 인식의 차이가 있었다. 미국 대학생들은 이 역할에서 통제력을 느낀다고 대답했지만, 일본 대학생들은 그렇지 않았다. 이견이 있겠지만, 미국 대학생들은 일본 대학생들과 달리 관계보다는 자기 자신과 개인의 주체성에 더 집중했다. 관점 차이를 무시하더라도, 미국 학생과 일본 학생이 이해하는 **아마에**는 서로 다르다고 주장할 수 있다. 도움이 필요한 친구를 챙겨야 하는 상황으로 미국 학생들이 **아마에** 개념을 이해한다 해도, 일본 사람이라면 누구나 오랜 세월 경험을 거듭하며 쌓았을 **아마에** 개념의 다양한 측면을 파악하지 못할 가능성이 크기 때문이다. 앞서 언급했는지 모르겠지만, **헤젤러흐**는 어둑하고 추워서 밖에 나가는 일 없이 벽난로 주변에 친구들과 둘러앉아 함께 보내는 네덜란드 겨울을 가리키기도 한다. **헤젤러흐**가 "따뜻하고 아늑한 공간에서 친구들과 함께 있는 분위기"를 표현한다고 설명해도, **헤젤러흐**를 듣고 곧바로 겨울을 떠올리는 외국인은 틀림없이 아무도 없을 것이다.

친구에게 도움을 받으며 특정한 맥락이나 상황에서 **아마에**나 **헤젤러흐**를 깨우치는 것과 오랜 세월에 걸쳐 이 단어와 연관된 이야기를 차곡차곡 쌓아가는 것 사이에는 커다란 차이가 있다. 제2외국어 사용자들을 대상으로 조사한 결과를 보면 이런 격차가 나타난다. 러시아어를 배우는 영어 원어민은 '강렬하게 경험하다' '걱정하다' '고통을 겪다'라는 의미를 지닌 동사 **페레지바티**를 익히는 데 어려움을 느끼지 않는다. 하지만 러시아 사람들이 이 단어를 사용하는 이런저런 상황에서 영어 원어민들은 그러지 못했다. '이 단어가 표현하는 범위와 맥락을 확신하지 못해서'이기도 하다.[400] 감정 개념을 머리로 이해하는 것과 오랜 시간 경험을 쌓아가며 해당 개념을 구성한 사람이 그 감정을 겪으며 사는 것은 별개 문제다.

모국어로 번역할 수 없는 감정 단어를 이해하기는 어렵다. 모국어로 번역할 수 있다 하더라도 그 감정을 이해하는 깊이는 여전히 깊지 않다. 이팔루크어 **케르**는 '행복하다'로 옮길 수 있지만, 이팔루크족 사람들은 **케르** 감정을 멸시하고 영어 원어민들은 행복한 감정을 바람직하게 여긴다. 그래서 이 감정 개념은 문화에 따라 전혀 다른 사건을 떠올린다.[401] 일본어 **이카리**와 **하지**는 각각 영어로 '앵거anger'와 '셰임shame'으로 옮길 수 있지만, 이들 감정 개념이 떠올리는 이야기는 서로 다르다. 특정 감정 개념을 번역할 단어가 모국어에 있더라도, 해당 감정 개념에 얽힌 수많은 이야기와 그 문화권 역사까지 저절로 공유되는 건 아니다. 사람들은 각자 살면서 경험한 이야기와 역사에 비춰 감정을 해석하고 맥락을 구성한다. 한때 나는 해당 개념에 얽힌 이야기들이 달라도 감정 자체는 똑같다고 주장했다. 하지만 해당 감정 개념을 구성한 그 이야기들이 감정이 아니라면 무엇이 감정이란 말인가? 마인 모형 감정을 고려하더라도, 이팔루크족 공동체에서 경시하는 케르 감정이 미국 사회에서 바람직하게 여기는 행복감과 똑같다고 말하기는 어렵다. 아워스 모형 관점에서 볼 때, **케르**를 '경험하는' 것은 행복을 '경험하는' 것과 다르다. 감정 개념을 구성하는 이야기 또는 사건들이 곧 감정이다.[402]

관계에 변화를 일으키는 감정

감정 개념이 있기에 문화를 공유하는 사람들과 서로 소통할 수 있다. 인간이 태어나면 처음에는 부모와 소통하고, 점차 범위를 넓혀가며 다른 사람들과 소통한다. 자신의 감정에 이름을 붙이고 언급하는 순간, 같은 문화권 사람들은 해당 감정 단어와 연관된 사건들을 떠올린다. 이 과정은 관계에 영향을 미친다. 어떤 사건이 떠오를지는 상대방과 맺는 관계와 맥락에 달렸지만, 우리는 자신과 상대방과 수많은 사람이 해당 감정에 관해 아는 지식과 경험을 통틀어서 자신의 감정을 이야기한다.

예를 들어, 내가 자란 문화에서는 저녁식사 시간을 넘기고 늦게 귀가한 남편 때문에 화가 났다고 불만을 표현하면 남편의 행동을 용납하지 않겠다고 경고하는 의미가 된다. 이 상황에서는 내가 옳고 남편이 나를 더 존중하길 기대한다는 메시지이기도 하다. 화났다는 말로 남편과 나의 관계에서 내 의사를 표시한 셈이다.[403] 여기서 심리학자 브라이언 파킨슨Brian Parkinson은 남편의 행동을 용납하지 않겠다고 말하기보다는 내가 무척 화났다고 툭 던지는 말이 더 강력하다고 지적했는데, 이 대목은 참 흥미롭다. 왜냐하면 분노는 "가속도가 붙는 감정이므로 상황이 개선되지 않으면 통제할 수 없다."는 메시지를 전달하기 때문이다. 이렇듯 "분노한 상태를 경고하면 강력한 위협이 된다."[404] 물론 분노 상황이 어떻게 마무리되는지는 관계의 성격이나 문화에 따라 다를 테지만, 분노가 공격성을 드러내는 결말로 이어질 가능성이 크다면 화가 났다는 말에는 상당한 힘이 실린다. 강렬한 감정이 펼쳐지는 상황에서는 상대방에게 특정한 행동을 요구하기 마련이다. 그러면 상대방도 거기에 합당한 대응을 해야 한다고 추론할 것이다.

비슷한 맥락에서 **하샴**이라는 감정 개념은 이집트 베두인족 여성이 스스로 감정을 이해하고 처리하는 데 유용할 뿐 아니라, 다른 사람들에게 자기 생각과 느낌을 전달하는 데도 도움이 된다. 이 과정에서 여성은 자신을 낮추는 방식으로 **하샴**의 목표를 달성한다. 여성이 **하샴**을 경험한다고 분명하게 말하면, 시선을 아래로 떨구거나 상대방과 신체 접촉을 피하거나 자리를 뜨는 행동만큼이나 분명한 메시지를 전달한다. 아울러 하샴이라는 감정을 분명히 언급하면 공동체에서 적절하게 여기는 태도로 감정을 처리하겠다는 의향도 알릴 수 있다.

이 밖에도 사례는 많다. 자신이 저질렀거나 하지 않은 행동 때문에 고통을 겪는 상대방에게 **죄책감**을 느낀다고 고백하는 상황을 생각해보자. 이런 고백은 자신이 관계를 소중히 여기는 사람이며 자신의 잘못을 만회하겠다는 의지를 보여주는 표현이다. 누군가에게 사랑한다고 건네는 말은 곧 상대방에게 관심을 보이며 친밀함을 추구하는 행동으로, 연애 감정에 깊이를 더하는 노력이다.[405] 물론 감정을 입으로 말하지 않아도 죄책감이나 사랑을 느낄 수 있다. 여기서 감정을 말한다는 건 '행동한다'는 것이다. 다시 말해 그 감정의 목표를 향해 나아가는 행위다. 방금 예로 든 사랑과 죄책감의 목표는 관계를 위한 헌신 또는 재헌신이다.

어떤 감정을 느낀다고 말했는데, 실은 그런 척했을 뿐일 때도 있다. 엄마가 아이에게 "엄마 화났어!"라고 말하면 아이의 행동을 용납하지 못하겠다는 뜻을 효과적으로 드러낸다. 이렇게 말하고서 실제로 심기가 불편했을 가능성도 있지만, 여기서 그건 중요한 문제가 아니다. 친구 사이에 고백하는 죄책감이나 후회도 마찬가지다. 그런 감정을 실제로 느끼지 않더라도 어떤 행동에 나설 준비가 됐다는 의사를 전달하는 의미에서 죄책감을 느낀다고 말할 수도 있다. "내가 까맣게 잊고 있었다니 도저히 믿을 수가 없어. 정말 **미안해**."라고 말한다면, 기억했더라면 좋았을 텐데 하는 아쉬움을 드러내거나 자신이 한 행동을 되돌리고 싶다는 의사표시다. 이런 말은 내면 **감정**을 밝힌 행동일 수도 있지만, 그렇지 않은 때도 있다.

아워스 모형 감정을 중시하는 문화에서는 대개 사람들이 해당 감정을 느끼지 않더라도 감정 단어를 쓴다.[406] 그러면 진정성이 없지 않냐고 물을 테지만, 그렇지는 않다.[407] 만약 사람들 사이에서 주고받는 상호작용이 감정에서 가장 중요하다면, 내면에서 느끼는 감정은 그리 중요하지 않게 생각된다. 인류학자 앤드류 비티에 따르면, 인도네시아 니아스 섬 사람들은 함께 모여 의식을 치르는 행사 때를 제외하고는 감정 개념을 사용하지 않는 편이다. 그들은 "인도네시아에서 가장 가난한 사람들이지만 결혼식에 거액을 쓰는 편이며, 그 과정에서 강렬한 감정이 일고 감정에 상응하는 말들이 오간다."[408] 신부 집안은 신랑 가족을 위해 연회를 성대하게 치뤄줄 책임이 있고, 신랑 집안은 '생명의 선물'인 여성의 출산과 노동력에 합당한 지참금을 준비해야 한다. 양가 집안사람들이 마치 공연을 펼치듯 지참금을 협상하고 선물을 교환하는 자리에서 사람들은 감정 개념을 가장 많이 사용한다. 협상에 나서는 사람은 이 혼사와 가장 관련이 깊은 양가 부모가 아니라 집안을 대표하는 말재주꾼들이다. 이를테면 신랑 측은 도착해서 대접받은 연회가 만족스럽지 않다고 불만을 토로하며 지참금을 깎을 심산으로 이렇게 말한다. "이 정도 연회에 만족한다면 내 자식들에게 부끄러워 얼굴을 들지 못할 겁니다." 신부 측에서는 신랑 측이 제기한 불만에 이의를 제기하고, 오히려 신랑 측이 제시한 지참금에 실망했다는 점을 분명히 알린다. 이때 양쪽이 서로 공공연하게 감정을 쏟아내지만, 비타의 설명을 들어보면 양가 대리인들이 실제로 그런 감정을 느끼는지는 확실치 않다. 하지만 대리인들이 표현한 감정은 양가 관계에 영향을 미친다. 그뿐이 아니라, 특정한 목표를 달성하는 수단이 되기도 한다. 대리인들은 서로 의견을 주고받을 때 "현재 마음 상태가 어떤지 들먹이며 협상에서 바라는 목표를 얻어내려 한다. 대리인들은 실망과 불만을 토로하며 감정을 터트려서 상대방을 궁지에 몰아넣고 자신에게 유리하도록 협상을 이끈다."409

특정한 감정을 언어로 표현하는 행동은 다른 사람의 감정을 자극해 변화를 촉구하는 방법이기도 하다. 보호자가 자녀에게 해당 문화에서 적절한 감정 또는 부적절한 감정을 경험하도록 가르치는 사례를 들어보자. 우트쿠 이누이트족은 우는 아이에게 그렇게 울다가는 "바지가 젖어서 온몸이 꽁꽁 얼어버린다."라고 말하며 **울지 말라**고 타일렀다.410 자바섬 사람들은 아이에게 어른 앞에서 **이신**(수치심)을 지니라고 일렀다. 이팔루크족 엄마들은 '온화하고 너그러운 행동을 길러줄 요량으로' 아이에게 **파고**를 가르친다.411

어른들도 마찬가지다. 인류학자 캐서린 러츠를 '가족으로 받아들이고' 연구를 지원한 이팔루크족 타말레카는 다른 섬에서 자신을 찾아온 청년을 '**파고**'해야 한다고 식구들에게 일렀다.412 굳이 머나먼 이국에서 사례를 찾을 것도 없다. 내 스승이자 친구인 헤이즐 마커스Hazel Markus도 내게 "너 자신을 긍정하는 법을 배워야 해!"라고 말하며 내가 미국식 감정에 익숙해지도록 수없이 격려했다. 내가 뭔가를 해낼 때마다 마커스는 주인공으로서 성공의 기쁨을 만끽하며 즐기라고 응원했다. 네덜란드에서 '성공'을 대하는 감정 개념은 미국 중산층과는 퍽 다르다. 뭔가를 성취하고도 기쁨을 표현해야 하는지 마는지 주저하고 수줍어할 때 마커스는 그러지 말고 미국식으로 태도를 바꿔보라고 권유했다. 어릴 적부터 어머니는 내게 "평범하게만 행동해도 참 좋을 텐데."라고 말씀하셨고, 할머니는 어디 가서 잘난 척하지 말라고 당부하셨다. 마커스와 미국 친구들이 격려한 덕분에 내 이야기에 미국식 자부심이 차곡차곡 쌓인 뒤로는 새로운 이야기가 나침반 역할을 한다.

세계 곳곳에는 수많은 이야기가 있다

내가 문화와 감정을 연구한다고 친구, 지인, 기자들에게 얘기할 때마다 늘 똑같은 질문을 받는다. "어떤 감정이 문화에 따라 다른가?"라는 질문에 어떻게 대답해야 좋을지, 지금도 확신이 서지 않는다. 이 질문에 대답하려면 수많은 전제를 되짚어봐야 하기 때문이다. 이를테면 픽사 애니메이션〈인사이드 아웃〉과 비슷한 영화를 일본에서 만든다고 해보자. 사람들은 소심이(두려움) 캐릭터가 일본에서도 똑같은 색깔인지 궁금해 하는데, 정작 기쁨이와 소심이가 일본 영화에 등장하는지조차 모르는 상황이라고 할까.

감정을 마인 모형 관점에서 보고 누군가의 뇌를 들여다본다면 그 안에 감정 캐릭터들이 거주하는 세상이 펼쳐진다. 감정 단어는 이 감정 캐릭터들에 관해 이야기한다. 마인 모형에 따르면, 일부 문화에서 사람들이 '실제' 감정을 둘러싸고 그릇된 정보를 얻기 때문에 문화마다 감정에 차이가 난다. 영어에는 **아마에**를 표현할 단어가 없어서 정확히 옮기지 못하지만, 그래도 미국인들은 **아마에**를 느낄 수 있다. 마인 모형에서는 문화권마다 사람들 '안에 거주하는' 감정 캐릭터들이 달라서 감정 단어에 차이가 나타난다고도 주장한다. 이 견해대로라면 이팔루크족은 사랑, 슬픔, 연민을 아우르는 **파고**에 해당하는 감정 캐릭터를 지녔고, 일본인에게는 **아마에**라는 감정 캐릭터가 있지만, 미국인한테는 아마에 캐릭터가 없을 수도 있다. 폴란드어 사용자에게는 영어 사용자가 쓰는 역겨움에 해당하는 감정 캐릭터가 없을지도 모른다. 하지만 감정 캐릭터가 우리 뇌 속에 존재한다는 생각이 정말로 타당한 비유일까?

7장에서는 감정 개념을 전혀 다른 관점에서 바라본다. 아워스 모형 감정에 더 가까운 관점이다. 감정 개념은 직간접으로 자신이 겪은 경험의 집합, 그리고 감정 범주와 관련된 문화 지식과 이해를 토대로 구성된다. 사람들의 감정 어휘와 경험이 문화마다 다른 만큼, 사람들이 식별하는 감정 경험도 다를 것이다. 하지만 급진적 구성주의 관점과는 차이가 있다. 무에서 유를 창조하듯 문화가 인간의 감정을 발명할 수는 없다는 뜻이다. 인간의 모든 감정은 사람과 사람이 맺는 관계에서 큰 영향을 받거니와, 사람은 신체에도 제약이 따르기 때문이다. 인간의 신체와 인간관계는 문화 사이에 공통점도 많지만, 차이점도 크다.

감정 개념이 특정 문화에서 경험한 사건의 집합이라면, 이론상으로는 문화, 집단, 개인마다 감정 개념이 다를 수 있다. 그리고 이 명제가 사실이라면, 내가 감정 연구를 시작했을 때 이 분야를 이끌었던 '얼굴 인식' 연구에도 시사하는 점이 크다. 이 연구에서는 분노, 역겨움, 기쁨 같은 감정 개념에는 특유의 얼굴 표정이 있어서 문화가 달라도 사람들이 똑같이 감정을 인식한다고 주장했다. 하지만 분노, 역겨움, 기쁨을 다른 언어로 번역했을 때 감정 어휘가 서로 일치하지 않고 일부 의미만 공유한다면, 어떨까? 문화권에 상관없이 사람들의 얼굴 표정이 비슷비슷한 감정이 있을 수도 있다. 그런 감정은 언어마다 제각기 대응하는 감정 단어가 있었다. 하지만 문화 간에 닮지 않은 감정도 있을 수 있다.[413] 사실 최근 연구에서도 감정은 문화 간에 다르다는 견해를 제시한다.

감정이 내면에서 일어나는 정신 현상이 아니라 세상에서 우리가 경험하는 사건을 가리킨다면, 감정은 서로 다를 수밖에 없다. 사람들이 살아가는 세상이 저마다 다르기 때문이다. 하지만 문화가 달라도 서로 감정을 전달할 수 있는 건 변하지 않는 요소들이 있기 때문이다. 자신이 아끼고 사랑하는 사람을 향한 감정, 자신의 지위가 위협받을 때 느끼는 감정, 자신이 속한 공동체가 성공을 거둘 때 느끼는 감정, 선함과 아름다움과 도덕성을 향한 감정은 모든 문화권에서 보편적으로 나타난다.

7장

왈츠 배우기

○ 처음 미국으로 이주했을 때, 나는 새 언어를 배우고 새 경제체제에 정착하고 새로운 사람들과 새로운 관습에 적응하겠다는 각오를 다졌다. 하지만 감정을 다루는 방식을 놓고 어려서부터 습득한 전제가 미국에 와서 흔들릴 거라고는 생각하지 못했다.

　인간 감정은 한 쌍의 무용수가 춤을 추듯 '나'와 '너'가 서로 보완하고 이끌며 상호작용한다.[414] 그리고 언어와 관습의 형태로 공유하는 문화 지식은 다양한 개인이 감정을 주고받는 방식을 조율한다. 자신이 어떤 스텝을 밟아야 하는지 아는 두 사람이 탱고 음악 리듬에 맞춰 탱고를 추는 것과 같다. 어떻게 움직여야 하는지 동작을 숙지하고 음악에 맞춰 몸을 놀릴 때 춤이 완성된다. 대인관계에서 자신이 서 있는 위치와 문화 규범에 걸맞게 감정 표현을 조절하는 일은 춤을 추며 올바로 스텝을 밟아나가는 과정과 비슷하다.

　만약 당신이 다른 문화권으로 이주한다면 어떤 일이 벌어질까? 감정을 처리하는 방식이 탱고를 추는 원리와 비슷하다면, 다른 문화에서 감정을 처리하는 매 순간은 탱고 스텝을 하나도 모르는 상대방과 탱고를 추는 셈일까? 비유하자면 그렇다. 예컨대 당신은 스텝을 제대로 밟는다고 생각한다. 그러니까 당신과 상대방의 스텝이 멋지게 어우러져 근사한 춤이 연출되리라 기대한다. 하지만 스텝이 꼬이면서 상대방 발을 밟을 가능성이 크다. 감정을 처리하는 과정에는 두 사람이 따로 춤을 추는 사태를 넘어 더 많은 요소가 개입한다. 살던 곳을 떠나 다른 문화권에 거주하며 사람들과 소통하고 감정을 처리하는 상황을 춤에 비교하자면, 마치 무도회장에서 다른 사람들은 모두 왈츠 음악에 맞춰 춤을 추는데 혼자 탱고 스텝을 밟는 모양새와 같다.

다른 사람들이 추는 춤과 자신이 모국에서 추던 춤이 전혀 다르다는 사실을 끝내 알아채지 못하는 이들도 있다. 인류학자 장 브릭스는 스스로 인정했듯, 우트쿠 이누이트족의 감정을 이해하느라 무척 애를 먹었다.[415] 현지 연구 초기에 브릭스는 집주인이 언제 무슨 이유로 화를 내는지 이해하지 못했고, 분노 감정을 알아차리지 못해 어려움을 겪었다고 한다. 브릭스가 펴낸 문헌을 보면, 나중에는 브릭스가 이누이트족의 감정규범을 파악하게 되지만 내면화하지는 못했다. 언어학자 아네타 파블렌코Aneta Pavlenko가 예리하게 지적했듯, 브릭스는 자신의 감정 처리 방식을 '자연스러운 상태'로 여겼기 때문에 새로운 공동체의 감정 처리 방식에 적응하지 못하고 실패했다.[416] 브릭스가 새로운 방식에 적응하지 못했을 가능성도 있고, 적응하기를 꺼렸을 가능성도 있다. 우트쿠 사회에 정착해 평생 살 생각은 없었기 때문일는지 모른다.

새로운 음악과 춤에 제대로 적응한 이민자도 있다. 에바 호프먼Eva Hoffman은 자서전 《번역이 필요한 감정Lost in Translation》에서 열세 살 때 폴

란드에서 미국으로 이주한 후 새로운 감정 처리 방식에 어떻게 적응했는지 설명했다.[417]

> 결국은 그 목소리들이 내 안으로 들어온다. 나는 그 목소리들을 받아들여 차츰차츰 내 것으로 만든다. 한 조각, 한 조각 이어붙이는 퀼트처럼 나는 새로 구성된다. 예전에는 몰랐는데, 세상에는 무수히 많은 색이 존재한다.

한동안 호프먼은 낯선 감정을 이해하지 못했겠지만, 결국 새로운 문화권의 구성원으로서 감정을 경험하게 됐다. 이민자도 왈츠를 배울 수 있다. 하지만 얼마나 오래, 얼마나 자주, 어떤 조건에서 배우는지는 사람마다 다르다.

이번 장에서 다루는 연구는 대부분 네덜란드계 이민자인 나와 한국계 이민자인 김희정이 솔직하게 대화를 나눈 결과물이다. 그때 우리 두 사람은 영어 구사에 어려움이 없었고, 둘 다 미국 대학교에서 심리학 교수로 일했으며 미국에서 백인 남성과 결혼해 자녀를 두었다.[418] 말하자면, 미국인과 다름없는 삶을 살았다. 추수감사절과 독립기념일을 지켰고, 〈새터데이 나이트 라이브〉를 시청하고 〈뉴욕타임스〉를 읽었다. 바비큐 파티와 자선 모임을 열고, 여름에는 야구 경기를 보러 가고, 겨울에는 슈퍼볼 파티를 즐겼다. 그렇게 미국 문화에 온전히 녹아들었는데도 여전히 '미국인'은 아니라고, 우리는 서로 속내를 털어놓았다. 오랜 세월이 지났건만, '감정'이라는 왈츠를 제대로 추지 못하는 기분이었다.

'감정 처리 방식'은 다른 문화권으로 이주했을 때 그야말로 가장 익히기 힘든 기술일지도 모른다.[419]

　　다른 이민자들은 대체로 어느 쪽에 가까울지, 궁금했다. 장 브릭스 아니면 에바 호프먼? 그도 아니면 그 중간쯤에 해당하는 우리 두 사람과 비슷할까? 우리는 이민자들이 어떻게 왈츠를 익히는지, 어떤 조건에서 감정 처리 방식에 변화가 일어나는지 알고 싶었다. 이민자들이 왈츠를 습득하면 예전 탱고 기술은 잊어버리는지도 궁금했다. 새로운 '색'이 기존 색을 대체하게 될까, 아니면 '예전에는 몰랐는데 세상에는 무수히 많은 색이 존재한다'는 사실을 깨달을까?[420]

　　마인 모형 감정은 새로운 감정에 적응하는 데 시간이 오래 걸리는 이유를 설명하지 못한다. 만약 감정이 타고나는 영역이라면, 눈동자 색깔이 바뀌지 않듯이 다른 나라에서도 감정 처리 방식이 바뀔 일은 없어야 한다. 심리학자들이 가정한 대로라면, 새로운 나라로 이주해서 배울 기술이라곤 새 언어로 감정을 설명하거나 감정을 적절히 표현하는 방법 정도다.[421] 하지만 김희정 교수와 내가 관찰한 결과는 이런 가설을 반박했다.[422]

　　우리는 아워스 모형 관점에서 감정을 관찰하기로 했다. 감정과 문화의 맥락이 서로 뗄 수 없는 관계인데 다른 맥락으로 이주한다면, 우리 뇌에 거주하는 감정 캐릭터에 새 이름을 붙여주는 정도만으로는 부족하다. 언어학자 아네타 파블렌코는 이 지점에서 제2외국어 학습자가 마주칠 문제를 정확하게 지적했다.[423]

제2외국어 학습자가 잘못된 가정을 초기에 극복하고 현지인들의 감정 세계를 정확히 이해하려면 …… 낯선 행동에 담긴 의미를 해석해야 한다. 언제, 어떤 요소가 특정 '감정'을 끌어내는지 식별해야 하고, 특정한 '감정'을 어떻게 관리하고 어떤 단서에 신경을 써야 하는지도 배워야 한다. 언어와 비언어 '감정 표현'을 해석하는 법 또한 익혀야 한다.

감정이 문화 맥락과 밀접한 관계라면, 새로운 맥락으로 이주한 뒤에는 현지인들과 상호작용하면서 '감정을 처리하는' 방식을 다시 배워야 한다.

새로운 문화

네덜란드에서는 솔직한 진실성이 중요한 덕목이다. 유명한 네덜란드 노래 가사에도 이런 구절이 있다.[424]

> 인생이란 경이로워
> 새장에 갇혀 지내지 말고 날개를 펴봐
> 겁내지 말고 인생을 맘껏 누려봐
> 남들이 뭐라 생각하든 신경 쓰지 마
> 네 인생에선 네가 왕이야!

남들이 싫어하거나 불편한 시선을 던지더라도 자신의 취향과 감정을 솔직하게 표현하면 자신에게나 대인관계에서나 진실한 사람으로 평가받는다. 네덜란드를 떠날 때 나는 '지적 자율성'을 중시하는 네덜란드 문화를 이미 체득한 상태였다.[425]

네덜란드에서는 자신이 하고 싶은 일을 하고, 부당해 보이는 일에는 완고하게 자기 주장을 밀고 나간다. 화를 내고 분개하며 다른 사람들과 맞서도 반사회적인 행동으로 여기지 않는다. 오히려 솔직한 감정을 드러내는 행동인 만큼 사람들과 '진정한' 유대를 형성하는 계기가 되기도 한다.

나는 노스캐롤라이나에 10년을 살면서, '솔직하게' 드러내는 분노와 분개 감정을 차츰 자제하게 됐다. 네덜란드인이 중시하는 가치는 대인관계에서 서로 존중하고 공손함을 중시하는 노스캐롤라이나 환경에서 충돌을 일으켰기 때문이다. 명예를 중시하는 미국 남부 지역에서 분노와 분개는 불화를 의미했고, 자신의 평판이 위협을 받거나 상대방이 무례하게 굴 때 터트리는 감정이었다. 화를 내고 분개하는 행동은 웃음거리가 되지 않기 위한 마지막 수단이었다.[426] 네덜란드에서는 자신의 의사를 진솔하게 밝히는 방법이기도 한데, 미국 남부에서는 그렇지 않았다. 유럽에서는 다른 사람과 진솔하게 유대감을 쌓기에 유용한 감정이지만, 미국에서는 달랐다.

분노와 분개 감정을 삼간 이유는 또 있었다. 내 주변에는 나처럼 감정을 드러내어 자기를 표현하는 사람이 아무도 없었고, 그렇게 해봐야 긍정적인 반응을 보이지도 않았기 때문이다. 은근하고 또 노골적인 충고 덕분에, 나는 네덜란드식 자기표현이 미국에서는 강압적이고 무례한 행동이라는 사실을 깨달을 수 있었다. 내가 가르치는 학생들이 제출한 교수평가서에도 이런 점이 분명하게 드러났다. 이 교수는 무례할 때가 있다거나 자기 신념을 자꾸 주입하려 든다고 지적하는 학생들이 있었다. 내 아이들을 가르치던 교사, 내 동료, 친구들도 직접 입 밖에 꺼내지는 않았지만 은근히 싫은 내색을 했다. 그래서 나도 차츰 이들이 표시하는 반감을 알아차렸다. 내가 재직하는 대학교 출판부 기자와 인터뷰했을 때는 이런 일도 있었다. 인터뷰 도중에 대학교 연구 정책을 비판했더니, 기자는 점잖게 고개를 끄덕이면서도 얼른 그 주제에서 벗어나려고 했다. 내가 남들에게 껄끄러운 사람이라는 인상을 받는 사이, 나는 분노를 억누르거나 누그러뜨리는 법을 배웠다. 처음에는 내가 느끼는 감정을 아예 표현하지 않거나 에둘러 말하려고 애썼다. 그러다 나중에는 감정을 그대로 표현해야 자연스럽다는 인식이 사라졌다. 새로운 문화 환경에서 상대방이 나를 잘 이해하려면 내가 어떻게 감정을 전달해야 효과적인지 익히느라 상당한 시간이 걸렸다. 대학교 출판부 기자와 인터뷰했을 때처럼 더러 분노하거나 분개하기도 했다. 그럴 때마다 '네덜란드에서의 습관이 아직도 남아 있구나.' 하는 생각이 들었다. 새로운 환경에서는 이제 그런 감정이 '적합하게' 느껴지지 않았다. 지적 자율성보다 남을 배려하고 존중하는 마음이 더 중요해졌다. 겉모습만 그렇게 바꾼 게 아니라, 실제로도 분노의 크기가 **줄어들었다**. 노스캐롤라이나 사람만큼 매끄럽진 않겠지만, 오랜 시간을 거치면서 나도 왈츠를 그럴듯하게 추게 됐다. 말하자면 상대방 발을 밟는 일이 줄었다. 예전에는 네덜란드 사회에서 원만한 관계를 이어가는 데 내 감정이 한몫했다면, 지금은 노스캐롤라이나 환경에서 그렇다.

나는 동료인 김희정, 요제핀 데 레어스니더르, 앨버 재시니와 함께 이민자들을 관찰하고 유사한 감정 변화를 확인했다. 심리학자들은 이런 변화를 가리켜 흔히 **문화 적응**이라고 한다. 새로운 문화 방식에 따라 감정 처리하는 법을 배운다는 뜻이다. 우리는 주로 특정 상황에서 **어느** 현지인과 이민자가 보이는 감정을 서로 비교하는 방법으로 문화 적응 현상을 관찰조사했다.

이민 2세대인 튀르키예계 벨기에인 학생 아이세의 사례를 살펴보자. 아이세가 수업시간에 떠들었더니, 교사가 아이세를 질책하며 모든 학생이 보는 앞에서 교실 밖으로 나가라고 지시했다.[427] 그림 7.1에서 확인할 수 있듯, 아이세는 화가 났지만 선생님을 공경해야 한다고 생각했고, 선생님 말씀을 존중하지 않은 자신이 부끄러웠다. 아이세의 '감정 프로필'을 보면 분노 감정이 제일 크고, 수치심과 공경심도 나타났다. 우리는 비슷한 상황에서 벨기에 현지인 학생 대다수는 어떻게 느끼는지 아이세와 비교했다. 벨기에 현지인 학생들은 이런 상황에서 화를 냈고, 한발 더 나아가 교사의 훈계에 '왜 나를 세 살배기 아이 취급하는 걸까?'라는 의문을 제기하며 자부심을 느낀 이들도 있었다. 벨기에 현지인 학생들의 감정 프로필을 보면 대체로 분노 감정이 중요했고, 아이세가 드러낸 공경심이나 수치심은 별로 나타나지 않았다. 아이세가 느낀 감정은 평균적인 벨기에 사람들의 감정과 '맞지' 않았다.[428]

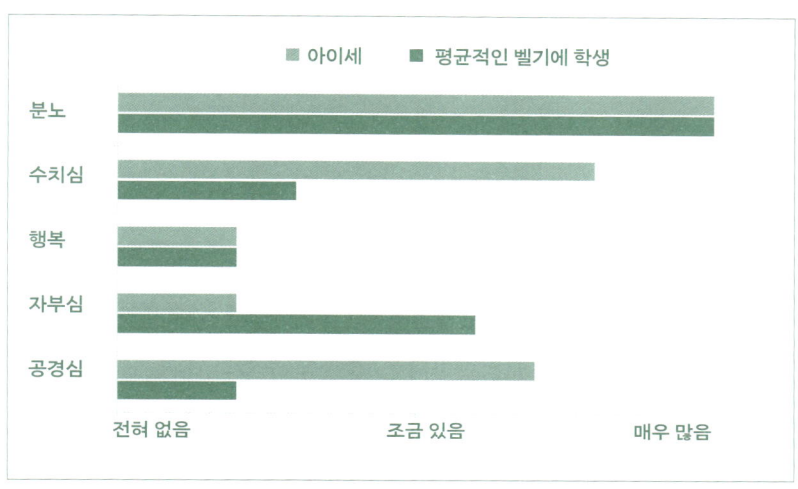

● 그림 7.1 아이세와 평균적인 벨기에 학생들의 감정 프로필 비교

언어와 문화에 따라 **분노**, **수치심**, **자부심**, **공경심**이라는 단어의 의미가 일치하지 않는다면, 어떻게 두 집단의 감정 프로필을 비교할 수 있냐고 의문을 제기할 만도 하다. 여기에 답변하자면, 이들 감정 단어는 문화 간에 비교하지 못할 만큼 **차이가 나지는 않았다**. 아이세 같은 여성이 벨기에에서 오랜 시간을 보내고 나니 수치심과 공경심은 줄어들고 자부심이 강해졌다고 이야기했을 때, 우리 연구진은 응답자들에게 생긴 변화를 알아차렸다. 우리는 두 가지 차원에서 튀르키예와 벨기에에서 사용하는 단어 또는 한국어와 미국 영어의 어휘들이 비슷한 위치에 있는지 확인했다. 하나는 감정가 차원으로, 의미가 긍정 정서인지 부정 정서인지를 평가했다. 다른 하나는 목표 차원으로, 추구하는 지점이 개인 아니면 집단의 목표인지 평가했다. 아이세가 벨기에로 건너와서 생활한

뒤로 수치심이 줄어들고 자부심이 커졌다면, 아이세의 '감정'이 집단의 목표를 중시하던 부정 정서에서 개인의 목표를 추구하는 긍정 정서로 이동했다는 뜻이다.[429]

이렇게 감정 프로필을 조사한 결과, 평균적인 벨기에 현지인의 감정 프로필과 비교할 때 우리는 이민 1세대에서 감정의 적합성이 가장 낮게 나타난다는 사실을 거듭 확인했다. 이민 2세대의 감정 프로필은 1세대보다 벨기에 문화에 더 적합하다는 결과를 보였다. 다들 예상했겠지만, 다수를 차지하는 백인 미국인이나 벨기에 현지인들은 해당 문화권의 감정규범에 가장 적합한 감정을 드러냈다.[430]

벨기에에서 대표 표집을 구성한 여러 중학교의 수많은 학생을 대상으로 조사한 결과를 보면, 0.5세대만 차이가 나도 적합성이 달랐다. 부모 중 한 명은 1세대, 다른 한 명은 2세대인 이민자 2.5세대는 3세대와 적합성에서 차이가 났다. 이민자와 현지인의 감정 프로필이 차이를 보이지 않는 시점은 3세대 이후였다. 다시 말해 이민자는 **대체로** 평생 노력해도 현지인만큼 해당 문화의 감정규범에 적응하기는 어렵다는 뜻이다. 물론 에바 호프먼처럼 살아가는 동안 현지인과 구분하기 어려울 정도로 감정의 왈츠를 익히는 사람도 있지만, 대다수는 그렇지 못하다. 소수 이주민이 마주한 현실을 생각할 때, 이 점을 반드시 고려해야 한다.

지난 20년 동안, 특히 북유럽 국가들은 소수 이주민이 5년 안에 새로운 문화에 적응할 수 있다고 전제하고 이주민 정책을 설계했다. 내 모국인 네덜란드에서는 동화주의 관점에서 이른바 '통합성 평가'를 도입했다. 이주민이 네덜란드에서 살기를 바란다면 현지인 생활방식에 적응해야 한다는 논리다.⁴³¹ 이렇게 전제해서 나타나는 문제는 8장에서 자세히 다룰 참이므로, 여기서는 '정서 적응'에 걸리는 기간이 5년을 넘는다는 점만 지적하려고 한다. 다만, 5년 안에 정서 적응을 마칠 수 있으리라 생각한다면 심리학 관점에서 무척 순진한 기대라고 말하고 싶다. 내 아버지는 우리 선조인 에스파냐계 유대인들이 17세기 초에 에스파냐 왕의 박해를 피해 암스테르담으로 이주했을 때 새로운 고향에 동화되기까지 한 세기가 넘게 걸렸다고 말씀하셨다. "그런데 어떻게 이주민들이 5년 안에 문화에 적응할 거라고 기대할 수 있겠니?"라며 아버지는 정부 정책에 고개를 갸우뚱하셨다. 우리가 조사한 자료도 아버지 말씀을 뒷받침한다. 앞서 설명했다시피, 감정 측면에서는 3세대에 와서야 대다수 현지인과 이민자 사이에 차이점이 눈에 띄지 않았다.

거대한 '인종 용광로'인 미국은 북유럽과는 다르지 않겠냐고 생각할 수도 있겠기에, 우리는 미국에서도 표본조사를 시작했다. 그 결과, 미국 정서에 적응하는 과정이 근본적으로 다르다고 가정할 만한 근거를 전혀 찾지 못했다. 한국계 미국인 1세대를 대상으로 표본조사 한 결과는 벨기에 중학교 대표 표본에서 얻은 결과와 흡사한 특징을 보였다. 이민 1세대는 대체로 백인 문화에 적합한 방식으로 감정을 처리하지 못했으며, 이후 세대에 와서야 문화에 적응하는 것으로 나타났다.⁴³²

이주민으로서 새로운 문화에 발맞춰 감정을 처리하는 법을 배울 수는 있겠지만, 대다수가 평생을 노력해도 쉽지 않은 일이다. 감정을 인식할 때도 마찬가지다. 심리학자 힐러리 엘펜베인Hillary Elfenbein과 낼리니 앰배디Nalini Ambady가 표정과 감정 인식의 관계를 분석해보았더니, 사람들은 동일 문화권 사람의 표정을 읽을 때 표준 해석에 동의할 확률이 더 높았다.[433] 두 심리학자는 미국 문화와 중국 문화를 경험한 정도가 각기 다른 네 집단을 관찰 조사했다. 비아시아계 미국인, 중국계 미국인, 미국에 사는 중국인 학생, 중국에 사는 중국인 학생, 이렇게 네 집단이다. 연구진은 모든 참가자에게 에크먼과 프리센이 여섯 가지 감정을 '보여주려고' 처음 개발한 서양인의 얼굴 사진은 물론, 이 사진 묶음과 일치하도록 개발한 중국인의 얼굴 사진을 보여줬다.[434] 사진이 화면에 하나씩 나타났고, 이어서 여섯 가지 감정 단어가 등장했다. 참가자들은 해당 얼굴을 가장 잘 표현한 '감정'을 골랐다. 엘펜베인과 앰배디에 따르면, 참가자들은 사진 속 인물이 친숙할수록 연구진이 예상하는 감정 단어를 더 자주 선택했다. 비아시아계 미국인 학생들은 중국인 얼굴 사진 묶음보다 백인 미국인 얼굴 사진 묶음에서 훨씬 수월하게 감정을 파악했다. 중국에 거주하는 중국인 학생들은 정반대였다. 중요한 사실은 중국계 이민자들이 백인 미국인 표정을 보고 읽어낸 감정은 미국에 거주한 기간이 길수록 비아시아계 미국인 학생들이 선택한 결과에 가까웠다는 점이다. 유럽계 미국인 표정을 읽을 때, 중국계 미국인들은 미국에 잠시 거주하는 중국인 유학생들보다 '내집단에 속한 구성원'으로서 더 유리했고, 중국인 유학생들은 중국에 사는 중국인 학생들보다 유리했다. 중국계 미국인 표본 안에서도 문화를 경험한 정도가 중요했다. 이민 후세대일수록 유럽계 미국인 얼굴 사진 묶음을 파악할 때 전세대보다 내집단에 속한 구성원으로서 더 유리했다. 반대로 전세대는 이민 후세대보다 중국인 얼굴 사진 묶음을 헤아릴 때 내집단에 속한 구성원으로서 더 유리했다. 얼굴 사진과 감정 단어를 연결하는 고전 가설이 소수 이민자와 그 후세대가 일상에서 상호작용하며 주고받는 감정을 설명하기에 그리 유용한 도구는 아니다. 하지만 우리가 보편적으로 여기는 감정 처리 방식조차 사실은 문화 학습의 대상이라는 사실을 증명하는 데는 도움이 된다. 앞서 설명했듯이, 존이나 타로의 표정을 읽어내는 실험에 참여한 일본인들은 화를 내거나 슬퍼 보이거나 무표정한 사람들보다 행복한 표정을 짓는 사람들에게 둘러싸여 있을 때 존이나 타로가 더 행복해 보인다고 대답했다.[435]

하지만 실험에 참여한 캐나다인들은 주변 인물들의 감정은 아랑곳하지 않고 존의 표정에만 집중했던 사실을 기억하는가? 나는 이런 실험 결과를 캐나다인은 마인 모형에 따라, 일본인은 아워스 모형에 따라 감정을 인식한다는 사례로 사용했다. 일본 출신으로 앨버타대학교 교수인 마스다 다카는 일본계 이민자들이 감정을 인식하는 방식이 아워스 모형에서 마인 모형으로 바뀌는지 추적 조사했다. 원래 우리가 사용한 연구 방식을 조금 수정해서 후속 연구를 진행했는데, 그 결과를 보면 일본계 이민자들의 감정 인식이 바뀐 것으로 나타났다.[436]

실험에서 백인 캐나다인들은 존의 표정에만 집중한 채 주변 인물들의 감정은 신경도 쓰지 않고 존이 느끼는 감정을 읽었다. 이민자들은 북미 문화에 익숙해질수록 감정을 인식하는 방식도 아워스 모형에서 마인 모형으로 이동한 것으로 나타났다. 연구진은 캐나다에 거주하는 아시아계 유학생이나 아시아계 캐나다인에게도 사진 속 존이 얼마나 행복한지, 화가 났는지, 슬픈지 판단해 달라고 요청했다. 두 집단은 존의 감정을 읽을 때 주변 인물들의 감정도 참조했지만, 북미 문화를 오래 경험할수록 주변 인물들에게는 신경을 덜 쓰는 경향을 보였다.[437] 참가자의 시선을 추적한 데이터를 보면, 캐나다에 거주한 기간이 비교적 짧은 아시아계 유학생들도 일본에 사는 일본인 학생들보다는 더 사진 중앙에 있는 인물에게 집중했다.[438] 그러나 아시아계 캐나다인과 유럽계 캐나다인은 여전히 격차가 컸다.

다른 문화권으로 이주한 뒤로 감정생활에 나타난 변화를 설명하는 작업은 복잡할뿐더러, 이 주제를 깊이 있게 다룬 연구도 별로 없다. 새로운 문화권에 거주하는 사람들은 감정생활에서 다양한 변화를 겪는 듯이 보인다. 다시 말해 예전과 다른 방식으로 감정을 느끼고 인식하는 법을 배우고, 주변 사람들과 다른 방식으로 소통하고 행동하는 법을 익힌다. 다른 나라로 이주하거나 체류하게 되면 다채로운 감정 스텝을 새로이 배우는데, 그 나라 현지인과 어울려 감정의 왈츠를 출 때 어떤 스텝이 가장 중요한지는 분명치 않다. 다만, 평생이 걸려도 새로운 스텝을 전부 익히지는 못하리라는 점은 명백하다. 물론 비교적 짧은 기간이라도 다른 문화와 만나게 되면 감정을 처리하는 방식에 영향을 끼친다는 점 또한 부정할 수는 없다.

감정 학습

내 아버지 말씀대로 에스파냐계 유대인 선조들이 암스테르담 현지인들 감정에 적응하기까지 1백 년이 넘는 시간이 걸린 데는 유대인들이 아주 오랫동안 철저히 분리되어 지낸 탓도 있다.[439] 유대인들은 자치 기구를 만들어서 자신들 거주 구역을 관리하고, 학교를 세워 자기네끼리 교육하고, 자신들만의 사회문화 행사를 치르고, 같은 민족끼리 결혼했다. 네덜란드 현지인 다수와 상호작용하는 일은 드물었고, 있다고 해도 대개는 사업상 거래여서 감정을 교류하는 맥락이 지극히 제한됐다.

1970년대 후반에 사회심리학자 미노우라 야스코는 취학 연령 일본인 아이들을 70명 넘게 관찰했다.[440] 일본에서 태어났지만, 회사 업무 때문에 일정 기간 미국에 체류하는 부모를 따라와 미국에 사는 아이들이었다. 미노우라가 심층 면접한 결과, 아이들은 미국에서 생활하며 새로운 감정을 학습했다. '자부심'이 있어 거리낌 없이 자기 장점을 밝힌 아이들은 언제 자신이 '행복한지' 잘 알았고, 장래 소망도 딱 부러지게 이야기했다. 그래서 자신을 '행복하게' 만들어주는 일을 추구하며 스스로 결정을 내렸다. 이 아이들은 미국에 거주한 기간이 다른 아이들보다 더 길었고, 미국인 친구들도 더 많이 사귀었으며, 영어도 더 유창했다. 이 모든 지표는 이 아이들이 미국 문화에 무리 없이 적응했다는 사실을 의미했다.

미노우라가 아이들을 면접조사할 당시, 일각에서는 유년기에 사회화를 거치고 나서 다른 문화권으로 이주하면 해당 문화의 감정 처리 방식에 제대로 적응하지 못할 거라고 짐작했다. 유년기에 사회화를 거치는 과정에서 습득한 감정 처리 방식이 바뀌지 않는다고 생각했기 때문이다. 미노우라가 관찰한 결과를 보면 일부 일본인 부모는 이주 후에도 감정 처리 방식에 변화가 없었지만, 자녀들은 달랐다. 주재원 자녀들은 학교에 다니며 새로운 친구들과 어울렸고, 일본에서 태어났지만 새로운 사회와 문화 환경에 걸맞게 '감정'이 달라졌다.[441]

우리가 직접 조사한 결과 몇 가지도 미노우라의 연구 결과와 일치했다. 소수 이민자가 다른 문화권에 거주한 기간이 길수록 해당 문화권의 감정규범에 적합한 감정을 보였다. 이런 대목은 아무리 나이가 들어도 새로운 것을 학습할 수 있다는 점을 시사하지만, 새로운 문화를 똑같이 경험해도 감정에 똑같은 변화가 생기는 건 아니라는 점도 보여준다. 나는 미국에서 15년, 그러니까 내 인생의 4분의 1을 살았다. 내 아이들도 거의 같은 기간을 미국에서 살았지만, 아이들 인생에서 차지하는 비중은 훨씬 크다. 우리 연구진이 조사한 결과에 따르면, 인생 대부분을 미국에서 보낸 사람은 감정생활에서 나보다 훨씬 더 미국인에 가깝다고 보는 게 합리적이다.[442] 이민 연령이 중요한 까닭은 대체로 늦은 나이에 이민자가 되면 모국에서 쌓은 만큼의 수많은 경험을 새로운 문화에서 습득하기 어렵기 때문이다. 나이가 들어도 새로운 것을 배울 수는 있지만, 과거 경험에서 자유로운 사람은 없다.

한 나라에 거주하는 정도만으로는 해당 문화에서 감정 처리하는 방식을 배우기에 부족하다. 달리 말하면, 사회생활에 열심히 참여해야 한다. 우리가 벨기에 중학교에서 면접조사한 결과를 보면, 벨기에 현지인 친구들과 친하게 지내는 이민자 학생은 '벨기에인 감정'에 익숙해지는 데 훨씬 유리했다.[443] 이민자 학생이 벨기에 문화규범에 적합한 감정을 익힐 때 현지인 친구에게 많은 도움을 받기에, 친구는 많을수록 좋았다. 또한 단순히 많이 알고 지내는 차원보다는 돈독하게 우정을 쌓을수록 더 유익했다. 해당 학급에 현지인 학생 비율이 높을수록, 소수 이민자 학생이 느끼는 감정은 '벨기에인' 감정에 가까웠다. 물론 학교가 끝난 뒤에도 현지인 학생들과 시간을 많이 보낼수록, 그리고 방학 기간에 모국어를 사용하는 시간이 적을수록 '벨기에인' 감정에 가까웠다.[444] 다수인 현지인 학생들과 상호작용하는 동안, 이민자는 해당 문화에 적합한 방식으로 감정 처리하는 법을 학습한다.

다른 문화권 감정 배우는 법을 다룬 연구가 많지는 않아도, 새로운 감정을 배우는 노년기 사회화 과정과 유년기 사회화 과정이 근본적으로 달라 보이지는 않는다. 다시 말해 '아웃사이드 인' 방식으로 감정을 익힌다. 내가 미시간대학교에 처음 도착해서 경험한 사회화를 예로 들어보겠다. 그때 감정에 관해 토론하는 세미나에 참여했는데, 다른 참가자들은 대다수가 대학원생들이었고 나는 박사후연구원이었다. 자기소개 시간에 '문화와 감정'에 관심이 있다고 네덜란드식으로 짧막하게 말을 끝냈더니, 선임 교수가 나를 문화와 감정을 다루는 세계적인 전문가라고 소개하며 내 부족한 설명을 보충했다. 선임 교수는 이런 방식으로 내게 '자부심'을 느낄 만한 계기를 마련해줬다. 훗날 내가 남편과 함께 올리버에게 자부심을 느끼게 해줄 계기를 만든 방식이나, 디디 엄마와 누나가 디디에게 수치심을 일깨워줄 계기를 만든 방식과 크게 다르지 않았다.

앞선 사례처럼 일부러 계기를 **만들지 않더라도, 감정 유형을 분류하**는 대다수 현지인의 방식을 경험하며 이민자는 새로운 감정 처리 방식을 배운다.[445] 많은 현지인이 문화에서 공유하는 감정 개념에 따라 감정 사건을 해석할 때 이민자는 새로운 감정을 학습하기 때문이다. 이런 부분 또한 아이들이 '감정'을 배우는 방식과 크게 다르지 않다.

많은 현지인이 이민자에게 감정 **처리하는 법**을 알려주고, 보여주기도 한다. 앞서 언급한 세미나 시간에 선임 교수에게 칭찬을 듣고, 나는 당황해서 얼굴도 들지 못한 채 '전문가'라는 표현이 과분하다고 중얼거렸다. 선임 교수가 내게 '자부심'을 느끼도록 계기를 마련해줬건만, 정작 나는 그런 상황에서 어떻게 감정을 처리해야 하는지 알지 못했다. 미국식으로 교수에게 감사하다고 인삿말을 전하고 그 순간을 즐겨야 했는데, 네덜란드식으로 대응하고 말았다. "다른 사람보다 제가 뛰어나다니요, 천만에요." 상대방이 새로운 환경에서 흔히 즐기는 왈츠를 추자고 내게 권했는데 나는 탱고 스텝을 밟고 만 셈이었다. 미국 사람들이 자연스럽게 스스로 돋보일 기회를 포착하는 법을 관찰하면서, 나 또한 기회가 왔을 때 수줍어하지 않고 자부심을 즐기는 법을 익혀갔다.

이민자가 여러 현지인과 함께 사회활동에 참여한다면, 자연스럽게 상호작용을 주고받는 순간이 언제인지 관찰하며 적절한 감정을 배울 수 있다. 내가 미국식 '자부심'을 표현했을 때 상호작용이 덜 어색해진다는 사실을 나도 경험으로 깨우쳤다. 마찬가지로 미국 남부 지역에서는 내가 분노하거나 분개해도 사람들이 공감하기는커녕 신경도 쓰지 않는다는 사실을 알아차리고부터 분노를 터트리는 행동을 자제했고, 결국에는 분노를 덜 느끼게 됐다. 다른 사람들이 내내 왈츠를 추고 들리는 음악도 전부 왈츠 음악인데 거기서 탱고 스텝을 밟으려고 하면 호응할 사람이 있겠는가. 그러하니 왈츠 추는 법을 배워야 한다. 실수도 하고 틀릴 때도 있겠지만, 오랜 시간에 걸쳐 이민자는 자기 '감정'을 조율하는 법을 익히기 마련이다.

현지인은 해당 문화에 '적절한' 감정을 느낄 수 있도록 이민자에게 계기를 마련해주고, 해당 문화에 걸맞은 '적절한' 감정 어휘로 감정 경험을 열심히 설명하며 분류한다. 비슷한 상황에서 어떻게 '적절한' 감정을 느끼는지 모범도 보인다. 이 모든 시간이 이민자에게는 새로운 감정을 학습할 기회다. 아이들이 감정을 배우며 거치는 사회화와 마찬가지로, 노년의 사회화도 '아웃사이드 인' 방식을 따른다. 거듭 말하지만, 문화와 규범에 따라 감정을 느끼고 처리한다고 해서 그 감정이 실체가 없다는 뜻은 아니다.[446] 미국에 거주하는 동안, 나는 미국식으로 강한 '자존감'을 기르게 됐다. 무슨 말인가 하면, 나 자신과 내가 성취한 일이 중요하고, 주목할 가치가 있고, 인정받을 만하다고 평가하고 확인하는 경험을 수차례 거듭한 뒤로 자존감을 느끼는 과정이 자연스러워졌다는 뜻이다. 없는 감정인데 있는 척 **연기**하지 않았다. 감정을 적절한 방식으로 처리하고 자존감이라는 개념을 내면에 담은 결과다.[447] 인간은 어릴 때 사회화 과정을 끝내는 게 아니라 새로운 사회와 문화를 만날 때마다 거기에 적응하며 계속 변화한다.

새로운 감정 개념

네덜란드에서 감정을 연구하던 학생 시절에 '고통distress'이라는 단어를 마주칠 때마다 무척 혼란스러웠던 기억이 난다. 영어 심리학 논문에 자주 등장하는 용어인데, 행복한 상태를 의미하지 않는다는 점만 이해했을 뿐, 정확히 무슨 뜻인지 파악하기 어려웠다. 혹시 네덜란드어 '불안감angst'에 가까운 단어일까? 아니면 네덜란드어 '슬픔 또는 절망verdriet|wanhoop'과 비슷할까? 고통을 감정이라고는 생각지도 못하던 때였다. 미국에서 꽤 오랜 시간을 보내고 나서야 이 단어를 제대로 이해했다. **언제** 고통이라는 감정을 느끼는지, 그 감정을 느낄 때 **어떤 느낌**인지 안다. 나는 이제 고통을 '감정'으로 인식한다.

영어와 그리스어를 구사할 줄 알고 키프로스에서 7년 넘게 산 소피아도 비슷한 사례를 들려준다. 그리스어 **스테나호리아**는 말 그대로 옮기하면 '질식한 듯한 공간'인데, 영어에는 **스테나호리아** 감정을 번역할 적절한 단어가 없다. 소피아는 단어 **스테나호리아**가 언제 사용되는지 짐작만 할 뿐이었다.[448] 그래서 **스테나호리아**가 표현하는 정서를 설명하느라 애를 먹었다. 그리스 출신 남편도 이 단어를 써본 적이 없고, '노인 세대'만 사용했다. **스테나호리아**의 의미를 파악하는 데 도움이 될 만한 문화 경험이나 상호작용이 부족했던 탓에, 소피아는 이 단어를 제대로 익히지 못했다. 외국어를 배운다는 건 새로운 단어와 함께 새로운 감정까지 습득하는 일이다. 더딜 수 있는 과정이다. 연구 결과를 보면, 이민자들은 새로운 언어의 단어를 익힌 뒤에 그 단어와 연관된 정서를 깨우친다.

나는 고통 감정이 어떤 상황에서 일어나는지, 어떤 느낌인지, 고통을 느낄 때 사람들은 어떻게 반응하는지 알지 못했다. 이 고통이 누군가를 나쁜 사람으로 만드는지, 다른 사람들에게서 어떤 반응을 끌어내는지 알지 못했다. 비슷한 맥락에서 소피아도 자신이 **스테나호리아**라는 단어에 익숙지 않다는 사실을 단번에 깨달았다. 물론, 특정 감정에 대응하는 단어가 모국어에 **있으면** 단어뿐만 아니라 그 단어가 표현하는 정서까지 배워야 한다는 생각을 하기가 훨씬 어렵다. 더욱이 특정 문화권의 '감정'을 익히는 과정은 감정 단어를 배울 때보다 어렵고 시간도 더 오래 걸릴 수 있다. 새로운 문화에 적응하지 못한 제2외국어 학습자들이 흔히 저지르는 실수가 있는데, 바로 새로운 감정 단어를 해당 문화가 아닌 모국의 감정 개념과 연결한다는 점이다.[449] 제2외국어를 학습하는 교실에서 자주 목격할 수 있는 현상인데, 나도 영어를 막 시작했을 때 그랬다. 우리는 교실에서 제2외국어로 감정 단어를 배우지만, 실제 의미는 파악하지 못했다.

언어학자 하워드 그라부아는 제2외국어로 에스파냐어를 학습하는 과정을 예로 들어 이 점을 명쾌하게 설명한다.[450] 그라부아는 에스파냐어 원어민과 영어 원어민이 사랑, 두려움, 행복을 뜻하는 단어를 듣고 연상하는 개념을 실험 조사하고, 도표로 그려 비교했다. 두 집단이 연상한 개념에는 차이가 있었다. 영어 단어 **두려움**fear을 들은 원어민은 '걱정anxiety' '긴장한nervous' '스트레스stress' '땀sweat' '비명scream' '떨림shaking'처럼 두려움에 반응하는 상태를 떠올린 반면, 에스파냐어 단어 **두려움**miedo을 들은 원어민은 외로움과 고독을 상상했다. 이 실험 조사에서는 에스파냐어를 사용하는 환경에 살아본 적이 없거나 비교적 체류 기간이 짧은 외국어 학습자들은 에스파냐어 단어를 배웠어도 원어민이 연상하는 개념을 습득하지 못했다는 점을 눈여겨봐야 한다.[451] 이들은 **두려움**miedo 같은 새로운 단어를 배울 때도 자신이 예전에 습득한 개념과 이 단어를 연결했다. 그러니까 영어 단어 **두려움**fear이 떠올리는 개념인 '걱정' '긴장한' '스트레스' '땀' '비명' '떨림'과 연결해서 생각했다. 에스파냐에 꽤 오랜 기간 살고 나서야, 외국어 학습자는 원어민처럼 단어를 연상하기 시작했다. 이때 비로소 '감정'을 배웠다고 말할 수 있다. 그러니까 감정을 가리키는 명칭만이 아니라 단어에 얽힌 새로운 경험들도 익힌 단계다. 새로운 문화권에서 감정을 주고받는 상호작용을 직접 경험하고 관찰해야만 새로운 문화권에 걸맞은 감정이 무엇인지 제대로 알 수 있다. 그렇지 않으면 새로운 감정 단어라는 그릇에는 아무것도 없거나, 과거의 낡은 경험만 가득할 뿐이다.

영어를 배울 때, 나는 영어 **분노**anger가 네덜란드어 **분노**boos와 의미가 다를 수도 있으리라고는 생각해본 적이 없다.[452] 그래서 아무 생각 없이 두 단어를 같은 의미로 사용했다. 네덜란드 단어와 연결해서 생각하던 개념들을 영어 단어에도 그대로 적용했다. 그러다 감정을 연구하면서 이들 단어가 서로 다르다는 사실을 알게 됐다. 영어 단어 분노는 주로 공격성을 드러내는 단어(고함치다, 말싸움하다, 때리다)를 떠올린다. 반면 네덜란드어 단어 분노는 문제 상황에서 자신을 분리하는 단어(떠나다, 무시하다, 잊다)를 더 많이 상상하게 한다. 아마도 미국에서 마주치는 **분노**angry 경험과 네덜란드에서 겪는 **분노**boos 경험이 서로 다르기 때문일 수 있다. 새로운 문화권의 '감정'을 제대로 배우려면 수많은 사건 안에서 감정을 경험해야 한다.

이민자 감정 프로필을 다루는 연구를 할 때, 우리는 감정가 차원과 목표 차원에서 비슷한 감정 개념에만 초점을 맞추고, 이민자들이 새로운 감정 개념을 학습하는 방식은 고려하지 않았다. 그런데도 튀르키예어와 벨기에에서 쓰는 네덜란드어의 몇몇 사례에서 의미 있는 차이를 발견했다. '단념한'과 '당황한'을 뜻하는 감정 단어는 튀르키예어에서 긍정 정서에 해당하지만, 벨기에 네덜란드어에서는 부정 정서다. '질투'를 뜻하는 감정 단어는 튀르키예어에서 대인관계를 원만하게 이어가는 수단인데, 벨기에 네덜란드어에서는 개인 가치를 지키기 위한 개념이었다. 튀르키예 이민자들은 일정 기간이 지나면 네덜란드어 단어는 물론 단어가 떠올리는 의미도 익힌다. 감정 개념까지 습득하면, '단념한'이라는 단어를 세상에서 자신의 한계를 인정하는 감정이라기보다는 개인의 주체성이 부족한 감정으로 받아들이게 된다. '당황스러움'은 자신의 초라한 사회적 지위를 알아차릴 때보다 다른 사람의 시선을 신경 쓸 때 느끼는 감정으로 바뀔 것이다. '질투' 또한 관계를 위협하는 요소에 맞서는 정당한 반응이라기보다는 이기적인 감정으로 인식하게 된다. 이처럼 감정 단어와 감정 개념은 감정을 반영하는 사회 현실에 따라 새로운 의미를 지닌다.

다른 언어를 구사하면 해당 문화를 이해한다고 생각하기 마련인데, 얄궂게도 이런 착각 때문에 문화 배경이 서로 다른 사람의 감정을 이해하기가 어렵다. 감정에 대응하는 번역어가 그 감정과 일치하지 않기 때문이다.[453] 이렇게 번역어가 완전하지 않건만, 우리는 다른 문화권 사람들의 감정을 이해하고 그 사람도 우리와 '똑같은 감정'을 느끼리라고 오해하기 쉽다. 수많은 학자가 문화에 담긴 감정 차이를 인정하지 않는 까닭도 이런 어려움 때문일 수 있다.[454]

탱고와 왈츠

미노우라의 연구 결과를 보면, 해외 주재원 자녀 일부는 미국에서 꽤 오랜 기간 체류한 뒤에 일본 문화로 돌아가는 데 어려움을 겪었다. 17세인 지로는 이렇게 말했다. "제 안에서 일본 감정을 끄집어내야 했어요."[455] 지로는 미국식 '감정'을 얻은 대신 일본식 '감정'을 잃어버렸다. 다른 일본 태생 아이들도 일본식 감정 처리 방식을 잊고 미국식 감정 처리 방법에 적응했다고 언급했다. 아이들은 일본 문화규범에 순응하고 속마음을 에둘러 표현하며 사람들과 소통하는 일에 어려움을 겪었다. 심지어 일본식 소통 방식에 '역겨움'을 느끼는 아이들도 있었다.

  요제핀 데 레어스니더르의 연구 결과에 따르면, 지로 학생의 경험담은 수많은 이민자가 겪는 문제를 대변하는지도 모른다.[456] 레어스니더르는 우리가 개발한 감정 프로필 설문지를 튀르키예와 한국에 적용하고, 여러 상황 유형에 알맞은 감정규범을 제각기 설계했다. 교사에게 공개적으로 야단을 맞은 아이세와 같은 상황에서 나타나는 튀르키예인의 감정 프로필은 대체로 수치심과 공경라는 마음으로 구성될 것이다. 레어스니더르는 이민자들이 타국 규범에 적응하며 습득한 감정 프로필과 모국에서 몸에 밴 감정 프로필을 서로 비교했다. 그 결과, 이민자들이 모국 감정 문화를 일부 상실했다는 사실을 확인했다.[457] 튀르키예계 벨기에인 2세대가 대체로 경험하는 감정은 이제 더는 튀르키예 방식으로 보기 어려웠다. 벨기에 현지인 표본 집단과 비교해도 거의 차이가 없을 정도로 '튀르키예 정서'와 거리가 있었다. 마찬가지로, 유럽계 미국인과 비교했을 때 한국계 미국인이 느끼는 감정은 이제 '한국 방식'이 아니었다. 유럽계 미국인과 거의 차이가 없을 정도로 '한국 정서'와 거리가 있었다. 하지만 튀르키예계 벨기에인 1세대는 '튀르키예 방식'대로 감정을 경험했다. 튀르키예 현지인 집단과 별 차이가 없었다. 앞서 설명했듯이, 튀르키예계 벨기에인 1세대는 벨기에 현지인과 감정을 처리하는 방식에서 뚜렷한 차이를 보였다.

새로운 방식으로 감정을 처리하는 법을 배웠다면, 과거 방식을 버렸다는 뜻일까? 미노우라 연구에서 소개한 일본인 학생 지로의 사례를 보면, 꼭 그렇지는 않다. 일본으로 돌아와 3년이 지났을 무렵, 지로는 다시 미국에 머물 기회가 생겼다. 이번에는 미국에서 지내면서 두 문화권의 감정 처리 방식을 비교해보고, 일본 문화에서 중시하는 순응과 **아마에**의 이점을 되새겼다. 지로는 미국과 일본에서 사람들이 추구하는 대인관계 목표가 서로 다르다는 점을 알기에, 두 가지 방식에 다 공감할 수 있다.[458]

> 일본에서는 조직에 무리 없이 섞여들려면 주변 기대에 순응해야 한다는 압박감이 커요. 미국에서는 선택과 생활방식에서 다양성을 존중합니다. 자신이 좋으면 그만인 거죠. 일본에서 한동안 지

내다가 미국에 돌아왔을 때 마음이 홀가분했어요. 이제 다른 사람들 생각에 순응할 필요 없이 내 생각을 주장할 수 있겠구나 싶었죠. 하지만 주체적으로 생활하는 것도 쉬운 게 아니었어요. 여기 미국에서는 뭐든지 스스로 결정해야 하고 …… 자기가 정신을 차려서 관리하지 않으면 낙오하기 쉽거든요. 일본에서처럼 다른 사람들에게 보살핌을 받더라도 생각보다 나쁘지 않겠다는 생각이 들어요. 더 안정감을 느낄 수 있으니까요.

이민자들은 왈츠를 추는 시간이 더 많겠지만, 탱고 스텝 밟는 법을 여전히 기억하는 이도 많다. 그러니까 이 사람들은 두 가지 또는 그 이상의 문화에 익숙하다. 내가 유럽으로 돌아가고 얼마 지나지 않아서 새로 학과장이 선출됐는데, 그때 당선 소감을 듣고 깜짝 놀랐던 기억이 지금도 생생하다. 신임 학과장은 자신의 아내가 분명 이 소식을 반기지 않을 테고 학과장 직무를 처리하느라 많은 시간과 노력이 들겠지만, 이 소임을 감당하겠다고 말했다. 그러면서 학과를 대표해 부지런히 일하고 최선을 다하겠다고 다짐했다. 워낙 성실하기로 정평이 난 사람인데, 당선 소감에서 자부심이나 기쁨을 드러내지도, 선출돼 영광이라고 언급하지도 않았다. 학과 직원들에게 자신을 믿어줘 행복하다는 말도 하지 않았고, 이 훌륭한 학과를 더욱 빛내겠다는 포부를 밝히지도 않았다. 당선 소감은 차분하고 겸손했다. 미국식 왈츠를 기대했던 나는 놀랐지만, 그 순간 내가 탱고를 추는 모국에 돌아왔다는 사실을 실감했다. 미국에 살면서 감정을 처리하는 방식이 바뀌었기 때문이다. 하지만 네덜란드에서

30년 넘게 살면서 받았던 영향은 쉽게 사라지지 않는다는 점도 깨달았다.[459] 나는 곧바로 감정 처리 방식을 되돌릴 수 있었다.

지로와 나는 미국에 사는 동안 모국 문화규범에 따라 사람들과 상호작용하는 일이 드물었다는 공통점이 있다. 튀르키예계 벨기에인과 한국계 미국인 응답자 중 이민 2세대도 대체로 마찬가지일 것이다. 레이스니더르가 연구에서 다룬 이민 2세대의 감정 프로필을 보면, 대체로 '튀르키예 정서'나 '한국 정서'와는 거리가 있었다. 하지만 감정 프로필에서 '튀르키예 정서'나 '한국 정서'에 가깝게 나타나는 예외도 있었는데, 이들 사이에는 튀르키예인 친구나 한국인 친구와 자주 어울린다는 공통점이 있었다. 이런 사실이 감정 측면에서는 다른 요소보다 큰 영향력을 발휘했다. 모국 전통과 문화에 애착을 느끼고 모국 문화유산에 공감하는 자세도 필요하지만, 감정 처리하는 방식을 유지하려면 동일 문화권 출신 친구들과 일상에서 교류하는 활동이 무엇보다 중요하다. 그렇지 않으면 영영은 아니더라도 무척 빨리 모국의 감정 처리 방식을 잊어버리게 된다.[460]

내 친구 기타야마 시노부는 일본계 미국인 심리학자인데, 일본 문화와 미국 문화에 모두 익숙하다. 아워스 모형 감정이 널리 퍼진 일본에서 자라다가 미국으로 이주했으니, 아워스 모형에서 마인 모형으로 변화를 겪은 사람이다. 일본에서는 '감정'이 내면이 아닌 외부에 존재했다. 기타야마는 미국에서 오랜 세월을 보내는 동안 내면에서 일어나는 정신 현상으로 감정을 인식하게 됐다. 그러다 보니 일본에서 한동안 지내다가 미국으로 돌아올 때마다 "어떻게 지내?"라는 간단한 질문에도 얼마간은 대답하는 데 어려움을 느낀다. 일본에서는 외부 감정에 초점을 맞췄으니, 다시 내면으로 시선을 옮겨야 한다. 미국과 일본을 오갈 때마다 초점을 섬세하게 조정해야 한다.

    나도 비슷한 경험이 있다. 미국에서는 강렬한 자부심과 들뜨고 신난 기분을 자주 경험하는데, 유럽에서는 그럴 일이 그만큼은 없다. 그래서 유럽에서 많은 시간을 보낼 때면 흥분과 자부심을 차츰 줄이고, 대신 유럽 문화에 적절한 감정으로 채운다.

    이쪽과 저쪽을 오가며 감정 처리 방식을 바꾸고 맥락에 맞게 '적절한' 감정을 활용할 수도 있다. 어느 쪽으로 방향을 돌리든 노력이 들겠지만, 기타야마와 내가 경험해보니 낯선 문화에서 처음 '감정 처리 방식'을 배울 때만큼은 힘들지 않다. 또 감정을 문화에 맞게 바꾸는 기술 자체를 훈련할 수도 있다. 복수 문화를 경험하는 대다수 이중문화인[461]과 비교하면, 기타야마 시노부와 나는 사정이 다를 수도 있다. 우리 두 사람은 이따금 비행기를 타고 모국을 방문할 때만 문화 맥락의 방향을 돌린다. 하지만 수많은 이중문화인은 일상에서도 수시로 맥락이 바뀌는 경험을 한다.[462] 벨기에 중학생을 대상으로 진행한 연구 결과를 보면, 이민자 학생들은 부모가 이민자인 만큼 집에서는 모국어로 소통하지만 벨기에 학교에서는 백인 친구들과 어울리는 사례가 많았다. 이 아이들은 여러 현지인과 함께 주류 문화를 공유하며, 동시에 이민자 공동체에서 보내는 시간도 꽤 된다.

    둘 이상의 문화권을 자주 넘나드는 이중문화인들은 스스로 문화권에 따라 감정 처리 방식을 바꾼다는 사실을 의식하지 못할 수도 있다.

감정 전환에 익숙해지면, 왈츠 음악이 흐르는 순간 왈츠를 추고 탱고 음악이 들리는 순간 탱고를 출 수 있게 된다. 일본계 미국인 중에는 미국 문화에서 소통할 때는 마인 모형을 따르고 모국인 일본에 돌아가서는 아워스 모형을 따르는 이들이 있다. 어느 문화 맥락에서 상호작용을 주고받든 해당 문화와 연관된 방식으로 감정을 처리한다.[463] 이런 사실을 증명하는 연구 결과도 있다.

앞서 살펴봤듯이, 여러 동아시아 문화권에서 행복과 불행은 밀접하게 얽힌다.[464] 동아시아 문화권 사람들은 이 두 감정을 동시에 느낀다고 곧잘 이야기한다. 유럽계 미국인 문화에는 이런 현상이 없다. 행복이란 불행하지 않다는 뜻이기 때문이다. 한 연구에서 밝힌 내용을 보면, 동아시아계 캐나다인 대학원생들은 서구 문화와 아시아 문화 중 어디에 더 동질감을 느끼는지에 따라 감정 유형이 달라진다.[465] 연구진이 10일 연속으로 학생들의 감정을 측정하고 기록한 결과, 서구 문화와 동질감을 느끼거나 영어를 사용하는 동아시아계 캐나다인 학생들은 행복을 느낄 때 불행하다고 느끼지 않았다. 하지만 자신을 아시아인으로 인식하거나 아시아 언어를 사용하는 학생들은 행복을 느끼면서도 불행하곤 했다. 자신을 아시아인으로 인식하건 서구인으로 인식하건 불행 감정에는 차이가 없었지만, 행복과 불행을 동시에 느끼는 사례는 문화 정체성에 따라 달랐다.

나는 요제핀 데 레어스니더르, 김희정과 함께 한국계 미국인 이민자와 튀르키예계 벨기에인 이민자를 실험 조사했다. 그 결과, 이민자들은 비서구 문화가 주류인 사적 공간보다 공적 장소에 있을 때 서구 문화에 적응하는 비율이 더 높았다.[466] 이민자 집단의 감정 프로필을 보면, 집보다는 직장이나 학교에 있을 때 주류 문화에 더 가까웠다. 요컨대 문화 맥락에 따라 감정 프로필이 달라졌다.[467]

이민자들의 감정 프로필이 다르게 나타나는 이유는 공적 장소와 집에서 마주하는 상황이 다르기 때문일 수 있다. 이민자들이 공적 장소에서 더 큰 행복을 느낀다면 거기서 행복감을 불러일으키는 상황을 더 자주 경험했기 때문일 것이다. 나도 공적 장소에서 만나는 미국 사람들이 나를 칭찬하고 응원하면서 내게 행복을 느낄 기회를 곧잘 만들어줬기 때문에, 내가 미국으로 이주한 뒤에 더 자주 '행복'을 느꼈을지도 모른다. 또 다른 가설도 세워볼 수 있다. 이민자가 마주하는 여러 상황에 별 차이가 없더라도 문화 배경에 따라 이민자가 다른 방식으로 감정을 처리할 수도 있을 터다. 노스캐롤라이나에서 지낼 때 나는 네덜란드 문화권에서라면 분노할 만한 상황에 부딪쳐도 '화'를 덜 내기 시작했다. 대인관계에서 미국 친구들이 추구하는 목표가 네덜란드 사람들과는 달랐기 때문이다. 이 두 가지 가설 모두 타당성이 있기에, 나와 레으스니더르는 이중문화인들이 똑같은 문제를 마주쳤을 때 어떻게 감정 처리 방식이 바뀌는지 알아보고 싶었다.

우리 두 사람은 가설을 검증할 연구를 설계했다.[468] 양국 문화에 익숙한 튀르키예계 벨기에인 이민자들에게 이상적인 마을을 구상한 다음, 조력자 역할을 맡은 '이웃 사람' 한 명과 협력해서 마을 조성 계획을 짜보라고 요청했다. 이들에게 참고할 마을 지도, 놀이터나 나무 등이 찍힌 사진 여러 장, 필기구와 풀도 제공했다. 문화 환경은 두 가지로 구분했다. 이민자들을 반으로 나눠, 한쪽은 튀르키예 모스크 사교실로 초대해서 튀르키예인 연구원과 조력자와 상호작용하는 내내 튀르키예어만 사용하도록 조치했다. 나머지 절반은 벨기에 지방정부가 세운 주민센터로 초대해서, 벨기에인 연구원과 조력자와 상호작용하는 내내 벨기에 공용어인 네덜란드어만 사용하게 했다. 우리 관심사는 튀르키예계 벨기에인들이 튀르키예 문화 환경에서는 '튀르키예인 정서'에, 벨기에 문화 환경에서는 '벨기에인 정서'에 더 가까운 반응을 보이는지 확인하는 데 있었다. 이들은 배경에서 들리는 음악과 상대방에 따라 다른 춤을 출까?

우리는 이중문화인들이 튀르키예 문화 환경에서든 벨기에 문화 환경에서든 똑같은 문제에 부딪히도록 실험 조건을 설계했다. 이중문화인들과 함께 과제를 해결하는 역할을 맡은 실험 조력자가 각본에 따라 도중에 수차례 무례한 행동을 할 예정이었다. 우리는 문제 상황에서 이중문화인들이 보이는 반응을 기록했다. 이를테면 이상적인 마을을 조성하는 계획이 마무리될 즈음 마을 주민으로 위장한 실험 조력자가 거짓말을 하는 식이다. 실험을 진행하는 연구원이 들어와서 과제를 점검하는데, 갑자기 조력자가 마을 조성 계획을 설명하겠다며 자원하고 나선다. 그러고는 모든 구상이 오로지 자신의 아이디어였다고 이야기한다. 이 말은 곧 다른 사람들은 과제에 아무런 도움도 주지 않았다는 뜻이다. 튀르키예 문화 환경과 벨기에 문화 환경에서 이중문화인들이 도둑질이나 다름없는 거짓말에 보인 반응은 눈에 띄게 달랐다.[469] 튀르키예 문화 맥락에 있던 이중문화인들은 실험 조력자의 말을 듣고 어떻게 저렇게 파렴치할 수 있냐며 깜짝 놀랐다. 그러고는 두 눈을 부라리며 실험 조력자를 위아래로 훑어보았다. 우리는 이런 행동을 **경멸**로 해석했다. 반면 벨기에 문화 환경에 있던 이중문화인들은 눈살을 찌푸렸고, 목소리에는 불만이 가득했다. 우리는 이런 상태를 실험 조력자의 부당한 언행에 쏟아내는 **분노**로 해석했다.[470]

  여기서 중요한 사실은 똑같은 문제 상황에서 이중문화인들이 문화 환경에 따라 다르게 반응했다는 점이다.[471] 자신이 혼자서 마을 조성 계획을 짰노라고 한 조력자의 거짓 발언은 참가자들의 분노를 사기에 충분했다. 문제 상황에는 차이가 없었으므로, 문화 환경이 중요하게 작용했다. 이런 부분은 감정이 '아웃사이드 인' 방식으로 작용한다는 사실을 보여주는 증거이기도 하다. 상호작용이 일어나는 문화 맥락은 말하자면 이중문화인들이 춤을 출 때 들리는 음악과도 같다.

사람은 환경에 따라 감정을 타협할까?

우리 학과에서 교수 채용 문제를 놓고 회의가 열렸을 때 연구 분야별로 교수들 의견이 나뉘었던 기억이 난다. 나와 동료들이 맡은 연구 분야에서 교수 몇몇이 은퇴했는데도, 여러 해가 지나도록 빈자리가 채워지지 않았다. 이미 몇 년 전에 이사회는 우리 연구부에서 좋은 성과를 달성하면 더 많은 교수를 채용하겠다고 약속한 터였다. 정작 우리는 지난 몇 년 동안 기대보다 높은 성과를 올렸지만, 이사회가 보낸 제안서를 보면 우리 연구 분야에서 새로 채용하는 교수는 없었다. 연구 분야를 책임지는 담당자로서 우리 분야를 대변해 회의 자리에서 발언하다가, 나는 그만 눈물을 보이고 말았다. 남자 교수가 대다수인 환경에서 내 눈물은 적절한 감정으로 받아들여지지 않았다. 몇 주 뒤에 한 동료는 그날 내가 '감정이 격해져서' 이미 결정된 사안을 놓쳤을 거라고 말했다.[472] 또 다른 동료는 엉뚱한 일로 회의 시간을 낭비했다며 이런 식이라면 다시는 회의에 참석하고 싶지 않다고 투덜댔다고 한다.

돌이켜보면 내 감정이 그 상황에 '적절하지' 않았던 점이 문제였다. 눈물은 서로 아끼고 소중히 여기는 관계에는 어울리는 감정이지만, 남성 역할이 지배적인 업무 환경에서 사안을 논의하는 자리라면 그렇지 않다. 그날 회의실에서 감정이 격해진 사람은 나 혼자만이 아니었다. 남자 교수들은 전혀 다른 방식으로 감정을 드러냈다. 논의가 치열해질수록 사람들은 언성을 높였고, 제안서 일부 계획이 부적절하다며 용납할 수 없다고 주장했다. 서로 주도권을 양보하지 않으려는 심사였다. 분위기가 팽팽한 순간에 내가 흘린 눈물은 맥락에 어울리지 않게 상대방의 이해와 도움을 바라는 호소였고, 회의에 참석한 동료들은 이런 감정을 명백하게 거부했다. 편안함을 얻으려고 동료들에게 손을 내밀었는데,[473] 다른 사람들이 모두 왈츠를 출 때 나만 혼자 탱고 스텝을 밟은 셈이다.

이 사례는 그저 나 한 사람이 겪은 경험일 뿐이다. 하지만 남성 위주로 돌아가는 업무 환경에서는 수많은 여성이 거기에 적합한 방식으로 감정을 느끼고, 표현하고, 조절하는 법을 배워야만 효과적으로 일할 수 있었다고 해도 결코 놀랄 일은 아니다. 소수 이민자가 대다수 현지인의 감정에 적응해야 하는 처지와 비슷한 상황이다. 대인관계에서 추구하는 목표는 어떤 문화가 주도하느냐에 따라 다르기 마련이다. 여성이 느끼는 감정은 전통적으로 남성 중심의 직무 환경에서는 대개 가치를 인정받지 못하지만, 가정에서는 여전히 높이 평가한다. 그래서 직장과 집을 오가는 수많은 여성이 매일 그에 맞게 감정을 넘나들 것이다. 소수 이민자가 다수인 현지인 문화에 발맞춰 감정을 처리하다가 모국의 문화 환경에서 감정 처리 방식을 바꾸는 상황과 비슷하다.

 이렇게 감정을 처리하는 기술은 여성과 소수 이민자에게만 해당하는 얘기가 아니다. 정도의 차이는 있더라도 일상에서 다양한 영역을 넘나드는 사람이라면 누구나 맥락이 달라질 때마다 적절하게 감정을 표현하고 처리하는 자신만의 방법을 습득했을 것이다. 심리학자 마거릿 클라크는 사례를 들어 이렇게 설명한다.[474]

> 연인과 함께 저녁식사를 한다고 생각해보자. 당신이 테이블 위에 와인을 쏟자, 애인이 그 실수를 지적하며 당신을 짓궂게 놀린다. 이때 당신은 상처를 받고, 어쩌면 화가 날지도 모른다. 두 가지 감정을 다 느낄 수도 있다. 하지만 주변에 앉은 낯선 사람이 당신을 놀린다면, 어떨까? 그 사람 때문에 상처를 받을 가능성은 크지 않다. 대신 화가 나거나, 상대할 가치도 없는 한심한 사람으로 여기고 무시해버릴 가능성이 더 크다. 여기서 핵심은 똑같이 놀림을 당하는 상황이지만, 상대방이 낯선 사람인지 사랑하는 사람인지에 따라 당신이 경험하거나 경험하지 않는 감정이 달라진다는 사실이다.

왜 그럴까? 클라크 주장을 들어보면, 상처를 입은 감정은 관계를 개선하는 도구로 기능한다. 두 사람 관계가 힘들다는 사실을 알리고, 관계를 회복하고 싶은 심정을 전달한다. 한쪽에서 상처 입은 감정을 드러낼 때 상대방이 죄책감에 젖어들며 관계를 회복하고 싶은 욕구를 느낀다면, 가장 이상적이다. 이와 달리, 분노는 '상대에게 주도권을 양보하지 않으려는' 감정이다. 물론 분노 감정도 원하는 방향으로 관계를 이끄는 도구로 기능할 수 있지만, 상대방에게 관계를 개선하자고 요구하지는 않는다. 레스토랑에서 와인을 쏟은 행동은 문화 환경마다 조금씩 의미가 다르다. 아울러 이 특수한 사건 하나에서도 관계 유형에 따라 감정을 처리하는 방식이 다르게 나타난다. 가까운 사이에서는 관계 회복에 힘쓰겠지만, 주변 테이블에 앉은 낯선 이라면 또박또박 시시비비를 가리거나 간단히 무시할 가능성이 크다. 가까운 사이라면 상대방이 죄책감을 느끼며 심하게 놀린 잘못을 사과하겠지만, 인근 테이블의 낯선 이라면 화를 낸다고 해서 관계가 나아질 일도 없다. 클라크 연구진은 이렇게 설명한다.

> 핵심은 간단하다. 관계에서 우리가 느끼는 감정과 그것을 표현하는 방식은 다른 사람에게 의존하는 또는 의존하고 싶은 정도와 방법에 따라 달라진다.

나와 가까운 사람인지 아닌지에 따라 대응 규칙이 다르고, 감정을 주고받는 상호작용도 달라진다. 애인이 남들 앞에서 나를 놀리는 상황과 낯선 사람이 나를 조롱하는 상황에서 느끼는 감정에 담긴 의미가 각기 다르다. 이 관계에서 내가 느끼는 감정 또한 다르다. 나를 놀린 애인에게 맹렬하게 화를 내고 나면 미안한 마음이 들 수도 있다. 애인도 관계 성격에 따라 감정에 영향을 받을 것이다. 이를테면 나를 놀리고 나서 후회할 가능성이 크다. 내가 분노를 느끼더라도 가까운 사이에서 치미는 분노는 성격이 다르기 마련이다. 마음이 아프다든지 관계를 끝내고 싶은 절망감이 들 수도 있다. 다시 말해 우리가 느끼고 행동하고 상호작용하는 방식은 우리가 맺는 특정한 관계와 그 안에서 우리가 바라는 목표에 따라 큰 영향을 받는다.

그렇다고 사이가 가까운 사람들만이 일상에서 감정을 처리하는 방식에 영향을 주는 건 아니다. 권력을 쥔 사람은 분노할 자격이 있고, 여기에 굴복한 사람들은 권력자의 요구를 그대로 받아들일 가능성이 크다. 권력이 없는 사람과 달리, 권력이 있으면 어떤 결과가 닥칠지 조심스러워하거나 분노를 자제할 필요가 없을 것이다. 4장에서 다뤘듯, 권력이 없는 사람은 애초에 분노할 가능성이 크지 않을뿐더러 자기 주장도 조심스럽고 신중하게 편다. 특히 바라는 결과를 얻을 가능성도 크지 않을 터다.

감정을 처리하는 방식은 맥락에 달렸다. 어떻게도 반박할 수 없는 결론이다. 네덜란드 환경에서는 적절했던 내 분노나 분개심이 노스캐롤라이나에서는 제대로 통하지 않았듯, 상사로서 느끼는 분노와 연인 사이에서 경험하는 분노는 의미가 다르다. 문화와 언어의 경계를 넘나들다 보면 맥락 차이가 더욱 선명해진다. 굳이 이런 경계가 없더라도, 사람들은 일상에서 정서가 서로 다른 맥락을 오간다. 이중문화인들은 '아웃사이드 인' 방식으로 감정을 처리하는 대표적 사례다. 인간은 문화 배경, 성정체성, 관계 주도권 같은 특정한 환경에 발맞춰 감정을 조정한다.

'아웃사이드 인' 방식으로 감정을 바라보는 관점은 '타고난 본성'이 사람의 감정을 제한한다는 의견에 의문을 제기한다. 지금까지 연구된 결과를 보면, 인간은 마주한 환경에서 상호작용을 주고받으며 끊임없이 감정을 조율한다.[475] 내가 노스캐롤라이나 환경에서 분노와 분개심을 드러내고 교수 회의에서 눈물을 흘렸듯이 완벽하게 감정을 조율하지는 못하더라도, 연습하면 점점 나아진다.

물론 이 말은 이민자에게만 해당하지는 않는다. 누구나 다양한 환경을 학습하고 거기에 적응할 수 있고, 서로 배우고 이해할 수 있다. 다음 장에서는 이 주제를 자세히 다룰 생각이다. 우리는 이제 다문화 사회에서 살아가고, 감정 문화는 늘 변화한다. 우리는 다름을 포용하는 방향으로 변화를 이끌어갈 수 있다.[476]

8장

다문화 세계의 감정

◯

2015년, 테리 그로스Terry Gross가 미국 출신 작가이자 기자인 타네히시 코츠를 만나 인터뷰했다. 그 자리에서 코츠는 같은 반 학우들이 모두 보는 앞에서 자신에게 큰소리로 야단치는 교사를 어떻게 위협했는지 설명한다.[477] "제가 그랬죠. '한 번만 더 그런 식으로 말하면 제 주먹이 가만있지 않을 겁니다.' 빈말이 아니었어요. 정말로 패버릴 생각이었거든요."

웨스트볼티모어의 가난한 가정에서 자란 코츠는 그로스에게 자신은 '자존감'밖에는 지킬 게 없는 사람이라고 말했다. 그런데 그 교사가 고함을 치며 코츠의 소중한 자존감을 위협했다. 코츠는 이렇게 설명한다.

> "누군가 신체를 위협하면 그냥 참아서는 안 돼요. 힘으로 반격해야죠. 그 선생이 먼저 저를 무시했어요. 친구들이 다 보는 앞에서 제게 고래고래 소리를 질렀거든요. 그런 일은 참으면 안 됩니다."
> 그로그는 웃으며 말했다. "교사들이 이따금 하는 행동이죠."
> "저도 알아요. 지금 웃으시는데, 기자님은 저와 같은 환경에서 자라지 않았으니까 그러시겠죠. …… 기자님 말씀대로 교사들은 때

로 학생들에게 소리를 지릅니다. 하지만 어떤 환경에서는, 이를테면 가진 것이라고는 몸뚱이밖에 없는 사람에게 말할 때는 예의를 지켜야 해요. 이런 사람은 자존감밖에 없거든요."

만약 내가 지금 어린 코츠가 그때 '분노'를 터트렸다고만 언급하거나, 아니면 코츠 얼굴이나 몸짓만 보고 독자들이 '분노'를 읽는다면, 코츠와 선생 사이에 벌어진 사건의 의미를 얼마나 이해한 걸까?

교사가 소리를 지른 행동이 코츠에게 얼마나 깊은 상처를 줬는지 사람들은 헤아리지 못했을 것이다. 학우들이 모두 보는 앞에서 교사가 윽박질렀을 때 코츠가 느낀 위협의 강도를 짐작하지 못했을 터다. 툭하면 인종차별을 겪는 가난한 환경에서 성장한 코츠에게 인격체로서 존중받을 권리는 소중한 자산이었다. 코츠가 화내는 모습을 보거나 화가 났다는 사실을 안다고 해서 그렇게 행동할 수밖에 없는 코츠를 이해할 수 있는 건 아니다. 유일한 자산인 자존감을 지키려면, 코츠는 그 선생을 힘으로 **위협하는 수밖에** 없었다. 그렇게 대응하지 않았더라면 동기들에게 비웃음을 샀을 테니 말이다. 지금 코츠의 사연을 소개하면서 '화났다'는 사실만 알려준다면, 코츠가 보인 행동에 담긴 의미를 독자들은 알 길이 없다. 문화 맥락, 그 안에서 코츠가 차지하는 사회적 신분, 학우들이 지켜보는 상황 같은 여러 측면에서 코츠가 마주한 현실을 고려해야만 비로소 코츠의 행동을 이해할 수 있다. 이런 맥락을 모르는 채 코츠가 화를 내거나 위협하는 장면만 목격했다면, 그의 현실에 공감하기는 쉽지 않을 것이다. 독자들과 코츠가 놓인 사회문화적 지위에 어떤 차이가 있는지 헤아리지 못했을 것이다.

비슷한 맥락에서, 3장에서 소개한 대만 아이 디디와 그 엄마가 감정을 주고받는 과정을 서구인은 과연 얼마나 이해했을까?[478] 디디 엄마의 말을 들어보자. "엄마 말을 통 안 듣는구나! 그러면 안 되지. 맴매 맞아야겠네. 규칙을 안 지키니까. 네가 떼쓰는 모습이 녹화되면 얼마나 보기 싫을지 생각해보렴." 이 말을 서구인은 어떤 의미로 받아들일까? 이 말을 들은 디디가 **수치심**을 느꼈다고 내가 설명하면 서구인이 아이의 반응을 이해할 수 있을까? 대만 환경에서는 **수치심**이 '적절한' 감정이고 디디는 **수치심**을 느낄 줄 아는 사람이 되고 싶었을 거라고 내가 설명하면, 서구인은 어떻게 생각할까? 수치심이 아이와 엄마 사이를 멀어지게 하기는커녕 유대감을 강화하는 효과를 낸다는 사실을 내가 알려주지 않는다면, 서구인은 저 상황을 납득하지 못할 가능성이 크다. 내가 문화 배경까지 두루 아울러서 설명하지 않으면, 서구인은 디디가 경험한 수치심을 자신이 아는 수치심 개념으로 바라볼 것이다. 디디가 저지른 부끄러운 행동이 계기가 되어 아이와 엄마의 유대가 강화되고 아이가 바람직한 자아상을 형성한다는 사실, 아이가 느끼는 수치심이 엄마가 면접자 앞에서 위신을 지키는 데 유용하다는 점을 깨닫지 못할 터다.

벨기에 한 중학교에서 교사 엘렌은 학교 도서관을 어지럽힌 범인이 튀르키예계 학생 아흐메트라고 의심했다. 이때 시선을 떨구고 예의 바르게 고분고분 행동하는 아흐메트를 보고 엘렌은 무슨 생각을 했을까? 부끄러워하는 아흐메트를 보고 스스로 잘못을 인정하는구나 하고 여겼다. 죄책감을 느끼는 태도인 게 분명했다. 그렇지 않다면 아흐메트가 당연히 화를 냈을 거라고 엘렌은 판단했다. 교사에게 범인으로 지목당한 게 억울했다면 화를 내며 항변해야 마땅하다고 생각했다. 그런데 아흐메트가 보인 부끄러워하는 듯한 행동은 엘렌이 생각한 대로 잘못을 뉘우치는 태도가 아니었다. 그저 선생님을 공경하는 몸짓일 뿐이었다.[479] 아흐메트는 부당한 대우를 받지 않을 권리를 주장하기보다는 선생님과 사이가 틀어지지 않도록 노력했을 따름이다. 벨기에 출신이라면 부당하게 대우하는 교사에게 당연히 항변했을 것이다. 이처럼 아흐메트와 엘렌의 감정규범이 서로 다른 탓에, 불행히도 엘렌은 아흐메트를 신용할 수 없는 아이라고 넘겨짚었다. 소년은 교사와 관계를 회복하려 했지만, 문화 차이로 교사는 소년의 심정을 읽지 못했다.

코츠, 디디, 아흐메트의 **감정**을 온전히 이해하려면, **그 사람**의 맥락에서 감정을 살펴야만 한다. 그러려면 감정 단어를 아는 정도만으로는 부족하다. 제각기 사람을 판단하는 틀이 되는 문화 맥락에서 감정이 어떤 역할을 하는지 파악해야 한다. 미국에서 수많은 사람이 공감의 대명사로 여기는 테리 그로스조차 학우들이 모두 지켜보는 앞에서 교사가 어린 타네히시 코츠에게 소리를 지르는 행동이 무엇을 의미하는지 헤아리지 못했다. 그로스는 고함치는 일이야 "교사들이 곧잘 하는 행동"이니 별문제가 아니라며 학생이 **격분**하는 처사는 옳지 않다는 의견을 제시했다. 성인이 된 코츠는 그렇게 생각할 수도 있다고 말한다. 자신이 놓인 위치나 자신이 속한 문화에서 자존감밖에는 남지 않은 처지에 공개적으로 망신을 당해도 그 자존감이 멀쩡할 수 있다면 말이다. 주먹을 쓰는 위협 말고도 자존감을 되찾을 방법이 있었다면 말이다. 달리 말해,

공개적으로 면박을 주는 교사에게 거칠게 저항하지 않는 학생이 상황을 목격한 학우들에게 어떤 취급을 받을지는 뻔했다.

비슷한 맥락에서, 일부 문화권에서는 부모가 일일이 자녀를 비판적으로 대하면 자녀의 사회 적응력이 떨어진다고 생각한다. 즉, 아이에게 수치심을 길러주면 좋지 않다고 여긴다. 이런 문화권에서 성장한 사람은 부모와 자녀가 서로 의존하는 경향이 강한 문화권에서 바라보는 수치심 개념을 이해하지 못할 것이다.[480] 수치심을 느껴야 바람직하다고 여기는 문화이기에, 디디는 수치심에 사로잡히면서도 자신을 긍정할 가능성이 크다. 그렇게 디디는 자신이 속한 문화에 적절히 반응하는 아이로 성장했다. 이런 문화에서는 아이가 잘못을 하면 스스로 부끄러운 줄 알고 수치심을 표현해야, 아이 엄마의 체면이 선다.

그 사람 관점에서 바라보지 않으면 그 사람 감정을 이해하지 못한다. 바로 이 점이 내가 말하고 싶은 핵심이다. 타네히시, 디디, 아흐메트의 감정을 헤아리려면, **이들의 사회 환경과 문화 환경을 고려해야 한다. 이들이 대인관계에서 추구하는 목표가 무엇인지 생각해야 한다.** 다시 말해 이들의 감정이 사람 내면이 아닌 외부에 존재하는 아워스 모형 감정인 점을 알아야만 이들의 감정을 짐작할 수 있다.

다른 사람 감정을 이해한다는 건 지적 호기심을 채우는 단순한 문제가 아니다.[481] 감정을 제대로 이해하면 자신이 속한 집단이나 문화와 조화를 이룰 수 있지만, 그러지 못하면 정반대로 불행한 처지가 될 수도 있다. 인류학자 캐서린 러츠는 이팔루크족 소녀가 행복해 보여서 소녀를 격려하는 의미로 미소를 지어줬다. 미국 중산층이 지닌 감정규범에 비추면 적절한 반응이다. 하지만 러츠는 이팔루크족 주민들에게 '정당한 분노'를 드러내지 않았다고 잔소리를 들어야 했다.[482] 이팔루크족이 보기에 행복감은 의무를 소홀히 하게 만드므로 부적절한 감정이었다. 이 문화권에서는 행복감을 내비치는 소녀에게 화를 냈어야 옳다. 인류학자 장 브릭스는 백인 캐나다인들이 이누이트족 집주인에게 폐를 끼치려 한다는 낌새를 알아채고, 북미 문화에 담긴 감정규범에 따라 분노를 터트렸다. 하지만 이누이트족은 도리어 브릭스가 보인 반응에 당황했다.[483] 이들한테는 분노가 위험한 감정이었기 때문이다. 그래서 브릭스는 몇 달 동안 이누이트족에게 배척을 당했다.

소속 집단이나 문화와 자신의 정서가 일치하지 않으면 곧잘 소외되거나 배제당할 수 있다. 어린 타네히시 코츠는 학우들 사이에 흐르는 감정규범을 따르느라 학교에서 정학을 맞았다. 교사에게 부당하게 범인으로 지목된 아흐메트는 선생님을 존중하는 의미로 겸연쩍은 듯 아무 말도 하지 않았는데, 도리어 교사는 이런 수치심을 참회하는 의미로 넘겨짚고는 아흐메트의 잘못이 틀림없다고 오판했다. 아흐메트로서는 관계가 틀어질까 봐 겸연쩍은 모습을 보였을 따름인데 말이다. 이런 오해가 장차 어떤 결과를 불러올지는 예측하기 어렵다. 주변 사람들과 같은 방식으로 감정을 느끼고 표현하지 않으면 유대를 형성하기 힘들다. 주변 사람들과는 다른 문화권의 감정규범에 따라 감정을 처리하다 보면, 감정의 춤을 출 때 상대방 의도를 잘못 읽고 상대방 발을 밟기 십상이다. 현지 연구에 나서는 인류학자만이 아니라, 어느 사회에서든 마주한 문화 환경에 적응해야 하는 소수민족이라면 누구나 경험하는 일이다. 나를 포함해 타네히시나 아흐메트 같은 이민자와 인류학자 사이에는 다른 점이 있다. 인류학자는 현지에서 평생 살지 않고 언젠가는 고향으로 돌아갈 사람이지만, 우리 같은 이민자는 각자 새로운 문화에 적응하며 평생 살아가야 한다.

현대 사회에서는 문화 배경이나 사회적 신분이 서로 다른 사람들이 함께 어울려 지내야 한다. 새로운 감정을 익히겠다는 목표를 세우고 노력해도 평생이 걸린다. 그러는 동안 사람들은 소속된 조직, 학교, 동네에서 다른 문화권 사람들과 마주친다. 직장 동료로서, 이웃 주민으로서, 시민으로서, 교사와 학생, 의사와 환자, 심리상담사와 내담자, 상사와 직원으로 관계를 맺으며 다른 사람들을 만난다. 문화에 담긴 감정 차이는 이 모든 관계 안에서 오해를 불러일으키는 원인이 될 수 있다. 서로 다른 문화권 사람들이 상호작용하는 과정에서 상대방 감정을 다른 의도로 해석할 수 있다. 아흐메트는 갈등을 빚기 싫어서 겸연쩍은 듯 말대꾸를 하지 않았을 뿐인데, 교사는 범인으로 몰려서 억울하다면 당연히 아흐메트가 분노를 터트려야 한다고 생각했다. 교사, 의사, 심리상담사, 관리자처럼 권력이 있는 사람들에게 오해를 사면 기회가 좌절되기도 한다. 이럴 때 감정은 눈에 보이지 않는 걸림돌이 된다. 오해를 사지 않으려면 다문화 상황에서 감정을 이해하는 법을 살펴볼 필요가 있다.

심리학자 자밀 자키Jamil Zaki는 저서 《공감은 지능이다》에서 인류가 생존하려면 공감을 넘어 친절이 필요하다고 주장한다.[484] 사람들이 서로 이해하고 도와야만 가족, 집단, 사회를 이루고 인류가 생존할 수 있기 때문이다. 친절은 인류가 생존하고 진화하는 과정에 중요한 역할을 했고, 아직도 마찬가지다. 개인이건 사회건 번영하려면 여전히 친절의 덕을 보아야 한다.

    자키는 공감 또한 사회에서 큰 역할을 맡는다고 가정한다. "공감은 사람들 사이에 놓인 거리를 극복하도록 만드는 심리적 힘"이다.[485] 혐오는 다른 사람을 열등한 존재로 바라보게 하고 분열을 일으키지만, 공감은 다른 사람을 동등한 존재로 받아들이게 하고 유대감을 키운다. 공감은 상대에게 친절을 베풀고 싶은 욕구를 불러일으키기 때문에, 인류가 생존하는 데 중요한 역할을 했다. 공감 문화는 사회를 하나로 묶는다. 다시 말해 학생, 노동자, 환자, 시민을 동등한 인간으로 바라보게 하고, 이들이 성장하고 행복을 누릴 수 있는 여지를 만든다. 타고난 공감 능력이 남들보다 뛰어난 사람이 있긴 하지만, 그렇지 않더라도 노력하면 누구나 공감 능력을 끌어올릴 수 있다. 꾸준히 노력하면 다른 사람의 감정과 경험을 이전보다 예민하게 알아차릴 수 있다. 그렇다면 공감 능력은 어떻게 기를 수 있을까? 자키는 다른 사람이 어떻게 생각하고 느낄지 상상해보라고 조언한다. 다른 사람이 품은 "동기, 신념, 개인사를 곰곰이 생각하며 …… 내면 세계를 연상하라."라고 말한다.[486] 그렇게 다른 사람에게 주의를 기울이고 이들이 떠안은 여건을 파악하고 이들의 감정을 이해하라고 말한다.

    나는 감정이 다른 사람 얼굴 표정만 보고 곧바로 읽어낼 수 있는 대상도 아니고, 쉽게 '포착할' 수도 없다는 점을 이야기하고 싶었다.[487] 흔히 사람의 감정을 읽을 수 있다고 생각하지만, 자신의 생각과 상대방 해석이 일치하지 않을 때가 있다. 상대방이 다른 문화권 사람이라면 더욱

이 그렇다. 자키는 누구나 다른 사람의 "동기, 신념, 개인사를 곰곰이 생각하며" 내면 세계를 떠올릴 수 있다고 했지만, 상대방 이야기가 자신과 거리가 멀수록 내면 세계를 떠올리기는 어렵다. 비슷한 상황에서 **당신이라면** 어떻게 느낄지 **그냥** 상상해서는 상대방 감정을 파악하지 못할 것이다. 시도해보면 알 테지만, 틀림없이 **당신은** 자신의 문화에서 중시하는 가치와 대인관계에서 추구하는 목표에 들어맞는 방식으로 앞에 놓인 상황을 해석할 것이다. **당신이** 속한 문화에서 '적절하게' 여기는 감정을 떠올릴 가능성이 크다. **당신은** 어쩌면 상대방도 당신과 똑같은 정서적 사건에 비춰 감정을 해석할 거라고 가정할 수도 있다. 그럴 때는 코츠가 했던 말을 새겨들어야 한다. "지금 웃으시는데, 기자님은 저와 같은 환경에서 자라지 않았으니까 그러시겠죠. 가진 거라고는 몸뚱이밖에 없는 사람에게 말할 때는 예의를 지켜야 해요. 이런 사람은 자존감밖에는 없거든요." 다른 문화 환경에서 성장한 사람의 감정을 헤아릴 때 자신의 감정을 상대방에게 투영하는 데는 한계가 있다.[488]

　30년 전에 헤이즐 마커스와 기타야마 시노부가 문화와 감정을 주제로 연 콘퍼런스에 참여한 적이 있다. 마커스가 훗날 미국에서 내 지도교수가 되리라고는 생각지도 못했지만, 처음 만난 순간부터 우리는 서로 마음이 잘 통한다고 느꼈다. 여자 화장실에서 마커스와 우연히 마주쳤을 때, 나는 콘퍼런스 때문에 지쳐 보이는 마커스의 처지에 공감했고 그런 내 마음을 전달했다. 물론 나만의 생각일 뿐, 마커스는 그렇게 받아들이지 않았을 수도 있다. 마커스가 콘퍼런스 주최자로서 무척 바쁜 듯했고, 머릿속으로 오가는 생각도 많아 보였다. 그래서 나는 건강을 염려하는 시선으로 마커스를 바라보며 이렇게 말했다. "피곤해 보여요." 이 말을 듣고 마커스는 깜짝 놀라며 거울을 쳐다보더니 그래 보인다면서 립스틱을 고쳐 발라야겠다고 말했다. 나는 당황해서 얼굴 상태가 이상하다는 뜻이 아니었다고 정정했다.

독일계 미국인으로 심리학자인 비르기트 쿠프만 홀름^{Birgit Koopmann-Holm}의 연구에 따르면 내가 여자 화장실에서 마커스 처지에 공감하는 마음을 전달한 행동은 네덜란드 문화 환경에 적합한 상황 인식을 마커스에게 투영한 결과였다. 쿠프만-홀름이 설계한 통제 실험 결과를 보면 네덜란드인도 포함해서 독일인은 해석하기 애매한 자료를 받아들 때 미국인보다 더 괴로워한다. 또한 사별을 경험한 독일인에게 동정심을 느껴 위로를 건넬 때는 망자와 함께한 소중한 추억을 언급하며 긍정적인 면을 강조하기보다 부정적인 면을 일깨워야 더 큰 위안이 된다고 생각한다.⁴⁸⁹ 쿠프만-홀름의 연구에서 콘퍼런스 주최자를 우연히 화장실에서 마주치는 사례를 다룬 적은 없다. 하지만 그런 상황에서 내 감정을 투영해 마커스가 피곤하리라 짐작하고 위로를 건넨 내 행동은 유대감을 형성하는 데 그다지 효과적이지 못했던 듯하다. 피곤해 보이는 마커스에게 "엄청 바쁘시죠. 그래도 콘퍼런스는 정말 성공적이네요!"라고 긍정적인 면을 강조했더라면 좋았을 법했다.

단순히 상대방 처지에 공감하고 위로하려 드는 태도는 문화 차이를 극복한 결과가 아니기에 별 효과가 없다. 문화나 사회적 신분의 간극을 좁히는 방식으로 가까이 다가가며 친절을 베풀 방법은 많다. 다행히 정서적 경험을 분해해 문화 간극을 좁히는 법을 배울 수 있다.⁴⁹⁰ 나는 감정심리학자이자 이민자면서도, 처음에는 다른 사람이 자신의 감정을 설명할 때 그 말을 곧이곧대로 믿지 않았다. 대신 내 감정을 투영하며 내 나름으로 해석했고, 그래서 곧잘 상대방 행동을 오해했다. 그래도 열린 자세를 유지하려고 노력하며 꾸준히 친구들과 대화를 나눴다. 소중한 동료와 현지인들과 함께 작업하고, 현지 연구 문헌들을 꼼꼼히 살피고, 다른 장소에서 직접 생활하기도 했다. 이 모든 경험은 다른 문화 맥락에서 감정이 처리되는 방식을 이해하는 데 도움이 됐다. 상대방이 표현한 감정을 제대로 헤아렸고, 더 나아가 어떤 반응을 보일지 정확하게 예측할 수 있었다. 이 단계에 도달하기까지, 나는 수많은 질문을 던지고 관찰하는 과정을 거쳤다. 다른 문화권 사람은 이 사건을 어떻게 해석했을까? 대인관계에서 무얼 '바랐던' 걸까? 본인 감정에 상대방이 어떤 반응을 보일 것이라고 예상했을까? 이런 질문에 어떤 대답도 미리 가정하지 않는 것이 중요했다. 내 관점에서 상대방을 이해하기보다는 감정 사건이 미치는 파장을 맥락마다 제각기 살폈다. 누구나 문화, 민족, 성별의 경계를 넘어 감정을 주고받는 상호작용을 경험하며 쌓아가면 나처럼 할 수 있다.

인류학자들이 수행하는 작업도 마찬가지다. 서로 다른 문화가 접촉하는 영역을 전문으로 연구하는 사람들은 최대한 자신의 가정을 배제한 채 묻고 관찰한다. 크리스틴 듀로Christine Dureau는 서부 솔로몬제도에서 극빈층 지역인 심보섬에 사는 여성들의 모성애에 공감하려고 노력했던 경험을 설명한다.[491] 어린 딸아이를 데리고 현지 연구를 진행한 덕분에, 듀로는 심보섬 여성들과 모성애를 주제로 자연스럽게 대화를 나눌 수 있었다. 자신도 아이를 키우는 엄마였기에, 심보섬 여성들의 모성애(**타루**)를 제대로 이해할 수 있을 줄 알았다. 그런데 현지 연구를 시작하고 얼마 지나지 않아, 자신이 투영했던 모성애와 **타루**가 다르다는 사실을 깨달았다. 심보섬 여성들에게 **타루**는 '사랑'을 의미했지만, 동시에 '슬픔'이기도 했다. **타루**를 경험하는 여성은 아이들에게 연민을 품지만, 아이들이 마주할 운명을 알기에 슬픔도 함께 느꼈다. 한 여성은 듀로에게 이렇게 물었다. "사랑하는데(**타루**) 어떻게 슬프지(**소레**) 않을 수 있나요? 아이를 사랑한다면 아이 삶 앞에 놓인 끔찍한 일들을 떠올리지 않을 수가 없어요. 아이를 기다리는 험난한 삶을 생각하면 슬플 수밖에 없어요."

심보섬 여성들은 듀로와 공감대를 형성하지 못했다. 듀로의 딸 아스트리드는 그때 세 살이었는데, 무슨 영문인지 병이 나을 기미가 보이지 않았다. 이때 리자라는 여성이 다가와 문가에 앉은 듀로 곁에 앉더니 불안해하는 듀로 심정을 이해한다면서, 자기 아들은 4년 전에 홍역으로 죽었노라고 했다. 이 이야기를 듣고 놀란 듀로가 위로를 건네자, 리자는 이렇게 덧붙였다. "평소에는 그 애 생각을 전혀 하지 않는답니다. 남은 아이들 중 하나가 아플 때나 그 애 생각이 나죠. 그러면 아픈 아이를 데리고 얼른 병원으로 달려가요." 리자는 동정심에 듀로를 위로하고 싶었거나 아니면 그저 유대감을 형성하려고 이렇게 말을 건넸을 테지만, 듀로에게는 아무런 위안이 되지 않았다. 듀로는 자신과 심보섬 여성들이 뚜렷하게 다르다는 사실을 실감했다며, 이렇게 회고했다. "위로하는 말인데도 섬뜩하게 느껴졌고, 리자의 내면에 형성된 정서를 가늠하기 어려웠다. 그 정서는 아이의 죽음과 관련해 내가 전혀 알지 못하는 다른 가능성을 이야기했다. 리자는 어린 자녀가 일찍 사망했고 그 상실감을 겪어봤기에 내 처지에 공감한다고 말했다. 하지만 리자의 걱정이 아이의 암울한 미래를 예견하며 체념하는 형태라면, 내 걱정은 그 정도까지는 아니었다." 듀로는 경제력도 문화 자산도 훨씬 풍족하기에, 리자 아들보다 훨씬 좋은 의료 혜택을 아스트리드에게 제공할 수 있다는 사실을 안다. 사회적 신분 덕분에 심보섬 여성보다 자신의 삶을 주도할 역량이 훨씬 큰 만큼, 듀로는 자녀가 위중한 순간에 체념하거나 그저 신에게 기도만 올리지는 않았을 것이다. 죽은 자녀를 더는 떠올리지 않는 상황은 말할 필요도 없거니와, 딸의 죽음을 순순히 받아들이는 일조차 듀로는 상상할 수 없었다. 리자와 크리스틴 듀로는 전혀 다른 현실을 살았기에, 느끼는 감정 또한 완전히 달랐다.

오늘날 인류학 분야에서는 다른 문화권에 들어가 연구하려는 학자들에게 현지인들이 겪는 정서적 사건을 추정하고 때로는 똑같이 경험할 수는 있겠으나 일찍감치 자신의 역량을 과신해서는 안 된다고 경고한다.[492] 한 인류학자의 말을 유념하자. "공감이 어려운 건 상대방 느낌을 공유해야 해서가 아니라 자신의 첫인상이 옳다는 가정을 버려야 하기 때문이다."[493]

다른 사람 감정을 헤아리려고 노력하더라도 그 사람들이 겪은 일을 몸소 경험하는 것과는 같지 않다.[494] 다른 사람 감정을 추정한다는 의미는 정서적 사건에 담긴 문화 맥락이 자신의 문화 맥락과 어떻게 다른지 이해한다는 뜻일 때가 많다. 말하자면 자신과 다른 사람의 감정이 **일치**

하지 않는다는 사실을 알아차린다는 얘기다.⁴⁹⁵ 결국 듀로는 심보섬 여성들의 모성애를 통찰하는 눈을 얻었다. 자신이 알던 사랑 감정의 개념을 투영하지 않고, 이 섬이 떠안은 높은 아동 사망률, 빈곤, 역경이라는 조건에서 사랑이라는 감정 개념이 어떻게 형성되는지 파악한 덕분이었다. 다문화 환경에서 상대방 감정에 공감하려면, 상대방이 처한 사회적 현실을 고려해 상대방 감정을 분석해야 한다.⁴⁹⁶

문화에 담긴 차이를 알아차려야 비슷한 점도 눈에 들어온다. 상대방과 같은 방식으로 감정을 경험하거나 처리하지 못할 것 같을 때도 다른 문화권 사람들과 공감할 수는 있다.⁴⁹⁷ 이런 공감은 상대방을 동등한 인간으로 바라본다는 걸 의미한다. 이런 공감은 상대방 감정이 무얼 의미하는지 알아내려고 노력하고, 이런 방식으로 문화 간극을 조금이라도 좁히려는 태도다.

문화 역량 중심에서 문화적 겸손으로

요프 드 용Joop de Jong은 네덜란드에서 다문화 환자를 치료하는 정신과 의사로서, 점차 증가하는 다문화 가정을 받아들이려면 네덜란드의 정신건강 체계를 점검해야 한다고 목소리를 높이는 인물이다. 문화와 감정을 다룬 내 초기 연구를 알게 된 드 용은 1990년대 중반에 다문화 정신의학과 심리 치료에 관한 책을 집필할 때 내게 글을 기고해 달라고 부탁했다.⁴⁹⁸ 나는 문화에 담긴 감정 차이를 다룬 내 연구가 정신건강과 심리 치료 분야에 어떤 도움이 될지 알지 못했지만, 호기심이 일었다. 그 무렵 네덜란드에서는 이민자를 다룬 서적이 쏟아져 나왔는데, 주로 백인 네덜란드인 독자를 대상으로 증가 추세에 있는 이민자를 어떻게 이해하고 소통해야 하는지 조언하는 책들이었다.

그때도 그랬지만 지금도 다양성과 불평등 문제에 많은 관심을 기울여야 한다. 소수민족 또는 소수인종이 이용할 수 있는 심리 치료 서비스가 부족할뿐더러, 이들의 정신건강이 백인들보다 취약하다는 사실이 확인됐기 때문이다.[499] 과거에는 민족 집단이 제각기 지닌 가치, 신념, 태도에 관한 지식을 쌓으면 '문화 역량'을 갖출 수 있다고 생각했다. 미국 인구조사국에서 이런 지식을 토대로 민족 또는 인종을 구분해 다음과 같이 '집단'으로 묶었다. 아프리카계 미국인, 아시아계 미국인, 태평양 섬 지역 현지인, 라틴계, 미국 현지인, 알래스카 현지인, 백인. 임상의들은 이런 '집단'을 비교적 확고하고 근본적인 개념으로 생각하기 시작했고, 문화 역량은 정신건강 분야에 종사한다면 갖춰야 할 구체적인 기술이 됐다. 내가 감정과 관련해 발견한 내용들을 제공해서 잘못된 견해를 바로잡는 데 보탬이 되고 싶은 영역도 바로 이 분야다.

정신건강 분야 종사자들이 한때는 문화 차이를 둘러싼 '명확한 지식'을 얻으면 그 지식으로 '역량'을 갖출 수 있다고 생각했지만, 지금은 다른 문화를 대할 때 '겸손한' 관점을 유지하려고 노력한다.[500] 과거에는 좁고 엄격하게 구분한 특정 인종과 민족 집단의 정서와 정서 장애를 밝혀내는 사실들을 수집하려고 힘썼지만, 지금은 문화정신의학 분야를 다지는 데 기여한 인물인 로렌스 커메이어Laurence Kirmayer의 말을 빌

리자면, 다른 문화를 이해하는 "역량을 기르려고 불확실성을 받아들였다."[501] 정서적 경험들은 문화마다 다를 **가능성**이 있고, **실제로도** 일관성 있게 차이를 보인다. 이런 점에 정신과 의사들은 호기심을 느껴야 마땅하다. 다시 말해 정신건강 분야 종사자들은 다른 사람의 감정을 알지 못한다는 사실을 깨달아야 한다. 자신의 무지는 상대방 감정을 알고 싶은 강력한 동기가 된다.[502] 불확실성을 수용하고 불확실한 길을 걷는 과정은 곧 정서적 경험을 분해하는 시간이다. 마찬가지로 인류학자들이 수행하는 작업이기도 하다.

브뤼셀에서 다문화 환자를 돌보는 카트 반 아커르Kaat van Acke는 불확실성을 수용한다는 말이 무슨 의미인지 사례를 들어 설명한다. 전쟁 트라우마를 경험한 레바논 여성 람라를 진료했는데, 람라는 고통으로 정상적인 생활이 어려워지는 바람에 직장을 그만뒀고, 사회복지 혜택에 기대어 딸들과 함께 살았다.

람라를 치료하는 과정에서 전쟁 트라우마 경험이나 유급 노동을 하지 못하는 무능함 같은 주제를 다룰 수도 있었지만, 핵심은 무엇보다도 람라가 딸로서 제 역할을 하지 못하는 데서 느낀 수치심이었다.[503]

한번은 상담 시간에 람라가 아커르에게 노모를 모시고 메카 순례를 떠나지 못했다고 이야기하면서 눈물을 흘렸다. 슬펐던 걸까? 아커르는 섣불리 단정하지 않고 눈물의 의미를 물었다. 당사자에게 직접 물어서 그 감정 사건에 담긴 의미를 분해했다. 람라는 한없이 부끄러워서 흘린 눈물이라고 설명했다.

아커르가 서구 유럽인인 자신의 정서에 비춰 추론했다면, 람라를 위로하며 수치심을 내려놓으라고 별생각 없이 조언했을 것이다. 그러는 대신 아커르는 람라가 속한 문화 환경에서 수치심은 어떤 의미인지 설명해 달라고 요청했다. 람라는 딸로서 의무를 다하지 못하면 다른 사람들에게 존중을 받지 못한다고 했다.[504] 그러나 효를 다하지 못한 부분은 부적절하더라도, 수치심을 느낀 상황은 '적절한' 행동이었다고 한다. 수치심은 딸로서 도의를 저버린 잘못을 만회하고 싶은 의지를 내비치는 행동이었기 때문이다. 아커르는 람라에게 그 수치심이 어떤 충동을 불러일으켰는지 물었다. 람라는 당장이라도 비행기에 뛰어올라 엄마 곁에 앉아서 두 손을 꼭 붙잡고 절대 놓고 싶지 않았다고 말했다. 수치심은 람라와 어머니 사이에 연대감을 형성했다. 수치심이 작동하는 원리를 이해하고 나서야 아커르는 수치심을 내려놓으라고 람라에게 이야기해봐야 옳지 않다는 결론을 내렸다. 대신에 그 감정을 그대로 받아들이라고 조언했다. 아커르는 불확실성을 포용한 덕분에, 람라를 있는 그대로 마주할 수 있었다. 람라의 감정을 당사자가 속한 사회와 문화 맥락과 연결해 그 안에 무엇이 들었는지 분해했다. 이런 방식으로 아커르는 내담자가 겪는 고통을 통찰력 있게 살폈다. 심리상담사는 내담자의 감정을 안다고 성급하게 가정해서는 안 되고, 내담자를 이해할 수 있는 공통분모를 찾아야 한다.[505]

심리상담사가 다른 사람의 감정을 파악할 때는 자신의 감정을 아워스 모형 관점에서 살피며 섣불리 투영하지 않는 것이 좋다. 다른 '문화'의 거울을 들여다보면 미처 깨닫지 못하던 자기 안의 맹점을 발견할 수 있다. 내담자의 경험이 심리상담사가 경험한 문화적 사건과 다를수록,

심리상담사는 세웠던 전제를 버려야 한다.

　　감정을 분해하는 작업은 다른 문화권 내담자를 치료하는 관계에도 유용하지만, 인종이나 민족 정체성이 같아서 잘 안다고 여기는 내담자의 감정을 헤아릴 때도 똑같이 유용하다.[506] 상담사와 내담자가 평생에 걸쳐 똑같은 사건을 경험하는 일은 없다. 같은 언어에 같은 감정 범주를 사용하더라도 사람들이 쌓는 경험은 고유하기에, 감정 개념은 서로 차이가 나기 마련이다.

정서적 경험을 분해하는 법

일상에서도 인류학과 정신건강 의료 분야에서 발견한 통찰을 활용해 다른 사람의 정서적 경험을 분해할 수 있다. 문화에 담긴 감정 차이를 알아보는 도구(그림 8.1)를 이용하면 도움이 된다. 분해 도구는 다른 사람의 경험을 더 깊이 들여다볼 수 있는 적절한 질문을 제공한다. 또한 사람들이 외부에서 일어나는 현상, 관계, 상황에 관심을 기울이도록 안내한다.[507]

　　첫째, "사람들이 무엇을 하는지, 주된 관심사가 무엇인지, 그 사람이 무엇을 상실할 위험에 부딪혔는지"를 알아내야 한다.[508] 나는 유럽에서 벌어진 민감한 사건인 2005년 9월에 덴마크 신문에 실린 무함마드 만화를 예로 들어 설명하겠다.

　　수많은 유럽 신문에 다시 게재된 그 만화는 선지자 무함마드와 추종자들을 묘사한 만평이었다. 수많은 무슬림은 그 만화를 보고 어떤 위협을 느꼈을까? 첫째, 가장 위대한 선지자의 모습을 풍자한 그림 자체가 무슬림에게는 신성모독이다. 이 점은 일부 유대인들한테도 마찬가지다. 둘째, 그 만화는 선지자 무함마드와 무슬림 집단을 존중하지 않았다. 그뿐 아니라, 그런 만화를 누구나 볼 수 있는 지면에 실었고 수차례 다시 게재했다. 달리 말해 온 세상에 공개하는 방식으로 무슬림의 사회적 이미지를 공격하는 만화였다. 명예문화권에서 이는 모욕적일 뿐 아니라 수치스러운 행위다.[509] 한 연구에 따르면, 명예를 중시하는 사람일수록

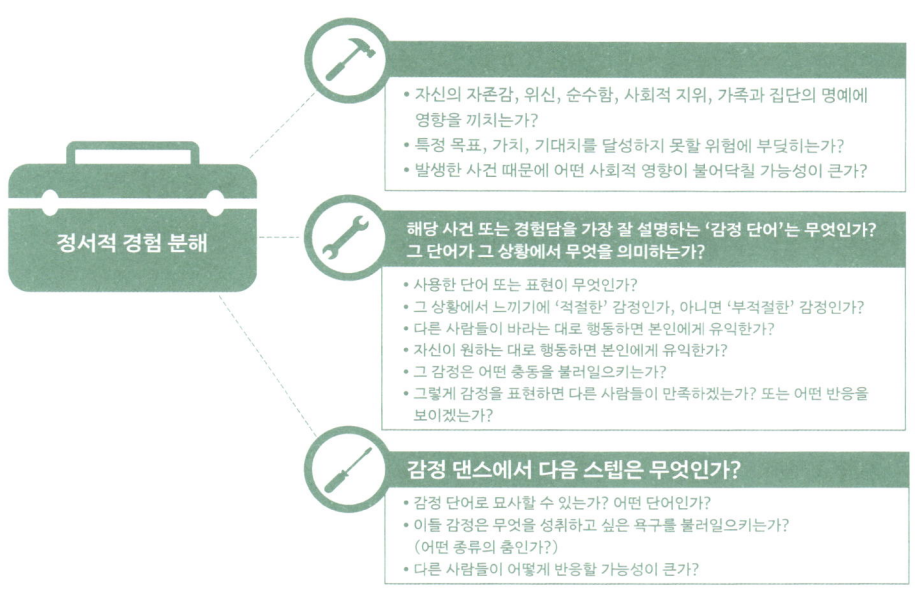

● 그림 8.1 정서적 경험 분해 도구

그 만화가 무슬림의 평판을 해친다고 평가할 가능성이 컸다. 그렇게 평가한 응답자들은 수치심과 분노 감정을 더 많이 느꼈다고 대답했다. 그

렇다면 무슬림은 무엇이 위험에 처했다고 느낀 걸까? 짐작건대, 무슬림 집단의 명예와 평판이 추락할 위기에 맞닥트렸다고 보았을 것이다. 명예는 공동 소유이기에, 집단의 명예와 평판은 곧 자신의 명예이자 평판이기도 하다.[510] 이런 문화 맥락에서는 명예가 가치 있는 사람이 되는 열쇠다.

무슬림의 명예가 걸린 상황이라면, '표현의 자유'에 초점을 맞춘 언론매체는 무슬림의 '수치심'을 전혀 이해하지 못한 셈이다. 무슬림의 명예가 위협을 받은 사건이라면, 덴마크 무슬림 지도자들이 면담을 요청했을 때 정부가 거절한 행보는 아무런 도움이 되지 않았을 것이다. 무슬림 단체로서는 분명 당국이 자신들을 존중하지 않는다고 느꼈을 수도 있다. 덴마크나 다른 유럽 국가의 정부가 그 정서적 사건을 분해해 무슬림이 느낀 위협의 실체가 무엇인지 정확히 파악했더라면 원만하게 대화가 풀렸을 것이다.

정서적 경험을 분해할 때는 **다른 사람들이 인지하는 감정이 무엇이고, 그 상황에서 그 감정이 그 사람들에게 어떤 의미가 있는지** 확인하는 것 또한 중요하다. 사람들은 감정 단어나 표현으로 해당 사건을 설명한다. 특정 상황에서 해당 감정에 담긴 의미가 무엇인지, 그리고 사람들이 어떻게 자신의 감정에 개념을 입히는지 파악해야 한다. 정서적 경험을 분해하고 싶다면, 감정 단어 하나를 알아내는 데 그쳐서는 안 된다. 해당 감정 단어의 번역어를 찾았다고 해도 해당 감정을 대략 묘사할 뿐, 해당 번역어에는 전혀 다른 함축과 함의가 있을 수 있다. 결국 해당 감정 단어와 관련된 여러 사건을 떠올리는 과정에서 사람들은 해당 감정을 구체적으로 파악한다. 아커르의 내담자인 람라는 '수치심'을 느낀다고 이야기했고, 이 말을 들은 아커르는 먼저 수치심을 내려놓으라고 조언하고 싶었다. 그렇게 해서 람라의 자존감을 높여줄 생각이었다. 하지만 람라의 수치심은 자존감을 해치지 않았다. 그러기는커녕 람라가 생각하기에, 그리고 더 중요하게는 다른 사람들이 보기에 수치심을 느끼는 상태는 바람직한 행동이었다. 아커르는 일반적인 심리상담을 하듯이 람라에게 수치심에 사로잡힐 때는 어떤 충동이 이는지 묻고 수치심을 분석했다. 알고 보니 람라의 수치심은 어머니와 관계를 회복하고 좋은 딸이 되는 데 제 역할을 하는 감정이었다. 아커르가 람라에게 '수치심'에 담긴 의미가 무엇인지 직접 확인하기로 한 결정은 훌륭한 선택이었다.

정서적 경험을 분해하려면 그 이야기의 결말을 예상해봐야 한다. 그런 식으로 그 감정이 적절한지 아닌지 판단한다. 적절성을 판단하기 어려울 때도 많겠지만, 도움이 될 만한 질문을 몇 가지 소개하겠다. 이들 질문을 들여다보면, 아워스 모형 감정의 특징을 파악할 수 있다. 람라의 사례에 적용하면, 이렇다. 당신이 느낀 수치심을 어머니나 친구들이 긍정하는가? 순례를 떠나는 어머니와 함께 가지 못한 딸로서 느끼는 수치심이 적절한 행동인가? 때로는 위치를 바꿔서 질문을 던지는 방법도 효과적일 수 있다. 자신과 같은 상황에서 어느 집 딸이 수치심을 전혀 느끼지 않는다면 당신은 어떻게 생각하겠는가? 다른 사람들은 이 딸을 어떻게 생각하겠는가?

표정이나 몸짓을 살피는 차원에서 '감정'의 의미를 분해할 수도 있다. 하지만 다른 사람의 행동만 보고 감정을 손쉽게 추론할 수 있다고 생각해서는 안 된다. 그보다는 직접 묻고 확인해야 한다. 활짝 웃는 사람이 잔잔하게 미소 짓는 사람보다 더 행복해 보일까? 미국 아이들은 그렇다고 생각했지만, 대만 아이들은 그렇지 않았다. 활짝 웃는 의사가 잔잔하게 미소 짓는 의사보다 더 자신감 있게 일을 처리하는 듯이 보일까? 샌프란시스코에 거주하는 건강한 백인 성인들은 그렇다고 생각했지만, 아시아계 미국인들은 정반대였다. 이런 관념은 실제로 영향을 끼쳤다. 한 연구 결과를 보면, 참가자들은 '행복해' 보이거나 '자신감'이 넘치는 듯한 의사가 알려준 건강 지침을 따랐다.[511] 하지만 백인 미국인들은 건강 지침을 전달할 때 의사가 보인 환한 미소와 활기를 띤 모습에서 행복과 확신을 찾은 반면, 아시아계 미국인들은 표정이 담담한 의사에게서 그런 이미지를 떠올렸다.

아커르의 내담자인 람라는 슬픈 감정 때문에 눈물을 흘렸을까? 당사자에게 직접 물어서 확인해보니, 슬퍼서가 아니라 수치스러웠기 때문이다. 1장에서 언급했듯이, 저녁식사를 함께한 미국 친구들이 자리를 떠날 때 내게 감사하다고 인사를 건넨 것은 격식을 차리며 나와 거리를 두려는 심사였을까? 그 자리에서 직접 물어볼 수도 있는 일이었다. 알고 보니 친구들은 내 수고를 인정해서 감사한 마음을 표현했을 뿐, 친해지기 싫어서 격식을 차린 게 아니었다.

정서적 경험을 분해하는 과정은 상대방과 **춤을 추며 다음 스텝이 무엇인지** 파악하는 일과 같다. 실제로 정서적 경험을 분해할 때, 정서적 행동을 특정 유형의 춤동작으로 생각하면 도움이 된다. 람라는 이를테면 자존감 상실의 춤이 아닌 명예 회복의 춤을 춘 것이고, 수치심을 느낀 순간은 그 춤에서 스텝 하나를 밟은 것이다. 인간관계를 돈독히 다지는 춤을 내가 알고 있었거나 이해했더라면, 식사를 끝내고 감사한 마음을 표현하는 내 친구들의 행동을 더 잘 헤아렸을 것이다. 여자 화장실에서 헤이즐 마커스를 마주쳤을 때도, 피곤한 모습을 언급하는 대신 콘퍼런스가 성공적이라고 칭찬했더라면 서로 친해질 수도 있었다. 이렇게 말하면 진실을 감추는 걸까? 그렇지 않다. 그저 상황의 다른 측면을 강조했을 뿐이다.

자신이 아는 방식으로 춤을 마무리하는 동작이 가장 자연스럽다고 단정하지 않는 것이 중요하다. 가장 자연스러운 춤동작이란 없다. 에미코, 히로토, 치에미는 불쾌한 상황에서도 아무런 대응을 하지 않았다고 대답했다. 세 사람은 불쾌한 상황을 이런저런 방식으로 그냥 받아들였는데, 4장에서 살펴봤듯이 그 연구에 참여한 일본인 대다수가 그렇게 행동했다. 그렇다고 분노를 **억누르는** 태도는 아니었다. 그저 분노 경험이 일본에서는 이런 식으로 전개될 뿐이다. 일본 사람들은 도덕적으로 정당한 분노를 표현하거나 무례한 사람과 맞서 시시비비를 가리기보다는 시간을 두고 그 상황을 담담히 받아들였다. 자신의 예상대로 행동하지 않는 사람을 보고서 그 사람이 진짜 감정을 억누른다고 추론하는 태도는 금물이다. 정서적 경험에 담긴 이야기가 당연히 어떤 식으로 마무리되어야 한다고 넘겨짚지 말고 직접 당사자에게 물어보라.

최근 연구에서 나는 마이클 보이거, 알렉산더 키르히너-호이슬러, 안나 슈텐, 우치다 유키코와 함께 벨기에 연인과 일본 연인이 나누는 정서적 상호작용을 관찰조사했다. 연구실로 초대받은 이들은 서로 의견이 갈리는 문제로 대화를 나눴는데,⁵¹² 벨기에 연인과 일본 연인은 비유하자면 전혀 다른 음악에 맞춰 춤을 췄다. 한쪽은 '개인의 필요를 채우는' 춤을, 다른 한쪽은 '관계의 조화를 지키려는' 춤을 췄다. 벨기에 연인은 의견이 갈리는 대화를 나누는 동안 서로 분노를 드러냈고, 화가 났다고 이야기했다. 여러 감정 중 특히 분노 감정을 자주 느꼈다고 했는데, 그 빈도가 일본 연인보다 훨씬 높았다. 분노의 강도는 실험 조건을 알지 못하는 관찰자들에게 평가를 맡겼다. 일본 연인은 갈등을 빚는 주제로 대화를 나누는 동안 서로 인정하는 모습을 자주 보였고, 여러 감정 중 특히 상대방 처지에 공감하는 감정을 느꼈다고 이야기했다. 그 빈도도 벨기에 연인보다 훨씬 높았다. 실험에 참여한 벨기에 연인은 남녀 모두 분노와 갈등이 관계를 유지하는 데 '적절한' 감정이라고 말했다. 각자의 필요를 알아내고 생각을 조율하는 데 도움이 됐기 때문이다. 실험에 참여한 일본 연인은 남녀 모두 의견이 갈리는 주제를 꺼렸고, 상대방의 바람에 자신을 맞추거나 상대방 처지에서 생각하고 공감하면서 두 사람 사이에 '부정 정서'가 생기는 일을 최대한 피하려 노력했다고 말했다. 물론 벨기에 연인도 서로 공감하며 차이점을 인정했고, 일본 연인도 더러 화를 냈다는 평가를 받았다. 하지만 분노 감정을 느낀 상황을 마무리하는 방식, 곧 두 연인이 춤을 추는 방식은 달랐다. 정서적 경험을 분해할 때는 두 사람이 어떤 춤을 추는지, 그러니까 대인관계에서 어떤 목표를 추구하는지 파악해야 한다.

    대체로 같은 문화권에서는 연인이 춤을 추며 어느 정도는 다음 스텝을 예상할 수 있다. 하지만 다문화 환경에서 춤을 추며 다음 스텝을 밟아야 하는 상황이라면 어떨까? 오늘날에는 수많은 사람이 다른 문화권 사람과 상호작용을 해야 할 때가 많다. 다른 문화에서 정서적 사건이 전개되는 방식을 잘 알수록, 문화를 가로질러 상호작용할 때 정서적 경험을 분해하기가 수월하다. 그렇다고 지름길은 없다. 문화 역량을 일부 갖추면, 어떤 감정 사건이 벌어질 때 그 감정이 사회문화 맥락과 어떻게 연관되는지 상상하기가 더 쉽다. 문화에 담긴 감정 차이를 알아차릴 가능성이 커진다. 다른 문화에서 정서적 사건이 으레 어떤 식으로 전개되는지 알면, 자신의 문화권에서 감정을 처리하던 습관에서 벗어나 다르게 반응할 가능성도 고려하게 된다. 그렇더라도 다른 문화권 사람들의 감정을 이해하는 과정은 열대식물을 채집하고 조사하는 작업과는 다르다. 파악해야 할 감정의 종류가 무한하다시피 하기 때문이다.

문화에 담긴 감정 차이를 전부 소개하는 지침을 만들기란 불가능하다. 나뿐만이 아니라 다른 사람들도 마찬가지다. 얼마나 터무니없는 작업인지 가늠하려면 이런 질문을 던져보면 된다. 가톨릭교도인 아일랜드계 미국인, 보스턴 출신 백인 미국인, 도쿄 출신 일본인처럼 수많은 사람이 있지만, 먼저 네덜란드 사람부터 시작해보자. 네덜란드 사람의 감정, 모든 네덜란드 사람의 감정을 어떻게 소개할 텐가? 개개인은 어떤 감정을 느낄까? 이 감정들을 어떻게 이해해야 할까? 이 감정들이 행동으로 드러난다면 제각기 어떻게 보일까? 이런 질문의 해답은 먼저 그 네덜란드인이 어떤 사람인지, 그러니까 그 사람이 살아온 역사, 성별, 사회적 신분, 마주한 곤경에 달렸다. 그리고 이들이 그 순간 개인적으로 어디에 주의를 기울이는지, 관계가 어떤지, 구체적으로 무엇이 걸린 문제인지에 따라 달라진다. 또한 상호작용하는 대상이 누구인지, 상대가 어떤 반응을 보이는지에 따라서도 달라진다.

    인종이나 민족 정체성과 상관없이 누구나 해당되는 이야기다. 인류학자 앤드류 비티는 이렇게 말했다. "서구와는 다른 문화권 사람들의 생각과 느낌이 정서적으로나 도덕적으로 서구인만큼 복잡하지 않으리라고 예상할 근거는 전혀 없다." 또한 "현지인들과 정서를 나누며 수행하는 인류학 연구가 실패하는 건 세부 사항을 무시한 채 일반적인 분석 틀이 확정적이라고 가정하거나 그 범주 프로필에 해당하는 사람이 모두 똑같은 방식으로 생각하고 느끼고 이해할 거라고 가정하기 때문이다. 감정이 정말 문제가 되는 요소는 세부 사항에 있다."라고도 말했다. 나도 그렇게 생각한다.[513]

감정 문해력

이번 장에서 소개한 두 사례, 곧 타네히시 코츠와 아흐메트의 사건은 학교에서 벌어진 일인데, 이는 우연의 일치가 아니다. 감정은 학습 환경에서 중요한 역할을 한다. 교사가 학생 감정을 오해하면 학생들 미래에 악영향을 끼칠 수 있고, 그 파장이 오래가기도 한다.[514] 어린 코츠는 정학을 맞았고, 아흐메트는 저지르지도 않은 일을 했다고 비난을 들었다. 교사들이 정서적 경험을 정확히 분석하지 못한 탓이 컸다. 코츠가 존엄성을 지키려고 했던 행동을 교사가 이해했더라면, 그리고 아흐메트가 관계를 지키려고 공경하는 의미로 내비친 수치심을 엘렌 교사가 헤아렸더라면, 두 교사 모두 더 좋은 스승이 될 수 있었을 것이다. 교사가 학생과 공감하려면, 학생의 감정규범이 교사 자신의 감정규범과 일치하지 않을 가능성을 인정했어야 한다. 비유하자면, 학생은 교사와 다른 스텝으로 다른 춤을 추고 있었다. 코츠가 분노하고 위협한 행동은 존엄성을 지키려는 춤동작이었다. 아흐메트가 보인 겸연쩍은 반응은 어른을 공경하려는 춤동작이었다.

학생이 규칙을 위반했다는 생각이 들면, 교사는 그 학생을 동정하지 않을 가능성이 크다.[515] 그래서 미국 교육 당국은 학교생활 지도 지침을 마련했고, 덕분에 일부 중학교 교사는 학생들이 비행을 저지르는 원인이 될 만한 부정 정서와 경험을 평가하고 이해하며 학생들과 긍정적인 관계를 이어갈 수 있었다.[516] 그렇다고 이 지침이 비행을 저지른 학생들을 징계하는 단계까지 예방한 건 아니다. 하지만 지침을 시행한 1년 동안 흑인과 라틴계 학생 수에 비례해 이들의 정학 건수가 감소하며 인종차별이 줄어들었고, 전체 정학 건수도 절반으로 떨어졌다.[517] 교사와 학생의 관계를 개선하려는 목적으로 시행한 지침을 계기로, 교사들은 학생의 감정을 분석하기 시작했다. 학생을 이해하는 데 도움이 될 공통분모를 찾고, 그 과정에서 학생을 대등한 인간으로 인식하게 됐다.

이해심과 연민을 강조한 학교생활 지도 지침은 더욱 많은 나라의 교육 분야에 긍정적인 영향을 끼칠 수도 있을 것이다. 2003년에 유네스코는 학업 중심 교과목에 감정 기술과 사회성 기술을 추가하는 사업을 계획했고, 여러 국가에서 이를 채택했다.[518] 수학, 언어, 역사, 지리 같은 과목만 중요한 게 아니다. 이제는 학생들이 타인의 감정은 물론 자신의 감정도 이해하고 전달하는 법을 학교에서 배워야 한다. 일각에서는 이런 기술을 가리켜 '감정 문해력'이라고 한다.[519] 오늘날에는 사회 정서 학습이 필요하다는 사실을 반영하는 용어다. 관련된 연구 결과도 여기에 힘을 실어준다. 사회 정서 학습을 교과목에 포함해보니 적어도 북미 지역과 서구 유럽에서는 효과가 있었다는 사실이 확인됐다.[520] 사회 정서 학습 프로그램을 제공하는 학교에 다니는 학생들은 그렇지 않은 학생들보다 얼마간 사회 정서 역량이 향상됐고 정서 행동 문제가 감소했다. 일부 연구에서는 학업 성취도가 오르기도 했다. 감정 문해력을 길러서 얻는 이점은 특히 아이들에게서 분명하게 드러난다.[521]

그렇다면 사회 정서 학습 프로그램에서는 학생들에게 감정과 관련해 무얼 가르칠까? 특히 다른 아이의 감정을 파악하는 자세가 중요하다고 가르친다. 다른 아이의 감정이 자신과 다를 수 있다고 알려준다. 이 프로그램은 다문화 가정 아이들에게, 나아가 사회에서도 친절을 베풀도록 아이들을 교육하기에 좋은 출발점이다. 여기서 학생들은 '적절한' 감정을 느끼고 표현하는 과정이 친구를 사귀고 갈등을 해결할 때나 심지어 학교 과제를 할 때도 중요하다는 사실을 배운다. 현재 적용할 수 있는 여러 사회 정서 학습 프로그램에서 아이들에게 원만한 인간관계를 맺고 삶에 적응하는 데 감정이 중요하다는 점을 일깨운다. 다시 말해 감정은 내면이 아닌 관계에 있다고 말하는 아워스 모형 감정을 알려준다.

그런데 이 중에는 알파벳을 가르치듯 '감정'을 가르치는 프로그램도 많다.[522] 문맹에서 벗어나려면 모든 학생이 똑같은 알파벳 문자를 깨우쳐야 하듯, 사회성을 기르려면 모든 학생이 똑같은 감정을 배워야 한다는 취지다. 그렇다면 문화 다양성은 어디에 있는가? 아이들이 성장하는 환경은 저마다 다른데, 감정에는 차이가 없다는 말인가? 아이들은 각기 다른 가정, 다른 동네에서 성장한다. 이민자 자녀는 인종과 민족이 다른 문화에서 자라고, 이 아이들이 이해한 감정 개념은 대다수 현지인과 다른 문화 맥락에서 겪은 경험에서 나온다. 사회문화 맥락이 다르기에 대인관계에서 추구하는 감정의 목표도 차이를 보이는데, 감정은 똑같다는 말인가?

일본계 미국인 아이 레이코는 일본 출신인데, 어째서 일본 아이들과 달리 중요한 감정 단어 목록에 **아마에**가 없는 걸까? 일본에서는 강아지조차 아마에 감정을 안다고 하지 않던가. 벨기에 교사가 수치심은 **내면 감정**이라고 가르쳤다면, 아흐메트는 어떤 반응을 보였을까? 아마도 자신이 알던 지식이 부정당하는 느낌을 받고 적잖이 당황했을 것이다. 아흐메트가 아는 수치심은 상대방과 관계를 회복하고 존중받기 위해 대인관계에서 느끼는 감정이기 때문이다. 만약 교사가 어린 타네히시 코츠에게 분노를 억누르는 태도가 '적절한' 반응이라고 가르쳤다면, 코츠는 어떻게 생각했을까? 사람들은 대체 어떤 문화를 기준으로 삼기에 그렇게 해야 적절한 반응이라고 말하는 걸까? 코츠 역시 교사의 가르침을 듣는 순간 여태껏 '적절하게' 여겼던 경험들이 부정당하는 느낌을 받았을 것이다. 코츠가 볼 때, 상대방이 자신을 얕잡아 보지 못하게 항상 강인한 모습을 보여주며 살아야 하는 세계에서는 상대방을 위협하는 행동도 적절한 반응이었을 것이다. '감정 문해력'을 주류 문화의 관점에서 무의식적으로 규정해버린 채 그대로 아이들에게 가르치려 한다면, 주류 문화권에서 성장하지 않은 학생들은 거기에 공감하기 어려울 것이다.[523] 감정 문해력 교육이 이렇다면, 오히려 이민자 아이들이 문화에 적응하는 데 걸림돌이 될 수 있다.

감정 문해력 교육이 효과적일 수 있는 이유는 아이들이 문화에 적응하도록 돕는 속성 교육과정으로서 기능할 수 있기 때문이다. 아이들에게 공통된 알파벳 문자나 어휘를 제시하고 대화를 나누며 사용하라고 유도하면, 학교 안에서 아이들이 서로 이해하며 일체감을 느낄 수 있는 공통된 기반이 닦인다.[524] 감정 문해력 프로그램은 학생들에게 학교의 감정규범을 가르치며 사회화하는 데 효과를 낼 수 있다. 이런 활동 자체가 아이들의 학교생활이나 교사와 쌓아가는 관계에 도움이 되고, 아이들이 학교에서 중시하는 가치와 요구를 가슴에 새기게 만든다. 이를테면 학생들에게 '분노를 다스리는' 법을 교육하며, 학교에서 바라는 유형의 학생이 되도록 아이들을 사회화할 수 있다. 다만, 학생들이 서로를 이해할 수 있는 공통된 기반을 구축한다면 학교에 유익한 일이겠으나, 다른 문화권 학생들의 감정을 고려하며 모든 학생이 참여하도록 유도해야만 효과를 볼 수 있다.

감정 문해력을 기르는 과정에는 부모가 중요한 역할을 한다. 유네스코에 따르면 "가정과 학교가 긴밀히 협력해서 사회 정서 학습 프로그램을 적용하면 아이들이 더 많이 습득할 뿐만 아니라, 프로그램 효과도 오래가고 더 널리 확산한다."[525] 감정을 처리하는 방식에 다양성이 존재하고 학교와 가정의 문화 맥락이 서로 다르더라도, 감정 문해력 프로그램은 효과가 있을까? 아이에게 전달하는 메시지가 일관되지 않으면,

그러니까 아이가 가정 문화와 학교 문화의 간극을 좁혀야 하는 불편한 상황을 만나면 어떨까? 아이들에게 두 문화의 차이를 이해하고 대처할 수 있는 도구를 제공해야 하지 않을까? 아이들에게 어떤 감정이 '적절한' 감정이고 이런 감정을 느끼는 '타당한' 원인과 결과가 무엇인지 가르치기보다는 자신이 중시하는 목표와 자아상에 따라 다른 방식으로 감정을 느끼고 표현해도 '적절한' 반응이라고 알려줘야 하지 않을까? 다시 말해 감정 문해력 프로그램에서 아이들에게 아워스 모형 감정을 소개하는 편이 더 합당할 수 있다. 감정은 사회문화 맥락과 얽힐 수밖에 없다고 가르치자는 얘기다. 아이들에게 문화적 겸손을 가르치고 정서적 경험을 분석할 도구를 제공하는 프로그램을 학교 교육과정에 포함해야 한다.

교사들이 학생들에게 자기 자신과 다른 사람의 감정을 아워스 모형에 따라 이해할 수 있는 도구를 제공한다면 바람직할 터다. 이 과정에서 교사와 학생은 모두 인류학자나 겸손한 태도를 갖춘 임상의들이 처리하는 방식과 비슷하게 정서적 경험을 분석하는 법을 배울 수 있다. 그림 8.1에서 제시한 도구를 이용해 아이들은 스스로 질문을 던지고 대답하는 법을 익힐 수 있다. 그러다 보면 가정과 학교에서 마주하는 문화의 간극을 좁히는 역량을 갖추게 된다.

문해력 프로그램의 '형평성'을 요구하는 목소리가 높아지는 추세다.[526] 이런 상황에서 감정을 분석하고 감정의 다양성을 인정하려는 노력은 다른 사람을 존중하는 일반 접근법은 물론 아이들이 길러야 하는 정서, 사회 역량 자체에 문화 다양성을 포함하는 세부 접근법까지 채택하는 방식으로 그 요구에 응답할 것이다.^527 게다가 다른 감정을 분석하는 데 능숙해진 학생과 교사는 이중문화권에 속한 사람들이기에, 이런 사람들을 가치 있게 여기는 기회가 열릴 것이다. 오늘날 제2외국어 구사가 바람직한 기술이듯, 제2문화 문해력도 바람직한 관계 기술로 인정해야 한다.^528 다른 문화권에서 감정을 처리하는 방식도 **모두** 중요하게 여기는 학교 문화가 정착되어야, 학교에서 교사와 학생들이 서로 이해하고 일체감을 느낄 수 있는 공통된 기반이 닦인다.

인간이 내면에서 느끼는 감정은 보편적인가?

이 책을 시작하며 던졌던 질문으로 돌아왔다. 사람은 감정 앞에서 본질상 똑같을까?

어린 타네히시 코츠는 중산층 환경에서 성장한 백인 아이라면 분노하지 않았을 상황에서 격분한 것일까? 벨기에 백인 학생이라면 교사에게 질책을 듣고 항의했을 상황에서 이민자인 아흐메트가 그저 겸연쩍어했다고 설명하면 우리는 무엇을 놓친 걸까? 우는 람라를 보고 심리상담사 아커르가 떠올린 감정은 람라가 느꼈던 감정과 별다른 차이가 없었을까? 람라가 속한 문화권에서는 재정 여력이 부족한 처지는 보이지 않고 도덕적 의무를 지키지 못한 흠결만 눈에 들어오는 걸까? 심보섬 여성들은 듀로처럼 사랑을 느꼈지만, 동시에 슬픔도 껴안지 않았던가?

　모두 타당하고 좋은 질문이다. 여기에 답하는 과정이 다른 사회문화 맥락에서 성장한 사람들의 감정을 이해하는 데 도움이 되기 때문이다. 이런 질문을 제기하는 순간 감정을 분석하는 작업을 시작할 수 있고, 그 답변에 따라 다른 문화권 사람들과 공감할 수 있다. 물론 서구 중산층 환경에서 통하는 감정 처리 방식이 우선한다고 판단할 근거는 없다. 서구 방식이 다른 방식보다 더 진실하거나 더 자연스럽다고 생각할 이유도 없다. 영어의 감정 어휘가 다른 언어보다 제대로 감정을 표현한다고 여길 까닭도 없다. 정서적 사건에서 무엇이 위험한 상황인지, 이 상황에서 사람들이 경험한 감정이 무엇인지, 이 감정이 각자에게 무엇을 의미하는지, 그 안에서 사람들이 어떤 관계를 형성하는지 알아야 한다.

사람들이 내면에서 느끼는 감정은 '보편적'이고, 사람들이 사용하는 단어가 다를 뿐이지 의미는 똑같다고 오해하는 이들이 있지만, 사실 그렇지 않다. 우리는 문화 경계, 곧 민족 정체성, 사회적 신분, 정치 노선 등으로 구분된 경계를 넘어 타인에게 얼마든지 다가갈 수 있다. 그러려면 먼저 겸손해야 한다. 다른 사람의 감정을 섣불리 단정하지 말아야 한다. 사람은 출신지도 다르고 경험이나 추구하는 목표도 다르다. 상대방이 다른 문화권 사람이라면 더욱이 그렇다. 감정은 문화마다 다양한 방식으로 차이를 보인다. 누구를 만나든지 무시하지 않고 그 사람 관점에서 보면, 그 사람의 감정을 이해할 수 있다.

그 사람은 삶에서 무엇을 중시할까? 그 사람은 어떤 사람이 되고 싶을까? 그 사람은 사회관계에서 어떤 목표를 추구할까? 그 사회관계에서 어떤 제약을 받을까? 이런 질문은 정서적 경험을 분석하는 데 도움이 된다. 내가 경험해보니, 일단 감정을 분석하고 나면 자기 자신과 상대방이 느끼는 감정이 서로 달라도 상대방 감정에 공감하기가 수월했다. 문화가 달라도 상대방 역시 나처럼 온전한 인간이며, 내가 자주 경험해보지 못하는 형태더라도 상대방에게 나름의 목표와 걱정거리가 있다는 사실을 깨달을 때 공감이 일어난다. 상대방과 내가 각각 경험하는 상호작용과 관계에서 벌어지는 정서적 사건 사이에 다른 점이 보일 때 공감이 일어난다. 상대방이 추는 춤이 내가 사회환경에서 곧잘 추던 춤과 다르다는 현실을 알아차릴 때 공감이 일어난다. 상대방 감정이 내 감정과 마찬가지로 아워스 모형 감정이라는 사실을 알아보는 순간, 공감이 일어난다.

　상대방 감정을 분석하는 일은 상대방과 감정의 춤을 함께 추려면 반드시 밟아야 하는 스텝이다. 아직은 당신이 춤을 춘다는 의미가 아니라 출 수 있는 춤의 종류가 다양하다는 점을 인정하는 단계다. 우리는 함께 춤을 추는 파트너고, 정서에 담긴 이야기는 우리 사이에서 완결된다.

글을 마치며

나는 이 책에서 감정을 바라보는 관점을 뒤집어 인간 내면에서 외부 세계로, 곧 감정이 실제로 일어나는 관계 안에서 감정을 관찰하는 길로 독자들을 안내했다. 사람들 관계 그리고 우리가 속한 공동체와 문화 안에서 감정을 관찰했다. 외부 세계인 대인관계에서 빚는 감정에 초점을 맞춘다고 하면, 언뜻 보기에 우리 뇌에서 일어나는 작용을 연구하는 신경과학의 흐름을 거스르는 것 같지만, 그렇지 않다. 아워스 모형에서 외부 세계에 초점을 맞추는 관점과 신경과학에서 인간 내면에 집중하는 관점은 서로 충돌하지 않는다. 최신 신경과학은 사람의 내면과 외부 세계가 근본적으로 연결된다는 사실을 증명해냈다. 우리 뇌는 사회환경에서 상호작용을 경험하고 학습하며 신경회로를 형성한다.[529] 사람들 관계, 공동체, 문화 환경, 상황이 사람의 정체성을 결정한다. 감정도 예외가 아니다.[530]

    부모와 교사를 포함한 여러 사회화 주체는 사회적 지위와 성 정체성처럼 문화에 '적절한' 감정을 어릴 적부터 아이에게 가르치고, 또한 기르도록 아이를 격려한다. 보호자는 해당 문화에서 가치를 인정받는 사람이 되도록 자녀에게 적절한 감정을 경험할 계기를 만들어주고, 보상하고, 특정한 감정을 어떻게 처리하는지 모범을 보인다. 또 해당 문화에서 생산적이고 바람직하게 여기는 관계를 맺어가도록 돕는다. 초기 사회화 과정은 이후에 경험할 감정생활의 토대를 형성하는데, 아워스 모형 관점에서 보자면 우리가 살면서 경험하는 감정은 외부에서 일어나는 현상으로 관계와 상황의 영향을 크게 받는다. 개인 사이에 주고받는 상호작용, 곧 사람들이 함께 '춤추는' 과정에서 정서에 담긴 이야기가 역동적으로 펼쳐진다. 감정은 사람들 사이에서 움튼다. 감정의 강도나 방향에는 차이가 있지만, 다른 사람들은 우리와 함께 정서에 담긴 이야기를 구성한다. 대개는 해당 문화의 규범, 목표, 이상과 일치하도록 우리에게 영향을 끼친다. 아워스 모형에서 바라보는 감정은 관계에서 빚어내는 행동이다. 다시 말해 감정은 관계가 성장하고 발전하는 데 한 몫을 한다. 관계를 형성하고 유지하는 방법과 이상적인 관계 유형이 시대와 장소에 따라 다른 만큼, 정서에 담긴 이야기도 마찬가지다.

감정 개념은 일상에서 마주치는 다양한 감정 경험과 사건을 토대로 본질을 포착한다. 각기 다른 언어의 감정 어휘가 서로 정확하게 대응하지 않고 틈이 벌어지는 이유도 여기에 있다. 감정 개념은 인간 내면의 심리 또는 일정한 신체 변화를 포착하지 못하고, 이런 영역이 존재한다는 사실도 입증된 적이 없다. 한 예로, 인간에게 보편적 감정이 존재한다는 중요한 증거로 받아들여졌던 얼굴 인식 연구도 검증을 통과하지 못했다. 비서구권 사람들은 똑같은 얼굴 표정을 보고 서구인들과 다르게 감정을 읽었다. 비서구권 문화에서는 대체로 얼굴에 나타난 표정이 감정을 반영한다고 생각하지 않는다. 심지어 특정 문화권 안에서도 고정된 신체 반응이나 뇌 반응 유형이 분노나 두려움 같은 감정 개념과 연관이 있다는 증거가 없다. 문화마다 감정 개념이 다르기에, 감정을 표현하는 방식도 문화마다 다를 수 있다. 정서적 경험은 분명 행동이나 구체적인 표현으로 구성되지만, 일어나는 감정 반응을 표현하는 방식은 사회문화 맥락에 따라 달라진다. 각 개인이 형성한 감정 개념은 개인만의 고유한 경험과 해당 문화의 규범과 맥락에 영향을 받는다. 말하자면 정서에 담긴 이야기는 개인 삶에서 마주친 감정 경험이자 주변 사람들이 함께 목격하고 겪은 사건으로서, 사람들이 공유하는 문화 경험의 집합체다.

방금 언급한 모든 것이 우리가 다른 사람, 특히 다른 문화권 사람을 이해할 때 큰 영향을 끼친다. 누군가의 표정만 보고, 목소리만 듣고, 다른 문화권 사람이 스스로를 설명할 때 사용하는 감정 단어를 번역하는 작업만 하고서 상대방 감정을 이해할 수 있다고 단정해서는 안 된다. 문화에 담긴 감정 차이를 좁히려면 정서적 경험을 분석하는 까다로운 작업을 거쳐야 한다. 이때 자신의 감정을 다른 사람 감정에 투영하지 말고, 상대방 관점에서 그 상황이 상대방에게 어떤 의미가 있는지 파악해야 한다. 해당 사건에서 상대방의 동기는 무엇인지, 상대방 감정과 행동이 주변 사람에게 어떤 의미로 가닿는지 알아야 한다. 또는 상대방이 해당 사건에서처럼 느끼거나 행동하지 **않았을 때** 몰고 올 결과가 무엇인지 끄집어내야 한다.

감정을 분석하면 얻는 것이 많다. 여기서 얻는 통찰력은 다른 사람의 삶과 상호작용과 공동체에서 중요한 가치가 무엇인지 들여다볼 수 있는 귀중한 창문과 같다. 우리가 이 창문을 제대로 활용하려면, 우리 자신의 관점을 강요하지 말고 다른 사람들이 세상을 바라보는 방식을 진심으로 받아들여야 한다. **그 사람들의 관점**에서 이해하고, 그들이 속한 공동체에서 중시하는 가치, 목표, 열망 안에서 그들의 행동을 헤아려야 한다. 정서적 경험을 분석한다는 건 해당 사건을 경험한 한 개인을 고유한 생각과 감정과 경험을 지닌 인간으로 바라보겠다는 의미다.

감정적으로 열띤 상호작용이 오가는 동안 상대방 감정을 분석하기란 쉽지 않다. 상대방 감정을 효과적으로 분석하는 법을 다룬 연구도 거의 없다. 하지만 우리와 문화 경험의 집합체가 다르고 우리와 다른 음악에 맞춰 다른 춤을 추는 사람들을 일상에서 곧잘 마주친다. 이런 사람들과 춤을 출 때, 우리는 어떻게 스텝을 밟아야 할까?

손쉬운 비결 따위는 없다. 하지만 내가 소개한 아워스 모형은 스텝을 밟는 법과 관련해 새로운 시각을 제시한다. 첫째, 다른 사람의 감정을 안다고, 이해한다고 가정하지 말자. 섣불리 단정하지 말고, 상대방에게 직접 묻고 그 대답에 귀를 기울여야 한다. 정신건강 분야에서는 이런 태도를 가리켜 상대방을 '알고 싶어 하는' 자세, 곧 '문화적 겸손'이라고 한다. 자신의 관점에서 빨리 결론을 짓고 싶은 충동을 자제하고, 상대방과 긍정적인 관계를 유지하면서 상대방 감정이 무얼 의미하는지 시간을 두고 확인해야 한다. 이 과정은 누구나 어려운 일이므로, 꾸준히 연습하는 수밖에 없다.

둘째, 자신의 감정과 행동을 들여다봐야 한다. 앞서 설명했듯이, 더 '자연스러운' 감정이란 없다. 그 자체로 적절한 감정이라거나 부적절한 감정은 없다. 특정한 맥락에서 특정한 기준에 따라 적절하거나 부적절한 감정이 있을 뿐이다. 그러므로 자신의 감정에 담긴 의도와 목표가 무엇인지, 자신과 마주하는 상대방의 감정 목표와는 어떻게 다른지 스스로 질문해보자. 자신에게 익숙한 방법을 바꿔 다르게 행동하고 다르게 느낄 수 있는지 고민해보자. 자신과 상대방이 함께 출 수 있는 춤이 있을까? 두 사람 모두 적절하다고 여길 만한 방식으로 정서에 담긴 이야기를 마무리할 방법을 찾아야 한다.

지금 앞에 놓인 환경에서 자신의 감정 처리 방식이 용납할 만하고 규범에 맞다 해도 다른 '춤'을 받아들일 자세가 됐는지 자신에게 물어보자. 자신이 추는 춤의 스텝을 상대방이 따라오지 못한다고 해서 상대방에게 춤을 출 역량 자체가 없다고 의심하고 일방적으로 춤을 주도하지는 않는지 돌아볼 일이다.

성 정체성, 민족, 계층, 인종 같은 문화의 경계가 서로 다른 사람들의 감정을 이해하려면, 그들의 이야기를 귀 기울여 듣고 면밀하게 분석해야 한다. 자신이 습득한 감정 처리 방식이 진실하고 '자연스러운' 방식이라고 믿고 기준으로 삼지 말아야 한다. 오늘날 학교, 기업, 법정은 다른 감정 처리 방식을 유연하게 받아들일 수 있을까? 이 일은 현재 그리고 미래에 다문화 사회를 살아가는 연구자와 전문가들이 마주한 도전이자 기회다.

감사의 말

이 책에서 다룬 주제를 처음 떠올리고 조사하기 시작한 건 암스테르담대학교에서 감정심리학자 니코 프리다 교수의 지도를 받으며 박사학위 논문을 준비할 때였다. 이 분야 수많은 연구자가 감정은 보편적이라고 믿을 때, 프리다 교수는 이 보편성 논지에 의문을 품었다. 문화가 감정에 미치는 역할을 놓고 풍성한 대화를 나눈 덕분에, 나는 내 자신에게 솔직해졌고 내 견해도 분명하게 표현할 수 있었다. 프리다 교수의 지성과 우정이 지금도 그립다. 그에게 많은 것을 빚졌다.

    박사과정 연구 기간에 헤이즐 마커스를 만난 건 행운이었다. 마커스는 내 연구를 뒷받침하는 문화심리학이라는 학문을 창시한 인물 중 한 사람으로, 미시간대학교에서 내가 박사후연구 과정을 밟던 시절 지도교수였다. 암스테르담대학교 교수 중에는 여성이 한 명도 없었기에, 마커스는 여성 교수가 되려는 나의 롤모델이었다. 미국의 정서적 문화에 적응하기까지, 나는 마커스에게 많은 빚을 졌다. 내가 미국 학계 문화에 적응할 수 있도록, 마커스가 도움을 줬다. 마커스가 내게 베푼 우정과 가르침은 한없이 소중했다.

감정심리학자로서 경력을 쌓아가는 동안, 나는 뛰어난 감정심리학자들을 만나는 행운을 누렸다. 내 견해는 여러 연구자와 대화를 나누며 발전했다. 리사 펠드먼 배럿, 바버라 프레드릭슨, 셰리 존슨, 앤 크링, 잔느 차이. 이들은 나의 조언자이고 지지자이며 절친한 친구다. 좋은 아이디어를 제안하고 초기 원고 일부를 검토해줬을 뿐만 아니라, 직접 자신의 저서를 집필해 더 많은 청중에게 다가가는 모범을 보여준 점에 감사드린다.

이 책은 많은 부분이 협업의 산물이었다. 모든 협력자에게 감사드린다. 특히 리사 펠드먼 배럿, 피비 엘스워스, 애슐리 헤어, 가라사와 마유미, 기타야마 시노부, 김희정, 베르나르 리메, 우치다 유키코에게 우정과 많은 대화를 나눠준 점에 감사드린다.

마지막으로 루뱅대학교 사회문화심리센터 동료 연구자와 학생들에게 감사드린다. 우리가 일상적으로 협업하며 연구한 결실을 이 책에 담았다. 아마 이곳보다 더 동료애가 넘치고 영감을 주고 협력하는 환경은 없을 것이다. 특히 마이클 보이거, 엘런 델보, 요제핀 데 레어스니더르, 케이티 회만, 앨버 재시니, 알렉산더 키르히너, 이예슬, 로에스 메우센, 풀야 외즈칸리, 캐런 팰릿, 안나 슈텐, 카트 반 아커르, 콜레터 판 라르에게 감사드린다. 우리는 함께 연구했고, 나는 그대들에게 많은 것을 배웠다.

이 책은 2016년부터 2017년까지 스탠퍼드대학교 행동과학고급연구센터CASBS에서 지내며 연구하던 기간에 기획했다. 이곳 센터에 나를 초대해준 마거릿 레비 연구소장과, 이 책은 물론 관련 주제를 놓고 많은 대화를 나누며 내게 영감을 준 동료 연구자들에게 감사드린다. 특히 아침 글쓰기 시간에 나와 함께한 케이트 절룸과 사프나 체리안에게 감사드린다. 나는 책을 쓰는 작업이 요가와 일맥상통한다는 사실을 배웠다. 매일 아침 책상에서 글쓰기에 집중할 때마다 조금씩 실력이 는다. 나는 매일 글쓰기를 실천했다.

이 책을 집필할 수 있었던 건 루뱅대학교에서 두 번의 안식년(2016~2017년, 2018~2019년)을 허락한 덕분이고, 안식년 기간에 동료들이 기꺼이 협력해준 덕분이다. 그리고 유럽연구위원회에서 연구 보조금(ERC-ADG 834587)을 지원해준 덕분이기도 하다. 이 책의 개요와 초고를 검토해준 리사 펠드먼 배럿, 마이클 보이거, 케이티 회만, 조나단 얀센, 앤 크링, 빌 티메이어르, 잔느 차이, 카트 반 아커르, 콜레터 판 라르, 케이트 절룸, 그리고 2020~2021년도 문화연구소 회원들에게 감사드린다. 이 책의 삽화와 관련해 도움을 준 이예슬과 마이클 보이거에게도 감사드린다.

출판 에이전트 맥스 브록만에게 감사드린다. 내 역량을 믿어주고 이 책의 목적을 더 명확히 전달할 수 있도록 도움을 준 데다, 가장 효율적인 방식으로 모든 출판 관련 업무를 처리해 내가 집필에만 집중할 수 있도록 여건을 조성했다. 이 책과 관련한 모든 일정을 관리하며 도움을 주고 그 모든 일을 기분 좋게 처리해준 뛰어난 프로젝트 매니저 톰 베르테에게도 감사드린다.

노튼앤컴퍼니 출판사 편집자인 멜러니 토르토롤리에게도 감사드린다. 내 아이디어가 지닌 잠재력을 알아보고, 최대한 실현할 수 있도록 아이디어를 발전시키는 데 도움을 줬다. 토르토롤리의 열정과 철학, 정교한 편집 기술 덕분에 이 책이 완성될 수 있었다. 그 과정에서 나는 많은 것을 배웠다.

특히 이 책이 출판될 수 있도록 집필 과정에서 긴밀하게 협력해준 세 학자에게 감사드린다. 나의 멘토이며 스탠퍼드대학교 문화심리학자인 헤이즐 마커스는 모든 장에 걸쳐 애정 어린 비판을 건넸다. 내가 독자들에게 다가갈 수 있도록 격려하고, 내 연구가 실질적인 사회문제를 다루도록 인도했다. 내가 속한 대학교의 언어심리학자 게르트 스톰스는 모든 장을 꼼꼼히 검토하고, 유럽인 특유의 절제된 화법으로 내게 자신감을 불어넣었다. 그리고 내 글에 담긴 모순과 오류를 지적해줬다. 듀크대학교 심리철학자인 오웬 플래너건은 날카로운 통찰력과 방대한 문헌 지식, 책을 집필하는 요령과 지혜를 공유했다. 꾸준한 대화와 우정 덕분에 집필 과정을 견딜 수 있었고, 자신감을 얻었다.

내게 다양한 관점을 받아들이는 자세의 중요성을 가르쳐주신 부모님께 감사드린다. 부모님이 겪은 개인사는 편협한 인종주의가 얼마나 끔찍한지 보여줬다. 두 분은 포용의 가치를 늘 가르치고 실천에 옮기셨다. 내가 자주적이고 비판적인 사상가가 되도록 격려해주신 두 분께 감사드린다. 내 아버지 알베르트 고메스 데 메스키타에게 '당신 책'을 보여드리고 싶었지만, 이 책을 보지 못하고 세상을 떠나셨다. 끊임없는 응원과 조건 없는 사랑을 보여주신 내 어머니 리엔 데 용에게 감사드린다. 이 책에 깊은 관심을 보이며 조언했고, 나의 성공을 바라보며 당신의 성공인 양 자부심을 드러내셨다.

이 책을 집필하는 내내 신경 쓰고 나를 응원하며 인내심을 보여준

가족과 친한 친구들에게 감사드린다. 특히 맷 아길라르, 톤 브루더르스, 시처 카를레, 발도 카를레, 울리 올리베이라, 데비 홀츠테인, 다니엘 고메스 데 메스키타, 다이앤 그리피언, 미커 휠런스, 로스 크론, 르네 르미유, 아르예 메스키타, 에이다 오디크, 재클린 피터스, 레스마 셀바퀴마르, 파울 판 할, 에발트 페르파일리, 마이클 자욘스, 데이지 자욘스, 도나 자욘스, 조나단 자욘스, 크리샤 자욘스, 루시 자욘스, 피터 자욘스, 조 자욘스에게 감사하다.

    책을 집필하며 마음이 출렁일 때마다 내 편을 들어준 사랑하는 베니 카를레에게 감사하다. 4장에서 연락도 없이 저녁 늦게 귀가한 남편은 베니가 아니다. 베니는 맛있는 저녁식사를 함께 즐기며 책 너머의 세상을 나와 함께 탐구하고 내 일상에 활력을 불어넣었다.

    이 책을 내 아이들인 올리버와 조에 자욘스에게 바친다. 진심으로 사랑한다. 이 책은 너희 것이며, 이 책이 다양성을 포용하는 더 나은 미래를 만드는 데 조금이라도 보탬이 되기를 바란다.

노트

서문

1 The Cut Out Girl (Bart van Es, The Cut Out Girl: A Story of War and Family, Lost and Found [New York: Random House, 2018])는 내 어머니의 전기다. 내 아버지는 안네 프랑크의 동급생으로, 《안네의 일기》에 언급됐다. We All Wore Stars (Theo Coster, We All Wore Stars, trans. Marjolijn de Jager [New York: St. Martin's Press, 2011])에 아버지의 회상이 일부 기록됐다.

2 Ralph H. Turner, "The Real Self: From Institution to Impulse," American Journal of Sociology 81, no. 5 (1976): 989-1016.

3 위어드 문화권이라는 용어는 다음 문헌에서 인용한다. Joseph Henrich, Steven J. Heine, and Ara Norenzayan, "The Weirdest People in the World?," Behavioral and Brain Sciences 33, no. 2-3 (2010년 6월): 61-83.

4 같은 시기에 발행된 또 다른 연구 성과로는 다음과 같은 문헌이 있다. Shinobu Kitayama and Hazel R. Markus, Emotion and Culture: Empirical Studies of Mutual Influence (Washington, DC: American Pscyhological Association, 1994). Russell, James A, "Culture and the Categorization of Emotion," Psychological Bulletin 110, no. 3 (1991): 426-50.

5 Richard A. Shweder, "Cultural Psychology: What Is It?" in Thinking through Cultures. Expeditions in Cultural Psychology, ed. Richard A. Shweder (Cambridge, MA: Harvard University Press, 1991), 73-110. 73쪽에서 인용한다.

1장 번역이 필요한 감정

6 최근 자료는 다음 책을 참조하기 바란다. Tiffany W. Smith, The Book of Human Emotions (New York: Little, Brown and Company, 2016).

7 다음 책에서도 비슷한 관점을 확인할 수 있다. Culture and Subjective Well-Being, ed. Ed Diener and Eunkook M. Suh (Cambridge, MA: Bradford Books, 2000) 113쪽에서 161쪽에 실린 Shinobu Kitayama와 Hazel R. Markus의 글 "The Pursuit of Happiness and the Realization of Sympathy: Cultural Patterns of Self, Social Relations, and Well-Being"을 참조하기 바란다.

8 다음 책에도 이런 사실을 설명한다. Han van der Horst, The Low Sky: Understanding the Dutch (The Hague: Scriptum Books, 1996), 34-35.

9 역사가 피터 N. 스턴스는 책에서 미국인 특유의 '냉담'한 모습과 대조적으로 네덜란드인은 직설적이어서 불쾌한 감정도 회피하지 않는다고 설명했다. American Cool: Constructing a Twentieth-Century Emotional Style (New York: New York University Press, 1994).

10 Eva Hoffman, Lost in Translation: A Life in a New Language (London: William Heinemann, 1989), 146, 호프먼 역시 폴란드 사람과 북아메리카 사람들 사이에 유대를 형성하는 방식에 대조적인 특징이 있다고 언급했다.

11 미국인 감정과 어떻게 차이가 나는지 보려면 스턴스의 책 American Cool을 참조하자. 이 책은 내가 처음 미국으로 이주했을 무렵 출간됐다.

12 Catherine A Lutz, Unnatural Emotions: Everday Sentiments on a Micronesian Atoll and Their Challenge to Western Theory (Chicago: University of Chicago Press, 1988), 44.

13 J. L. Briggs, "Emotion Concepts," in Never in Anger: Portrait of an Eskimo Family (Cambridge, MA: Harvard University Press, 1970), 257-58, 284, 286. Copyright © 1970 by the President and Fellows of Harvard College.

14 다음 책에서 인용한다. Lutz, Unnatural Emotions, 11

15 여기서 기본 감정 이론을 설명할 생각은 없다. 다만 이 이론이 오랜 세월에 걸쳐 발전했다는 사실은 짚을 필요가 있다. 폴 에크먼과 월리스 프리센이 Unmasking the Face: A Guide to Recognizing Emotions from Facial Clues (Englewood Cliffs, NJ: Prentice Hall, 1975)에서 제시한 이론을 뛰어넘은 최신 성과가 없다고 말할 의도도 없다. 에크먼 역시 기본 감정이 최소 아홉 가지는 될 거라고 제안했다(Ekman, Are There Basic Emotions?). 에크먼은 1975년에 제안한 여섯 가지 감정에 더해 당혹감, 경외감, 흥분도 기본 감정의 기준을 충족한다고 주장했다. 이 연구가 지닌 의미를 둘

러싼 이론의 여지가 아직도 많다. 다만 기본 감정이라는 개념을 본격적으로 비판하는 작업은 이 책의 목표가 아니다.

16 이 인용문과 다음에 소개하는 인용문은 에크먼과 프리센의 책 Unmasking the Face, 22쪽, 23쪽, 24쪽을 참조하기 바란다.

17 다음 문헌을 참조하기 바란다. Paul Ekman, "An Argument for Basic Emotions," Cognition & Emotion 6, no. 3-4(1992): 169-200. Jaak Panksepp, "Basic Affects and the Instinctual Emotional Systems of the Brain: The Primordial Sources of Sadness, Joy, and Seeking," in Feelings and Emotions: The Amsterdam Symposium, ed. Antony S. R. Manstead, Nico Frijda, and Agneta Fischer (New York: Cambridge University Press, 2004), 174-93.

18 각 감정과 관련된 근거를 제시한 연구는 다음과 같다. 창피와 수치심(Dacher Keltner, "Signs of Appeasement: Evidence for the Distinct Displays of Embarrassment, Amusement, and Shame," Journal of Personality and Social Psychology 68, no. 3[1995]: 441-45), 자부심(Jessica L. Tracy and Richard W. Robins, "Show Your Pride: Evidence for a Discrete Emotion Expression," Psychological Science 15, no. 3 (2004): 194-97. 경외감, 즐거움, 자부심(Michelle N. Shiota, Belinda Campos, and Dacher Keltner, "The Faces of Positive Emotion: Prototype Displays of Awe, Amusement, and Pride," Annals of the New York Academy of Sciences 1000, no. 1[2003]: 296-99.

19 보편적 표정에 드러나는 감정 인식 연구란 표정만 보고 감정을 읽어낼 수 있다는 의미다. 하지만 최근 연구에 따르면 표정에 드러나는 정보만으로는 부족하고 다른 관련 정보와 연결될 때만 제대로 감정을 인식하는 것으로 드러났다. 다음 문헌을 참조하기 바란다. Brian Parkinson, Heart to Heart(Cambridge, UK: Cambridge University Press, 2019), Lisa F. Barrett, Batja Mesquita, and Maria Gendron, "Context in Emotion Perception," Current Directions in Psychological Science 20, no. 5 (2011): 286-90. Maria Gendron, Batja Mesquita, and Lisa F. Barrett, "Emotion Perception: Putting the Face in Context," in The Oxford Handbook of Cognitive Psychology, ed. Daniel Reisenberg (New York: Oxford University Press, 2013), 539-56.

20 러셀(Universal Reg of Emotion from Facial Expression)은 1969년 이후에 수행한 얼굴 인식 연구를 모두 검토한 결과, 연구진이 사용한 방법론 중 몇몇 요소가 특정 감정을 '인식하는' 비율에 영향을 끼쳤다고 지적했다.

21　1980년대와 90년대 구성요소 이론은 감정이라는 개념이 여러 가지 요소로 구성된다고 분석했다. 각 구성요소로는 상황 평가(Craig A. Smith and Phoebe C. Ellsworth, "Patterns of Cognitive Appraisal in Emotion," Journal of Personality and Social Psychology 48, no. 4[1985]: 813-38), 행동 준비성(Nico H. Frijda, Peter Kuipers, and Elisabeth ter Schure, "Relations among Emotion, Appraisal, and Emotional Action Readiness," Journal of Personality and Social Psychology 57, no. 2 (1989]: 212-28), 생리 반응과 행동 반응(Nico H. Frijda, The Emotions [Cambridge, UK: Cambridge University Press / Éditions de la Maison des Sciences de l'Homme, 1986])이 있다.

22　Phillip R. Shaver, Shelley Wu, and Judith C. Schwartz, "Cross-Cultural Similarities and Differences in Emotion and Its Representation: A Prototype Approach," in Review of Personality and Social Psychology, No. 13. Emotion, ed. Margaret S. Clark (Newbury Park, CA: Sage Publications, Inc., 1992), 175-212.

23　다음 문헌을 참조하기 바란다. Beverley Fehr and James A. Russell, "Concept of Emotion Viewed from a Prototype Perspective," Journal ofExperimental Psychology: General 113, no. 3 (1984): 464-86.

24　인류학자 캐서린 러츠 역시 감정은 사람 내면에서 일어나는 현상이라고 정의하면서도, 이팔루크 산호섬 현지인들 사이에서 관찰된 감정을 보면 감정이 사회요인에 영향을 받는다고 설명했다(Lutz, Unnatural Emotions, 41).

25　헨릭, 하이네, 노렌자얀에 따르면 심리학 연구는 대다수가 서구 문화권, 특히 미국 문화권에서 특히 대학생들을 대상으로 진행됐다. ("The Weirdest People in the World?" Behavioral and Brain Sciences 33, no. 2-3 [June 2020]: 6183).

26　Batja Mesquita, "Cultural Variations in Emotions: A Comparative Study of Dutch, Surinamese, and Turkish People in the Netherlands" (PhD diss.,University of Amsterdam, 1993). 이 박사학위 논문은 일부 내용이 학술지에 발표됐다(Batja Mesquita, "Emotions in Collectivist and Individualist Contexts," Journal of Personality and Social Psychology 80, no. 1 [2001]: 68-74. Mesquita and Frijda, "Cultural Variations in Emotions: A Review", 1992).

27　감정을 이야기하는 대화를 가리켜 'emotion talk' 또는 'emotion discourse'라고 한다. 다음 문헌을 참조하기 바란다. "emotion talk" (Paul Heelas, "Emotion Talk across Cultures," in The Social Construction of Emotions, ed. Rom Harré [New

York: SAGE Publications, 1986], 234-65) 또는 "emotion discourse"(Catherine A. Lutz and Lila Abu-Lughod, Language and the Politics of Emotion: Studies in Emotion and Social Interaction, ed. C. Lutz and L. Abu-Lughod [Cambridge, UK: Cambridge University Press, Éditions de la Maison des Sciences de l'Homme, 1990]).

28 Lutz, Unnatural Emotions, 42.
29 같은 책 82쪽 인용, 82.
30 Lila Abu-Lughod, Veiled Sentiments: Honor and Poetry in a Bedouin Society (Berkeley: University of California Press, 1986), 112.
31 Mesquita and Frijda, "Cultural Variations in Emotions: A Review."
32 E.g., Harry C. Triandis, "The Self and Social Behavior in Differing Cultural Contexts," Psychological Review 96, no. 3 (1989): 506-20. Hazel R. Markus and Shinobu Kitayama, "Culture and the Self: Implications for Cognition, Emotion, and Motivation," Psychological Review 98, no. 2 (1991): 224-53. 문화심리학 입문서로는 다음 책을 추천한다. Steven J. Heine, Cultural Psychology (New York: W. W. Norton & Company, 2020).
33 Erika H. Siegel, Molly K. Sands, Wim Van den Noortgate, Paul Condon, Yale Chang, Jennifer Dy, Karen S. Quigley, and Lisa Feldman Barrett, "Emotion Fingerprints or Emotion Populations? A Meta-Analytic Investigation of Autonomic Features of Emotion Categories," Psychological Bulletin 144, no. 4 (2018): 343. Kristen A. Lindquist, Tor D. Wager, Hedy Kober, Eliza Bliss-Moreau, and Lisa Feldman Barrett, "The Brain Basis of Emotion: A Meta-Analytic Review," Behavioral and Brain Sciences 35, no. 3 (2012): 121.
34 Maria Gendron, Batja Mesquita, and Lisa Feldman Barrett, "The Brain as a Cultural Artifact: Concepts, Actions, and Experiences within the Human Affective Niche," in Culture, Mind, and Brain: Emerging Concepts, Models, and Applications, ed. Laurence J. Kirmayer et al. (Cambridge, UK: Cambridge University Press, 2020), 188-222.
35 L. J. Kirmayer, C. M. Worthman, and S. Kitayama, "Introduction: Co-Constructing Culture, Mind, and Brain," in Culture, Mind, and Brain, ed. L. J. Kirmayer et al. (Cambridge, UK: Cambridge University Press, 2020), 1-49. Shinobu Kitayama and Cristina E. Salvador, "Culture Embrained: Going

Beyond the Nature-Nurture Dichotomy," Perspectives on Psychological Science 12, no. 5 (2017): 841-54. Samuel P. L. Veissière, Axel Constant, Maxwell J. D. Ramstead, Karl J. Friston, and Laurence J. Kirmayer, "Thinking through Other Minds: A Variational Approach to Cognition and Culture," Behavioral and Brain Sciences 43 (2020).

36 "The Laws of Emotion"에서 프리다는 유쾌한 감정과 일상에서 벗어난 경험 사이에 드러나는 규칙성을 다음과 같은 개념으로 설명한다. "변화, 습관화, 비교 감정의 법칙": "감정은 유리한 조건 또는 불리한 조건이 존재해서가 아니라 그런 조건 때문에 실제로 변화가 나타나거나 예상될 때 일어난다." (Frijda, Nico H. 2007. The Laws of Emotion. Mahwah: Lawrence Erlbaum Associates, Inc.).

37 Lisa Feldman Barrett Barrett, How Emotions Are Made: The Secret Life of the Brain (New York: Houghton Mifflin Harcourt, 2017). Gendron, Mesquita, and Barrett, "The Brain as a Cultural Artifact Concepts, Actions, and Experiences within the Human Affective Niche," 2020. Karen S. Quigley and Lisa Feldman Barrett, "Is There Consistency and Specificity of Autonomic Changes during Emotional Episodes? Guidance from the Conceptual Act Theory and Psychophysiology," Biological Psychology 98, no. 1 (2014): 82-94. 여기서 신체 반응에는 심혈관계, 근골격계, 신경내분비계, 자율신경계 반응이 포함된다.

38 수차례 연구를 거친 끝에 컴퓨터 과학자 라우리 누멘마와 동료 연구원들은 감정의 "신체 지도"가 여러 문화권에서 모두 보편된 특징을 보인다고 제안했다. (Lauri Nummenmaa et al., "Bodily Maps of Emotions.," Proceedings of the National Academy of Sciences of the United States of America 111, no. 2 [2014]).

39 E.g., Michael Boiger and Batja Mesquita, "The Construction of Emotion in Interactions, Relationships, and Cultures," Emotion Review 4, no. 3 (2012): 221-29; Parkinson, Heart to Heart.

40 여기서 소개한 사례들은 다음의 프로토타입 연구 자료에서 인용했다. Shaver et al. ("Emotion Knowledge: Further Exploration of a Prototype Approach," 1075).

2장   감정이란 내 것일까, 우리 것일까?

41 리사 F. 배럿은 거의 비슷한 이유로 이 사례를 사용했다. (Lisa F. Barrett and Daniel J. Barrett, "Brain Scientist: How Pixar's 'Inside Out' Gets One Thing Deeply Wrong," WBUR, July 5, 2015).

42 이와 비슷하게 감정의 특성을 규정한 모형은 다음 문헌을 참조하기 바란다. Barrett, How Emotions Are Made, 157. Lutz, Unnatural Emotions, 53-54.
43 면접조사 응답자는 그 사건이 왜 자신에게 의미 있는지, 그 사건 당시나 이후에 어떻게 행동했는지, 그때 누가 함께 있었고 무슨 말을 나누고 어떻게 행동했는지 설명했다. 또 그 사건 당시나 이후에 미친 파급효과도 이야기했다. 우리는 이를테면 어떤 일을 완수해서 성공을 거둔 경험 같은 한 가지 주제와 관련해 세 군데 문화권 응답자들의 경험을 비교했다. 내가 직접 응답자들을 만나보진 않았지만, 응답자들 출신에 따라 여성 연구진을 배치했고, 연구진은 응답자의 모국어로 면접조사를 실시했다. 면접 내용은 모두 기록했고, 튀르키예계 이민자들의 표본은 영어로 번역했다.
44 Mesquita, "Emotions in Collectivist and Individualist Contexts."
45 마인(MINE)과 아워스(OURS)는 두문자어로, 감정의 특성을 규정하는 여러 차원의 첫 글자들을 결합해서 만든 용어다. 감정은 사람 내면(INside) 아니면 외부(OUtside)에서 일어나고, 정신(Mental) 현상 아니면 대인관계에서 빚어지는(Relational) 현상이며, 인간 본성과 깊이 연관되고(Essences), 주변 환경에 큰 영향을 받는다(Situated). 이들 첫 글자를 조합했을 때 의미를 담은 단어가 되도록 순서를 조절한 결과로 마인(MINE)과 아워스(OURS)라는 용어가 만들어졌다.
46 마인 모형 감정과 아워스 모형 감정은 감정의 '해석' 또는 '범주'에서 핵심 속성을 다르게 규정한다. 다음 자료를 참조하기 바란다. Lawrence W. Barsalou, Cognitive Psychology: An Overview for Cognitive Scientists [Hillsdale, NJ: Erlbaum, 1992]. Jerome Bruner, Acts of Meaning [Cambridge, MA: Harvard University Press, 1990]. 예를 들어, 내면의 감각은 마인 모형 감정에서는 핵심 속성에 해당하지만, 아워스 모형 감정에서는 그렇지 않다.
47 네덜란드에서 세 문화 집단을 대상으로 또 다른 대규모 설문조사를 실시했는데, 이 연구에서도 수리남계 이민자들은 튀르키예계 이민자나 대다수 네덜란드 현지인들보다 더 확신에 차서 친구나 지인 때문에 불쾌감을 느낀 적이 있다고 대답했다. 이들은 가해자들이 나쁜 행동을 하고도 이득을 보았다고 했다. 또한 가해자들이 일부러 치밀하게 계획해서 나쁜 짓을 저질렀다고 했다(Mesquita, "Emotions in Collectivist and Individualist Contexts," 2001). 이런 조사 결과는 좋은 지위를 차지하려는 경쟁이 수리남계 이민자 집단에서 더 두드러졌다는 견해와 일치한다.
48 Glenn Adams, "The Cultural Grounding of Personal Relationship: Enemyship in North American and West African Worlds," Journal of Personality and Social Psychology 88, no. 6(2005): 948.

49 애덤스의 "The Cultural Grounding of Personal Relationship"에 인용된 이 시의 출처는 Kojo G. Kyei와 Hannah Schreckenbach의 《No Time to Die》(London: Walden Books, 1975), 72쪽이다.

50 인류학자 타냐 루어먼은 이렇게 지적했다. "인류학자들은 문화가 대단히 복잡하고 거의 무한하다고 여기기 때문에 문화 차이를 비교하는 주장을 마주치면 불편해하는 경향이 있다." ("Subjectivity," Anthropological Theory 6, no. 3 [2006]: 345). 나는 고정관념이나 본질주의 관점을 형성하는 움직임을 둘러싼 우려를 이해한다. 하지만 내적으로 얼마나 이질적이든 문화와 집단을 대조하는 정도만으로도 많은 것을 배울 수 있다고 생각한다.

51 Robert W. Levenson et al., "Emotion and Autonomic Nervous System: Activity in the Minangkabu of West Sumatra," Journal of Personality and Social Psychology 62, no. 6 (1992): 972-88.

52 Levenson et al., "Emotion and Autonomic Nervous System," 972: 감정은 "진화한 현상으로서 자연선택을 거쳐 확립된 결과인 만큼, 신체 기관은 전형적인 환경 요구에 효율적으로 반응할 수 있다."

53 Levenson et al., "Emotion and Autonomic Nervous System." Birgitt Röttger-Rössler et al., "Socializing Emotions in Childhood: A Cross Cultural Comparison between the Bara in Madagascar and the Minangkabau in Indonesia," Mind, Culture, and Activity 20, no. 3 (2013): 260-87.

54 Levenson et al., "Emotion and Autonomic Nervous System," 975. Copyright © 1992, American Psychological Association.

55 Robert W. Levenson, Paul Ekman, and Wallace V. Friesen, "Voluntary Facial Action Generates Emotion-Specific Autonomic Nervous System Activity," Psychophysiology 27, no. 4 (July 1, 1990): 363-84. 얼굴 표정을 짓는 연구에서 얻은 생리학 데이터가 지닌 의미는 논란의 여지가 많다. 보이텐은 얼굴 표정을 일부러 지을 때 일어나는 자율신경계 변화는 의도적으로 호흡에 변화를 주기만 해도 생리학 데이터에 변동을 일으킬 수 있다고 근거를 제시했다. (Frans A. Boiten, "Autonomic Response Patterns during Voluntary Facial Action," Psychophysiology 33 [1996]: 123-31). 다음 자료도 참조하기 바란다. Quigley and Barrett, "Is There Consistency and Specificity of Autonomic Changes during Emotional Episodes?," 2014. Robert B. Zajonc and Daniel N. McIntosh, "Emotions Research: Some Promising Questions and Some Questionable Promises,"

Psychological Science 3, no. 1 (1992): 70-74. 이 논문에서는 감정을 일관되게 구분하는 특정한 자율신경계 패턴이 존재한다는 여러 연구의 주장에 의문을 제기하는 실증적 견해를 확인할 수 있다.

56 Levenson et al., "Emotion and Autonomic Nervous System," 974. Copyright © 1992, American Psychological Association.

57 이것이 바로 내 결론이다. 레벤슨 연구진은 이 발견과 관련해 다른 설명을 제시했다. 실험에서 미낭카바우족은 다양한 얼굴 표정을 짓는 데 실패했는데, 연관된 감정 상태를 느끼지 못했기 때문일 수 있다고 제시했다. (Levenson et al., "Emotion and Autonomic Nervous System," 1992).

58 문화심리학자 헤이즐 마커스와 기타야마 시노부가 최초로 다음과 같은 의견을 제시했다. "미국인과 미낭카바우족은 감정을 다르게 규정하며, 어떤 감정을 경험하는 상황과 이유를 서로 달리 예상한다. …… 미낭카바우족이 보이는 자기 인식과 태도는 다른 사람들과 상호작용하는 여부에 따라 달라졌다고 주장하는 이도 있을 것이다. …… 얼굴 근육의 움직임으로 일어나는 자율신경계 활동은 감정을 일으키는 요건이 되지 못했다." (Hazel R. Markus and Shinobu Kitayama, "The Cultural Construction of Self and Emotion: Implications for Social Behavior," in Emotion and Culture: Empirical Studies of Mutual Influence [Washington, DC: American Psychological Association, 1994, 89-130]). 내가 알기로 현재까지 이 가설을 직접 검증한 실험은 없다.

59 Yukiko Uchida et al., "Emotions as within or between People? Cultural Variation in Lay Theories of Emotion Expression and Inference," Personality and Social Psychology Bulletin 35, no. 11 (November 10, 2009): 1427-39. 일본 선수의 인용문은 1432쪽에 나온다.

60 일본 응답자와 미국 응답자에게 네 가지 조건 중 하나를 무작위로 제시했다.: (1) 일본 선수 혼자 있는 사진 (2) 일본 선수가 다른 선수 세 명과 함께 있는 사진 (3) 미국 선수 혼자 있는 사진 (4) 미국 선수가 다른 선수 세 명과 함께 있는 사진. 응답에서 나타난 차이점은 미국 참가자가 미국 선수에게, 일본 참가자가 일본 선수에게 감정을 투사하는 조건에서 드러났다. 참가자가 다른 문화권 출신 선수의 감정을 판단하는 조건에서는 차이점이 발견되지 않았다. (Uchida et al., "Emotions as within or between People? Cultural Variation in Lay Theories of Emotion Expression and Inference").

61 Takahiko Masuda et al., "Placing the Face in Context: Cultural Differences

in the Perception of Facial Emotion," Journal of Personality and Social Psychology 94, no. 3 (2008): 365-81. Copyright © 2008, American Psychological Association.

62 기존에 흔히 사용하던 "얼굴 인식" 방법은 북미 참가자들에게는 아무런 문제가 되지 않았으리라는 점을 눈여겨봐야 한다. 이들은 주변 인물들 표정에서 정보를 얻지 않았다. 하지만 일본인은 이 실험에 쓰인 '감정' 인식 방식에서 중요한 측면을 포착하지 못했다. 이 사례는 서구 문화권 연구자들이 감정 인식 모형을 마인 모형 감정에 따라 설계한 탓에 감정 경험이 전개되는 방식에서 나타나는 중요한 문화 차이를 놓쳤다는 증거를 보여준다. (Batja Mesquita et al., "A Cultural Lens on Facial Expression in Emotions," Observer 17, no. 4 [2004]: 50-51).

63 Takahiko Masuda et al., "Do Surrounding Figures' Emotions Affect Judgment of the Target Figure's Emotion? Comparing the Eye-Movement Patterns of European Canadians, Asian Canadians, Asian International Students, and Japanese," Frontiers in Integrative Neuroscience 6, no. 72 (2012): 1-9.

64 이 문단과 다음 문단의 사례들은 대개 다음 자료에서 인용한다. Paul Heelas, "Emotion Talk across Cultures," 1986. 프랑스어에서 유래한 영어 단어 "emotion"은 보통 18세기까지도 정신과 관련이 없었다. 18세기 이전에는 몸의 움직임이나 괴로움 같은 신체와 관련된 쓰임새에서 이 단어를 발견할 수 있다. (Thomas Dixon, "Emotion: One Word, Many Concepts," Emotion Review 4, no. 4 [2012]: 387-88).

65 Bennett Simon and Herbert Weiner, "Models of Mind and Mental Illness in Ancient Greece: I. The Homeric Model of Mind," Journal of the History of the Behavioral Sciences 2, no. 4 (October 1, 1966): 306.

66 John R. Gillis, "From Ritual to Romance," in Emotion and Social Change: Toward a New Psychohistory, ed. Carol Z. Stearns and Peter N. Stearns (New York: Holmes & Meier, 1988), 90-91.

67 Edward L. Schieffelin, "Anger and Shame in the Tropical Forest: On Affect as a Cultural System in Papua New Guinea," Ethos 11, no. 3 (1983): 183-84.

68 타인의 의도를 해석하길 꺼리는 경향이 일반적이다. (Schieffelin, "Anger and Shame in the Tropical Forest," 174).

69 Elinor Ochs, Culture and Language Development: Language Acquisition and Language Socialization in a Samoan Village (Cambridge, UK: Cambridge University Press, 1988).

70 Sulamith H. Potter, "The Cultural Construction of Emotion in Rural Chinese Social Life," Ethos 16, no. 2 (1988): 187.

71 젠드론은 심리학자 리사 배럿의 지도로 인류학자 데비 로버트슨의 도움을 받아 박사학위 논문을 작성하며 이 연구를 수행했다. (Maria Gendron, Debi Roberson, Jacoba Marietta van der Vyver, and Lisa F. Barrett, "Perceptions of Emotion from Facial Expressions Are Not Culturally Universal: Evidence from a Remote Culture," Emotion 14, no. 2 [2014]: 251).

72 지시 사항은 다음 자료에서 인용한다. Maria Gendron et al., "Perceptions of Emotion from Facial Expressions Are Not Culturally Universal: Evidence from a Remote Culture," Emotion 14, no. 2 (April 2014): 253-54.

73 Gendron et al., "Perceptions of Emotion from Facial Expressions Are Not Culturally Universal," 260.

74 Nico H. Frijda and Anna Tcherkassof, "Facial Expression as Modes of Action Readiness," in The Psychology of Facial Expression. Studies in Emotion and Social Interaction, ed. James A. Russell and José Miguel Fernández-Dols (Cambridge, UK: Cambridge University Press, 1997), 78-102.

75 Jinkyung Na and Shinobu Kitayama, "Spontaneous Trait Inference Is Culture-Specific: Behavioral and Neural Evidence," Psychological Science 22, no. 8 (2011): 1025-32.

76 이들 사례는 다음 문헌에서 인용한다. Qi Wang, "'Did You Have Fun?': American and Chinese Mother-Child Conversations about Shared Emotional Experiences," Cognitive Development 16, no. 2 (2001): 711-13. 엘스비어의 허락을 받아 다시 발행한다.

77 중국 충칭의 명소. 자링강과 장강이 만나는 곳에 위치한다.

78 Andrew Beatty, Emotional Worlds: Beyond an Anthropology of Emotion (Cambridge, UK: Cambridge University Press, 2019), 258. Cambridge University Press의 허락을 받아 다시 발행한다.

79 Bernard Rimé et al., "Beyond the Emotional Event: Six Studies on the Social Sharing of Emotion," Cognition & Emotion 5, no. 5-6 (1991): 435-65.

80 E.g., Julia K. Boehm and Laura D. Kubzansky, "The Heart's Content: The Association between Positive Psychological Well-Being and Cardiovascular Health," Psychological Bulletin 138, no. 4 (2012): 655-91. Sheldon Cohen

and Sarah D. Pressman, "Positive Affect and Health," Current Directions in Psychological Science 15, no. 3 (2006): 122-25. Kostadin Kushlev et al., "Does Happiness Improve Health? Evidence from a Randomized Controlled Trial," Psychological Science 31, no. 7 (2020): 807-21, https://doi.org/10.1177/0956797620919673.

81   Magali Clobert et al., "Feeling Excited or Taking a Bath: Do Distinct Pathways Underlie the Positive Affect-Health Link in the U.S. and Japan?," Emotion 20, no. 2 (2019): 164-78.

82   스탠퍼드대학교 심리학자 잔느 차이가 연구에서 그 근거를 제공한다. 다음 논문을 참조하기 바란다. Jeanne L. Tsai, Brian Knutson, and Helene H. Fung, "Cultural Variation in Affect Valuation," Journal of Personality and Social Psychology 90, no. 2 (2006): 288-307. Jeanne L. Tsai, "Ideal Affect: Cultural Causes and Behavioral Consequences," Perspectives on Psychological Science 2, no. 3 (2007): 242-59. Jeanne Tsai and Magali Clobert, "Cultural Influences on Emotion: Empirical Patterns and Emerging Trends," in Handbook of Cultural Psychology, ed. Shinobu Kitayama and Dov Cohen, 2nd ed. (New York: Guildford Press, 2019), 292-318. 이 책 5장에서 관련 연구를 더 자세히 설명한다.

83   미국인 설문조사 응답자들도 즐거운 활동에 참여한다고 말했지만, 활동은 감정만큼 뚜렷한 건강지표는 아니었다(Clobert et al., "Feeling Excited or Taking a Bath").

84   몇 가지 주의할 점이 있다. 이 연구는 횡단 연구이므로 근본적인 인과관계를 밝히기에는 한계가 있다. 감정은 건강과 직결되는 요소일지라도, 건강을 결정하는 유일한 인자는 아니다. 나아가 미국에서 즐거운 기분을 경험한다거나 일본에서 조용한 활동을 중시한다는 말은 다른 유형의 감정 경험을 배제한다는 뜻이 아니다. 기본적으로 인간은 다양한 감정을 경험한다. 긍정 정서와 조용한 활동이 삶에서 차지하는 비율에 따라 각각 다른 건강지표와 관련이 있었다.

85   Zoltán Kövecses, Emotion Concepts (New York: Springer-Verlag, 1990).

86   Sigmund Freud, "Trauer Und Melancholic [Mourning and Melancholia]," Internationale Zeitschrift Fur Arztliche Psychoanalyse 4 (1917): 288-301. John Bowlby, "Loss, Sadness and Depression," Attachment and Loss 3 (1981). Camille Wortman and Roxane Silver, "The Myths of Coping with Loss," Journal of Consulting and Clinical Psychology 57 (1989): 349-57. 최근 연구 결과를 보면 아끼는 사람을 여읜 후에 반드시 애도 작업이 필요한 건 아니라고 주장

하는 이들도 있지만, 이 문제는 그리 단순하지 않다. 다음 자료를 참조하기 바란다. Margaret Stroebe and Wolfgang Stroebe, "Does 'Grief Work' Work?," Journal of Consulting and Clinical Psychology 59, no. 3 [1991]: 479-82. George A. Bonanno, Camille Wortman, and Randolph M. Nesse, "Prospective Patterns of Resilience and Maladjustment During Widowhood," Psychology and Aging 19, no. 2 [2004]: 260.

87   Oliver P. John and James J. Gross, "Healthy and Unhealthy Emotion Regulation: Personality Processes, Individual Differences, and Life Span Development," Journal of Personality 72, no. 6 (2004): 1301-33. 감정 억압 정도를 측정할 때 연구진이 피험자들에게 제시한 문항은 다음과 같다. "나는 감정을 드러내지 않고 감정을 통제한다." 또는 "나는 감정을 숨긴다."

88   Arlie R. Hochschild, The Managed Heart: Commercialization of Human Feeling (Berkeley: University of California Press, 1983).

89   Hochschild, The Managed Heart, 5쪽 인용.

90   같은 책, 146쪽 인용.

91   같은 책, 109쪽 인용.

92   같은 책, 134쪽 인용.

93   같은 책, 21쪽 인용.

94   Quotes from Julia L. Cassaniti, "Moralizing Emotion: A Breakdown in Thailand," Anthropological Theory 14, no. 3 (August 6, 2014): 284. Copyright © 2014 by Sage Journals. Reprinted by Permission of SAGE 출판사의 허락을 받아 다시 발행한다.

95   Eunkook Suh et al., "The Shifting Basis of Life Satisfaction Judgments across Cultures: Emotion vs Norms," Journal of Personality and Social Psychology 74, no. 2 (1998): 483.

96   David Matsumoto, Seung H. Yoo, and Sanae Nakagawa, "Culture, Emotion Regulation, and Adjustment," Journal of Personality and Social Psychology 94, no. 6 (2008): 925-37. 감정 억압 정도를 측정할 때 그로스와 존이 개발한 네 가지 항목의 억압 척도를 사용했는데, 이를 마쓰모토 연구진이 다른 문화권에도 적용할 수 있게 정립했다. James J. Gross and Oliver P. John, "Individual Differences in Two Emotion Regulation Processes: Implications for Affect, Relationships, and Well-Being," Journal of Personality and Social Psychology 85, no. 2 (August

2003): 348-62.

97 이 논지는 본래 러츠가 제기했다. (Unnatural Emotions).

98 Hazel R. Markus and Shinobu Kitayama, "Models of Agency: Sociocultural Diversity in the Construction of Action," in Cross-Cultural Differences in Perspectives on the Self, ed. Virginia Murphy Berman and John J. Berman, vol. 49 (Lincoln: University of Nebraska Press, 2003), 1-58.

99 Joseph A. Allen, James M. Diefendorff, and Yufeng Ma, "Differences in Emotional Labor across Cultures: A Comparison of Chinese and U.S. Service Workers," Journal of Business and Psychology 29 (2014): 21-35. Batja Mesquita and Ellen Delvaux, "A Cultural Perspective on Emotion Labor," in Emotional Labor in the 21st Century: Diverse Perspectives on Emotion Regulation at Work, ed. Alicia Grandey, James Diefendorff, and Deborah E. Rupp (New York: Routledge, 2013), 251-72.

100 얼굴 표정만 바꿔 감정을 표현하는 '표면 행위' 요소를 미국에서는 '위선' 요소와 같다고 보지만, 중국에서는 그렇지 않다. 중국에서는 감정 억압을 위선과 동일시하지 않는다. 위선 요소를 표면 행위에 넣지 않는다. (Allen, Diefendorff, and Ma, "Differences in Emotional Labor across Cultures").

101 "고객을 기분 좋게 해드리는 것도 제 일입니다."라는 문장에서 보듯, 서비스업에는 고객 응대법이 있다. 미국인 표본을 보면 진심 행위("고객을 향해 느껴야 하는 감정을 실제로 느끼려고 노력하는") 못지않게 표면 행위("고객을 적절하게 응대하려고 거짓으로 연기하는")도 많이 예측되지만, 중국인 표본을 보면 진심 행위만 나타난다. 이와 비슷하게 마쓰모토, 유, 나카가와에 따르면, 사회 질서 유지처럼 외적 관점을 중시하는 문화권에서 (진심 행위에 필요한) 감정 억압과 감정 재평가는 긍정적 관계다. 반면 개인주의와 감정적 자율성, 평등주의를 우선하는 문화권에서 감정 억압과 감정 재평가는 부정적 관계다("Culture, Emotion Regulation, and Adjustment," 2008, 931). 이 두 가지 부분은 모두 마인 모형 감정을 중시하는 문화권과 아워스 모형 감정을 중시하는 문화권에서 매우 다른 의미로 감정 표현을 관리한다는 사실을 보여준다.

102 번아웃 설문지로 측정했다. (MBI; Christina Maslach and Susan E. Jackson, "The Measurement of Experienced Burnout," Journal of Organizational Behavior 2, no. 2 [April 1, 1981]: 99-113). 평가 척도에는 심리적 탈진(이를테면 "이 업무 때문에 감정이 말라버렸어요."), 이인증(이를테면 "이 업무를 맡은 뒤로 다른 사람 일에 냉담해졌어요."), 개인적 성취감(이를테면 "이 업무를 하고부터 다른 사람 삶에 긍정적인

영향을 끼친다고 느껴요.")이 포함된다.
103 Iris B. Mauss and Emily A. Butler, "Cultural Context Moderates the Relationship between Emotion Control Values and Cardiovascular Challenge versus Threat Responses," Biological Psychology 84, no. 3 (2010): 521-30.
104 감정 조절 정도를 측정할 때 사용한 문항은 다음 여섯 가지다. (1) "사람은 감정을 공개적으로 드러내지 않는 게 좋다." (2) "감정을 느끼는 대로 언제나 드러내는 것은 잘못이다." (3) "억눌린 감정은 표출하는 것이 더 낫다."(반대 견해) (4) "강렬한 느낌에 압도될 때는 감정을 표현하는 것이 좋다."(반대 견해) (5) "사람들은 대체로 감정을 더 많이 통제해야 한다." (6) "긍정적이든 부정적이든 감정을 표현하는 것이 적절하다고 생각한다."(반대 견해).
105 두 명이 실험에 참여해 피험자들의 행동을 평가 기준에 따라 기록했다. 심사자의 문화 배경은 알려지지 않는다(Mauss and Butler, "Cultural Context Moderates the Relationship between Emotion Control Values and Cardiovascular Challenge versus Threat Responses").
106 Lutz, Unnatural Emotions, 33.
107 개인적으로 나눈 대화에서, 2020년 12월 9일.
108 Batja Mesquita and Nico H. Frijda, "Cultural Variations in Emotions: A Review," Psychological Bulletin 112, no. 2 (1992): 197. 다음 문헌도 참조하기 바란다. Marcel Mauss, "L'Expression Obligatiore Des Sentiments: Rituels Oraux Funeraires Australiens," Journal de Psychologie 18, no. 1 (1921): 425-33. Michelle Z. Rosaldo, Knowledge and Passion: Ilongot Notions of Self and Social Life, An Interdisciplinary Journal for Cultural Studies (Cambridge, UK: Cambridge University Press, 1980).
109 Birgitt Röttger-Rössler et al., "Socializing Emotions in Childhood: A Cross-Cultural Comparison between the Bara in Madagascar and the Minangkabau in Indonesia," Mind, Culture, and Activity 20, no. 3 (2013): 260-87.
110 Röttger-Rössler et al., "Socializing Emotions in Childhood." 271쪽 인용. 출판사의 허락을 받아 다시 발행한다(Taylor & Francis Ltd, http://www.tandfonline.com).
111 로버트 자욘스가 "The Preemptive Power of Words"(Dialogue 18, no. 1 [2003]: 10-13)라는 훌륭한 에세이에서 비슷한 의견을 제시했다. 자욘스에 따르면 감정 표현이란 "특정한 현실을 형성한다."는 점에서 "선제적 조건"이다. 그리고 여기에는 "좋

은 점보다 나쁜 점이 더 많다."고 주장했다. 그는 논문에서 "만약 다윈의 선제적 조건인 감정 표현을 우리가 받아들인다면 그 개념에 포함된 함의와 연상까지 모두 수용" 해야 한다면서, "예를 들어 감정 표현은 각 감정에 해당하는 내적 상태가 존재한다는 점을 암시한다."고 주장했다. 이 내적 상태가 식별할 수 있는 특정한 상태라는 점은 다윈이 쓴 책 제목인 《인간과 동물의 감정 표현》에서도 드러난다. …… 감정 표현 개념은 이 특정한 심리 상태에 해당하는 감정이 겉으로 드러나기를 추구한다는 의미다. 그러므로 어떤 정서적 자극이 겉으로 드러나지 않는다면 틀림없이 그 자극을 억제할 수 있는 과정이 존재한다."

112 여기서 소개한 사례들의 출처는 Shaver et al., "Emotion Knowledge"다.

113 E.g., Jared Martin et al., "Smiles as Multipurpose Social Signals," Trends in Cognitive Sciences 21, no. 11 (2017): 864-77.

114 Gerben A. Van Kleef, Carsten K. W. De Dreu, and Antony S. R. Manstead, "The Interpersonal Effects of Emotions in Negotiations: A Motivated Information Processing Approach," Journal of Personality and Social Psychology 87, no. 4 (October 2004): 510-28.

115 해당 질문은 다음 문헌 도입부에 나온다. Nico H. Frijda, "The Evolutionary Emergence of What We Call 'Emotions,'" Cognition & Emotion 30, no. 4 (2016), 609-20.

116 해당 질문은 다음 문헌에서 인용한다. Kaat Van Acker et al., "Hoe Emoties Verschillen Tussen Culturen," in Handboek Culturele Psychiatrie En Psychotherapie, 2nd ed. (Amsterdam: De Tijdstroom, 2020), 163-78.

117 Hochschild, The Managed Heart, 1983.

118 Carol Tavris, Anger: The Misunderstood Emotion (New York: Simon & Schuster, 1989), 144. Keith Oatley, Dacher Keltner, and Jennifer M. Jenkins, Understanding Emotions, 2nd ed. (Malden, MA: Wiley, 2006), 305.

119 Susan Goldberg, Sherri MacKay-Soroka, and Margot Rochester, "Affect, Attachment, and Maternal Responsiveness," Infant Behavior and Development 17, no. 3 (1994): 335-39.

120 분노 표현의 차이는 다음 문헌을 참조하기 바란다. Leslie R. Brody, Judith A. Hall, and Lynissa R. Stokes, "Gender and Emotion: Theory, Findings, and Context," in Handbook of Emotions, ed. Lisa F. Barret, Michael Lewis, and Jeannette M. Haviland-Jones, 4th ed. (New York: Guilford Press, 2016), 369-92. 더 많은 사례

를 찾아보려면 4장을 참조하기 바란다.

121 Tavris, Anger, 133-34. 처음 실시한 실험은 다음 자료를 참조하기 바란다. Jack E. Hokanson, K. R. Willers, and Elizabeth Koropsak, "The Modification of Autonomic Responses during Aggressive Interchange," Journal of Personality 36, no. 3 (1968): 386-404.

122 다음 문헌을 참조하기 바란다. Beatty, Emotional Worlds: Beyond an Anthropology of Emotion. 비티는 베드퍼드에 뒤이어 감정 단어가 느낌을 가리키는 명칭으로 쓰일뿐더러, 감정이 자주 일어나는 상황이나 행동을 묘사하는 용도로도 사용된다고 설명했다. 신체가 느끼는 감각이 아닌 그 느낌이 도는 상황에 의존해 감정 단어를 사용하더라도, 여전히 신체는 단어로 표현하지 않았을 뿐 어떤 감각을 느낄 가능성이 크다.

3장 　자녀 양육

123 아이들은 객관적인 자기 인식이 필요하다. 자아에 주의를 기울일 필요가 있다는 말이다. 이 인지 능력은 대체로 세 살 무렵부터 생긴다. (Michael Lewis and Dennis P. Carmody, "Self-Representation and Brain Development," Developmental Psychology 44, no. 5 [2008]: 1329-34).

124 Heidi Fung, "Becoming a Moral Child: The Socialization of Shame among Young Chinese Children," Ethos 27, no. 2 (1999): 180-209. Heidi Fung and Eva C.-H. Chen, "Affect, Culture, and Moral Socialization: Shame as an Example," in Emotion, Affect, and Culture, ed. T. L. Hu, M. T. Hsu, and K. H. Yeh (Taipei, Taiwan: Institute of Ethnology, Academie Sinica, 2002), 17-48. 이 문단에 이어서 나오는 인용문들은 다음 문헌에서 인용한다. Fung, "Becoming a Moral Child," 202-203. Copyright © 1999 by the American Anthropological Association. John Wiley and Sons Journals의 허락을 받아 다시 발행한다.

125 Naomi Quinn, "Universals of Child Rearing," Anthropological Theory 5, no. 4 (December 1, 2005): 505.

126 Peggy J. Miller et al., "Self Esteem as Folk Theory: A Comparison of European American and Taiwanese Mothers' Beliefs," Parenting: Science and Practice 2, no. 3 (August 2002): 209-39.

127 시카고 출신 엄마들이 생각하는 자존감은 대부분 심리학 연구 결과와 일치한다. 바우마이스터, 캠벨, 크루거, 보스는 문헌 연구(대부분 미국인 표본)를 거친 끝에 자존

감, 행복감, 진취성 사이에 존재하는 밀접한 연관성을 발견했다. 자존감은 학업 성취의 전제조건이라기보다는 결과로 보인다고 밝혔다. (Roy F. Baumeister et al., "Does High Self-Esteem Cause Better Performance, Interpersonal Success, Happiness, or Healthier Lifestyles?," Psychological Science in the Public Interest 4, no. 1 [2003]: 1-44).

128 Miller et al., "Self-Esteem as Folk Theory." 출판사의 허락을 받아 다시 발행한다 (Taylor & Francis Ltd, http://www.tandfonline.com).

129 P. J. Miller, H. Fung, and J. Mintz, "Self-Construction through Narrative Practices: A Chinese and American Comparison of Early Socialization," Ethos 24, no. 2 (1996): 258.

130 E.g., Heidi Keller et al., "Cultural Models, Socialization Goals, and Parenting Ethnotheories: A Multicultural Analysis," Journal of Cross-Cultural Psychology 37, no. 2 (March 2006): 155-72.

131 Naomi Quinn and Holly F. Mathews, "Emotional Arousal in the Making of Cultural Selves," Anthropological Theory 16, no. 4 (December 1, 2016): 359-89, 376.

132 Miller et al., "Self-Esteem as Folk Theory." Quinn, "Universals of Child Rearing." Quinn and Mathews, "Emotional Arousal in the Making of Cultural Selves."

133 Pamela Li, "Top 10 Good Parenting Tips-Best Advice," Parentingfor Brain, February 3, 2021, https://www.parentingforbrain.com/how-to-be-a-good-parent-10-parenting-tips/.

134 Miller et al., "Self-Esteem as Folk Theory." 출판사의 허락을 받아 다시 발행한다 (Taylor & Francis Ltd, http://www.tandfonline.com).

135 예를 들면, Tamara J. Ferguson et al., "Guilt, Shame, and Symptoms in Children," Developmental Psychology 35, no. 2 (1999): 347-57. So Young Choe, Jungeun Olivia Lee, and Stephen J. Read, "Self-concept as a Mechanism through Which Parental Psychological Control Impairs Empathy Development from Adolescence to Emerging Adulthood," Social Development 29, no. 3 (2020): 713-31.

136 Arash Emamzadeh, "Do Not Spank Your Children," Psychology Today, 2018, https://www.psychologytoday.com/sg/blog/finding-new-home/201809/do-

not-spank-your-children.
137 Mark R. Lepper, "Social Control Processes and the Internalization of Social Values: An Attributional Perspective," Social Cognition and Social Development, 1983. Judith G. Smetana, "Parenting and the Development of Social Knowledge Reconceptualized: A Social Domain Analysis," in Parenting and the Internalization of Values, ed. J. E. Grusec and L. Kuczynski (New York: John Wiley & Sons, Inc., 1997), 162–92.
138 예를 들면, Diana Baumrind, "Current Patterns of Parental Authority," Developmental Psychology 4, no. 1, Pt. 2 (1971): 1-103. Judith G. Smetana, "Parenting Styles and Conceptions of Parental Authority during Adolescence," Child Development, 1995, 299-316.
139 Röttger-Rössler et al., "Socializing Emotions in Childhood."
140 Fung, "Becoming a Moral Child: The Socialization of Shame among Young Chinese Children."
141 Miller et al., "Self-Esteem as Folk Theory," 2002. 'self-esteem'을 정확히 표현하는 번역어가 없는 것이 특이한 일은 아니다. (일본어 사례는 다음 문헌을 참조하기 바란다. Steven J. Heine et al., "Is There a Universal Need for Positive Self Regard?," Psychological Review 106, no. 4 [1999]: 766–94) 그리고 몇몇 문화권에서는 자존감에 부정적 함의가 있다. 퀸이 지적했듯, 한 이누이트족 여성은 브릭스더러 자신에게 아무 잘못이 없다고 생각한다면 위험한 일이라고 말했다. (Quinn, "Universals of Child Rearing," 496).
142 Heidi Fung and Eva C.-H. Chen, "Across Time and beyond Skin: Self and Transgression in the Everyday Socialization of Shame among Taiwanese Preschool Children," Social Development 10, no. 3 (2001): 419-37; Jin Li, Lianqin Wang, and Kurt W. Fisher, "The Organisation of Chinese Shame Concepts," Cognition and Emotion 18, no. 6 (2004): 767-97. Batja Mesquita and Mayumi Karasawa, "Self-Conscious Emotions as Dynamic Cultural Processes," Psychological Inquiry 15 (2004): 161-66. Röttger-Rössler et al., "Socializing Emotions in Childhood."
143 Fung and Chen, "Across Time and beyond Skin," 2001. 아신 엄마의 인용문은 43쪽에 나온다. Copyright 2001 by Wiley. John Wiley and Sons Journals의 허락을 받아 다시 발행한다.

144 Röttger-Rössler et al., "Socializing Emotions in Childhood," 273. 출판사의 허락을 받아 다시 발행한다(Taylor & Francis Ltd, http://www.tandfonline.com).

145 Röttger-Rössler et al., "Socializing Emotions in Childhood," 274; other quotes on the Bara appear on pp. 275 and 277. 출판사의 허락을 받아 다시 발행한다(Taylor & Francis Ltd, http://www.tandfonline.com).

146 여기서 사회화를 촉진하는 감정을 전부 살필 의도는 없고, 그 주요 감정이 두려움인 몇몇 문화를 언급하려고 한다. Lutz, Unnatural Emotions, 1988에 따르면 이팔루크족 공동체에서는 특히 어른들의 정당한 분노(송)가 두려움(메타구)을 불러일으키고 언행을 조심하도록 만든다. 또 아이들을 납치해 잡아먹는다고 알려진 귀신을 언급하며 아이들을 위협해 아이들에게 두려움을 심는다. 가나 서부 지역 어부 마을인 음판체에서는 두려움(수로 애드제)이 사회화를 촉진하는 감정이다(Quinn, "Universals of Child Rearing"). 두려움을 불러일으키는 주요한 방법은 체벌이다. "몇몇 집안에서는 회초리를 눈에 띄는 곳에 놔둔다." 이는 "아이에게 못된 짓을 그만두라는 경고의 메시지를 전달해 사전에 아이의 비행을 예방하려는 조치다." (p. 493).

147 "현지 연구와 비교문화 자료(Human Relations Area Files: HRAF)를 보면 부모가 아이를 벌할수록 아이의 공격성이 증가하는 한편, 부모가 다정하고 관대할수록 아이의 공격성이 감소하는 것으로 보인다. …… 게다가 가혹하고 공격적인 성년식을 거친 아이는 이를 갚아주려는 동기를 지니는 것으로 보인다. 이런 문화에서는 '악의를 지닌' 신을 숭배하며, 아이는 초기 사회화 과정에서 공격을 받고 상처 입을수록 공격적 성향을 띤다." (Gisela Trommsdorff and Hans-Joachim Kornadt, "Parent Child Relations in Cross-Cultural Perspective," in Handbook of Dynamics in Parent-Child Relations, ed. Leon Kuczynski [London: Sage, 2003], 295).

148 P. N. Stearns, American Cool, 62

149 데이비드 헌트가 1970년에 했던 발언은 다음 문헌에서 인용했다. Carol Z. Stearns, "'Lord Help Me Walk Humbly': Anger and Sadness in England and America, 1570-1750," in Emotion and Social Change: Toward a New Psychohistory, ed. Carol Z. Stearns and Peter N. Stearns (Teaneck, NJ: Holmes & Meier, 1988), 49.

150 Stearns, American Cool, 22.

151 여러 역사적 발전이 가져온 결과로 모성애가 강조되는 변화가 일어난 듯싶다. 역사가들은 가족 관계의 변화가 아동 사망률 급감, 가족 구성원 감소, 산업화에 한 몫 했다고 본다(산업화가 진행할수록 핵가족이 증가하는 결과를 불러왔다).

152 Stearns, American Cool, 20쪽에서 인용한다. 다음 인용문인 "애정이 넘치는 엄마

를 둔 자녀는 그 엄마를 보고 닮을 수밖에 없다."는 구절은 Stearns, American Cool, 35쪽에서 인용한다.

153 4장에서 살펴볼 테지만, 사랑이라는 감정은 아이에게 얼마간 자율성을 허락하면서도 가족이 일상 활동 중에 단절돼 응집력과 포용력이 약화하는 사회에서는 사회적 접착제 구실을 하기도 한다. 이런 분석은 스턴스의 American Cool에서 영향을 받았는데 스턴스가 이런 생각을 직접 언급한 적은 없다.

154 Hans-Joachim Kornadt and Yoshiharu Tachibana, "Early Child-Rearing and Social Motives after Nine Years: A Cross-Cultural Longitudinal Study," in Merging Past, Present, and Future in Cross-Cultural Psychology, ed. Walter J. Lonner et al. (London: Swets & Zeitlinger, 1999), 429-41. Trommsdorff and Kornadt, "Parent-Child Relations in Cross-Cultural Perspective," 2003. 이 문단에서 인용한 문구는 Trommsdorff and Kornadt, 296쪽에 나온다.

155 이 부분은 다음 자료에 근거한 결론이다. Hans Joachim Kornadt and Yoshiharu Tachibana, "Early Child-Rearing and Social Motives after Nine Years," 1999 ("Early Child-Rearing and Social Motives after Nine Years: A Cross-Cultural Longitudinal Study," Merging Past, Present, and Future in Cross-Cultural Psychology, 2020, 429-41쪽에 재발행), 저자는 '행동 동기'의 다양한 구성요소를 끌어내는 데 도움이 되는 시나리오를 이용했다. 다만 이 방법론의 세부 사항은 논문에 거의 언급되지 않았다.

156 T. Doi, "Amae: A Key Concept for Understanding Japanese Personality Structure," in Japanese Culture: Its Development and Characteristics, ed. R. J. Smith and R. K. Beardsley (Psychology Press, 1962), 132-52. Michael Boiger, Yukiko Uchida, and Igor de Almeida, "Amae, Saudade, Schadenfreude," in The Routledge Handbook of Emotion Theory, ed. Andrea Scarantino(New York: Taylor & Francis, n.d.).

157 Takie S. Lebra, Japanese Patterns of Behaviour (Honolulu: University of Hawaii Press, 1976), 38.

158 Fred Rothbaum et al., "The Development of Close Relationships in Japan and the United States: Paths of Symbiotic Harmony and Generative Tension," Child Development 71, no. 5 (September 2000): 1121-42. Takie S. Lebra, "Mother and Child in Japanese Socialization: A Japan-U.S. Comparison," in Cross Cultural Roots of Minority Child Development, ed. Patricia M.

Greenfield and Rodney R. Cocking(Hillsdale, NJ: Lawrence Erlbaum Associates, 1994), 259-74. Hiroshi Azuma, "Two Modes of Cognitive Socialization in Japan and the United States," in Cross-Cultural Roots of Minority Child Development, ed. Patricia M. Greenfield and Rodney R. Cocking (Hillsdale, NJ: Psychology Press, 1994), 275-84.

159　Lebra, "Mother and Child in Japanese Socialization." Azuma, "Two Modes of Cognitive Socialization in Japan and the United States." Heine et al., "Is There a Universal Need for Positive Self-Regard?"

160　Akiko Hayashi, Mayumi Karasawa, and Joseph Tobin, "The Japanese Preschool's Pedagogy of Feeling: Cultural Strategies for Supporting Young Children's Emotional Development," Ethos 37, no. 1 (March 2009): 32-49, 인용문은 37쪽, 38쪽, 46쪽에 등장한다.

161　Joseph Tobin, Yeh Hsueh, and Mayumi Karasawa, Preschool in Three Cultures Revisited: China, Japan, and the United States (Chicago: University of Chicago Press, 2009), e.g., p. 110.

162　이와 비슷한 견해를 제시한 이들이 있다. Lebra, "Mother and Child in Japanese Socialization." Azuma, "Two Modes of Cognitive Socialization in Japan and the United States." Rothbaum et al., "The Development of Close Relationships in Japan and the United States."

163　Heidi Keller and Hiltrud Otto, "The Cultural Socialization of Emotion Regulation during Infancy," Journal of Cross-Cultural Psychology 40, no. 6 (November 2009): 1002. "아기가 울 때……"는 1003쪽에 등장한다.

164　켈러 연구진은 해당 문화에 맞춰 실험 상황을 조성했다. 아기의 '애착' 정도를 측정하려는 실험에서는 엄마가 아기를 놔두고 자리를 비우면 낯선 사람이 들어오도록 한다. 이때 낯선 이를 본 서구권 아기들은 대다수가 훌쩍이거나 울기 시작하지만, 은소족 아기들은 대다수가 감정을 보이지 않았다. 켈러에 따르면 "서구권 중산층 가정의 아기에게 나타나는 안정성은 은소족 아기의 행동과는 확실히 달랐다. 서구권 아기들은 낯선 사람이 있을 때는 불안감을 보였고 엄마가 곁에 있을 때만 편안한 모습이었다." Keller and Otto, "The Cultural Socialization of Emotion Regulation during Infancy," 1007.

165　1960년대와 70년대 연구에서 눈여겨볼 만한 연구는 다음과 같다. William Caudill and Lois Frost, "A Comparison of Maternal Care and Infant Behavior in

Japanese-American, American, and Japanese Families," in W. P. Lebra (ed.), Youth, Socialization, and Mental Health (University Press of Hawaii, 1972). William Caudill and Helen Weinstein, "Maternal Care and Infant Behavior in Japan and America," Psychiatry 32, no. 1 (1969): 12-43. 아기를 자극할 목적이었던 같은 연구에서 미국 백인 엄마들과 비교해 일본 엄마들이 아기를 달래는 방법은 은소족 엄마들과 비슷했다. 최신 사례를 담은 리뷰 연구는 다음 문헌을 참조하기 바란다. Jeanne L Tsai, "Ideal Affect: Cultural Causes and Behavioral Consequences," Perspectives on Psychological Science 2, no. 3 (2007): 245.

166 Keller and Otto, "The Cultural Socialization of Emotion Regulation during Infancy," p. 1004. "이제 누워있기 싫어? 쪽쪽이 줄까?" p. 1004.

167 Heidi Keller, Cultures of Infancy (New York: Psychology Press, 2009).

168 Jeanne L Tsai et al., "Learning What Feelings to Desire: Socialization of Ideal Affect through Children's Storybooks," Personality and Social Psychology Bulletin 33, no. 1 (2007): 17-30.

169 Fung and Chen, "Across Time and beyond Skin," 432. Copyright © 2001 by Wiley. John Wiley and Sons Journals의 허락을 받아 다시 발행한다.

170 Jeanne L. Tsai et al., "Influence and Adjustment Goals: Sources of Cultural Differences in Ideal Affect," Journal of Personality and Social Psychology 92, no. 6 (2007): 1102-17. Tsai, "Ideal Affect: Cultural Causes and Behavioral Consequences."

171 Tsai et al., "Influence and Adjustment Goals," 2007.

172 Keller, Cultures of Infancy. Keller and Otto, "The Cultural Socialization of Emotion Regulation during Infancy."

173 Bright Horizons Education Team, "Toddlers and Twos: Parenting during the 'No' Stage," Bright Horizons, 2021년 2월 10일 홈페이지 기준 https://www.brighthorizons.com/family-resources/toddlers-and-twos-the-no-stage.

174 Carl E. Pickhardt, "Adolescence and Anger," Psychology Today, July 26, 2010, https://www.psychologytoday.com/us/blog/surviving-your-childs-adolescence/201007/adolescence-and-anger.

175 Pamela M. Cole, Carole J. Bruschi, and Babu L. Tamang, "Cultural Differences in Children's Emotional Reactions to Difficult Situations," Child Development, 2002. 지우개 일화는 993쪽에서 인용한다. Copyright © 2002 by

176 Cole, Bruschi, and Tamang, "Cultural Differences in Children's Emotional Reactions to Difficult Situations," 992. Copyright 2002 by the Society for Research in Child Development. John Wiley and Sons Journals의 허락을 받아 다시 발행한다.

177 Kornadt and Tachibana, "Early Child-Rearing and Social Motives after Nine Years: A Cross-Cultural Longitudinal Study." Trommsdorff and Kornadt, "Parent-Child Relations in Cross-Cultural Perspective." "이 녀석이 나를 화나게 만들고 싶은 거예요."는 Trommsdorff and Kornadt, "Parent-Child Relations in Cross-Cultural Perspective." 296쪽에서 인용한다.

178 Peggy Miller and Linda L. Sperry, "The Socialization of Anger and Aggression," Merril-Palmer Quarterly 33, no. 1 (1987): 1-31. 출판사의 허락을 받아 다시 발행한다(Taylor & Francis Ltd, http://www.tandfonline.com). 엄마와 딸의 대화는 3주마다 방문해 8개월에 걸쳐 영상으로 녹화했다. "be strong, to suppress hurt feelings, and to defend themselves when wronged"는 18쪽에서 인용한다. "He started that shit ……"로 시작하는 구절은 12쪽에서 인용한다. "You want to fight about it?……"으로 시작하는 대화는 21쪽에서 인용한다. 웬디가 '니니'를 가지고 떼를 쓰는 일화는 21쪽과 22쪽에서 발췌한다.

179 사회학자 에이드리 커서로는 '연성 개인주의'와 '강경한 방어적 개인주의'라는 용어로 개인주의를 구분한다. 그러면서 뉴욕 중산층 지역과 노동자 계층 지역에서 보이는 육아 차이를 설명한다. 중산층 부모는 아이들의 감정과 욕구를 중시하며 자녀의 개성을 발달시키는 수단으로 인식한다. 반면 노동자 계층 부모는 아이들이 스스로 어려움을 극복하고 자립심을 기르려면 엄격한 경계를 세워야 한다고 가르친다. ("De-Homogenizing American Individualism: Socializing Hard and Soft Individualism in Manhattan and Queens," Ethos 27, no. 2 [1999]: 210-34). 밀러와 스페리의 연구에 참여한 사우스볼티모어 엄마들은 아이에게 강경한 방어적 개인주의를 가르치며 아이의 감정보다는 행동에 집중하는 것으로 보인다.

180 Jean L. Briggs, Never in Anger: Portrait of an Eskimo Family (Cambridge, MA: Harvard University Press, 1970): 111. 아이의 "적대감은 상대를 향한 공격성이 아니라 토라진 모습으로 나타낼 때가 많았다. 입을 꽉 다물고 소극적으로 저항했다."는 구절은 137쪽에서 인용한다. Copyright © 1970 by the President and

Fellows of Harvard College.

181 자신이 속한 문화에서 인정받는 성인으로 자녀를 키우는 것이 세상 모든 부모의 양육 목표는 아니다. 그저 아이들이 잘 먹고 안전하게 지내도록 하는 것이 목표인 부모도 많다. 그렇지만 이런 일상적인 목표에도 문화 가치는 스며든다. (e.g., Richard A. Shweder, Lene A. Jensen, and William M. Goldstein, "Who Sleeps by Whom Revisited: A Method for Extracting the Moral Goods Implicit in Practice," in Cultural Practices as Contexts for Development, vol. 67, 1995, 21-39. Keller, Cultures of Infancy. Patricia M. Greenfield et al., "Cultural Pathways Through Universal Development," Annual Review of Psychology 54, no. 1 [2003]: 461-90).

182 Birgitt Röttger Rössler et al., "Learning (by) Feeling: A Cross-Cultural Comparison of the Socialization and Development of Emotions," Ethos 43, no. 2 (2015): 188.

183 다른 사례도 많다. 바라족 사회만이 아니라 수많은 아프리카계 미국인 가정에서도 자녀를 사랑하는 부모들이 자녀를 걱정하며 체벌한다. 체벌이 적절한 두려움을 심어주는 좋은 방법이라고 여긴다. 반면 자녀의 존엄성을 침해하는 행동이라고 체벌을 비판하는 문화도 있다. 중산층 유럽계 미국인 가정에서 자녀를 사랑하는 부모는 아이가 어려도 대화를 나눈다. 인류학자들에 따르면, 케냐 서부 지역에 거주하는 기시족 엄마들이라면 아기와 나누는 대화를 어리석은 짓이라고 생각할 것이다. (Robert A. LeVine et al., Communication and Social Learning during Infancy [Cambridge, UK: Cambridge University Press, 1994]). N. Quinn and H. F. Mathews. 2016. "Emotional Arousal in the Making of Cultural Selves." Anthropological Theory 16 (4): 359-89.

184 다음 문헌에서도 비슷한 견해를 찾을 수 있다. Quinn and Otto, "Emotional Arousal in the Making of Cultural Selves."

4장   적절한 감정과 부적절한 감정

185 Batja Mesquita and Nico Frijda, "Cultural Variations in Emotions: A Review," Psychological Bulletin 112, no. 2 (1992): 179-204.

186 Batja Mesquita, "Emotions as Dynamic Cultural Phenomena," in Handbook of Affective Sciences, ed. Richard J. Davidson, Klaus R. Scherer, and H. Hill Goldsmith (Oxford, UK: Oxford University Press, 2003), 871-90. Batja Mesquita, Michael Boiger, and Jozefien De Leersnyder, "The Cultural

Construction of Emotions," Current Opinion in Psychology 8 (2016): 31-36. Batja Mesquita and Janxin Leu, "The Cultural Psychology of Emotion," in Handbook of Cultural Psychology, ed. Shinobu Kitayama and Dov Cohen (New York: Guilford Press, 2007), 734-59. Tsai and Clobert, "Cultural Influences on Emotion: Empirical Patterns and Emerging Trends."

187　Fred Rothbaum et al., "The Development of Close Relationships in Japan and the United States: Paths of Symbiotic Harmony and Generative Tension," Child Development 71, no. 5 (September 2000): 1121-42.

188　Michael Boiger et al., "Condoned or Condemned: The Situational Affordance of Anger and Shame in the United States and Japan," Personality and Social Psychology Bulletin 39, no. 4 (2013): 540-53. Michael Boiger et al., "Defending Honour, Keeping Face: Interpersonal Affordances of Anger and Shame in Turkey and Japan," Cognition and Emotion 28, no. 7 (January 3, 2014): 1255-69. Owen Flanagan, How to Do Things with Emotions: The Morality of Anger and Shame across Cultures (Princeton, NJ: Princeton University Press, 2021).

189　Robert C. Solomon, Not Passion's Slave: Emotions and Choice (Oxford, UK: Oxford University Press, 2003), 88. 저자는 분노를 날카롭게 분석하면서, 분노는 "판단이 실린 감정이자 상대의 공격을 인지했다고 알리는 표현이며 …… 노골적이든 아니든 상대를 기소하는 행동"이라고 말한다.

190　다음 문헌을 참조하기 바란다. Michael Boiger and Batja Mesquita, "The Construction of Emotion in Interactions, Relationships, and Cultures," Emotion Review 4, no. 3 (2012): 221-29; Emily A. Butler and Ashley K. Randall, "Emotional Coregulation in Close Relationships," Emotion Review 5, no. 2 (2013): 202-10. Parkinson, Heart to Heart.

191　이 발견은 다음 문헌을 참조하기 바란다. Jiyoung Park et al., "Social Status and Anger Expression: The Cultural Moderation Hypothesis," Emotion 13, no. 6 (2013): 1122-31.

192　Stearns, American Cool.

193　Carol Z. Stearns, "'Lord Help Me Walk Humbly': Anger and Sadness in England and America, 1570-1750." 흥미롭게도 스턴스 역시 대다수 일기에서 작성자들이 심리 상태를 표현하는 데 전혀 관심을 보이지 않았다고 지적한다. 자신의 감

정에 초점을 맞춘 사람들도 자신이 분노를 느낀다고 표현한 사례는 없었다. 로저 로우의 일기 41쪽에서 인용한다.

194 Richard A. Shweder et al., "The Cultural Psychology of the Emotions: Ancient and Renewed," in Handbook of Emotions, ed. Michael Lewis, Jeannette M. Haviland-Jones, and Lisa F. Barrett, 3rd ed. (New York: Guilford Press, 2008), 409-27.

195 Lutz, Unnatural Emotions.

196 Owen Flanagan, "Introduction: The Moral Psychology of Anger," in The Moral Psychology of Anger, ed. Myisha Cherry and Owen Flanagan (London: Rowman & Littlefield International Ltd., 2018), vii-xxxi. Flanagan, How to Do Things with Emotions. 다음 문헌도 참조하기 바란다. B. H. Rosenwein, Anger. The Conflicted History of an Emotion (New Haven, CT: Yale University Press, 2020).

197 Boiger et al., "Condoned or Condemned: The Situational Affordance of Anger and Shame in the United States and Japan." Shinobu Kitayama, Batja Mesquita, and Mayumi Karasawa, "Cultural Affordances and Emotional Experience," Journal of Personality and Social Psychology 91, no. 5 (2006): 890-903.

198 Park et al., "Social Status and Anger Expression." 문화 차이가 어느 한 가지 성 정체성에만 국한한다는 근거는 보고되지 않았다.

199 Kitayama, Mesquita, and Karasawa, "Cultural Affordances and Emotional Experience," Study 2.

200 로버트 C. 솔로몬 역시 이 주장을 (처음으로) 제기했다. "Getting Angry: The Jamesian Theory of Emotion in Anthropology," 1984, 249. 솔로몬의 견해에 따르면 정당성, 상대방을 향한 비난, 책임의식은 문화와 관련된 개념이며, 따라서 '분노' 역시 문화와 관련된 개념이다.

201 L. Z. Tiedens, P. C. Ellsworth, and B. Mesquita, "Sentimental Stereotypes: Emotional Expectations for High- and Low-Status Group Members," Personality & Social Psychology Bulletin 26, no. 5 (2000): 560-74.

202 Lutz, Unnatural Emotions.

203 Park et al., "Social Status and Anger Expression."

204 Shinobu Kitayama et al., "Expression of Anger and Ill Health in Two Cultures:

An Examination of Inflammation and Cardiovascular Risk," Psychological Science 26, no. 2 (2015): 211-20. 분노를 표현하는 사람과 건강위험지표 간의 상관성이 일본에서는 낮게 나타난 반면, 미국에서는 높게 나타났다. 참가자들은 일본과 미국의 중년층을 대표하는 하위 표본이다. 생리적 건강위험지표는 두 가지 염증 반응 평가와 두 가지 심혈관 장애 평가로 측정했다. 저자들은 일본과 미국에서 분노 감정이 다르게 나타나는 배경을 설명하며, 일본에서는 권력지표와, 미국에서는 불만지표와 상관성이 있다고 제시했다. 타당한 가설이기에 나 역시 감정을 연구하면서 이 관점을 채택했고, 후속 연구도 필요하다.

205 Larissa Z. Tiedens, "Anger and Advancement versus Sadness and Subjugation: The Effect of Negative Emotion Expression on Social Status Conferral," Journal of Personality and Social Psychology 80, no. 1 (2001): 86-94.

206 인용문 출처는 다음과 같다. Stearns, American Cool, 25. 분노하면 남성도 비난을 듣지만, "화를 내는 여성은 화를 내는 남성보다 훨씬 심하게 비난을 받는다." (25쪽).

207 Victoria L. Brescoll and Eric Luis Uhlmann, "Can an Angry Woman Get Ahead?," Psychological Science 19, no. 3 (2008): 268-75. 인용문 출처는 다음과 같다. Maureen Dowd, "Who's Hormonal? Hillary or Dick?," New York Times, February 8, 2006. 여기에 실린 글을 브레스콜과 울먼이 "Can an Angry Woman Get Ahead?" 268쪽에 인용했다.

208 여성 구직자 중 어떤 감정도 드러내지 않은 이들이 슬픔이나 분노 같은 감정을 드러낸 여성보다 더 유능한 리더로 인정받았다. 분노하는 남성은 아무런 감정도 드러내지 않은 남성과 마찬가지로 유능한 리더로 인정받았다. (Brescoll and Uhlmann, "Can an Angry Woman Get Ahead?").

209 Davin Phoenix, "Anger Benefits Some Americans Much More than Others," New York Times, June 6, 2020, https://www.nytimes.com/2020/06/06/opinion/george-floyd-protests-anger.html?referringSource=articleShare.

210 Edward L. Schieffelin, "Anger and Shame in the Tropical Forest: On Affect as a Cultural System in Papua New Guinea," Ethos 11, no. 3 (1983): 181-91. 183쪽에서 인용한다. 칼룰리족 여성이 느끼는 분노가 남성과 같은지는 분명하지 않다.

211 세계 곳곳에 명예문화가 있으며, 내가 아는 문화권에서 분노 감정은 자신의 명예를 주장하거나 되찾는 역할을 한다. 지중해 지역의 명예문화를 다루는 인류학 연구 자료는 상당히 많은 편이다. 가장 유명한 작품으로는 다음 문헌이 있다. Lila Abu-Lughod, Veiled Sentiments: Honor and Poetry in a Bedouin Society (Berkeley:

University of California Press, 1986). J. G. Peristiany, Honour and Shame: The Values of Mediterranean Society (Chicago: University of Chicago Press, 1974]).

212 Ayse K. Uskul et al., "Honor Bound: The Cultural Construction of Honor in Turkey and the Northern United States," Journal of Cross Cultural Psychology 43, no. 7 (2012): 1131-51. Angela K.-Y. Leung and Dov Cohen, "Within- and between-Culture Variation: Individual Differences and the Cultural Logics of Honor, Face, and Dignity Cultures," Journal of Personality and Social Psychology 100, no. 3 (2011): 507-26.

213 Richard E. Nisbett and Dov Cohen, Culture of Honor: The Psychology of Violence in the South (Boulder, CO: Westview Press, 1996). 5쪽에서 인용한다. 원래 '재수 없는 놈 실험'은 다음 논문에도 실렸다. D. Cohen et al., "Insult, Aggression, and the Southern Culture of Honor: An Experimental Ethnography," Journal of Personality and Social Psychology 70, no. 5 (1996): 945-60.

214 불법 이민자 가족 분리 정책은 도널드 트럼프의 강경한 이민정책 노선 아래 도입됐고, 미국과 멕시코 국경 지역에서 2018년 4월부터 2018년 6월까지 실시됐다. 이 정책으로 4000명이 넘는 아이들이 부모와 생이별을 했고, 몇몇은 다시 상봉하지 못했다("Immigration Policy of Donald Trump," Wikipedia, 2021, https://en.wikipedia.org/wiki/Immigration_policy_of_Donald_Trump).

215 분노한 감정을 묻지 않고 이렇게 질문을 시작한 이유는 영어 단어 분노와 일본어로 옮긴 단어 이카리의 의미가 똑같은지 확신하지 못했기 때문이다. 감정 사건을 비교할 때 우리는 해당 용어에 담긴 의미 차이로 편향된 결과를 내고 싶지 않았다. 더 자세한 내용은 6장을 참조하자.

216 비슷한 견해로는 다음 문헌을 참조하기 바란다. Solomon, "Getting Angry." Solomon, Not Passion's Slave.

217 예를 들면 다음과 같은 문헌이 있다. Helen B. Lewis, "Shame and Guilt in Neurosis," Psychoanalytic Review 58, no. 3 (1971): 419-38. June P. Tangney et al., "Are Shame, Guilt, and Embarrassment Distinct Emotions?," Journal of Personality and Social Psychology 70, no. 6 (1996): 1256-69.

218 Boiger et al., "Condoned or Condemned." 미국 대학생 표본 집단에서는 자신의 흠결을 지적당한 사건이 가장 수치스러운 경험으로 나타났다.

219 백인이 대다수인 미국 대학생들을 면접 조사한 결과를 보면, 수치심을 많이 일으키는 상황일수록 그런 상황을 겪었다고 말하는 빈도가 낮았다. 대학생들에게 제시한 사례는 이전 조사에 참여한 응답자들이 들려준 수치스러운 사건을 토대로 연구진이 작성한 가상 시나리오였다. 응답자들은 이 시나리오들을 읽고 이런 상황에서 느꼈을 수치심의 강도와 자신이 느끼는 빈도를 평가했다. (Boiger et al., "Condoned or Condemned").

220 Richard P. Bagozzi, Willem Verbeke, and Jacinto C. Gavino, "Culture Moderates the Self-Regulation of Shame and Its Effects on Performance: The Case of Salespersons in the Netherlands and the Philippines," Journal of Applied Psychology 88, no. 2 (2003): 219-33.

221 수치스러운 경험담은 최종 단계 연구에는 참여하지 않은 금융 기업 영업사원들로 구성된 집단에서 수집했다. Bagozzi, Verbeke, and Gavino, "Culture Moderates the Self Regulation of Shame and Its Effects on Performance." 이 논문은 각 시나리오를 선별한 과정과 관련된 자세한 정보를 제공하지 않는다.

222 각 표현은 수치심 현상을 평가하는 데 사용했다. Bagozzi, Verbeke, and Gavino, "Culture Moderates the Self-Regulation of Shame and Its Effects on Performance," 232.

223 Bagozzi, Verbeke, and Gavino, "Culture Moderates the Self-Regulation of Shame and Its Effects on Performance," 220.

224 나는 바고치 연구진과 조금 다른 명칭을 사용하지만, 내 명칭도 실제로 활용하는 평가 항목에서 가져왔다. 여기에 소개한 모든 변화는 참가자가 스스로 밝힌 내용이다.

225 Boiger et al., "Condoned or Condemned." 이전 연구에서 참가자가 들려준 실제 경험담을 가명으로 바꿔 후속 연구에서 사용했다. 연구에 쓰인 제시문은 해당 논문의 보충 자료에서 자세히 확인할 수 있다.

226 Sana Sheikh, "Cultural Variations in Shame's Responses," Personality and Social Psychology Review 18, no. 4 (2014): 387-403. Alexander Kirchner et al., "Humiliated Fury Is Not Universal: The Co-Occurrence of Anger and Shame in the United States and Japan," Cognition and Emotion 32, no. 6 (2018): 1317-28.

227 루이스가 "Shame and Guilt in Neurosis"에서 이 용어를 궁리했다.

228 다음 문헌을 참조하기 바란다. June P. Tangney et al., "Shamed into Anger? The Relation of Shame and Guilt to Anger and Self Reported Aggression," Journal

of Personality and Social Psychology 62, no. 4 (1992): 669-75.

229 타인을 탓하지 않고 자신에게서 원인을 찾는 수감자가 느낀 수치심은 출소 후 재범 가능성을 낮추는 지표로 해석할 수 있다. June P. Tangney, Jeffrey Stuewig, and Andres G. Martinez, "Two Faces of Shame: The Roles of Shame and Guilt in Predicting Recidivism," Psychological Science 25, no. 3 (2014): 799-805.

230 다음 문헌을 참조하기 바란다. Karen Horney, The Neurotic Personality of Our Time (New York: W. W. Norton & Company, 1937). 이 책은 다음 논문에서 발췌한다. Sheikh, "Cultural Variations in Shame's Responses," 2014. Gershen Kaufman, The Psychology of Shame: Theory and Treatment of Shame-Based Syndromes (New York: Springer Publishing Co., 2004).

231 Jeffrey Stuewig et al., "Children's Proneness to Shame and Guilt Predict Risky and Illegal Behaviors in Young Adulthood," Child Psychiatry and Human Development 46, no. 2 (2015): 217-27. 임상심리학자들은 수치심 자체를 독립적으로 관찰하기보다 "수치심을 쉽게 느끼는" 개인에게 집중했다.

232 June P. Tangney and Ronda L. Dearing, Shame and Guilt (New York: Guilford Press, 2002), 93.

233 여러 수치심 사례에서 발견되는 공통점 하나는 수치심이 사회 구성원으로 받아들여지는지 아닌지 여부가 자신에게 중요하다는 의미를 드러내며, 나아가 수용되기를 바라는 요청이라는 것이다. 수치심은 누군가에게 지배받는 행위에서 생겨났다고 제안하는 이들도 있다. 다시 말해 약자가 강자에게 굴복하면서 느끼는 감정이다. (Daniel M. T. Fessler, "Shame in Two Cultures: Implications for Evolutionary Approaches," Journal of Cognition and Culture 4, no. 2 [2004]: 207-62. 다음 자료도 참조하기 바란다. Dacher Keltner and LeeAnne Harker, "The Forms and Functions of the Nonverbal Signal of Shame," in Shame: Interpersonal Behavior, Psychopathology, and Culture, ed. P. Gilbert and B. Andrews [Oxford University Press, 1998], 78-98). 수치심은 자신을 낮게 평가하는 상황에만 국한되는 감정은 아니다. (Fessler, 2004).

234 Nassrine Azimi, "An Admirable Culture of Shame," New York Times, 2010, https://www.nytimes.com/2010/06/08/opinion/08iht-edazimi.html.

235 Steven J. Heine et al., "Is There a Universal Need for Positive Self-Regard?," Psychological Review 106, no. 4 (1999): 770.

236 Kimball A. Romney, Carmella C. Moore, and Craig D. Rusch, "Cultural

Universals: Measuring the Semantic Structure of Emotion Terms in English and Japanese," Proceedings of the National Academy of Sciences 94, no. 10 (1997): 5489-94.

237 다음과 같은 사례가 있다. Hiroshi Azuma, "Two Modes of Cognitive Socialization in Japan and the United States," in Cross-Cultural Roots of Minority Child Development, Patricia M. Greenfield and Rodney R. Cocking (Hillsdale, NJ: Psychology Press, 1994), 275-84. Akiko Hayashi, Mayumi Karasawa, and Joseph Tobin, "The Japanese Preschool's Pedagogy of Feeling: Cultural Strategies for Supporting Young Children's Emotional Development," Ethos 37, no. 1 (March 2009): 32-49.

238 심리학자 우치다 유키코와 기타야마 시노부는 비슷한 관찰 결과를 제공했다. ("Happiness and Unhappiness in East and West: Themes and Variations," Emotion 9, no. 4 [2009]: 442): "Unhappiness in East and West: Themes and Variations," Emotion 9, no. 4 [2009]: 442): "목표 달성은 다른 사람들도 기뻐한다면 좋은 일로 인식될 가능성이 크다. 하지만 다른 사람들의 질투를 산다면 당사자의 성취감이 손상될 가능성이 더 크다."

239 예를 들면 다음과 같다. Heine et al., "Is There a Universal Need for Positive Self-Regard?," Shinobu Kitayama et al., "Individual and Collective Processes in the Construction of the Self: Self-Enhancement in the United States and Self-Criticism in Japan," Journal of Personality and Social Psychology 72, no. 6 (1997): 1245-67. Lewis, C. C. 1995. Educating Hearts and Minds. New York: Cambridge Press.

240 Kitayama, Mesquita, and Karasawa, "Cultural Affordances and Emotional Experience." Boiger et al., "Condoned or Condemned." 마찬가지로 인도네시아 수마트라섬 쿨루주에 사는 응답자들도 수치심이 무척 흔하게 경험하는 감정 중 하나라고 말했다. 미국 캘리포니아 남부 중산층은 수치심을 경험하는 일이 가장 드물다고 대답했다. (D. M. T. Fessler, "Shame in Two Cultures: Implications for Evolutionary Approaches," Journal of Cognition and Culture 4, no. 2 [2004]: 207-62).

241 Bagozzi, Verbeke, and Gavino, "Culture Moderates the Self-Regulation of Shame and Its Effects on Performance."

242 튀르키예 대학원생들을 대상으로 실시한 면접조사에서 명예가 실추됐다며 이들이

자주 언급한 사례가 이런 식의 '무고'였다. (Uskul et al., "Honor Bound," study 1).

243 실제로 이 소규모 연구에서 튀르키예계 이민자 7명은 대부분 자신을 모욕한 가까운 지인과 관계를 단절했다고 대답한 반면, 네덜란드 현지인은 6명 중 1명만 관계를 단절했다고 밝혔다. 또 다른 연구에서 튀르키예계 이민자 9명 중 절반 이상은 친하지 않은 사람이 자신을 모욕했을 때 관계를 끊었지만, 네덜란드 현지인은 9명 중 2명만이 관계를 끊었다. (Batja Mesquita, "Cultural Variations in Emotions: A Comparative Study of Dutch, Surinamese, and Turkish People in the Netherlands" [University of Amsterdam, 1993]): 144).

244 Mesquita, "Cultural Variations in Emotions." 한 설문조사 결과를 보면, 튀르키예인 응답자들은 분노 감정을 일으킨 상황이 자신, 가족, 가까운 친인척의 명예에도 적잖은 영향을 끼칠 거라고 생각했다. (Batja Mesquita, "Emotions in Collectivist and Individualist Contexts," Journal of Personality and Social Psychology 80, no. 1 (2001): 68-74). 우스쿨 연구진이 실시한 설문조사에서도 미국인 응답자들과 달리 튀르키예인 응답자들은 자신의 명예가 공격당하는 상황이 친척과 친구들의 명예에도 큰 영향을 끼쳤을 거라고 말했다. (Uskul et al., "Honor Bound").

245 Patricia M. Rodriguez Mosquera, Antony S. R. Manstead, and Agneta H. Fischer, "The Role of Honour Concerns in Emotional Reactions to Offences," Cognition & Emotion 16, no. 1 (2002): 143-63. 해당 연구에서는 네덜란드 학생들과 명예문화권인 에스파냐 학생들을 비교했다. 모욕을 당한 경험담을 읽고 네덜란드 학생들은 분노를 느꼈지만, 에스파냐 학생들은 분노만큼 깊은 수치심도 느꼈다. 에스파냐 학생들은 가족의 명예를 위협하는 시나리오에서 수치심을 가장 심하게 느꼈다고 대답했다.

246 Uskul et al., "Honor Bound."

247 Patricia M. Rodriguez Mosquera, Leslie X. Tan, and Faisal Saleem, "Shared Burdens, Personal Costs on the Emotional and Social Consequences of Family Honor," Journal of Cross Cultural Psychology 45, no. 3 (2013): 400-16.

248 Rodriguez Mosquera, Tan, and Saleem, "Shared Burdens, Personal Costs on the Emotional and Social Consequences of Family Honor."

249 우리가 실시한 설문조사 결과를 보면, 튀르키예인들이 수치스럽게 여기는 사건들은 빈번하게 벌어지는 일과 일치했다. (Boiger et al., "Defending Honour, Keeping Face"; see also Batja Mesquita and Nico H. Frijda, "Cultural Variations in Emotions: A Review," Psychological Bulletin 112, no. 2 [1992]: 179-204).

250 Rodriguez Mosquera, "Cultural Concerns," 2018. Patricia M. Rodriguez Mosquera, "On the Importance of Family, Morality, Masculine, and Feminine Honor for Theory and Research," Social and Personality Psychology Compass 10, no. 8 (2016): 431–42.

251 다음 문헌을 참조하기 바란다. Leung and Cohen, "Within- and between-Culture Variation" (이들이 밝힌 문화 차이는 3쪽에서 발췌한다).

252 Abu-Lughod, Veiled Sentiments, 1986. Peristiany, "Honour and Shame in a Cypriot Highland." Rodriguez Mosquera, "On the Importance of Family, Morality, Masculine, and Feminine Honor for Theory and Research."

253 Nico H. Frijda, The Emotions (Cambridge, UK: Cambridge University Press / Éditions de la Maison des Sciences de l'Homme, 1986).

254 Michael Boiger et al., "Protecting Autonomy, Protecting Relatedness: Appraisal Patterns of Daily Anger and Shame in the United States and Japan," Japanese Psychological Research 58, no. 1 (2016): 28-41.

255 Rodriguez Mosquera, Manstead, and Fischer, "The Role of Honor-Related Values in the Elicitation, Experience, and Communication of Pride, Shame, and Anger."

5장   연대감과 긍정 정서

256 예를 들면 다음과 같은 문헌이 있다. Charles R. Snyder and Shane J. Lopez, Handbook of Positive Psychology (New York: Oxford University Press, 2001). Shane J. Lopez and Charles R. Snyder, The Oxford Handbook of Positive Psychology, 2nd ed. (New York: Oxford University Press, 2012).

257 예를 들면 다음과 같은 문헌이 있다. Barbara L. Fredrickson, "The Role of Positive Emotions in Positive Psychology: The Broaden-and-Build Theory of Positive Emotions," American Psychologist 56, no. 3 (2001): 218-26.

258 Barbara L. Fredrickson, "The Role ofPositive Emotions in Positive Psychology: The Broaden-and-Build Theory of Positive Emotions," American Psychologist, 56, no. 3 (2001), 218-26. Sara B. Algoe, Jonathan Haidt, and Shelly L. Gable, "Beyond Reciprocity: Gratitude and Relationships in Everyday Life," Emotion 8, no. 3 (2008): 425 29. Sara B. Algoe, Shelly L. Gable, and Natalya C. Maisel, "It's the Little Things: Everyday Gratitude as

a Booster Shot for Romantic Relationships." Personal Relationships 17, no. 2 (2010): 217-33.

259 사랑에 관한 이런 견해는 다음 문헌을 참조하기 바란다. A. E. Beall and R. J. Sternberg, "The Social Construction of Love," Journal of Social and Personal Relationships 12, no. 3 (August 30, 1995): 417-38.

260 Lutz, Unnatural Emotions, 145.

261 Shaver et al., "Emotion Knowledge: Further Exploration of a Prototype Approach." 페슬러가 조사한 결과에서도 영어를 구사하는 남부 캘리포니아 사람들은 일상에서 가장 흔하게 경험하는 감정으로 사랑을 꼽았다. ("Shame in Two Cultures: Implications for Evolutionary Approaches," 213-14). 기존의 전통적인 감정 이론에서는 감정을 다룰 때 사랑을 포함하지 않은 사례가 많았다(다음 문헌을 참조하기 바란다. Phillip R. Shaver, Hillary J. Morgan, and Shelley Wu, "Is Love a 'Basic' Emotion?," Personal Relationships 3, no. 1 [1996]: 개요를 한눈에 파악하려면 표1을 참조하기 바란다).

262 Beverley Fehr and James A. Russell, "The Concept of Love Viewed from a Prototype Perspective," Journal of Personality and Social Psychology 60, no. 3 (1991): Study 4. 이들은 사랑을 무려 123종류로 구분했으며, 그중 대표적인 사례로 모성애, 부성애, 우정, 우애, 연애를 꼽았다(Fehr and Russell, Study 1). 물론 사랑은 사례마다 다르게 나타날 수 있고, 한 사례에서 발생한 특징이나 사상이 다른 사례에서는 나타나지 않기도 한다.

263 이 설명은 Shaver et al., "Emotion Knowledge: Further Exploration of a Prototype Approach," 1987의 Study 2에서 발췌한다. 이 연구에서 밝힌 내용은 1980년대 캐나다 대학생들이 대답한 여러 유형의 사랑 간에 공유하는 특징과 상당히 겹치는 것으로 보인다(Fehr and Russell, "The Concept of Love Viewed from a Prototype Perspective," Study 6). Study 6에서는 사랑 개념이 '가족 유사성'을 지닌다는 견해를 제시한다. "수많은 종류의 사랑이 필수 속성 하나를 공유하는 건 아니지만, 다양하게 교차하며 나타나는 공통된 속성에 따라 사랑이라는 범주 아래 하나로 묶인다."(p. 433). 두 연구에서 응답자들은 자유롭게 다양한 종류의 사랑을 설명했다.

264 인용문 출처는 다음과 같다. Lutz, Unnatural Emotions, 146.

265 같은 책.

266 미국 북부 지역에서 나타나는 친밀한 관계를 분석한 유사한 연구는 다음 문헌을

참조하기 바란다. Kitayama and Markus, "The Pursuit of Happiness and the Realization of Sympathy: Cultural Patterns of Self, Social Relations, and Well-Being."

267 다음 문헌을 참조하기 바란다. C. Harry Hui and Harry C. Triandis, "Individualism-Collectivism: A Study of Cross-Cultural Researchers," Journal of Cross-Cultural Psychology 17, no. 2 (1986): 225-48. Harry C. Triandis, Individualism and Collectivism (Boulder, CO: Westview Press, 1995).

268 해당 영상은 호주 뉴스 방송 〈TodayTonight〉으로, 2011년께 녹화됐다.

269 Mascolo, Fischer, and Li, "Dynamic Development of Component Systems in Emotions." Potter, "The Cultural Construction of Emotion in Rural Chinese Social Life." James A. Russell and Michelle S. M. Yik, "Emotion among the Chinese," in The Handbook of Chinese Psychology, ed. Michael H. Bond (New York: Oxford University Press, 1996), 166-88.

270 Shaver, Wu, and Schwartz, "Cross-Cultural Similarities and Differences in Emotion and Its Representation: A Prototype Approach." Michael F. Mascolo, Kurt W. Fischer, and Jin Li, "Dynamic Development of Component Systems in Emotions: Pride, Shame and Guilt in China and the United States," in Handbook of Affective Sciences, ed. Richard J. Davidson, Klaus R. Scherer, and H. Hill Goldsmith (New York: Oxford University Press, 2003), 295-408.

271 사랑을 놓고 자유롭게 이야기할 때, 중국인들은 미국인보다 고통, 슬픔, 희생, 고독처럼 부정적 특성을 더 많이 꼽았다. 다만 연구진이 두 집단에 부정적인 특성을 얘기해달라고 요청했을 때는 두 집단 사이에 차이가 두드러지지 않았다. (Shaver, Morgan, and Wu, "Is Love a 'Basic' Emotion?").

272 Takeo Doi, The Anatomy of Dependence (Tokyo: Kodansha International, 1973). Susumu Yamaguchi, "Further Clarifications of the Concept ofAmae in Relation to Dependence and Attachment," Human Development 47, no. 1 (2004): 28-33. 다음 문헌도 참조하기 바란다. Boiger, Uchida, and de Almeida, "Amae, Saudade, Schadenfreude."

273 Lebra, "Mother and Child in Japanese Socialization: A Japan-U.S. Comparison," 261.

274 Hazel R. Markus and Shinobu Kitayama, "Culture and the Self: Implications for Cognition, Emotion, and Motivation," Psychological Review 98, no. 2

(1991): 224-53. 아마에를 받아주지 않을 수도 있는데, 그러면 관계가 위태로워진다. 아마에를 거절당한 사람은 외로워하거나 슬퍼하는 반응을 보일 텐데, 이런 감정 자체가 이 문화권에서 중시하는 서로 의존하는 관계를 형성하려고 노력하는 역할을 한다.

275　Lutz, Unnatural Emotions. 손님을 향한 파고와 관련한 내용은 137쪽과 138쪽에서 발췌한다.

276　Li-Jun Ji, Richard E. Nisbett, and Yanjie Su, "Culture, Change, and Prediction," Psychological Science 12, no. 6 (2001): 450-56. J. Leu et al., "Situational Differences in Dialectical Emotions: Boundary Conditions in a Cultural Comparison of North Americans and East Asians," Cognition and Emotion 24, no. 3 (2010): 419-35.

277　Shelley E. Taylor et al., "Culture and Social Support: Who Seeks It and Why?," Journal of Personality and Social Psychology 87, no. 3 (2004): 354-62. Heejung S. Kim et al., "Pursuit of Comfort and Pursuit of Harmony: Culture, Relationships, and Social Support Seeking," Personality and Social Psychology Bulletin 32, no. 12 (2006): 1595-1607. Heejung S. Kim, David K. Sherman, and Shelley E. Taylor, "Culture and Social Support," American Psychologist 63, no. 6 (2008): 518-26.

278　모든 사례의 출처는 다음과 같다. G. Adams, "The Cultural Grounding of Personal Relationship: Enemyship in North American and West African Worlds," Journal of Personality and Social Psychology 88, no. 6 (2005): 948-68. Glenn Adams and Victoria C. Plaut, "The Cultural Grounding of Personal Relationships: Friendship in North American and West African Worlds," Personal Relationships 10, no. 1 (2003): 333-47.

279　Kyei and Schreckenbach, No Time to Die, 59. 이 시를 애덤스와 플라우트가 "The Cultural Grounding of Personal Relationships"에 인용했다.

280　Kim et al., "Pursuit of Comfort and Pursuit of Harmony: Culture, Relationships, and Social Support Seeking," 1596.

281　Shelley E. Taylor et al., "Culture and Social Support: Who Seeks It and Why?," Journal of Personality and Social Psychology 87, no. 3 (2004): Study 1.

282　Kim et al., "Pursuit of Comfort and Pursuit of Harmony: Culture, Relationships, and Social Support Seeking." 아시아계 미국인은 기본적으로 부모의 필요를 챙기지만, 자신의 필요부터 챙기라는 말을 들으면 백인 학생들과 마찬가

지로 부모에게 격려와 지원을 요청했다. 한 실험(Kim et al., Study 2)에서 연구진은 아시아계 미국인 학생들에게 먼저 자신이 이루고 싶은 목표 다섯 가지를 말해 달라고 요청했고, 그 뒤로 학생들은 자신의 목표에 초점을 맞췄다. 이 단계를 거친 학생들은 그렇지 않은 아시아계 미국인 학생들보다 관계에서 격려와 위로를 요구하는 사례가 더 많아졌다. 요컨대 한국에서는 대개 집단의 목표가 개인의 목표보다 우선하는 것으로 나타났다.

283 스트레스 정도는 자가 보고 방식과 코르티솔 수치를 재는 방식으로 평가했다. Shelley E Taylor et al., "Cultural Differences in the Impact of Social Support on Psychological and Biological Stress Responses," Psychological Science 18, no. 9 (2007): 831-37. 이 결론은 연구진이 참가자에게 아무 주제나 주고 자유롭게 글을 쓰게 하는 상황을 통제하는 실험과 비교한 자료를 토대로 내렸다.

284 다음 문헌을 참조하기 바란다. Stearns, American Cool: Constructing a Twentieth-Century Emotional Style.

285 역사적 자료에 비춰 추정하면 '연애(romantic love)'라는 감정은 18세기 후반부터 상류층 영어에서만 나타났다(Gillis, "From Ritual to Romance," 103). 빅토리아 시대 후기에 와서야 사랑이 연인 사이의 중요한 목표가 됐다(Stearns, American Cool). 비슷한 맥락에서 성욕은 항상 존재했던 감정이지만 부부관계에서 중요한 요소가 아니었고, 20세기 초가 돼서야 개인적 보상으로서 성적 만족이 강조됐다(Stearns, 173).

286 미덕이든 악덕이든 미국식 행복이 무얼 의미하는지 명쾌하게 밝힌 문헌을 찾는다면, 다음 자료를 참조하기 바란다. Barbara Ehrenreich, Bright-Sided: How Positive Thinking Is Undermining America (London: Picador, 2009).

287 Anna Wierzbicka, "Emotion, Language, and Cultural Scripts," in Emotion and Culture: Empirical Studies of Mutual Influence, ed. Shinobu Kitayama and Hazel R. Markus (Washington, DC: American Psychological Association, 1994), 182. (강조 표시는 내가 했다.)

288 Uchida and Kitayama, "Happiness and Unhappiness in East and West: Themes and Variations," Study 1.

289 Kitayama, Mesquita, and Karasawa, "Cultural Affordances and Emotional Experience: Socially Engaging and Disengaging Emotions in Japan and the United States."

290 Phillip R. Shaver et al., "Emotion Knowledge: Further Exploration of a

Prototype Approach," Journal of Personality and Social Psychology 52, no. 6 (1987): 1078.

291 다음 연구 결과도 미국에서는 성취감을 높이 평가한다는 사실을 보여준다. (S. H. Schwartz, "Cultural Value Orientations: Nature and Implications of National Differences" [Moscow State University Higher School of Economics Press, 2008]. S. H. Schwartz and A. Bardi, "Value Hierarchies across Cultures: Taking a Similarities Perspective," Journal of Cross-Cultural Psychology 32, no. 3 [May 1, 2001]: 268-90. Jennifer L. Hochschild, Facing up to the American Dream: Race, Class, and the Soul of the Nation [Princeton, NJ: Princeton University Press, 1995]).

292 이 구문 설명은 다음 문헌에서 참조한다. Shaver et al., "Emotion Knowledge: Further Exploration of a Prototype Approach," 1078.

293 이런 특성은 심리학계에서 가장 흔히 쓰는 척도인 PANAS에서 가장 '긍정적'으로 언급하는 항목이다. (David Watson, Lee Anna Clark, and Auke Tellegen, "Development and Validation of Brief Measures of Positive and Negative Affect: The PANAS Scale," Journal of Personality and Social Psychology 54, no. 5 [1988]: 1063-70).

294 Tsai et al., "Influence and Adjustment Goals: Sources of Cultural Differences in Ideal Affect." 다음 문헌도 참조하기 바란다. S. H. Schwartz and M. Ros, "Values in the West: A Theoretical and Empirical Challenge to the Individualism-Collectivism Cultural Dimension," World Psychology 1, no. 2 (1995): 91-122.

295 Tsai et al., "Influence and Adjustment Goals: Sources of Cultural Differences in Ideal Affect," 2007. 인플루언서 또는 조정자 역할을 맡은 참가자들은 조용한 음악이나 신나는 음악을 선택해 참가자들이 수행하는 과제를 거들라는 요청을 받았다. 인플루언서 역할을 맡은 참가자들은 대체로 신나는 음악을 선택하는 경향을 보였다. 실험 참가자들은 아시아계 미국인 대학생과 홍콩 출신 대학생들이었다. 모든 집단 대학생들은 인플루언서 역할을 맡을 때 신나는 음악을 선택할 가능성이 크게 나타났다.

296 Tsai, "Ideal Affect: Cultural Causes and Behavioral Consequences," 245. 미국식 육아의 특징은 다음 문헌도 참조하기 바란다. Tsai, "Ideal Affect: Cultural Causes and Behavioral Consequences."

297 모든 사례는 잔느 차이의 저서에서 인용한다. Tsai, "Ideal Affect: Cultural Causes and Behavioral Consequences." 차이가 수행한 연구에 따르면 중요한 문화 경향성

과 감정은 상관관계에 있지만, 이런 경향성이 불변하거나 모든 것을 포괄한다고 단언할 수는 없다.(이를테면 마음을 가라앉히는 다도 문화는 현재 세계 곳곳에서 널리 이용된다).

298 Hazel Rose Markus and Barry Schwartz, "Does Choice Mean Freedom and Well-Being?," Journal of Consumer Research 37, no. 2 (2010): 344-55.

299 Shigehiro Oishi et al., "Concepts of Happiness across Time and Cultures," Personality and Social Psychology Bulletin 39, no. 5 (2013): 559-77.

300 Shigehiro Oishi and Ed Diener, "Culture and Well-Being: The Cycle of Action, Evaluation, and Decision," Personality and Social Psychology Bulletin 29, no. 8 (2003): 939-49. 다른 과제로 비슷한 사실을 발견한 연구는 다음 문헌을 참조하기 바란다. S. J. Heine et al., "Divergent Consequences of Success and Failure in Japan and North America: An Investigation of Self Improving Motivations and Malleable Selves," Journal of Personality and Social Psychology 81, no. 4 (2001): 599-615.

301 B. Wei, "Gu Wen Can Tong Qi Ji Jie"(Y. Jiang, ed.). Changsha, China: "Shang Wu Yin Shu Guan," 1939, 58장. Ji, Nisbett, and Su, "Culture, Change, and Prediction."에 인용된 내용을 다시 인용한다.

302 Oishi et al., "Concepts of Happiness across Time and Cultures," 569.

303 우치다와 기타야마는 일본에서 행복을 뜻하는 세 가지 용어(시아와세, 우레시이, 만조쿠)를 관찰하고, 똑같은 결론을 얻었다. 이 세 단어에는 제각기 부정적 의미가 담긴다.

304 Ehrenreich, Bright-Sided, 74-75.

305 B. Mesquita and M. Karasawa, "Different Emotional Lives," Cognition and Emotion 16, no. 1 (2002): 127-41. Christie N. Scollon et al., "Emotions across Cultures and Methods," Journal of Cross Cultural Psychology 35, no. 3 (2004): 304-26.

306 다음 문헌을 참조하기 바란다. Markus and Kitayama, "Models of Agency: Sociocultural Diversity in the Construction of Action."

307 Oishi and Diener, "Culture and Well-Being: The Cycle of Action, Evaluation, and Decision." Heine et al., "Divergent Consequences of Success and Failure in Japan and North America: An Investigation of Self-Improving Motivations and Malleable Selves."

308 Xiaoming Ma, Maya Tamir, and Yuri Miyamoto, "Socio-Cultural Instrumental

Approach to Emotion Regulation: Culture and the Regulation of Positive Emotions," Emotion 18, no. 1 (2018): 138-52.

309 Tsai, Knutson, and Fung, "Cultural Variation in Affect Valuation," Study 2.

310 Jeanne L. Tsai et al., "Influence and Adjustment Goals: Sources of Cultural Differences in Ideal Affect," Journal of Personality and Social Psychology 92, no. 6 (2007): 110217.

311 Tsai, "Ideal Affect: Cultural Causes and Behavioral Consequences." 다음 문헌을 참조하기 바란다. Caudill and Frost, "A Comparison of Maternal Care and Infant Behavior in Japanese American, American, and Japanese Families." Caudill and Weinstein, "Maternal Care and Infant Behavior in Japan and America." Keller, Cultures of Infancy.

312 Tsai, "Ideal Affect: Cultural Causes and Behavioral Consequences." 실제로 Tsai et al. ("Learning What Feelings to Desire: Socialization of Ideal Affect through Children's Storybooks")는 잔잔한 감정 모델에 익숙한 아이들이 저각성 상태의 긍정 감정을 더 선호한다는 사실을 알게 됐다. '잔잔한 미소'라 할 만한 표정은 입술을 다물고 흔히 눈까지 감은 모습일 때가 많다. '신나는 미소'는 입술이 많이 벌어져 치아가 드러나고 눈을 크게 뜬 표정일 때가 많다.

313 Tsai, "Ideal Affect: Cultural Causes and Behavioral Consequences." 앞서 언급한 미국 백인들의 행동을 관찰한 연구에서, 심리학자 잔느 차이와 동료들은 동아시아 사람들이 잔잔한 행복감을 누릴 수 있는 여가활동, 약물, 음악을 선호한다는 사실을 발견했다. 홍콩 중국인들은 신나는 활동보다 '긴장을 풀고' 지내는 휴가를 꿈꾼다. 동아시아 문화권에서 커피보다 차를 마시는 문화가 널리 유행하고 불법 약물 복용자들이 각성제보다 아편을 찾는 이유도 잔잔한 행복을 선호하는 문화로 설명할 수 있다.

314 Notably, David Watson, Lee Anna Clark, and Auke Tellegen, "Development and Validation of Brief Measures of Positive and Negative Affect: The PANAS Scales," Journal of Personality and Social Psychology 54, no. 6 (1988): 1063-70.

315 최근 일본에서 소집단을 집중 면담하고, 연인이나 부부 사이에 의견이 충돌할 때 주고받는 상호작용을 조사했다. (Schouten et al., 아직 출판되지 않았다).

316 예를 들면 다음과 같은 문헌이 있다. Jozefien De Leersnyder et al., "Emotional Fit with Culture: A Predictor of Individual Differences in Relational Well-Being," Emotion 14, no. 2 (2014): 241-45. Nathan S. Consedine, Yulia E. Chentsova-Dutton, and Yulia S. Krivoshekova, "Emotional Acculturation Predicts Better

317 Tsai, Knutson, and Fung, "Cultural Variation in Affect Valuation."

318 Jeanne L. Tsai et al., "Leaders' Smiles Reflect Cultural Differences in Ideal Affect," Emotion 16, no. 2 (2016): 183-95.

319 Tsai et al., "Leaders' Smiles Reflect Cultural Differences in Ideal Affect," Study 3. 10개국을 대상으로 입법자들의 미소를 비교했다. 민주적인 선진국 국가일수록 입법자들은 미소를 지을 가능성이 컸다. 하지만 신나는 미소를 지을 가능성은 이들 국가의 민주주의 제도와 경제력 수준을 통제하고, 해당 국가에서 고각성 상태의 긍정 정서를 중시하는지 여부에 따라 예측했다. 마찬가지로 잔잔한 미소 역시 민주주의 제도와 경제력 수준을 통제하고, 저각성 상태의 긍정 정서를 중시하는지 여부에 따라 예측했다(192쪽).

320 Bo Kyung Park et al., "Neurocultural Evidence That Ideal Affect Match Promotes Giving," Social Cognitive and Affective Neuroscience 12, no. 7 (2017): 1083-96.

321 비슷한 결과를 보여주는 문헌으로는 다음을 참조하기 바란다. Scollon et al., "Emotions across Cultures and Methods." Belinda Campos and Heejung S. Kim, "Incorporating the Cultural Diversity of Family and Close Relationships into the Study of Health," American Psychologist 72, no. 6 (2017): 543-54. 이 논문에 따르면 동아시아 문화와 라틴 문화는 추구하는 상호의존성 유형도 다르고, 이를 획득하는 과정에서 수행하는 역할도 다르다. 동아시아인들은 화목한 집단주의를 중시하므로, 개인의 취향과 바람보다 의무 이행을 강조하고 감정을 조절한다. 라틴계 사람들은 가족의 의무를 다하면 보상이 따르고 긍정 정서를 경험한다고 생각한다. 긍정 정서를 나누는 상호작용은 즐거운 공동체 의식을 끌어내는 데 중요한 요소로 여긴다.

322 Triandis, Marín, Lisansky, and Betancourt, "Simpatía as a Cultural Script of Hispanics." 1984. Amanda M Acevedo et al., "Cultural Diversity and Ethnic Minority Psychology Measurement of a Latino Cultural Value: The Simpatía Scale Measurement ofa Latino Cultural Value: The Simpatía Scale," Cultural Diversity and Ethnic Minority Psychology, 2020.

323 우리 연구진은 튀르키예계 이민자, 네덜란드인, 수리남계 이민자는 물론 일본인과 미

국 백인을 면접조사할 때도 똑같은 제시문을 사용했다는 점을 눈여겨보기 바란다. 우리는 "대단히 가치 있거나 중요하다고 느꼈던 상황"이 있으면 이야기해 달라고 요청했다. 행복감을 설명한 내용을 보면 멕시코 사람들은 유대감이 두드러지는 반면, 그 외 많은 문화권 사람들은 개인의 성취감이 선명했다.

324 K. Savani et al., "Feeling Close and Doing Well: The Prevalence and Motivational Effects of Interpersonally Engaging Emotions in Mexican and European American Cultural Contexts," International Journal of Psychology 48, no. 4 (2012): 682-94.

325 이와는 대조적으로 자신들이 설명한 행복의 유형은 미국 백인 대학생들이 보인 과제 성취도에는 아무런 영향을 미치지 못했다. 가족관계에서 느끼는 행복감은 라틴계 학생과 멕시코 학생들에게는 의욕을 북돋우는 요소였지만, 미국 백인 학생들에게는 그렇지 않았다. (Savani et al.).

326 이런 주장은 다음 문헌에서도 찾을 수 있다. Fisher, Anatomy of Love: The Natural History of Monogamy. Jankowiak and Fischer, "A Cross Cultural Perspective on Romantic Love."

327 Lutz, Unnatural Emotions.

6장 말 한마디에 담긴 의미

328 Ludwig Wittgenstein, Philosophical Investigations (New York: MacMillan, 1953). Parkinson의 Heart to Heart에 다시 인용됐다.

329 Patricia M. Clancy, "The Socialization of Affect in Japanese Mother-Child Conversation," Journal of Pragmatics 31, no. 11 (November 1, 1999): 1397-1421. Judy Dunn, Inge Bretherton, and Penny Munn, "Conversations about Feeling States between Mothers and Their Young Children." Developmental Psychology 23, no. 1 (1987): 132-39.

330 Clancy, "The Socialization of Affect in Japanese Mother-Child Conversation."

331 Dunn, Bretherton, and Munn, "Conversations about Feeling States between Mothers and Their Young Children."

332 Peter Kuppens et al., "Individual Differences in Patterns of Appraisal and Anger Experience," Cognition & Emotion 21, no. 4 (2007): 689-713. Michael Boiger et al., "Beyond Essentialism: Cultural Differences in Emotions Revisited," Emotion 18, no. 8 (2018): 1142-62.

333 Barrett, How Emotions Are Made, 제5장.
334 이 논지는 다음 문헌에서 확인할 수 있다. Barrett, How Emotions Are Made, 99-100.
335 이론적 차원에서 이 말루 감정의 기능적 목표는 '존중하기' 또는 '자신의 지위를 인정하기'로 정의할 수 있지만, 현실에서 이 감정이 구체적으로 표현되는 방식은 크게 다를 수 있다. 이론적 차원에서는 기능적 목표가 비슷하게 표현될 수 있지만, 실제로는 주변 환경이나 맥락에 큰 영향을 받는다. 다음 문헌을 참조하기 바란다. Mesquita and Frijda, "Cultural Variations in Emotions: A Review."
336 나는 여기서 아기가 생물학적으로 감정 개념을 타고난다고 주장하는 게 아니다. 그보다는 해당 문화와 그 의미 체계 안에서 감정 개념이 태어난다고 하는 게 맞다.
337 E. T. Higgins, "Shared-Reality Development in Childhood," Perspectives on Psychological Science 11, no. 4 (2016): 466-95.
338 실제로 감정이라는 말이 존재하지 않는 언어가 많다. 영어에서도 감정(emotion)이라는 단어는 19세기부터 사용됐다. 다음 문헌을 참조하기 바란다.. Thomas Dixon, From Passions to Emotions: The Creation of a Secular Psychological Category (Cambridge, UK: Cambridge University Press, 2003). John Leavitt, "Meaning and Feeling in the Anthropology of Emotions," American Ethnologist 23, no. 3 (1996): 514-39. James A. Russell, "Culture and the Categorization of Emotions," Psychological Bulletin 110, no. 3 (1991): 426-50.
339 언어학자 아네타 파블렌코는 학자들이 '감정'이라는 용어가 문화 구성물이라는 사실을 자주 망각한다고 날카롭게 지적한다(Pavlenko, The Bilingual Mind and What It Tells Us about Language and Thought [New York: Cambridge University Press, 2014], 296). "감정 연구에서 일부 학자들은 언어학자 워프의 영향을 받아 감정을 보편적이고 '자연스러운' 현상으로 인식하고, 영어의 문법 구조와 일치하는 내면 심리 상태로 생각한다. 그래서 영어 고유의 emotions(감정), feelings(느낌), affect(정서)의 의미 차이를 구분하고, 일상 영어에서 발견되는 독특한 집합의 감정 단어를 전문 용어로 사용하는 경향이 있다."
340 Russell, "Culture and the Categorization of Emotions," 428.
341 Anna Wierzbicka, "Introduction: Feelings, Languages, and Cultures," in Ernotions Across Languages and Cultures: Diversity and Universals, 1st ed. (New York: Cambridge University Press, 1999), 1-48. 다음 문헌도 참조하기 바란다. Anna Wierzbicka, Emprisoned in English: The Hazards of English

Language (New York: Oxford University Press, 2014).

342 John H. Orley, "Culture and Mental Illness: A Study from Uganda," in East African Studies (Nairobi: East African Publishing House, 1970), 3. (다음 문헌에서 인용했다. Russell, "Culture and the Categorization of Emotions," 430).

343 이 말은 '화를 내다'라는 의미로 동사다. '상처받은 감정'이라고 번역하면 적절할지도 모르겠다. 다음 문헌을 참조하기 바란다.. Mark R. Leary and Sadie Leder, "The Nature of Hurt Feelings: Emotional Experience and Cognitive Appraisals," in Feeling Hurt in Close Relationships, ed. Anita L. Vangelisti (New York: Cambridge University Press, 2009), 15-33.

344 Andrew Beatty, Emotional Worlds: Beyond an Anthropology of Emotion (Cambridge, UK: Cambridge University Press, 2019), 63. Cambridge University Press의 허락을 받아 다시 발행한다.

345 Lutz, Unnatural Emotions.

346 Eleanor Ruth Gerber, "Rage and Obligation: Samoan Emotion in Conflict," in Person, Selfand Experience: Exploring Pacific Ethnopsychologies, ed. Geoffrey M. White and John Kirkpatrick (Berkeley: University of California Press, 1985), 121-67.

347 Abu-Lughod, Veiled Sentiments.

348 Michelle Z. Rosaldo, Knowledge and Passion: Ilongot Notions of Self and Social Life (Cambridge, UK: Cambridge University Press, 1980).

349 Joshua Conrad Jackson et al., "Emotion Semantics Show Both Cultural Variation and Universal Structure," Science 366, no. 6472 (2019): 1517-22.

350 A. Wierzbicka, "Human Emotions: Universal or Culture-Specific?," American Anthropologist 88, no. 3 (1986 9월호): 590.

351 Robert I. Levy, Tahitians: Mind and Experience in the Society Islands (Chicago: University Chicago Press, 1973), 305.

352 Jackson et al., "Emotion Semantics Show Both Cultural Variation and Universal Structure."

353 다음 문헌의 부록 3쪽을 참조하기 바란다. Jackson et al., "Emotion Semantics Show Both Cultural Variation and Universal Structure."

354 제한적이나마 울음을 다룬 연구가 심리학 문헌에 있다. 다음 문헌을 참조하기 바란다.. A. J. J. M. Vingerhoets et al., "Adult Crying: A Model and Review of

Literature," Review of General Psychology 4, no. 4 (2000): 354-77. A. J. J. M. Vingerhoets and Lauren M. Bylsma, "The Riddle of Human Emotional Crying: A Challenge for Emotion Researchers," Emotion Review 8, no. 3 (2016): 207-17.

355 Lebra, "Mother and Child in Japanese Socialization: A Japan-U.S. Comparison," 291. 다음 문헌에서 다시 인용됐다. Trommsdorff and Kornadt, "Parent-Child Relations in Cross-Cultural Perspective," 286.

356 Doi, The Anatomy of Dependence, 15. 다음 문헌에서 다시 인용됐다. H. Morsbach and W. J. Tyler, "A Japanese Emotion: Amae," in The Social Construction of Emotions, ed. Rom Harré (New York: Blackwell, 1986), 290.

357 Mascolo, Fischer, and Li, "Dynamic Development of Component Systems in Emotions: Pride, Shame and Guilt in China and the United States." 머스콜로 연구진은 미국과 중국에서 '자부심'으로 인식하는 다양한 경험담을 조사하고, 사건을 구성하는 요소를 구분했다. 연구진은 '자부심' 사건이 전개되는 과정의 타임라인을 제시했는데, 타임라인에는 이론의 여지가 있다. (Katie Hocmann, Fei Xu, and Lisa Feldman Barrett, "Emotion Words, Emotion Concepts, and Emotional Development in Children: A Constructionist Hypothesis," Developmental Psychology 55, no. 9 [2019]: 1830-49. Maria Gendron et al., "Emotion Perception in Hadza Hunter Gatherers," Scientific Reports 10, no. 1 [2020]: 1-17). 하지만 문화권에 따라 자부심 개념을 구성하는 사건을 세세하게 구분한 작업은 여전히 유용하다.

358 몇몇 심리학자들은 이것이 자부심의 첫 번째 징후라고 생각하지만(이를테면 Michael Lewis, "The Emergence of Human Emotions," in Handbook of Emotions, ed. Michael Lewis, Jeannette M. Haviland-Jones, and Lisa F. Barrett, 3d ed. (New York: Guildford Press, 2008), 그 이전 단계 또는 이전 '경험들'을 자부심 개념에서 배제할 타당한 근거는 없다.

359 M. F. Mascolo and K. W. Fischer, "Developmental Transformations in Appraisals for Pride, Shame, and Guilt," in Self-Conscious Emotions. The Psychology of Shame, Guilt, Embarrassment, and Pride, ed. J. P. Tangney and K. W. Fischer (New York: Guilford Press, 1995), 64-113. Mascolo, Fischer, and Li, "Dynamic Development of Component Systems in Emotions: Pride, Shame and Guilt in China and the United States."

360 Boiger et al., "Beyond Essentialism: Cultural Differences in Emotions Revisited." 이 문단에서 소개한 사례는 이 논문에서 인용한다. Copyright © 2018, American Psychological Association.

361 이 연구에서는 성 정체성을 이분법적으로 고려했는데, 연구가 지닌 한계다.

362 이 연구는 광범위한 선행 연구에서 발췌한 내용을 토대로 질문을 개발했다. 여기에는 비서구권 응답자들이 질문지에서 제시한 상황을 어떻게 판단하고 대응할 준비를 하는지, 그 양상을 이해할 목표로 설계한 연구도 포함됐다. 아울러 수치심 개념을 구성하는 요소를 분석해 상황을 평가하는 세 가지 요소와 대응 행동을 준비하는 네 가지 요소를 파악했다. 이런 요소는 여러 문화권에 걸쳐 공통으로 나타났다. 자세한 내용은 다음 문헌을 참조하기 바란다.. Boiger et al., "Beyond Essentialism: Cultural Differences in Emotions Revisited."

363 우리가 다룬 비슷한 상황의 종류가 제한적이었다는 점을 고려하면, 유사성이 과대평가됐을 가능성이 있다. 현실에서 상황을 구성하는 여건은 문화권마다 본질상 큰 차이가 있을 수 있다.

364 Boiger et al., "Beyond Essentialism: Cultural Differences in Emotions Revisited," 1152.

365 Boiger et al., "Beyond Essentialism: Cultural Differences in Emotions Revisited." Hoemann, Xu, and Barrett, "Emotion Words, Emotion Concepts, and Emotional Development in Children: A Constructionist Hypothesis."

366 파블렌코는 The BilingualMind and What It Tells Us about Language and Thought에서 유사한 관찰 사실을 제시했다. 최근 리뷰 논문에서 인류학자 앨런 피스크는 '일상어 표현'이 여러 언어 사이에 정확히 대응하는 사례가 별로 없다는 사실을 관찰했다(Alan Page Fiske, "The Lexical Fallacy in Emotion Research: Mistaking Vernacular Words for Psychological Entities," Psychological Review 127, no. 1 [2020]: 95-113). 피스크는 어떤 맥락의 감정 단어든 구체화하려면 주의해야 한다고 경고했다. 옳은 지적이다. 감정 경험이란 단어에 국한되지 않는다는 주장도 정확한 지적이다. 어휘 오류를 지적한 피스크의 의견에도 동의한다. 문화와 문화 사이에 특정한 감정 단어를 번역할 수 있는 토착어가 존재한다고 해서 다른 문화의 감정을 이해하는 건 아니다. 피스크가 제시한 근거는 대체로 내가 이 책에서 사용한 사례이기도 하므로, 근거를 토대로 제시한 피스크의 의견에는 나도 동의한다. 다만 인간의 언어를 '자연종'으로 보는 가정에는 동의하지 않는다. 불행히도 이 관점은 아직까지는 그저 가정일 뿐이다. 일상어와는 별개로 자연종 언어를 찾아야 한다는

주장은 흥미롭다. 하지만 감정 개념은 단어에 한정되지 않기 때문에, 이런 관점은 경험 안에서 형성된 감정 개념의 역할을 과소평가한 주장이다(이를테면 Barrett, How Emotions Are Made: The Secret Life of the Brain).

367 언어가 서로 다르면 어휘가 같지 않다는 점도 분명한 사실이다. Russell, "Culture and the Categorization of Emotions." Jackson et al., "Emotion Semantics Show Both Cultural Variation and Universal Structure." (특히 부록을 참조하기 바란다.).

368 Beatty, Emotional Worlds, 111. Cambridge University Press의 허락을 받아 다시 발행한다.

369 Frijda, "The Evolutionary Emergence of What We Call 'Emotions.'" 사후에 발표된 이 논문에서 프리다는 대상에 다가가거나 멀어지는 움직임은 대상을 향한 가치 평가를 보여주는 초기 지표라고 제안했다. "동물이 보여주는 단순한 움직임은 때로 방향성을 나타내고, 대상을 향해 감정을 처리하는 전조다. 예를 들어 박테리아는 농도가 높은 포도당으로 다가가고 페놀 같은 독성 물질에서 멀어진다." (609쪽).

370 예를 들면 다음과 같은 문헌이 있다. Frijda, The Emotions; Klaus R. Scherer and Harald G. Wallbott, "Evidence for Universality and Cultural Variation of Differential Emotion Response Patterning," Journal of Personality and Social Psychology 66, no. 2 (1994): 310-28. Joseph de Rivera, A Structural Theory of the Emotions, Psychological Issues(New York: International University Press, 1977).

371 Scherer와 Wallbott은 "Evidence for Universality and Cultural Variation of Differential Emotion Response Patterning"에서 '수치심'과 '죄책감'이 멀어지는 움직임과 관련이 있다는 사실을 발견했다. 이 연구에서는 다가감과 멀어짐, 이렇게 두 가지 선택지만 제시했다. 하지만 내가 생각하기에 이런 감정은 아래로 이동하는 움직임으로 보는 게 더 적절하다. 때로는 대상과 거리를 두는 것이 아래로 이동하는 효과적인 방법이다.

372 De Rivera, A Structural Theory of the Emotions.

373 De Rivera. 이런 특징 중 일부는 다른 특징보다 훨씬 직관적이다. 이런 특징은 캐나다 대학생 표본을 대상으로 한 실증적 연구에서 대부분 파악됐다(Joseph de Rivera and Carmen Grinkis, "Emotions as Social Relationships," Motivation and Emotion 10 [1986]: 351-69).

374 이 부분을 '효능' 관점에서 설명한 연구도 있고(Charles E. Osgood, William H.

May, and Murray S. Miron, Cross-Cultural Universals of Affective Meaning [Urbana: University of Illinois Press, 1975]), '권력' 관점에서 설명한 연구도 있다(Johnny R. J. Fontaine and Klaus R. Scherer, "The Global Meaning Structure of the Emotion Domain: Investigating the Complementarity of Multiple Perspectives on Meaning," in Components of Emotional Meaning: A Sourcebook, ed. Johnny R. J. Fontaine, Klaus R. Scherer, and Cristina Soriano [Oxford, UK: Oxford University Press, 2013], 106-28). 또 '강한' 지위와 '약한' 지위 관점에서 설명한 연구도 있다(C. Lutz, "The Domain of Emotion Words on Ifaluk," ed. M. Harré, American Ethnologist 9, no. 1 [1982]: 113-28).

375 선천적 시각 장애인 선수들도 시합에 이기면 '팔을 활짝 벌리면서 몸집이 더 커 보이는' 자세를 보인다(Jessica L. Tracy and David Matsumoto, "The Spontaneous Expression of Pride and Shame: Evidence for Biologically Innate Nonverbal Displays," Proceedings of the National Academy of Sciences 105, no. 16 (2008): 11655-60). 이런 사례는 인간이 자부심을 학습해서 표현하는 게 아니라 타고난다는 근거로 쓰였지만, 이 선수들이 실제로 자부심을 느꼈다는 증거는 없다. 선수들은 그저 거만하게 자신을 뽐내고 싶었을 수도 있다. 트레이시와 마츠모토에 따르면 "사람들 이목을 끌고 싶어서 자신의 몸집을 커 보이게 하는 방법으로 이런 자세를 보이는 것이므로, 자신이 이 영역의 지배자라고 주장"하는 것과 같다(11655-60).

376 Jessica L. Tracy and Richard W. Robins, "Emerging Insights into the Nature and Function of Pride," Current Directions in Psychological Science 16, no. 3 (2007): 147-50. Batja Mesquita and Susan Polanco, "Pride," in Oxford Companion to the Affective Sciences, ed. David Sander and Klaus R. Scherer (Oxford, UK: Oxford University Press, 200 313-14.

377 폰테인과 셰러("The Global Meaning Structure of the Emotion Domain: Investigating the Complementarity of Multiple Perspectives on Meaning," 115)에 따르면 이런 감정은 권력 차원에서 가장 영향력이 낮은 항목이었다. 가장 영향력이 큰 항목에는 '큰 목소리로 말하기' '자신감 있게 주장을 펼치기' '감정적 지배력을 행사하기' 등이 있다.

378 '인정하다(submission)'라는 단어는 다음 문헌을 참조하기 바란다. Nico H. Frijda and W. Gerrod Parrott, "Basic Emotions or Ur-Emotions?," Emotion Review 3, no. 4 (2011): 406-15.

379 Yang Bai et al., "Awe, the Diminished Self, and Collective Engagement:

Universals and Cultural Variations in the Small Self," Journal of Personality and Social Psychology 113, no. 2 (2017): 185–209.
380 Frijda and Parrott, "Basic Emotions or Ur-Emotions?"
381 Frijda, The Emotions, 97.
382 이런 움직임 중 일부는 다음 문헌에서 설명했다. Frijda, "The Evolutionary Emergence of What We Call 'Emotions.'"
383 Lebra, Japanese Patterns of Behaviour.
384 Barrett, How Emotions Are Made; Beatty, Emotional Worlds.
385 Shaver et al., "Emotion Knowledge: Exploration of a Prototype Approach." 이름은 가명이다. 원래는 이름 없이 1인칭 시점이었다. (p. 1073).
386 Beatty의 Emotional Worlds 그리고 How Emotions Are Made.
387 감정 하나에 단어 하나가 존재해야 한다는 뜻이 아니다. 감정에 개념을 담을 방법은 많다. 여러 단어로 표현할 수도 있고 그림이나 몸짓으로 나타낼 수도 있다. 내 친구이자 동료인 리사 펠드먼 배럿은 감정을 느끼려면 그에 해당하는 단어가 필요하다고 주장했다는 오해를 곧잘 받는데, 사실이 아니라는 점을 지적하고 싶다(이를테면 Fiske, "The Lexical Fallacy in Emotion Research: Mistaking Vernacular Words for Psychological Entities"). 배럿은 그렇게 주장하지 않았다(가령, 2017). 감정을 느끼려면 개념이 필요하다고 제시했을 뿐이다. 실제로 중요한 개념들은 어휘로 표현되는 과정을 거친다.
388 Myisha Cherry and Owen Flanagan, The Moral Psychology of Anger (London: Rowman & Littlefield, 2017).
389 Owen Flannagan, How to Do Things with Emotions. The Morality of Anger and Shame across Cultures (New York; Oxford University Press, 2021). 이 책 4장도 참조하기 바란다.
390 Shweder et al., "The Cultural Psychology of the Emotions: Ancient and Renewed," 416.
391 Gerber, "Rage and Obligation: Samoan Emotion in Conflict," 128-29.
392 Scheff, "Shame and Conformity: The Deference-Emotion System."
393 June Price Tangney et al., "Are Shame, Guilt, and Embarrassment Distinct Emotions?," Journal of Personality and Social Psychology 70, no. 6 (1996): 1256-69. 이 논문에서는 수치심을 다음과 같이 측정했다. "다른 사람보다 열등한 느낌." "남들보다 작아진 기분." "내면의 느낌에 위축된 심정."

394　Levy, Tahitians: Mind and Experience in the Society Islands, 305.

395　앞에서 언급한 내용과 같다. Orley, "Culture and Mental Illness: A Study from Uganda," 3. 이 인용문은 다음 문헌에도 인용됐다. Russell, "Culture and the Categorization of Emotions," 430.

396　Maria Gendron et al., "Emotion Words Shape Emotion Percepts," Emotion 12, no. 2 (April 2012): 314-25. K. A. Lindquist et al., "Language and the Perception of Emotion," Emotion 6, no. (February 2006): 125-38. Nicole Betz, Katie Hoemann, and Lisa Feldman Barrett, "Words Are a Context for Mental Inference," Emotion 19, no. 8 (December 1, 2019): 1463-77.

397　감정을 구성하는 역할은 어느 감정 개념이나 마찬가지다(예, L. W. Barsalou et al., "Social Embodiment," in The Psychology of Learning and Motivation, ed. B. H. Ross, vol. 43 [New York: Elsevier Science, 2003], 43-92. G. Lupyan and B. Bergen, "How Language Programs the Mind," Topics in Cognitive Science 8, no. 2 [April 2016]: 408-24).

398　Barrett, How Emotions Are Made, 105.

399　Y. Nilya, P. C. Ellsworth, and S. Yamaguchi, "Amae in Japan and the United States: An Exploration of a 'Culturally Unique' Emotion," Emotion 6, no. 2 (2006): 279-95.

400　Pavlenko, The Bilingual Mind and What It Tells Us about Language and Thought, 260.

401　파블렌코(Emotions and Multilingualism)는 의미론적 표상과 개념적 표상을 구분하며 이렇게 주장한다. "제2외국어 습득과 이중언어 사용에 관해 조사한 결과를 보면 특정 단어의 기본 의미, 곧 의미론적 표상을 알아차리고 이해하는 것은 해당 단어의 개념적 표상을 포괄적으로 파악하고 효과적으로 적용하는 것과는 다른 문제다. 제2외국어 사용자들은 사회화 과정을 오래 거쳐야만 제2외국어에 담긴 개념적 표상을 구축할 수 있다. 그러는 동안 모국어로 해석할 수 없는 두 언어의 차이점을 깨닫고, 이 개념적 표상이 특정 사건이나 감정을 표시하는 데 얼마나 적절한지 판단할 수 있게 된다." (pp. 85-86).

402　예를 들면 다음 문헌을 참조하기 바란다.. Russell, "Culture and the Categorization of Emotions." Flanagan, How to Do Things with Emotions. The Morality of Anger and Shame across Cultures. Gendron et al., "Emotion Perception in Hadza Hunter-Gatherers."

403 R. Solomon이 "Beyond Ontology: Ideation, Phenomenology and the Cross Cultural Study of Emotion," Journal for the Theory of Social Behaviour 27, no. 2-3 (1997): 289-303에서 '입장'이라는 단어를 사용했다. R. C. Solomon, "Emotions, Thoughts, and Feelings: Emotions as Engagements with the World," in Thinking about Feeling: Contemporary Philosophers on Emotions, ed. R. C. Solomon (New York: Oxford University Press, 2004), 76-88. 입장의 맥락에서 사용된 사례들은 다음 문헌에서 찾을 수 있다. N. H. Frijda, P. Kuipers, and E. ter Schure, "Relations among Emotion, Appraisal, and Emotional Action Readiness," Journal of Personality and Social Psychology 57, no. 2 (1989): 212-28. P. C. Ellsworth and K. R. Scherer, "Appraisal Processes in Emotion," in Handbook of Affective Sciences, ed. R. J. Davidson, K. R. Scherer, and H. H. Goldsmith (New York: Oxford University Press, 2003), 572-95.

404 Parkinson, Heart to Heart, 56.

405 이 설명은 셰버 공저, "Emotion Knowledge: Further Exploration of a Prototype Approach."의 Study 2 항목에서 인용한다.

406 내가 생각하기에 감정 단어를 사용할 때 아워스 모형 감정에 초점을 맞추는 이유도 여기에 있다. 구체적인 사례는 다음 문헌에서 찾을 수 있다. Abu-Lughod, Veiled Sentiments: Honor and Poetry in a Bedouin Society. Beatty, Emotional Worlds; Rosaldo, Knowledge and Passion.

407 비티는 Emotional Worlds 54쪽에서 비슷한 견해를 펼쳤다. "감정은 특정 효과를 달성하기 위해 드러내는 행동일 때가 많다. 이를테면 다른 사람에게 영향을 끼치거나 다른 사람을 설득하거나 물리치려는 의도를 지닌다. 우리는 사람들의 행동과 그 맥락을 관찰하며 감정을 느끼는 법을 배운다. 감정을 어떤 방식으로 드러내고 어떤 이익을 얻으려고 감정을 이용하는지 관찰한다. 화를 내는 행동은 '사람들이 화가 나려고 할 때의 느낌'을 말하는 방법일 뿐이다." Cambridge University Press의 허락을 받아 다시 발행한다.

408 Beatty, Emotional Worlds, 47-48. Cambridge University Press의 허락을 받아 다시 발행한다.

409 Beatty, Emotional Worlds, 53. 이 문단 앞부분에 인용한 문장도 53쪽에서 인용한다. Cambridge University Press의 허락을 받아 다시 발행한다.

410 Briggs, Never in Anger, 172. Copyright © 1970 by the President and Fellows

of Harvard College.
411 Lutz, Unnatural Emotions, 136.
412 같은 책, 137-38.
413 다음 문헌을 참조하기 바란다. Maria Gendron, Carlos Crivelli, and Lisa Feldman Barrett, "Universality Reconsidered: Diversity in Making Meaning of Facial Expressions," Current Directions in Psychological Science 27, no. 4 (2018): 211-19. Nico H. Frijda and Anna Tcherkassof, "Facial Expression as Modes of Action Readiness," in The Psychology of Facial Expression. Studies in Emotion and Social Interaction, ed. James A. Russell and José Miguel Fernández-Dols (Cambridge, UK: Cambridge University Press, 1997), 78-102.

7장 왈츠 배우기

414 다음 문헌을 참조하기 바란다. Emily A. Butler, "Temporal Interpersonal Emotion Systems: The 'TIES' That Form Relationships," Personality and Social Psychology Review 15, no. 4 (2011): 367-93. Parkinson, Heart to Heart.
415 Briggs, Never in Anger.
416 Pavlenko, The Bilingual Mind, 275.
417 Hoffmann, Lost in Translation and What It Tells Us about Language and Thought, 220.
418 이 문단에서 언급한 심리 변화 사례는 이전 조사에서 다룬 문화 적응 사례들이다. 문화 적응 연구를 요약한 글은 다음 문헌을 참조하기 바란다.. Batja Mesquita, Jozefien De Leersnyder, and Alba Jasini, "The Cultural Psychology of Acculturation," in Handbook of Cultural Psychology, ed. Shinobu Kitayama and Dov Cohen, 2nd ed. (New York: Guilford Press, 2019), 502-35.
419 여기에 관련된 근거는 다음 문헌에서 제시한다. David K. Sherman and Heejung S. Kim, "Affective Perseverance: The Resistance of Affect to Cognitive Invalidation," Personality and Social Psychology Bulletin 28, no. 2 (2002): 224-37. Yasuka Minoura, "A Sensitive Period for the Incorporation of a Cultural Meaning System: A Study of Japanese Children Growing up in the United States," Ethos 20, no. 3 (1992년 9월): 304-39.
420 Hoffmann, Lost in Translation, 220.
421 다음 문헌에서 비슷한 분석을 제시한다. Pavlenko, The Bilingual Mind and What

422 Mesquita, De Leersnyder, and Jasini, "The Cultural Psychology of Acculturation."

423 Pavlenko, The Bilingual Mind and What It Tells Us about Language and Thought, 247.

424 네덜란드어 제목은 'Mens durf the leven'다. 번역된 시는 van der Horst, The Low Sky: Understanding the Dutch, 231쪽을 참조하기 바란다.

425 Schwartz, "Cultural Value Orientations: Nature and Implications of National Differences"에서 제시한 가치들이다. 말하자면 호기심, 자유, 관대함이다. 미국 표본 집단보다 북유럽 사람들이 이런 가치를 더 중시했다.

426 Nisbett and Cohen, Culture of Honor, D. Cohen et al., "When You Call Me That, Smile!' How Norms for Politeness, Interaction Styles, and Aggression Work Together in Southern Culture," Social Psychology Quarterly 62, no. 3 (1999): 257-75.

427 이런 사례는 학교에서 전개되는 상호작용으로 '자존감이 낮아지는 결과를 불러오는' 예시다. 연구진은 학생들에게 감정가 차원과 목표 차원에 따라 달라지는 세 가지 유형의 상호작용 사례를 들려 달라고 요청했다. 첫째, 긍정 정서와 부정 정서로 나뉘는 감정가 차원에서 오가는 상호작용이 있다. 둘째, 개인의 목표를 중시하는 상호작용이 있다. 셋째, 대인관계에서 발생하는 결과와 밀접한 상호작용이 있다. 설문조사 응답자들은 '가까운 과거에' 있었던 사건을 이야기하며, 그 상황에서 느꼈던 감정이 분노, 수치심, 죄책감, 자부심, 존중감 중 어디에 해당하는지 평가했다. (이를테면, Alba Jasini et al., "Tuning in Emotionally: Associations of Cultural Exposure with Distal and Proximal Emotional Fit in Acculturating Youth," European Journal of Social Psychology 49, no. 2 [2019]: 352-65).

428 설문조사 덕분에, 우리는 이민자들이 어떻게 문화에 적응했는지 묻지 않고도 이들의 감정이 해당 문화권 감정과 일치하는지 평가할 수 있었다. 다시 말해 우리는 이민자들과 대다수 현지인의 감정규범을 비교했을 따름이다. (Jozefien De Leersnyder, Batja Mesquita, and Heejung S. Kim, "Where Do My Emotions Belong? A Study of Immigrants' Emotional Acculturation," Personality and Social Psychology Bulletin 37, no. 4 [2011]: 451-63. Jasini et al., "Tuning in Emotionally: Associations of Cultural Exposure with Distal and Proximal Emotional Fit in Acculturating Youth." Mesquita, De Leersnyder, and Jasini,

"The Cultural Psychology of Acculturation").

429 우리는 각 감정 구조의 동일성을 확인하려고 구성요소를 동시에 분석했다. (Kim De Roover, Eva Ceulemans, and Marieke E. Timmerman, "How to Perform Multiblock Component Analysis in Practice," Behavior Research Methods 44, no. 1 [March 2012]). 조사 결과를 보면 한국계 미국인 표본과 유럽계 미국인 표본 사이에는 세 가지 감정의 구조에 차이가 없었다. 첫째로 긍정 정서에 해당하는 '친밀함'과 '자부심' 등이고, 둘째로 부정 관계 정서에 해당하는 '창피'이고, 셋째로 부정 분화 정서에 해당하는 '짜증' 등을 확인했다. 이 세 가지 감정('질투하는' '의존하는' '놀라는')은 문화권마다 의미가 달랐다. (De Leersnyder, Mesquita, and Kim, "Where Do My Emotions Belong? A Study of Immigrants' Emotional Acculturation," Study 1). 조사 결과에 따르면, 튀르키예계 벨기에인과 튀르키예인 집단은 네 가지 정서에서 구조가 같았다. 긍정 관계 정서에 해당하는 '친밀함' 등이 있고, 긍정 분화 정서에 해당하는 '자랑스러움' 등이 있고, 부정 관계 정서에 해당하는 '창피' 등이 있고, 부정 분화 정서에 해당하는 '짜증' 등이 있었다. 여기서도 세 가지 감정(단념한, 시기하는, 당황스러운)은 문화권마다 의미가 달랐다. (De Leersnyder, Mesquita, and Kim, Study 2). 벨기에 학교에서 실시한 대규모 설문조사에 따르면, 네 가지 정서에서 구조가 같았다. 첫째, 긍정 관계 정서에 해당하는 '연대감' 등이 있었다. 둘째, 긍정 분화 정서에 해당하는 '자부심' 등이 있었다. 셋째, 부정 관계 정서에 해당하는 '부끄러움' 등이 있었다. 넷째, 부정 분화 정서에 해당하는 '분노' 등이 있었다. 이 세 가지 감정(좋음, 슬픔, 놀람)도 문화권마다 의미가 달랐다. (Jasini et al., "Tuning in Emotionally: Associations of Cultural Exposure with Distal and Proximal Emotional Fit in Acculturating Youth"). 우리는 각기 다른 집단에서 비슷한 방식으로 분류되지 않는 감정 단어는 비교 대상에서 제외했다. 이렇게 해서 두 집단 사이의 감정을 비교할 수 있었다. 아이세가 감정을 처리하는 방식은 이 두 가지 차원을 넘어 많은 변화를 불러왔을 수도 있겠으나, 어쨌든 다른 차원의 변화는 우리가 기록하지 못했을 터다.

430 우리는 문화적 적합성이 왜곡되지 않도록 예방하고 싶었다. 그래서 특별한 개인의 평점이 연구 결과에 미치는 영향력을 제외하려고 다수의 감정이 지닌 평균치를 다시 계산했는데, 기존 규범을 반영하는 다수의 감정 처리 방식에는 변화가 없었다.

431 Kaat Van Acker et al., "Flanders' Real and Present Threat: How Representations of Intergroup Relations Shape Attitudes towards Muslim Minoritics" (KU Leuven, 2012).

432 De Leersnyder, Mesquita, and Kim, "Where Do My Emotions Belong? A Study of Immigrants' Emotional Acculturation," Study 1.

433 H. A. Elfenbein and N. Ambady, "When Familiarity Breeds Accuracy: Cultural Exposure and Facial Emotion Recognition," Journal of Personality and Social Psychology 85, no. 2 (2003): 276-90. 엘펜베인과 앰배디는 이렇게 주장했다. "대체로 감정은 보편적 정서 체계에 따라 표현되지만, 문화마다 선호하는 가치가 달라 약간씩 변형을 겪는다." 하지만 두 저자의 연구 내용만 봐서는 이 가설을 증명할 만한 근거가 없으므로, 분명하게 결론을 내릴 수 없다.

434 사진을 찍기 위해 표정을 지은 중국인들은 평생 중국 본토에서만 살아온 사람들이었다. 연구진은 이들에게 '행복' '놀람' '슬픔' '두려움' '분노' '역겨움'을 느끼는 상황을 상상하며, "해당 감정 상태를 적절히 표현하는 표정"을 지어보라고 요청했다. (L. Wang and R. Markham, "Facial Expression Megamix: Tests of Dimensional and Category Accounts of Emotion Recognition," Journal of Cross Cultural Psychology 30 [1999]: 397-410. 여기에 나오는 내용을 엘펜베인과 앰배디가 "When Familiarity Breeds Accuracy: Cultural Exposure and Facial Emotion Recognition," 279쪽에 인용했다). 해당 문헌에서는 실제 얼굴 사진을 찾을 수 없다.

435 이 연구는 2장에서 설명한다. Masuda, Takahiko, Phoebe C. Ellsworth, Batja Mesquita, Janxin Leu, Shigehito Tanida, and Ellen Van de Veerdonk, "Placing the Face in Context: Cultural Differences in the Perception of Facial Emotion." Journal of Personality and Social Psychology 94 (3) (2008): 365-81.

436 Masuda et al., "Do Surrounding Figures' Emotions Affect Judgment of the Target Figure's Emotion? Comparing the Eye-Movement Patterns of European Canadians, Asian Canadians, Asian International Students, and Japanese." 여기서 내가 '조금 수정했다'고 말하는 이유는 다음 관점에서 이전 연구 설계보다 개선됐기 때문이다. (a) 자극 실험 자료가 실제 사진으로 구성됐다. (b) 중앙에 여성이 위치하는 인물 사진이 추가됐다. (c) 주변 인물들이 중앙에 자리한 인물과 같은 크기로 배치됐다. 이런 점은 만화를 자극 실험 자료로 사용한 연구와 대비된다. 만화에서는 주변 인물들이 배경처럼 멀리 떨어져서 표현됐다. (d) 사진을 관찰하는 시간을 10초로 한정했다. 다른 변동 사항으로는 조사하는 감정의 개수가 줄었다. 다시 말해 슬픔, 행복, 중립 감정을 집중 조사했다. 긍정 정서인지 부정 정서인지를 판단했을 뿐, 초기 연구와 비교해 구체성이 감소했다.

437 아시아계 캐나다인 표본에 관한 정보가 거의 없지만, 북미 문화를 경험한 정도는 평

가할 수 있다. 일본에 거주하는 일본인 학생들이 경험 기간이 가장 짧고, 그다음이 체류 기간이 그리 길지 않은 아시아계 유학생들, 그다음이 여러 세대로 구성된 아시아계 캐나다인들이다.

438 마스다 연구진은 시선 추적 장치를 이용해 참가자들이 어디에 시선을 두는지 파악했다. 참가자들이 중심인물과 주변 인물을 각각 몇 회, 그리고 몇 초간 응시했는지 측정했다. 참가자들의 시선을 보면 중심인물과 주변 인물에 주의를 집중하는 시간이 예상대로 달랐다. 유럽계 캐나다인들은 중심인물에 집중해서 이 인물의 감정을 판단했다. 일본에 거주하는 일본인 학생들과 아시아계 유학생들은 평가 기준 대부분에서 서로 다르지 않았다. 두 집단 모두 유럽계 캐나다인 학생들보다 중심인물에 시선을 맞춘 시간이 더 짧고 횟수도 더 적었다. 아시아계 캐나다인들에게 나타난 시선 패턴은 유럽계 캐나다인들과 일본인들 중간에 위치했다.

439 내가 인용한 에스파냐계 유대인 가족사의 출처는 다음과 같다. Jaap Cohen, De Onontkoombare Afkomst van Eli d'Oliveira (Amsterdam: Querido, 2015).

440 Minoura, "A Sensitive Period for the Incorporation of a Cultural Meaning System: A Study of Japanese Children Growing up in the United States."

441 미노우라는 감정의 사회화에 결정적으로 영향을 끼치는 연령대가 있을 수 있다고 결론 내렸다. 9세 이전에 미국으로 이주한 아이들은 9세 이상 아이들보다 정서 관점에서 문화 적응력이 훨씬 뛰어났기 때문이다. 나는 미노우라의 데이터가 결정적 시기를 입증할 근거를 제시했다고 생각하지 않는다. 미노우라의 응답자들은 일본어 주말학교에 다니는 5학년생과 6학년생이었다. 어린 나이에 미국으로 이주한 아이들은 미국에서 가장 많은 시간을 보낸 아이들이기도 하다. 미노우라의 표본에서는 입국 연령과 체류 기간이 명확하게 구분되지 않았다. 다른 연구도 감정의 사회화에 결정적 시기가 없다는 결론을 뒷받침한다. 파블렌코는 Emotions and Multilingualism, 10쪽에서 제2외국어 학습에 관한 연구를 요약하며 다음과 같이 결론 내렸다. "제2외국어 학습에 결정적 시기가 존재한다는 사실을 입증할 중요한 근거는 없다."

442 De Leersnyder, Mesquita, and Kim, "Where Do My Emotions Belong? A Study of Immigrants' Emotional Acculturation." Jasini et al., "Tuning in Emotionally: Associations of Cultural Exposure with Distal and Proximal Emotional Fit in Acculturating Youth."

443 우리는 소수 이민자 학생들이 현지인 학생들과 친구가 됐는지 판단하려고 소수 이민자 학생들과 현지인 학생들에게 가장 친한 친구 명단을 적어보라고 요청했다. 서로 '친구'라고 적은 학생들만 우리는 진짜 친구 사이로 고려했다. 실험조사 결과에

따르면, 현지인 학생과 서로 우정을 나눈 소수 이민자 학생들이 현지인의 감정규범에 가장 적합했다. (Alba Jasini et al., "Show Me Your Friends, I'll Tell You Your Emotions," 아직 심사를 통과하지 못했다).

444　Jasini et al., "Tuning in Emotionally: Associations of Cultural Exposure with Distal and Proximal Emotional Fit in Acculturating Youth." Jasini et al., "Show Me Your Friends, I'll Tell You Your Emotions."

445　Barrett, How Emotions Are Made.

446　비슷한 견해를 제시한 다음 문헌을 참조하기 바란다. Lisa Feldman Barrett, "Emotions Are Real," Emotion 12, no. 3 (2012): 413-29.

447　이 과정은 다음 문헌에서 설명했다. Batja Mesquita and Hazel R. Markus, "Culture and Emotion: Models of Agency as Sources of Cultural Variation in Emotion," in Feelings and Emotions: The Amsterdam Symposium, ed. Antony S. R. Manstead, Nico H. Frijda, and Agneta Fischer(Cambridge, UK: Cambridge University Press, 2004), 341-58.

448　이 사례는 다음 문헌에서 설명한다. Pavlenko, Emotions and Multilingualism (4장).

449　Pavlenko, Emotions and Multilingualism, 8-9. Jean-Marc Dewaele, "Reflections on the Emotional and Psychological Aspects of Foreign Language Learning and Use," Anglistik: InternationalJournal of English Studies 22, no. 1 (2011): 23-42.

450　Howard Grabois, "The Convergence of Sociocultural Theory and Cognitive Linguistics: Lexical Semantics and the L2 Acquisition of Love, Fear, and Happiness," in Languages of Sentiment: Cultural Constructions of Emotional Substrates, ed. Gary B. Palmer and Debra J. Occhi (Amsterdam: John Benjamins Publishing Co., 1999), 201-36.

451　한 나라에 오랫동안 거주한 이민자는 제2외국어 학습자보다 원어민에 가깝게 단어를 연상하고, 훨씬 유창하게 언어를 구사했다. 에스파냐어 사용 환경에서 생활한 적 없는 집단에서는 저마다 언어 숙련도는 달라도, 단어를 연상하는 수준은 별반 차이가 없었다. 이런 까닭에 에스파냐에서 적어도 3년 이상 생활한 사람들이 단어 연상에 능숙한 이유가 순전히 언어 능력 덕분이라고 주장하기는 어렵다. (Grabois).

452　Michael Boiger, Simon De Deyne, and Batja Mesquita, "Emotions in 'the World': Cultural Practices, Products, and Meanings of Anger and Shame in Two Individualist Cultures," Frontiers in Psychology 4, no. 867 (2013): Study

3. 분노 감정 단어와 이 문단에서 언급한 행동 사이의 연관성은 응답자 수만 명이 언어별로 언급한 연상 단어들을 토대로 간추렸다. 응답자는 저마다 제시어를 듣고 다양한 단어를 떠올렸다. 언어별 응답자는 모두 수천 개에 이르는 제시어를 듣고 연관어를 쏟아냈다. 이 특정 연구에서 보고한 연관어는 이런 식으로 만들어진 수많은 연상 단어 중 일부일 뿐이다.

453 파블렌코(Emotions and Multilingualism, 173)는 이를 가리켜 '이해의 오류(the fallacy of understanding)'라고 한다.

454 파블렌코(Emotions and Multilingualism, 18-19)는 특히 심리학 분야를 비판했다. "연구 설계, 방법론, 검증 절차를 자세히 보고하는 작업의 가치는 주목할 만하지만, 번역 과정에서 '얼버무리기'가 얼마나 숱하게 일어나는지 놀라울 지경이다." 나도 그렇게 생각한다.

455 Minoura, "A Sensitive Period for the Incorporation of a Cultural Meaning System: A Study of Japanese Children Growing up in the United States," 320.

456 Jozefien De Leersnyder, Heejung S. Kim, and Batja Mesquita, "My Emotions Belong Here and There: Extending the Phenomenon of Emotional Acculturation to Heritage Culture Fit," Cognition & Emotion 34, no. 8 (2020): 1-18.

457 튀르키예계 이민 1세대는 튀르키예에 거주하는 튀르키예인 표본집단과 정서가 크게 다르지 않았다. 튀르키예계 이민 2세대의 정서는 벨기에 표본집단과는 별 차이가 없었고, 튀르키예에 거주하는 튀르키예인 표본 집단과는 달랐다. (De Leersnyder, Kim, and Mesquita, "My Emotions Belong Here and There: Extending the Phenomenon of Emotional Acculturation to Heritage Culture Fit").

458 Minoura, "A Sensitive Period for the Incorporation of a Cultural Meaning System: A Study of Japanese Children Growing up in the United States," 320.

459 Stephens, Hamedani, and Townsend, "Difference Matters: Teaching Students a Contextual Theory of Difference Can Help Them Succeed," 2019. 두 저자는 이 논문에서 맥락 이론을 적용해 감정 차이를 설명하는데, 이 이론은 서로 다른 배경과 소속 집단이 사람들의 경험과 결과를 결정한다고 주장한다.

460 De Leersnyder, Kim, and Mesquita, "My Emotions Belong Here and There: Extending the Phenomenon of Emotional Acculturation to Heritage Culture Fit." H. A. 엘펜베인과 N. 앰배디는 "Cultural Similarity's Consequences: A Distance Perspective on Cross Cultural Differences in Emotion Recognition,"

Journal of Cross-Cultural Psychology 34, no. 1 (2003): 32쪽-110쪽에서 비슷한 견해를 제시한다. 중국인 얼굴 사진을 보고 감정을 판단할 때, 중국에 거주하는 중국인 학생들은 미국에 잠시 거주한 중국인 유학생 집단을 포함한 나머지 세 집단보다 내집단에 속한 이점을 누렸다. 이런 사실은 일상에서 모국 문화로 상호작용을 하지 않으면 얼굴을 인식하는 방식에서 모국 문화의 영향이 타지에서 빠르게 줄어든다는 걸 의미한다. 하지만 이 실험조사에 사용된 중국인 유학생 표본 규모가 너무 작아서, 이 결론을 확증하려면 추가 조사가 필요하다.

461 bicultural person, 이중 문화에 속하는 사람을 표현하고자 '이중문화인'이라는 용어를 사용했다.

462 Marina Doucerain, Jessica Dere, and Andrew G. Ryder ("Travels in Hyper-Diversity: Multiculturalism and the Contextual Assessment of Acculturation," International Journal of Intercultural Relations 37, no. 6 [November 2013]: 686-99) 이 논문은 일상재구성법을 활용해 한 캐나다 대학교에서 이민자 학생들이 문화 맥락을 어떻게 넘나드는지 보여줬다. 대부분 아랍계와 중국계 이민자 학생들이 캐나다 문화와 모국 문화를 오가는 일상을 기록했다. 이 학생들은 캐나다 문화가 주류였지만, 모국인 아랍 문화나 중국 문화도 잊지 않았으며, 동아시아계 캐나다인으로서 문화가 섞인 정체성을 형성했다.

463 다음 문헌을 참조하기 바란다. W. Q. E. Perunovic, D. Heller, and E. Rafaeli, "Within-Person Changes in the of Emotion Structure the Role of Cultural Identification," Psychological Science 18, no. 7 (2007): 607-13. De Leersnyder, Kim, and Mesquita, "My Emotions Belong Here and There: Extending the Phenomenon of Emotional Acculturation to Heritage Culture Fit."

464 긍정 정서와 부정 정서를 동시에 느끼는 상태를 흔히 '양가감정'이라고 한다. 다음 문헌을 참조하기 바란다. Richard P. Bagozzi, Nancy Wong, and Youjae Yi, "The Role of Culture and Gender in the Relationship between Positive and Negative Affect," Cognition and Emotion 13, no. 6 (1999): 641-72. Ulrich Schimmack, Shigehiro Oishi, and Ed Diener, "Cultural Influences on the Relation between Pleasant Emotions and Unpleasant Emotions: Asian Dialectic Philosophies or Individualism-Collectivism?," Cognition & Emotion 16, no. 6 (2002): 705-19. 이 연구를 요약한 문헌을 찾는다면, Mesquita and Leu, "The Cultural Psychology of Emotion"을 참조하기 바란다.

465 Perunovic, Heller, and Rafaeli, "Within-Person Changes in the of Emotion

466 De Leersnyder, Kim, and Mesquita, "My Emotions Belong Here and There: Extending the Phenomenon of Emotional Acculturation to Heritage Culture Fit."

467 이민 1세대와 이민 2세대 사이에도 감정 프로필이 다소 달랐다. 한편, 한국계 미국인 1세대와 튀르키예계 벨기에인 1세대는 직장이나 학교에서보다 집에 있을 때 유럽계 미국인이나 벨기에 현지인보다 한국인과 튀르키예인 감정에 더 가까웠다. 튀르키예계 벨기에인 2세대는 직장과 학교에 있을 때면 튀르키예인보다 벨기에인 감정에 더 가까웠다.

468 Jozefien De Leersnyder and Batja Mesquita, "Beyond Display Rules: An Experimental Study of Cultural Differences in Emotions" (Leuven, Belgium, 2021).

469 De Leersnyder and Mesquita, "Beyond Display Rules: An Experimental Study of Cultural Differences in Emotions." 선행 연구에서 튀르키예인 참가자들은 주민으로 위장한 참가자의 무례한 말을 듣고 무리를 배신한 발언으로 받아들인 반면, 벨기에 참가자들은 자신들의 능력을 깎아내리는 발언으로 인식했다.

470 P. Rozin et al. ("The CAD Triad Hypothesis: A Mapping between Three Moral Emotions [Contempt, Anger, Disgust] and Three Moral Codes [Community, Autonomy, Divinity]," Journal of Personality and Social Psychology 76, no. 4 [1999]: 574-86) 이 논문에 따르면 분노는 자율성을 중시하는 경향과 관련이 깊고, 경멸은 공동체 윤리를 중시하는 분위기와 관련이 깊다.

471 무작위로 할당해서 진행한 실험이므로, 벨기에 문화 환경과 튀르키예 문화 환경에 있는 이중문화인들이 서로 다르다고 가정할 이유는 전혀 없다. 심리 실험에서는 무작위 할당 원칙이 중요하다. 조건 차이에서 행동 차이가 일어날 수 있기 때문이다.

472 '격한 감정'이 사건의 중요한 특징을 기억하는 데 도움이 된다는 연구 결과도 있다. Willem A. Wagenaar, "My Memory: A Study of Autobiographical Memory over Six Years," Cognitive Psychology 50, no. 2 (1986): 225-52. Elizabeth A. Kensinger and Daniel L. Schacter, "Memory and Emotion," in Handbook of Emotions, ed. Michael Lewis, Jeannette M. Haviland-Jones, and Lisa F. Barrett, 3d ed. (New York: Guilford Press, 2008), 601-17.

473 공동체 관계의 특징이 이렇다. 마거릿 클라크가 동료들과 함께 이 특징을 자세히 설명한 문헌이 있다. Margaret S. Clark et al., "Communal Relational Context (or

Lack Thereof) Shapes Emotional Lives," Current Opinion in Psychology 17 (2017): 176-83. 공동체 관계에서는 구성원들이 서로서로 느끼는 행복에 얼마간 무조건적인 책임이 있다고 생각한다. 이런 관계는 상대방도 가치 있게 여긴다.

474 Clark et al., "Communal Relational Context (or Lack Thereof) Shapes Emotional Lives," 176. 엘스비어에서 허락을 받아 다시 발행한다.

475 다음 문헌에서 많은 사례를 찾아볼 수 있다. Moors, Agnes. "Integration of two skeptical emotion theories: Dimensional appraisal theory and Russell's psychological construction theory." Psychological Inquiry 28, no. 1 (2017): 1-19.

476 다음 문헌을 참조하기 바란다. Barbara H. Rosenwein, Generations of Feeling: A History of Emotions, 600-1700(Cambridge, UK: Cambridge Univeristy Press, 2016). Peter N. Stearns, "History of Emotions: Issues of Change and Impact," in Handbook of Emotions, ed. Michael Lewis, Jeannette M. Haviland-Jones, and Lisa F. Barrett, 3d ed. (New York: Guilford Press, 2008), 17-31.

8장 다문화 세계의 감정

477 Terry Gross, "Ta-Nehisi Coates on Police Brutality, the Confederate Flag and Forgiveness," National Public Radio, December 29, 2015, https://www.npr.org/2015/12/29/461337958/ta-nchisi-coates-on-police-brutality-the-confederate-flag-and-forgiveness. WHYY.Inc.에서 허락을 받아 다시 발행한다.

478 Fung, "Becoming a Moral Child: The Socialization of Shame among Young Chinese Children."

479 2019년 12월에 캐런 팰릿이 내게 들려준 사례다. 그에게 감사드린다.

480 부모가 비판적이면 아이가 환경에 잘 적응하지 못한다는 견해를 제시한 문헌은 다음과 같다. Lewis, "Shame and Guilt in Neurosis." 여기서는 부모의 비판을 '거부' 또는 '적대감'으로 해석했다. 그러나 여러 연구 결과를 보면, 서로 의존하는 문화권에서는 부모의 비판이 오히려 문화에 잘 적응하는 아이로 양육하는 방식과 연관이 있었다. 더 자세한 논의는 다음 문헌을 참조하기 바란다. Ruth K. Chao, "Beyond Parental Control and Authoritarian Parenting Style: Understanding Chinese Parenting through the Cultural Notion of Training," Child Development 65, no. 4 (1994): 1111-19.

481 철학자 오웬 플래너건은 도덕규범의 다양성을 살피며, 다른 문화권의 도덕규범을 포

용하는 자세는 그저 이론에 그쳐서는 안 된다고 지적했다. "역사책이나 인류학책, 〈내셔널지오그래픽〉 같은 잡지의 지면을 빌어 이론으로 대립하는 상황에서는 사람이 저마다 다른 기호를 지닌다고 쉽게 인정한다. 하지만 현실 세계의 어느 아파트, 마을, 도시, 국가에서 서로 다른 집단이 바로 눈앞에서 대립할 때는 쉽게 차이를 인정하지 못한다."(Owen J. Flanagan, The Geography of Morals: Varieties of Moral Possibility [New York: Oxford University Press, 2017], 150).

482 Lutz, Unnatural Emotions, 167.
483 Briggs, Never in Anger.
484 Jamil Zaki, The War for Kindness: Building Empathy in a Fractured World (New York: Penguin Random House, 2019).
485 같은 책, 4. 공감이 사회를 통합하는 힘이라는 개념은 논란의 여지가 있다. 심리학자 폴 블룸은 《공감의 배신》에서 공감에 의존하기를 경계한다. 공감은 대개 자신과 가깝거나 자신을 좋아하는 소수에게 초점을 맞추기 때문이다. 블룸은 공감보다 합리성에서 나오는 연민을 추구해야 한다고 주장한다.
486 같은 책, 78쪽.
487 다음 문헌을 참조하기 바란다. Gendron, Crivelli, and Barrett, "Universality Reconsidered: Diversity in Making Meaning of Facial Expressions." A. Fischer and U. Hess, "Mimicking Emotions," Current Opinion in Psychology 17 (2017): 151-55, https://doi.org/10.1016/j.copsyc.2017.07.008. Parkinson, Heart to Heart.
488 Beatty, Emotional Worlds, 267. Cambridge University Press의 허락을 받아 다시 발행한다. 비티는 비슷한 주장을 펼친다. "개인 경험이 상대방을 이해하는 데 과연 유용한지는 그 개인 경험이 상대방 경험과 얼마나 일치하고 관련성이 큰지에 따라 다르다. 한편, 관련성은 상대방이 겪어온 역사적 특수성에 달렸다. 한마디로 상대방이 겪은 사연의 세부 내용에 따라 달라진다. 다른 사람의 처지에 서보거나 그 처지를 상상하는 시도는 분명 공감대를 형성하는 좋은 출발점이다." 자키(The War for Kindness: Building Empathy in a Fractured World)와 연구진은 가상현실 기술을 이용해 참가자들이 상대방의 '진짜 내면세계'를 떠올리도록 도왔다. 참가자들은 고글을 착용하고 가상현실에서 노숙자의 세상으로 이동한다. 이들은 집에서 쫓겨나 자신과 같은 처지의 노숙자들과 함께 버스를 타고 여행을 떠난다. 노숙자 처지에서 시간을 보내고 난 실험 참가자들은 노숙자를 지원하는 일에 더 많이 협조했다. 다른 사람 관점에서 세상을 바라보는 시도는 나쁘지 않지만, 그 정도로는 부족하다.

489 Birgit Koopmann-Holm and Jeanne L. Tsai, "Focusing on the Negative: Cultural Differences in Expressions of Sympathy," Journal of Personality and Social Psychology 107, no. 6 (2014): 1092-1115. Birgit Koopmann-Holm et al., "What Constitutes a Compassionate Response? The Important Role of Culture," Emotion, n.d. Birgit Koopmann-Holm et al., "Seeing the Whole Picture? Avoided Negative Affect and Processing of Others' Suffering," Personality and Social Psychology Bulletin 46, no. 9 (2020): 1363-77. 쿠프만-홀름에 따르면, 이 모든 연구에 나타나는 차이점들은 미국인과 독일인 사이에 부정 정서를 꺼리는 정도의 차이로 설명할 수 있다.

490 '정서적 경험을 분석하는' 작업이란 인류학자 앤드류 비티가 Emotional Wolds에서 말하는 '서사적 이해'를 가리킨다.

491 Christine Dureau, "Translating Love," Ethos 40, no. 2 (2012): 142-63. 심보섬 여성과 나눈 대화는 150쪽에서 인용하며, 리사와 나눈 대화는 142쪽에서 인용한다.

492 Inga-Britt Krause, "Family Therapy and Anthropology: A Case for Emotions," Journal of Family Therapy 15, no. 1(February 1, 1993): 35-56. Beatty, Emotional Worlds, 8장.

493 Leavitt, "Meaning and Feeling in the Anthropology of Emotions," 530.

494 일반적으로 공감은 정서적 공감과 인지적 공감으로 구분한다. 다시 말해 정서적 공감은 '감정을 느끼는 경험과 관련되고', 인지적 공감은 '다른 사람의 감정을 이해하는 능력으로서 마음 이론과 밀접한 관련이' 있다(Benjamin M. P. Cuff et al., "Empathy: A Review of the Concept," Emotion Review 8, no. 2 [2016]: 147). 감정을 이해하는 일은 '인지적 공감' 작업에 더 가까울 것이다.

495 이것은 듀로가 한 주장이다("Translating Love," 146).

496 앤드류 비티는 '서사적 공감'을 주장한다(Emotional Worlds, 159, Cambridge University Press의 허락을 받아 다시 발행한다). "서사를 이용해 감정에 접근하는 관점은 문화권마다 감정이 형성되는 방식이 독특하고, 경험의 종류가 다른 문화권과 전혀 다를 가능성을 인정한다. 보편주의 관점과 달리, 서사적 관점은 특정한 정서적 경험을 실증적 측면에서 더 타당하고 민족학 측면에서 더 흥미롭게 이해할 수 있는 길을 제공한다. 철저한 상대주의 관점이 다른 문화권의 경험을 신비화하는 오류를 저지른다면, 서사적 관점은 그렇지 않다. 철저한 상대주의 관점은 다른 감정 개념을 지닌 채 다른 세계에서 살아가는 사람들의 경험은 우리가 이해할 수 없다고 이야기한다. 서사적 공감을 주장하는 이들이 보기에, 사람들이 다른 문화권 감정을 이해하지

못하는 원인은 상대방이 자신과 다르다는 사실이 아니라 상대방 감정을 납작하게 만드는 관찰자의 시선에 있다." 다음 문헌도 참조하기 바란다. Leavitt, "Meaning and Feeling in the Anthropology of Emotions."

497 노르웨이 인류학자 언니 위칸은 이 주제와 관련해 다음과 같은 귀중한 성찰을 제시한다. "주의를 기울이는 방식을 정교하게 다듬어 사람들이 무얼 하는지, 주된 관심사가 뭔지, 그 사람들이 무얼 상실할 위기를 만났는지 이해해야 한다. 그마저도 그 사람들이 형성한 사회관계와 현재 마주한 어려움 같은 맥락을 고려하면서 이해해야 한다." (U. Wikan, Resonance: Beyond the Words [Chicago: University of Chicago Press, 2013], 1장).

498 Batja Mesquita, "Emoties Vanuit Een Cultureel Perspectief," in Handboek Transculturele Psychiatrie En Psychotherapie, ed. Joop de Jong and Margo van den Berg (Amsterdam: Harcourt, 1996), 101-13.

499 Mental Health: Culture, Race and Ethnicity (Rockville, MD: U.S. Office of the Surgeon General, 2001). 소수 이민자는 여러 측면에서 낮은 수준의 심리 치료 서비스를 경험한다. 다시 말해 정신 질환 문제가 있는 소수 이민자는 다수 현지인보다 심리 치료를 받으려는 사람이 적다. 치료를 받더라도 잘못된 진단을 받는 사례가 많다. 부적절한 치료 또는 문화 차이를 민감하게 살피지 못한 치료를 받을 때가 많다.

500 미국 정신의학회는 그곳에서 제공하는 정신 장애 진단 및 통계 지침(DSM-5)에 문화 요소를 파악하는 공식 면담 지침을 추가했다. 이 지침은 면담을 진행하는 방법을 조언한다. 임상의들은 이 도구를 이용해 환자의 질환, 경험, 환자가 처한 사회문화 맥락과 관련한 정보를 수집한다. (Neil Krishan Aggarwal et al., "The Cultural Formulation Interview since DSM-5: Prospects for Training, Research, and Clinical Practice," Transcultural Psychiatry 57, no. 4 (2020): 496-514). 다음 문헌도 참조하기 바란다. Patricia Arredondo et al., "Guidelines on Multicultural Education, Training, Research, Practice, and Organizational Change for Psychologists," American Psychologist 58, no. 5 (2003): 377-402.

501 다음 문헌을 참조하기 바란다. Laurence J. Kirmayer, "Embracing Uncertainty as a Path to Competence: Cultural Safety, Empathy, and Alterity in Clinical Training," Culture, Medicine & Psychiatry 37(2013): 365-72. 커메이어에 따르면, '문화 역량'이라는 용어는 임상의가 전문성을 갖췄다고 전제한다. 반면 '문화적 겸손'은 임상의가 다문화 치료 과정에서 경험하는 불확실성, 혼란, 한계를 인정한다. 그리고 문화에 담긴 감정 차이를 포용하고 심리를 탐구하는 자세를 강조한다(p. 369).

502 임상심리학자 셰리 존슨은 환자 심리에 무지하다고 인정할 때 그 심리를 탐구하는 동기가 생긴다는 사실을 내가 이해하기 쉽게 설명해줬고, 이 방법이 심리 치료 과정에서 유익하다는 사실을 입증해 보였다.

503 다음 문헌에 기록이 있다. Van Acker et al., "Hoe Emoties Verschillen Tussen Culturen."

504 명예문화권의 수치심을 설명하는 내용은 4장을 참조하기 바란다. 수치심을 느끼는 상태는 다른 사람들 시선에 달렸다. 여기서는 수치심을 느낀 결과로 어머니를 보살피려는 욕구가 치솟은 것으로 보인다.

505 Steven Regeser López et al., "Defining and Assessing Key Behavioral Indicators of the Shifting Cultural Lenses Model of Cultural Competence," Transcultural Psychiatry 57, no. 4(2020): 594-609.

506 Wen-Shing Tseng, "Culture and Psychotherapy: Review and Practical Guidelines," Transcultural Psychiatry 36, no. 2 [1999]: 165. 쳉원싱은 비슷한 견해를 제시한다. "심리상담사들은 내담자와 서로 다른 문화권에 속할 때만 문화 차이에서 빚어지는 문제를 발견하는 경향이 있다. 하지만 두 사람이 문화적 경험을 똑같이 간직하는 일은 없기 마련이므로, 같은 문화권에 속한 내담자를 상담하더라도 심리 치료는 근본적으로 다문화 성격을 띤다고 볼 수 있다."

507 데이비스와 동료 연구진("The Multicultural Orientation Framework: A Narrative Review")에 따르면, 문화적으로 겸손한 심리상담사들은 다문화 내담자가 지닌 문화적 신념, 가치, 문화 정체성과 관련한 여러 측면을 살피며 문화로 공감대를 형성할 기회를 잘 활용하기에, 다른 문화권 내담자를 상담할 때 문화 유연성을 느낀다. 다시 말해 다문화 내담자를 열린 자세로 대하며 긴장하지 않고 침착하고 편안하게 상담할 수 있다(92쪽). 문화적으로 겸손한 심리상담사라면 문화에 따라 감정 차이가 발생하는 지점에서 문화로 공감대를 형성할 기회를 잘 활용해야 한다. 그러면 심리상담사는 다문화 내담자를 만나더라도 긴장하지 않고 편안하게 상담할 수 있다.

508 Wikan, Resonance: Beyond the Words, 1장.

509 Patricia M. Rodriguez Mosquera, "Honor and Harmed Social-Image. Muslims' Anger and Shame about the Cartoon Controversy," Cognition and Emotion 32, no. 6(2018): 1205-19. 심리학자 패트리샤 로드리게스 모스케라는 영국계 무슬림 100명에게 덴마크 사람이 그린 선지자 무함마드의 그림이 여러 유럽 신문에 실린 사건을 놓고 '개인적 의견'을 물었다. 자신을 무슬림으로 여기고 명예를 중시하는 태도에서 높은 점수를 기록한 응답자들은 그 그림이 무슬림 평판을 해치며, 매우 불쾌

하다고 대답했다.

510 다음 문헌을 참조하기 바란다. Patricia M. Rodriguez Mosquera, Leslie X. Tan, and Faisal Saleem, "Shared Burdens, Personal Costs on the Emotional and Social Consequences of Family Honor," Journal of Cross-Cultural Psychology 45, no. 3 (2014): 400-16. Uskul et al., "Honor Bound: The Cultural Construction of Honor in Turkey and the Northern United States."

511 Jeanne L. Tsai, L. Chim, and T. Sims, "Ideal Affect and Consumer Behavior," in Handbook of Culture and Consumer Behavior, ed. S. Ng and A. Y. Lee (New York: Oxford University Press, 2015). 실제로 의사가 권유한 건강 지침을 환자들이 제대로 따를지 여부를 가장 정확히 예측하는 지표는 치료 당일 의사의 미소와 활기찬 목소리에 환자가 만족했는지에 달렸다. 환자가 선호하는 의사의 미소와 목소리는 날마다 달랐고, 같은 환자라도 대답이 자주 바뀌었다. 그렇긴 해도 문화 집단 관점에서 보면, 의사가 표현한 긍정 정서의 '적절한' 수준을 판단한 결과는 문화 집단 사이에 대체로 의미 있는 차이를 보였다. 그리고 의사의 정서적 태도를 '적절하다'고 평가한 환자들이 치료 순응도도 더 높았다.

512 Michael Boiger, Alexander Kirchner-Häusler, Anna Schouten, Yukiko Uchida, and Batja Mesquita, "Different Bumps in the Road: The Emotional Dynamics of Couple Disagreements in Belgium and Japan," Emotion, 2020. Schouten, Anna, Michael Boiger, Yukiko Uchida, Katie Hoemann, Camille Paille, and Batja Mesquita, "Emotional Behaviors in Japanese and Belgian Disagreement Interactions," Leuven, Belgium.

513 Beatty, Emotional Worlds, 158. Cambridge University Press의 허락을 받아 다시 발행한다.

514 Johanna Wald and Daniel J. Losen, "Defining and Redirecting a School-to-Prison Pipeline," New Directions for Youth Development 2003, no. 99 (2003): 9-15. Jason A. Okonofua and Jennifer L. Eberhardt, "Two Strikes: Race and the Disciplining of Young Students," Psychological Science 26, no. 5 (2015): 617-24.

515 Christopher A. Hafen et al., "Teaching Through Interactions in Secondary School Classrooms: Revisiting the Factor Structure and Practical Application of the Classroom Assessment Scoring System-Secondary," Journal of Early Adolescence 35, no. 5-6 [2015]: 651-80. 교실 수업을 관찰한 데이터를 검토한 연

구에 따르면, 교사와 학생 사이에서 터져나온 부정 정서의 빈도와 강도, 다시 말해 교실의 '부정적 분위기'는 교사가 학생들의 수업 태도를 관리하는 역량인 '학생 행동 관리'가 위기를 맞았을 때 더 높게 나타났다.

516 Jason A. Okonofua, David Paunesku, and Gregory M. Walton, "Brief Intervention to Encourage Empathic Discipline Cuts Suspension Rates in Half among Adolescents," Proceedings of the National Academy of Sciences of the United States of America 113, no. 19 (2016): 5221-26.

517 Okonofua, Paunesku, and Walton, "Brief Intervention to Encourage Empathic Discipline Cuts Suspension Rates in Half among Adolescents."

518 Maurice J. Elias, Academic and Social Emotional Learning. Educational Practices Series (Geneva: International Bureau of Education, 2003). James M. Wilce and Janina Fenigsen, "Emotion Pedagogies: What Are They, and Why Do They Matter?," Ethos 44, no. 2 (2016): 81-95.

519 Marc A. Brackett et al., "Enhancing Academic Performance and Social and Emotional Competence with the RULER Feeling Words Curriculum," Learning and Individual Differences 22, no. 2 (2012): 219.

520 Claire Blewitt et al., "Social and Emotional Learning Associated With Universal Curriculum-Based Interventions in Early Childhood Education and Care Centers: A Systematic Review and Meta-Analysis," JAMA Network Open 1, no. 8 (2018): e185727. Joseph A. Durlak et al., "The Impact of Enhancing Students' Social and Emotional Learning: A Meta-Analysis of School-Based Universal Interventions," Child Development 82, no. 1 (2011): 405-32. 사회 정서 학습 프로그램은 학업과 관련 없는 학습 내용과 지도 방안들로 구성되며, 모든 요소가 함께 어우러져 실행된다. 그러므로 어느 요소가 성공 원인인지는 분명치 않다.

521 Blewitt et al., "Social and Emotional Learning Associated With Universal Curriculum-Based Interventions."

522 다음 문헌을 참조하기 바란다. Neil Humphrey et al., "The PATHS Curriculum for Promoting Social and Emotional Well-Being among Children Aged 7-9 Years: A Cluster RCT," Public Health Research 6, no. 10 (2018): 1-116. Marc A. Brackett, Permission to Feel: Unlocking the Power of Emotions to Help Our Kids, Ourselves, and Our Society Thrive (New York: Celadon Books, 2019). Marc A. Brackett et al., "RULER: A Theory Driven, Systemic Approach to

Social, Emotional, and Academic Learning," Educational Psychologist 54, no. 3 (2019): 144-61. 사회 정서 학습 프로그램의 목표는 아이들에게 꾸준히 자신과 다른 사람의 감정을 식별하고 이해하는 연습을 하도록 기회를 제공해서 능숙하게 감정을 다룰 수 있도록 돕는 데 있다.

523 다음은 비슷한 견해를 제시한 문헌이다. A similar point has been made by Wilce and Fenigsen, "Emotion Pedagogies: What Are They, and Why Do They Matter?" Ilana Gershon, "Neoliberal Agency," Current Anthropology 52, no. 4 (2011): 537-55.

524 비슷한 분석을 제시한 다음 문헌을 참조하기 바란다. Hoemann, Xu, and Barrett, "Emotion Words, Emotion Concepts, and Emotional Development in Children: A Constructionist Hypothesis." 회만은 '정확한' 감정 개념이나 '부정확한' 감정 개념이 있다고 말할 수 없다는 중요한 사실을 지적한다. 그런 판단을 내릴 만한 단일 집합의 물리적 특징이 없기 때문이다(1840쪽). 그러므로 감정 개념을 가르치면 학생들에게 물리적 실재가 아닌 주류 사회의 문화적 실재와 관련된 지식을 제공하게 된다.

525 Elias, Academic and Social-Emotional Learning, 19. 부모와 학교가 긴밀하게 협력하려면 부모와 학교 사이에 같은 종류의 감정 문해력을 작동시키려는 동기와 의욕이 있어야 한다.

526 E.g., Robert J. Jagers, Deborah Rivas-Drake, and Brittney Williams, "Transformative Social and Emotional Learning (SEL): Toward SEL in Service of Educational Equity and Excellence," Educational Psychologist 54, no. 3 (2019): 162-84.

527 많은 감정 문해력 프로그램에서 추구하는 목표다. 다음 문헌을 참고하기 바란다. Elias, Academic and Social-Emotional Learning. Linda Dusenbury et al., "An Examination of Frameworks for Social and Emotional Learning (SEL) Reflected in State K-12 Learning Standards," CASEL Collaborating States Initiative, 2019년 2월. Robert J. Jagers, Deborah Rivas-Drake, and Teresa Borowski, "Equity and Social Emotional Learning: A Cultural Analysis," Frameworks, 2018년 11월: 17, http://nationalequityproject.org/.

528 이 주장에 관해서는 다음 문헌을 참조하기 바란다. Jagers, Rivas-Drake, and Williams, "Transformative Social and Emotional Learning (SEL)."

글을 마치며

529   다음 문헌을 참조하기 바란다. Kirmayer, Laurence J., Carol M. Worthman, and Shinobu Kitayama, "Introduction: Co-Constructing Culture, Mind, and Brain," in Culture, Mind, and Brain: Emerging Concepts, Models, and Applications, edited by Lawrence J. Kirmayer, Carol M. Worthman, Shinobu Kitayama, Robert Lemelson, and Constance A. Cummings, 1-49 (Cambridge, UK: Cambridge University Press, 2020).

530   Maria Gendron, Batja Mesquita, and Lisa Feldman Barrett, "The Brain as a Cultural Artifact: Concepts, Actions, and Experiences within the Human Affective Niche," in Culture, Mind, and Brain: Emerging Concepts, Models, and Applications, edited by Laurence J. Kirmayer, Carol M. Worthman, Shinobu Kitayama, Robert Lemelson, and Constance A. Cummings (Cambridge, UK: Cambridge University Press, 2020), 188-222.

찾아보기

ㄱ

가나 · 59~60, 194~195, 219
가비노, 자신토 · 164
가족주의 · 213
감정 개념 · 13, 33, 35~37, 41, 223~226, 229, 233, 243, 246, 251, 254, 284, 333, 340
감정 단어 · 13, 32~36, 62, 71, 74, 223~233, 259~261, 273, 285~287, 308, 324, 341
감정 문해력 · 240~335
감정 조절 · 86~87
감정 표현 · 18, 22, 27, 89, 230, 265, 269
감정노동 · 78
감정의 움직임 · 246
개인주의 · 165, 188, 198, 212
공격성 · 78, 106, 115, 119, 131, 134, 166, 178, 228, 255, 286
관계의 조화 · 328
국제연합훈련조사연구소 · 168
그라부아, 하워드 · 285
그로스, 제임스 · 78
그로스, 테리 · 305~308
긍정 감정 · 185~186, 189, 200, 203
긍정적 사랑 · 32

긍정적 활동 · 75~76
기본 감정 · 30~31, 35~36, 61, 70, 246
김희정 · 196, 267~268, 272, 293

ㄴ

니스벳, 리처드 · 153
니아스족 · 228

ㄷ

다카, 마스다 · 65, 67, 277
다케오, 도이 · 233
대만 · 99~101, 108~111, 124~127, 136, 168, 171, 209~210, 236, 307, 326
데 레어스니더르, 요제핀 · 272, 288, 293
도교 사상 · 202~203, 206
독일 · 118, 122~124, 126~127, 130~131, 223, 247~248, 314
동아시아 문화권 · 76, 206, 208, 213, 217, 293
동정심 · 88, 190~191, 231, 314, 316
두려움 · 29, 31~33, 35, 61, 70, 91, 105,

112~117, 135~137, 142, 228~229, 243~244, 285~286, 340

ㄹ

라틴계 · 196, 212~214, 216, 319, 331
러츠, 캐서린 · 38, 147, 191, 249, 258, 309
로드리게스 모스케라, 패트리샤 · 174
뢰트게르 뢰슬레르, 비르기트 · 106, 112
루간다어 · 227, 230, 251
룽 랑 · 147, 249
리메, 베르나르 · 74
린퀴스트, 크리스틴 · 229

ㅁ

마다가스카르 · 112, 223
마쓰모토, 데이비드 · 83
마유미, 가라사와 · 39~42, 81, 155, 170, 199, 203, 209
마인 모형 감정 · 39~42, 81, 155, 170, 199, 203, 209
마커스, 헤이즐 · 258~259, 313~314, 327
말레이시아 · 227
말루 · 88~89, 106~107, 111, 137, 225~226, 234
머스콜로, 마이클 · 234, 236
멕시코 · 155, 212~213, 215~216
명예문화 · 153~154, 172, 174, 176~178, 323
모성애 · 95, 117, 186, 188, 315~316

모스, 이리스 · 86
무슬림 · 322~324
문화 맥락 · 137, 269, 292~296, 306, 308, 315, 317, 321, 333~334
문화 역량 · 318~319, 329
문화 적응 · 272
문화적 겸손 · 318, 335, 342
미국식 감정 · 258, 288
미국식 자부심 · 237~238, 259
미국식 행복 · 199, 202, 205, 207, 217
미낭카바우족 · 60, 62~63, 88, 106~111, 113, 137, 168, 171, 225, 234
밀러, 페기 · 131

ㅂ

바고치, 리처드 · 164~165, 170
바라족 · 112~116, 137, 223
반 아커르, 카트 · 320
반 클리프, 거벤 · 88
반사회적 행동 · 115
배럿, 리사 펠드먼 · 224, 251, 345
버틀러, 에밀리 · 86
베두인족 · 37~38, 43, 178, 228, 246, 255
베르베게, 빌렘 · 164
베탕 · 228
벨기에 · 74, 209, 239~240, 242, 272~275, 287, 289, 292~295, 307~308, 327~328
보이거, 마이클 · 166, 180, 239, 277, 327
보편성 · 31, 185

불교 · 79~80, 82, 129, 146~147, 249
불쾌한 감정 · 23, 182
불행 · 26, 84, 177, 203, 205, 210, 228, 293, 308~309
브레스콜, 빅토리아 · 151
브릭스, 장 · 25~27, 37, 80, 82, 133, 249, 266, 310
비난 · 69, 111, 146, 148~149, 156, 166, 172, 200, 223, 239, 242, 249~250, 330
비르쯔비카, 안나 · 198, 229
비위어드 문화 · 53, 196
비티, 앤드류 · 74, 243, 257, 330
빅토리아 시대 · 116~117, 145, 151

ㅅ

사모아 · 69, 228, 250
사바니, 크리쉬나 · 215~216
사회적 상호작용 · 12, 94, 154, 228, 233
사회화 · 12, 74, 100, 102, 105~107, 112, 130, 176, 235, 279, 281, 283, 334
색상 · 230
선의의 거짓말 · 23
세키 · 115
셔먼, 데이비드 · 196
셰프, 토머스 · 250
소외 · 84, 109, 179, 310
솔로몬제도 · 315
수마트라섬 · 60
수치심 · 30~33, 26, 88, 94, 99~100, 105~111, 113, 135~137, 141~143, 153, 161, 178, 186, 225, 227~228, 230, 234~241, 250, 272~273, 188, 307, 320~321, 325
순종 · 112~113, 116~117, 126, 136, 223, 232
쉐이버, 필립 · 199, 247
슈텐, 안나 · 327
스턴스, 피터 · 116
스테나호리아 · 284~285
스토아 전통 · 147
스페리, 린다 · 131
슬픔 · 29~36, 51, 61, 66, 70, 73, 77, 80, 84, 88, 91, 94, 118, 146, 149, 189, 227~232, 243, 245, 251, 260, 284, 316, 336
시계, 오이시 · 201
시노부, 기타야마 · 199, 203, 291, 292, 313
시펠린, 에드워드 · 153
심보섬 · 315~318, 336
심빠띠아 · 213

ㅇ

아마야카스 · 252
아마에 · 118, 121, 137, 142, 190~191, 193, 198, 232, 244, 247~248, 252~253, 260, 289, 333
아메리칸 쿨 · 117
아메리칸 드림 · 202
아부 루고드, 릴라 · 37~38
아시아계 미국인 · 86~87, 196~197, 205~206, 276, 319, 326
아웃사이드 인 · 76, 84, 86~89, 94~95, 127,

281, 283, 296, 301
아워스 모형 감정 · 57~58, 60, 63, 65, 67, 71~72, 79, 83~86, 90~94, 96, 137, 177, 257, 260, 291, 309, 325, 332, 335, 338
아지미, 나스린 · 168
아키오, 도요타 · 168~169, 178
아프리카계 미국인 · 319
알로파 · 228
애덤스, 글렌 · 59, 194
애정 · 32, 111, 117, 216, 347
애착 · 95, 117, 213, 291
앰배디, 낼리니 · 275
야스코, 미노우라 · 279~280, 288~289
억압 · 77~78, 83, 86, 89~90, 181, 218
얼굴 인식 · 160, 340
에르거 · 247~248
에스파냐 · 179, 275, 278, 285~286
에크먼, 폴 · 29~31, 33, 36, 61, 107, 276
엘스워스, 피비 · 65, 149
엘펜베인, 힐러리 · 275~276
역겨움 · 29, 34~35, 61~62, 70~71, 229, 243~244, 251, 260~261, 288
연대책임 · 236
연민 · 35~36, 216, 228, 231, 260, 316, 331
연애 감정 · 219, 256
열린 마음 · 48
오모이야리 · 118~119, 121, 137, 223
오쿠숭우왈라 · 227, 230, 251
옥스, 엘리너 · 69
왕, 로빈 · 202~203, 206

왕, 치 · 72~73
외로움 · 121, 285
우간다 · 227
우울증 · 105, 109, 167, 205
우트쿠 이누이트족 · 25~27, 80, 133~134, 136, 146~147, 249, 258, 266
울먼, 에릭 · 151
원초적 분노 · 181
원초적 수치심 · 181
위어드 문화권 · 41, 47, 53, 57, 60, 106, 142, 161~162, 170, 176, 185~186, 196~198, 206~207, 210, 233
위퀀튀 · 228
유네스코 · 331, 334
유럽계 미국인 · 86~87, 103, 135, 223, 234, 238, 249, 276, 289, 2931
유키코, 우치다 · 63~64, 199, 203, 327
육체적 사랑 · 35~36
은소족 · 122~127, 136~137
이민 2세대 · 272, 274, 291
이신 · 65, 74, 258
이중문화인 · 292, 294~296, 301
이카리 · 160~161, 243, 254
이타 · 250
이타적 사랑 · 145, 151
이팔루크족 사회 · 149, 191
이후마 · 133
인도네시아 · 60, 74, 88, 107, 228, 257
인사이드 아웃 · 51~52, 76, 84, 86, 90, 96, 127, 259

일본 · 39~42, 63~67, 75~76, 81~82, 117~121, 130~131, 134, 137, 146~147, 155, 157, 159~162, 166, 169~171, 179, 190, 199, 203, 219, 223, 232~233, 242~244, 252~254, 277, 288~293, 327, 333

ㅈ

자바섬 · 74, 258
자부심 · 54, 75, 91, 94, 999, 101, 103, 105, 121, 135, 137, 141, 170, 178, 199, 203, 216, 225, 229, 231, 234~238, 243, 245, 259, 272~274, 279, 281~282, 290, 292
자율성 · 116, 128, 141, 142, 180, 187~188, 217, 223, 242, 250, 270~271
자존감 · 23, 55, 100~101, 104~105, 108~109, 113, 121, 134~135, 142, 157, 165, 167~168, 178, 181, 188, 199, 208, 214~216, 225, 235~236, 250, 283, 305~306, 308, 313, 323, 325
자키, 자밀 · 311
잔잔한 행복 · 207~210
재시니, 앨버 · 88, 272
잭슨, 조슈아 · 229, 240~242
적절한 감정 · 43, 100, 108, 141, 185, 187, 191, 192, 195, 197~199, 202, 217~218, 247~250, 258, 282~283, 292, 297, 307, 310, 323, 328, 332, 335
절룸, 케이트 · 60
젠드론, 마리아 · 70~71, 227
존, 올리버 · 79

존중 · 38, 91, 93, 101, 104, 107~109, 127, 136, 145, 162~163, 167~168, 172, 180, 189, 195, 202, 215, 225, 239, 242, 255, 270~272, 289, 306, 310, 321, 324, 333, 335
죄책감 · 149, 225, 244, 256, 299, 307
중국 · 32~33, 39, 69~70, 73~74, 84~86, 127, 189, 192~193, 202~212, 208, 210, 234~238, 276
중국계 미국인 · 208, 276
중매결혼 · 190, 218
지적 자율성 · 270~271
지적 호기심 · 309
진정성 · 24, 78~79, 84, 95, 257
질투 · 24, 204, 248, 287
징계 · 109, 142, 331
짜증 · 26, 32, 72~73, 81~83, 93, 95, 133~134, 144, 147, 159, 239, 247~249

ㅊ

차이, 잔느 · 124~126, 200~201, 208~211
창피 · 30, 38, 106, 108~109, 125, 131, 162, 225, 228, 230, 234, 237, 245
체념 · 317
체벌 · 106, 112~115, 135, 137
칭찬 · 18, 20~22, 53, 55~56, 73, 91, 99, 101~105, 113, 135~136, 194~195, 214, 225, 234~236, 282, 294, 327

ㅋ

카메룬 · 122, 208
카사니티, 줄리아 · 79~80
칼룰리족 · 69, 153
칼뱅주의 · 232
캐나다 · 25, 67, 186, 277~278, 293, 310
커메이어, 로렌스 · 319
케르 · 253~254
켈러, 하이디 · 122~123
코나트, 한스 요아킴 · 117
코츠, 타네히시 · 305, 308~311, 330, 333, 336
코헨, 도브 · 153
콜, 파멜라 · 129
쿠프만 홀륨, 비르기트 · 314
퀸, 나오미 · 101
크링, 앤 · 24
크바트헤이트 · 243
클라크, 마거릿 · 298
키르히너-호이슬러, 알렉산더 · 327
키즈막 · 227~228

ㅌ

타이든스, 래리사 · 148~149, 151
타호치 · 112~113, 115, 137, 223
타히티 · 229, 251
태국 · 79~80
테일러, 셸리 · 196
튀르키예어 · 287, 295

ㅌ

트롬스도르프, 기셀라 · 117
트리스트 · 251
티베트 · 146~147, 249

ㅍ

파고 · 36, 87~88, 191~193, 198, 219, 223, 228, 231~232, 245, 252, 258, 260
파블렌코, 아네타 · 266, 268
파키스탄 · 174~175, 189
파킨슨, 브라이언 · 255
파푸아뉴기니 · 67, 151
펑, 헤이디 · 97~98, 106, 108, 123
페레지바티 · 251
페르난데스 데 오르테가, 힐다 · 210
포터, 술라미스 헤인즈 · 67
폴란드어 · 227, 249, 258
프레드릭슨, 바버라 · 185
프로이트, 지그문트 · 77, 87
프리다, 니코 · 28, 38
프리센, 월리스 · 29~31, 36, 276
플래너건, 오웬 · 147, 181
피닉스, 데이빈 · 152
필리핀 · 170, 228

ㅎ

하샴 · 38, 43, 45, 178, 228, 246, 252, 255~256
하이더, 칼 · 61~62
한국 · 10, 39, 211~212, 267, 273, 275,

288~289, 291

한국계 미국인 · 275, 289, 291, 293

행복 · 29, 31~36, 628~67, 670~71, 75, 90, 94, 101~102, 104~105, 121, 124, 129, 134, 167, 170, 181~182, 185~186, 198, 225, 229~230, 243, 253, 279, 284, 326

헤젤러흐 · 22, 34, 44~45, 232, 252~253

호메로스 시대 · 68

호프먼, 에바 · 266~268, 274

혹실드, 앨리 · 78, 95

홀로딘스키, 만프레드 · 106, 112

힘바족 · 70~71, 227

감정, 관계, 문화

초판 1쇄 인쇄 2025년 3월 12일
초판 1쇄 발행 2025년 3월 26일

지은이 바티아 메스키타
옮긴이 이주만
펴낸이 고영성

책임편집 이지은 │ 디자인 이화연 │ 저작권 주민숙

펴낸곳 주식회사 상상스퀘어
출판등록 2021년 4월 29일 제2021-000079호
주소 경기도 성남시 분당구 성남대로 52, 그랜드프라자 604호
팩스 02-6499-3031
이메일 publication@sangsangsquare.com
홈페이지 www.sangsangsquare-books.com

ISBN 979-11-94368-12-0 03330

- 상상스퀘어는 출간 도서를 한국작은도서관협회에 기부하고 있습니다.
- 이 책은 저작권법에 따라 보호를 받는 저작물이므로 무단 전재와 복제를 금지하며,
  이 책 내용의 전부 또는 일부를 사용하려면 반드시 저작권자와 상상스퀘어의 서면 동의를 받아야 합니다.
- 파손된 책은 구입하신 서점에서 교환해 드리며 책값은 뒤표지에 있습니다.